诚信制度建设的
实施效果评估与路径优化

朱建军 著

科学出版社
北京

内 容 简 介

本书梳理我国诚信制度建设的背景和特征，通过模型驱动的分析思路，建立诚信制度建设实施效果评估指标体系，进行动态综合评估分析和特征分类分析，结合结构方程模型进行企业、个人和高校的诚信行为影响机制分析，建立诚信制度建设主体努力程度分析模型，提出基于多目标优化和多情景分析的诚信建设效果改善方法，并进行诚信制度建设多因素多维度的系统动力学仿真分析，为我国诚信制度建设提供对策建议。本书具有定性与定量相结合、数据分析与模型驱动相结合、文献分析与社会调研相结合的特色。

本书可供从事诚信和信用工作的研究管理人员参考，也可作为管理学、行政管理、公共管理、管理科学与工程等相关学科专业的研究生和高年级本科生的参考书。

图书在版编目（CIP）数据

诚信制度建设的实施效果评估与路径优化/朱建军著. —北京：科学出版社, 2020.11
ISBN 978-7-03-061963-1

Ⅰ. ①诚… Ⅱ. ①朱… Ⅲ. ①信用制度-研究-中国 Ⅳ. ①F832.4
中国版本图书馆 CIP 数据核字（2019）第 165168 号

责任编辑：刘英红／责任校对：王丹妮
责任印制：张 伟／封面设计：无极书装

科学出版社 出版
北京东黄城根北街 16 号
邮政编码：100717
http://www.sciencep.com

北京虎彩文化传播有限公司 印刷
科学出版社发行 各地新华书店经销

*

2020 年 11 月第 一 版 开本：720×1000 B5
2020 年 12 月第二次印刷 印张：19 3/4
字数：390 000
定价：178.00 元
（如有印装质量问题，我社负责调换）

前　言

我国诚信文化源远流长。诚信，即言而有信。党的十八大将诚信列入社会主义核心价值观，这表明我国已经将诚信制度建设提升到战略高度。诚信制度在规范市场经济秩序中作用显著，和谐社会的建设也要以诚信制度建设为根本。培养良好的民众诚信文化意识、建立有效的区域和企业信息化诚信建设管理模式、构建符合中国国情及战略高度的诚信制度体系，对我国各方面的有序发展都具有举足轻重的意义。基于此，本书从我国诚信制度建设入手，重点研究我国诚信制度建设的战略目标、战略方向、实施效果及路径优化。

西方发达国家虽然已经建立了相对完善的诚信制度和管理体系，但针对诚信制度的理论研究还较少，美国"次贷危机"的爆发也从一个侧面说明了西方的诚信和信用制度依然存在一定的缺陷，有待于进一步完善。在我国，关于诚信制度的研究则主要集中在对诚信危机产生的理论根源剖析和对修正策略的研究等方面。国内外对诚信制度的研究大多集中于概念、本质、特征等基本理论层次，缺乏对诚信实践和案例的广泛深入探讨。本书围绕社会诚信制度进行深入研究，设计出科学合理的诚信制度建设方案及实施效果评估体系，为我国社会诚信制度的建设提供合理化建议和决策参考。

本书分为16章，从以下5个方面由浅入深地对诚信制度的建设问题进行探讨。

第一，对我国诚信制度建设的背景及特征等进行研究。重点研究了我国不同省域及国家层面的诚信制度背景、特征等问题，这有助于厘清我国诚信制度建设的基本现状、深度挖掘我国诚信制度建设中存在的主要问题。

第二，研究诚信制度建设实施效果，通过我国诚信制度建设实施效果的动态评估，把握诚信制度建设的正确方向。立足于诚信国家建设的时代背景，对我国诚信制度建设的战略问题进行系统研究和探讨，通过完善有效的评估体系来把握我国诚信制度建设的趋势。

第三，对诚信制度建设实施效果的分类特征进行研究。分析影响我国诚信制度建设各个主要因素中自身的优势和劣势，清醒、客观地认识我国诚信制度建设的战略环境、面临的主要问题和障碍，以及未来的发展前景，将我国诚信制度建设与内部资源、外部环境有机结合，探究我国诚信制度建设的内在规律。

第四，进行不同主体行为的诚信制度建设影响因素联动分析。通过对影响因素联动效应的分析，确定影响我国诚信制度建设的关键因素；通过结构方程模型来研究各类关键因素的作用途径，对我国诚信制度建设的切入点和管控要素进行定量计算。

第五，系统地研究我国诚信制度建设的实施路径与突破口。针对上述存在的制约我国诚信制度建设水平提升的问题，分析我国诚信制度建设的多主体冲突与均衡条件，设计出有效的目标与实施路径。

本书全面分析我国诚信制度建设现状，揭示我国诚信制度建设中存在的主要问题，探究我国诚信制度建设的影响因素与内在机理，进一步明确诚信制度建设的战略目标定位，实现我国诚信制度建设实施效果的动态评估，给出把握诚信制度建设方向的建议。

目 录

第1章 我国国家层面的诚信制度调研及国际比较 ······················· 1
1.1 国外典型国家社会诚信制度体系建设分析 ························ 1
1.2 我国国家层面诚信制度及其内容评价分析 ······················· 11
1.3 思考与启示 ·· 26

第2章 我国省域诚信制度建设的背景、特点及比较分析
　　　——以长三角三省一市为例 ·· 29
2.1 长三角三省一市诚信制度建设的背景及特点分析 ·············· 29
2.2 长三角三省一市特色诚信制度分析 ································ 37
2.3 长三角三省一市特色诚信制度评价 ································ 42
2.4 思考与启示 ·· 50

第3章 诚信制度建设实施效果评估的因素与指标设计 ················ 54
3.1 诚信制度建设实施效果评估的维度与评估原则分析 ··········· 54
3.2 典型国家诚信制度建设实施效果评估指标设计 ················· 56
3.3 省域视角下诚信制度建设实施效果评估指标设计 ·············· 68
3.4 地级市视角下诚信制度建设实施效果评估指标设计 ··········· 76
3.5 评价与分析方法 ·· 84

第4章 典型国家诚信制度建设实施效果的动态综合评估 ············· 88
4.1 背景及研究现状描述 ·· 88
4.2 国家层面诚信制度建设实施效果动态综合评估的指标体系 ·· 89
4.3 国家层面诚信制度建设实施效果动态综合评估方法的选择 ·· 90
4.4 数据计算及结果分析 ·· 91
4.5 思考与启示 ·· 97

第5章 我国省域诚信制度建设实施效果的动态综合评估 ············· 99
5.1 背景及研究现状描述 ·· 99
5.2 省域层面诚信制度建设实施效果动态综合评估的指标体系 · 100
5.3 省域层面诚信制度建设实施效果动态综合评估方法的选择 · 101

5.4 数据计算及结果分析 ·· 102
5.5 思考与启示 ·· 108

第 6 章 江苏省城市诚信制度建设实施效果的动态综合评估 ············ 110
6.1 背景及研究现状描述 ··· 110
6.2 区域层面诚信制度建设实施效果动态综合评估的方法与指标 ········ 111
6.3 数据计算及结果分析 ··· 112
6.4 思考与启示 ·· 119

第 7 章 典型国家诚信制度建设实施效果分类及特征 ······················ 121
7.1 背景及研究现状描述 ··· 121
7.2 国家层面诚信制度建设实施效果综合聚类的指标体系 ·················· 122
7.3 基于阶段时间权重优化的诚信制度建设实施效果聚类方法 ··········· 123
7.4 数据计算及结果分析 ··· 126
7.5 思考与启示 ·· 133

第 8 章 我国省域诚信制度建设实施效果分类及特征 ······················ 134
8.1 背景及研究现状描述 ··· 134
8.2 省域诚信制度建设实施效果综合聚类的指标体系 ························ 135
8.3 数据计算及结果分析 ··· 135
8.4 思考与启示 ·· 140

第 9 章 江苏省诚信制度建设实施效果分类及特征 ·························· 142
9.1 背景及研究现状描述 ··· 142
9.2 区域诚信制度建设实施效果综合聚类的指标体系 ························ 143
9.3 基于面板数据综合距离的聚类方法 ·· 144
9.4 数据计算及结果分析 ··· 146
9.5 思考与启示 ·· 151

第 10 章 基于结构方程模型的企业诚信行为影响机制分析 ············· 152
10.1 背景及研究现状描述 ·· 152
10.2 研究假设及模型构建 ·· 154
10.3 方案设计及组织实施 ·· 156
10.4 结构方程模型检验与分析 ··· 169
10.5 思考与启示 ·· 172

第 11 章 基于结构方程模型的个人诚信行为影响机制分析 ············· 175
11.1 背景及研究现状描述 ·· 175
11.2 研究假设及模型构建 ·· 176
11.3 方案设计及组织实施 ·· 178
11.4 结构方程模型检验与分析 ··· 192

11.5　思考与启示 194

第12章　基于结构方程模型的高校学生诚信行为影响机制分析 197
　　12.1　背景及研究现状描述 197
　　12.2　研究假设及模型构建 199
　　12.3　方案设计及组织实施 202
　　12.4　结构方程模型检验与分析 219
　　12.5　思考与启示 221

第13章　"法律–道德"约束下诚信制度建设主体努力程度分析 225
　　13.1　背景研究及现状描述 225
　　13.2　问题描述和模型假设 226
　　13.3　道德约束下的Nash博弈均衡 228
　　13.4　法律约束下的Stackelberg合作博弈均衡 230
　　13.5　有无法律约束的结果比较分析 233
　　13.6　数值计算及结果分析 240
　　13.7　思考与启示 241

第14章　诚信制度目标情景设定及多目标路径优化 243
　　14.1　背景研究及现状描述 243
　　14.2　诚信制度建设关键指标优选和投入优化模型 245
　　14.3　多维目标情景下诚信指标预期增长率和目标
　　　　　预期达到年份确定方法 251
　　14.4　数值计算及结果分析 254
　　14.5　思考与启示 262

第15章　我国诚信制度建设的系统动力学仿真分析 263
　　15.1　背景研究及现状描述 263
　　15.2　诚信制度建设的系统动力学模型 264
　　15.3　诚信制度建设模型与数值模拟 268
　　15.4　数值算例及结果分析 282
　　15.5　思考与启示 284

第16章　我国诚信制度建设的政策建议 285
　　16.1　重点落实诚信制度建设规划 285
　　16.2　实施重点诚信指标改善工程 287
　　16.3　凸显诚信特征文化 288
　　16.4　强化社会诚信教育 288
　　16.5　积极推进企业商务诚信建设 290
　　16.6　积极营造社会诚信氛围 290

16.7　强化失信惩戒机制建设……………………………………291
参考文献……………………………………………………………293
附录…………………………………………………………………302
　　附录1　诚信制度评价影响因素调查问卷………………………302
　　附录2　诚信法律法规在不同影响因素下的初始值调查问卷……304

第1章 我国国家层面的诚信制度调研及国际比较

诚信制度涉及诚信、信用及由此衍生出的信用报告与征信等（畅秀平，2008），本书所指的诚信制度除特别说明外，包含信用法律、法规、政策等内容。

诚信制度是协调社会利益关系的客观要求，而公民的道德责任是促进诚信制度为社会认同和践行的道德基础（王淑芹，2015）。建立完善的诚信制度可促使公民遵守市场道德，养成诚实守信的行为习惯，从而维护市场经济健康发展。完善的制度体系是社会诚信行业健康发展的基础。经过多年发展，美国、日本、欧洲等发达国家和地区已形成相对成熟的制度体系，我国诚信制度体系虽然起步比较晚，但也取得了一定成绩，各地方政府相继出台诚信制度方面的政策法规。由于国情和立法传统等方面的差异，目前国际上形成了完全市场化运作、政府和中央银行主导、会员制及混合制等诚信制度模式（曹元芳，2006；林采宜，2015）。

1.1 国外典型国家社会诚信制度体系建设分析

1.1.1 美国诚信制度历史及法律环境

在当今，美国不仅经济最发达，而且诚信法律发展程度也较高。美国的诚信制度可追溯到19世纪40年代，其随着市场经济、科学技术的发展，逐步走向成熟与完善。19世纪40年代初步形成，到20世纪50年代逐步完善；20世纪60~80年代，涌现出大量的信用管理法规，从而形成了较为完善的诚信管理法制框架（付思刚和邢爱芝，2012）。美国的诚信制度发展可概括为三个阶段（车耳，2009），见图1.1。

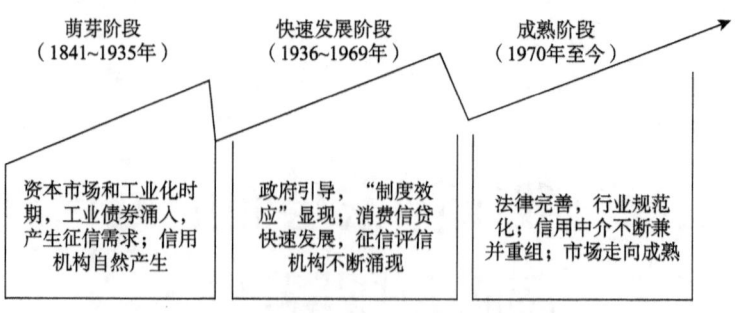

图 1.1　美国诚信制度建设的发展历程

第一阶段，即萌芽阶段（1841~1935 年）：美国的资本市场开始发展，大量的工业债券等吸引美欧各国投资者纷至沓来，同时促成了企业、债券等征信市场的形成。其中，邓白氏公司于 1841 年成立，开启征信先河。紧随其后的是普尔公司、穆迪公司、标准公司、菲奇公司等。到了 19 世纪中期，消费信用及信用征信机构也悄然兴起，美国的诚信制度开启萌芽时期。

第二阶段，即快速发展阶段（1936~1969 年）：1929~1933 年的经济危机重创美国资本市场，众多债券无法如期还清，而经过评定级别较高的债券却少有违约。随后，美国政府开始将评级机构认定的结果作为投资准则。1936 年，美联储与货币审计署规定，银行所持债券至少有两家评级机构评定，这些准则使得美国诚信机构大量涌现，并得到迅速发展。同时，商家推出种类繁多的服务信用，各种银行卡、旅游卡、商店卡、信用卡等相继出现。

第三阶段，即成熟阶段（1970 年至今）：20 世纪六七十年代，社会各界要求美国国会适时出台诚信管理的相关法律条文，此时，一些与诚信管理相关的法律文件在紧锣密鼓的制定当中。到了 1970 年，美国出台了《公平信用报告法》，这标志着美国的诚信管理业进入了发展规范时期。随着美国诚信制度法律法规的相继出台，诚信机构不断发展，诚信业也不断成熟、完善。

美国现阶段诚信管理相关法律框架是以《公平信用报告法》和《金融服务现代化法案》为核心的若干法律。其规范的主体是信用报告机构和信用报告使用者，即什么人有权出具和使用信用报告。

《公平信用报告法》是美国诚信制度的核心文件，也是规范个人信用相关法律的核心，于 1971 年制定，并分别于 1996 年、2002 年及 2003 年进行了修订。《公平信用报告法》对美国的经济发展产生了重要影响，并支撑着整个诚信体系。它规定了个人对其资信报告所拥有的权利，同时也规定了资信评级机构对信用报告的传播方式等，是美国诚信制度中最为核心的部分。其主要内容包括：

（1）明确规定个人信用报告具体内容。对于个人交易信息，包括个人的借贷、消费、还贷、开户等均有明确记录。同时，对于个人的姓名、家庭住址、电话、出生日期、配偶姓名、社会保障号及雇主都做了详细的说明,并且对个人的公共记录如欠税、法院判决及破产信息等做了披露。

(2)明确规定了信用报告的查询、使用范围。对于消费者的信用报告,可由与其有业务往来的人或机构查询,但需征得本人同意,且在信用报告中有查询记录。普通的公司由于要给个人邮寄信用卡等,也会得到消费者的地址与姓名,但不会看到其信用报告,且查询记录也不会登记在册。消费者个人有权查询自己的信用报告,以便及时修正报告中的错误。

(3)规定了信用报告的评价标准与使用原则。对个人信用报告进行评分,以判断是否给予信贷。通过报告中关于个人的信用信息,提供一种 3 位数评分,并按照信用的查询次数、开设信用账号的总数、欠款记录、收入与债务比例、超过信用限额的次数等来衡量,由信贷机构判定是否同意个人申请。

(4)对于信用报告中有误信息的处理。《公平信用报告法》赋予消费者修正信用报告的权利,对于不完整或不准确的信用信息,个人有权修改。修改过程中,个人应保留所有处理事务的记录,并将所有送交的文本副本保存。

作为另一项具有里程碑意义的法案,美国《金融服务现代化法案》于 1999 年 11 月通过。该法案的颁布预示着对现代金融强调风险防范与管理,且以法律制度促进金融业跨业经营与竞争(孙涛,2001)。《金融服务现代化法案》共 7 章 219 条,涉及银行、保险、证券等的经营、监管,以及银行系统、控股公司管理现代化、隐私保护等(黄毅和杜要忠,2000)。主要内容包括:①对证券公司、银行、保险公司之间的整合进行简化,促进其联合经营、加强竞争;②加强工商业与银行业分离,实现金融体制现代化;③强化金融监管、扩展监管机构。保留双线多头金融监管制度,实行金融风险的控制与功能监管;④加强消费者隐私保护,强调对于享有金融服务的个人的保护。

美国个人信用体系依靠市场经济运作机制及行业的自我管理形成具体运作方式,其诚信制度的力量在于:一方面,征信机构长期形成了富有特色的工作原则;另一方面,立法机关在相对短暂的年代里密集立法,对行业做了明确规范,从而促进行业快速发展(车耳,2009)。

美国诚信制度立法的特点主要有:①信用法律完善,形式多样。信用立法涵盖了信息收集、披露、保护、规范管理等方面。②立法以保护个人隐私为目标,以维护信用市场公平竞争为基本原则。其核心内容是对个人信用记录的管理等,如个人的信用记录在未得到本人同意时,不允许行政机关将其公开;行政机关如果保有个人的信用记录等,个人有权利知晓,并且可以获得复印件;如果信用记录及内容有误,个人可以申诉,如同消费者向征信机构申诉一样,请求制作记录的行政机关进行修改。立法要求企业和各征信机构公开信息,消除信息不对称现象,从而促进征信机构公平竞争、健康发展。③立法促进行政公开,如《联邦行政程序法》《阳光下的联邦政府法》等对于政府信息内容、行为的管理与规定，其中除了需要保密的文件外，原则上所有政府信息都要公开。因为政府信息属于公众所有，所有人都有获得公共产品的权利。④立法建立完善的失信惩戒机制。对商业欺诈行为进行严厉打击，如对不讲信用的责任人使用"重典"严惩，让失信者承受高昂的违约成本。对生产、批发、销售伪劣产品的企业施以重刑，对产销者罚款可达 500 万美元，并可判处 10 年有期徒刑（李爱玲，2010）。

1.1.2 德国诚信制度历史及法律环境

德国经济高度发达，这得益于其相对完善的社会诚信制度和管理体系（企业电子信用网，2015）。德国有私人与公共征信机构，其诚信服务公司从单一的信用保险、资信调查、商账追账等向多种信用服务发展。德国的诚信发展可概括为三个阶段，20 世纪早期处于萌芽状态，到 20 世纪 80 年代逐渐走向成熟，见图 1.2。

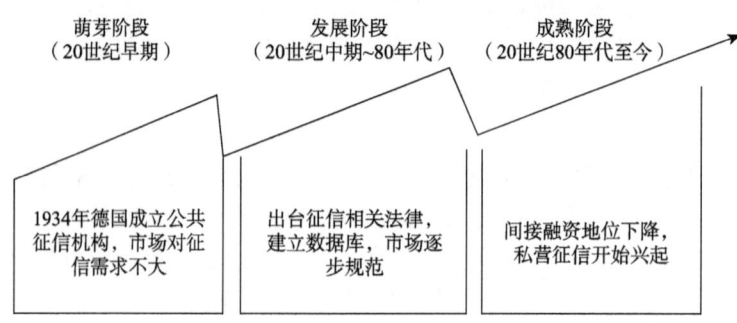

图 1.2　德国诚信制度建设的发展历程

第一阶段，即萌芽阶段（20 世纪早期）：1929 年世界经济危机爆发，受其影响，德国经济衰退，大量企业相继倒闭，并出现坏账，从而波及银行等金融机构。为恢复经济，确保信贷资源的服务质量，德国于 1934 年建立世界上第一个公共征信系统。另外，德国最大的私营征信机构于 1927 年成立，其会员通过互惠方式实现信息共享。

第二阶段，即发展阶段（20 世纪中期~80 年代）：为规范诚信行业，保护个人隐私，德国政府制定并出台了《联邦数据保护法》《消费信贷法》等多部法律，其中《联邦数据保护法》是最主要的数据保护法。众多法律法规为监管消费者数据信息的使用与规范市场作出了重要的贡献，从而使得德国的诚信体系建设得到快速发展。

第三阶段，即成熟阶段（20 世纪 80 年代至今）：间接融资地位下降，新兴的产业不断崛起，私营企业征信机构蓬勃发展，征信得到了金融家和投资者重视，用以评估企业的申请贷款和信用额度资质。私营企业征信机构在德国国内市场占据主导地位，主要为保险公司、商业银行、贸易公司等信息使用者提供服务。

德国社会诚信体系主要由公共信用信息系统和私营信用服务系统两大部分组成。公私信用系统共同作用，相辅相成，形成完善的诚信管理体系。德国的诚信建设可以看成是一个立体交叉的网络结构系统，通过各种途径对其国民加以多点化的影响（信用中国，2015）。目前，德国还没有专门的诚信管理法律，相关的诚信法规散见于数据保护法、信贷法、支付法等，成为德国诚信管理制度实施的保障。总体来看，这些法律主要包括保护个人隐私、规范信用信息公开、规范信用监督与催账程序等。

1977年德国制定《联邦数据保护法》，旨在保护个人的隐私在其数据处理过程中不受侵害。该法令分为六编，总共46条。主要内容包括：①对于各种数据的收集、处理及使用遵循的原则，如尽量少采集个人数据，且在允许的范围内收集；数据收集员应保守数据秘密，数据处理需对数据的主体公开透明等。②对于数据保护的形式具体要求，如数据处理者的任职要求，及其向数据机构的报告制度；对于处理数据的个人或机构采取的技术措施及个人对被采集信息拥有的权利等。③对于委托的数据处理方式，包括对于数据处理者的使用及处罚规定，以及处理数据的范围、种类、数据控制者的权利及遵守协定等。④对于与欧盟以外数据交换的规定。对于存在合同关系的、保护级别较高的、安全港的及数据主体同意交换的，数据可以交换给非欧盟的一方。⑤对于不遵守法令行为的惩治措施。其中的罚款数额根据具体情形标准也不同，如违反一般性与实质性要求，罚款额分别为五万与三万欧元。另外，在实际操作中，执行数额可以超过预定数额。

关于加强信用监督方面，德国联邦司法部在1988年6月公布《消费信贷法》草案，并于1991年开始实施。《消费信贷法》规定了银行和金融机构由德联邦银行与金融服务监管局负责监督与管理。其中，只有德联邦银行有权对各类金融机构进行统计，并通过"信贷登记系统"管控银行的内部信用风险（廖勇刚，2009）。

德国建立征信数据库，由政府出资，要求企业和个人向征信机构提供数据，最终形成以中央信贷登记系统为主体的社会信用管理模式。德国信用体系结构多样化，决定了其信用体系的监督管理和信用立法方面的多样化特点。其立法特点主要有：①信用立法更改频繁，与时俱进。《联邦数据保护法》从1977年实施以来经过多次修改。随着时代的发展，这部法律不断丰富完善，在对数据的开发、披露、使用等方面提供了合理依据。②立法增加保护的种类，如对于个人的种族派别、宗教信仰、身体的健康状况等涉及数据主体人身利益的信息给予特别保护（马民虎和冯立杨，2009）。③立法增强监管机构的权利。为了更好地维护国家利益，保护个人，《联邦数据保护法》赋予监管机构的权利不断扩大，如对于机构团体的经营场所，监管机构有权利对其商业文件、保存的个人数据及数据处理设备等进行检查。

1.1.3 日本诚信制度历史及法律环境

日本是以会员制为主的征信体系，在法律法规方面，消费者的信用信息并不完全公开，只是在协会成员之间交换使用。在信用服务业的监督与管理方面，没有专门的政府机构，主要由行业协会负责，而政府相应的部门只负责对其进行指导。随着征信业的发展，日本的征信立法也取得了很大的进展，其诚信发展可概括为三个阶段：萌芽阶段、发展阶段、成熟阶段，见图1.3。

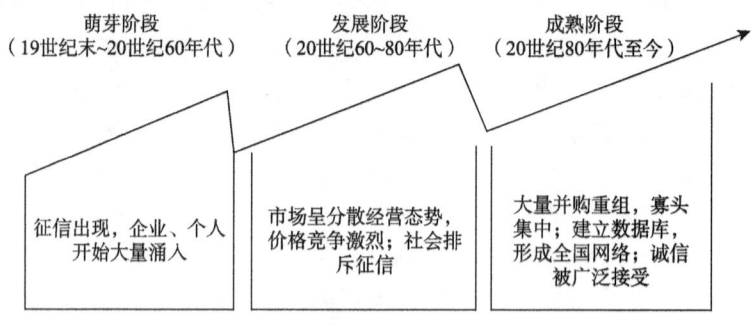

图1.3 日本诚信制度建设的发展历程

第一阶段，即萌芽阶段（19世纪末~20世纪60年代）：商业兴信所作为日本最早的企业诚信调查机构，于1892年成立。从此，日本诚信体系建设进入萌芽状态。公司成立初期，业务发展缓慢，会员数仅31家，并主要是面向银行提供诚信服务。《商业兴信所事业指南》是日本诚信体系行业的规章制度模型。到20世纪30年代，诚信市场需求增大，且市场门槛不高，管理较为松散，大量企业涌入诚信行业，呈现鱼龙混杂的局面。第二次世界大战时期，诚信业发展停滞，到20世纪50年代，随着经济发展，逐渐回暖。

第二阶段，即发展阶段（20世纪60~80年代）：随着征信市场的发展，20世纪60年代，出现征信寡头企业，其中帝国数据银行与东京商工占市场份额已经达到60%~70%。日本家电、汽车等开始普及，从而诱发电器、汽车厂商的消费信贷业务急速膨胀。《分期付款销售法》的制定，为日本现代消费信贷产业奠定了基础。

第三阶段，即成熟阶段（20世纪80年代至今）：1986年，株式会社日本信用信息中心成立，日本33家地方个人信用信息中心组成消费信息金融行业联合中心,实现全国范围信用信息查询与报送的电子网络化。1988 年,日本全国的银行个人信用数据库成立,并实现了信用信息的统一管理,包括信用销售公司、担保公司、信用卡公司、消费者金融公司在内的机构完成全国联网,寡头集中日趋明显,诚信业务被广泛接受。

在对个人隐私的保护上,日本同样颁布了多项法律,如 1988 年 12 月颁布了《行政机关保有的电子计算机处理的个人信息保护法》;2003 年通过了关于个人信息、行政机关保有的个人信息等处理方式的法案,包括《个人信息保护法》等在内的五部法律条文,其被称为"个人信息保护关联五法"(曹德飞,2011),对个人信息的保护提供了强有力的支持。在对征信机构进行管理方面,有《贷金业规制法》与《分期付款销售法》,规定征信机构保有的信息只能用于调查消费者的偿债能力或支付能力。在对政府信息的公开上,先后出台了《行政改革委员会行政信息公开法纲要》《关于行政机关保有的信息公开的法律》等,这些法律法规为征信机构在收集、处理政府相关部门信息方面,提供了强有力的法律保障。

日本的《个人信息保护法》于 2003 年 5 月出台,并于 2005 年 4 月全面实施,其基本思想是正确处理个人的信息保护与使用之间关系,确立个人信息保护原则。2005 年实施的《个人信息保护法》共有六章。主要内容包含:①对《个人信息保护法》制定的目的、基本理念、政府制定方针等做出明确的阐述;②明确国家、地方公共团体的职责及法制上的措施等;③提出个人信息保护的基本方针,以及国家及地方公共团体处理个人信息的措施;④个人信息处理从业者义务,民间团体对个人信息的保护等;⑤《个人信息保护法》适用例外规定;⑥违反《个人信息保护法》的处罚规定。《个人信息保护法》自实施后,在日本产生了一些积极的影响。日本多家企业将个人信息保护放到首要位置,希望借此获得消费者信赖。各金融机构对于个人信息的管理从以前的杂乱无序转变为现在的储存有章、保存有序。

1999 年 5 月日本通过了《关于行政机关所保有的信息公开的法律》,其主要分为 4 章,包含 44 条。主要内容有:①立法目的;②允许公开的行政机关及文书范围;③信息公开的请求者,规定任何人包括外国人都可提出公开请求;④公开信息的程序及审理流程;⑤对于不予公开的信息界定;⑥信息公开的申诉及诉讼管理特例等。

日本的征信立法模式与美国相似,注重信用信息的流通,尤其是在行政机关及个人信息的公开与保护方面,制定了专门的法律。具体的特点有:①征信立法既有综合式的立法模式,又有专门适用公共部门的法律,如《个人信息保护法》确立了分别适用于公共部门与非公共部门的基本原则。②立法上不断完善对隐私权的相关保障,如 1988 年出台了保护中央政府机关电子计算机处理的个人信息的《行政机关保有的电子计算机处理的个人信息保护法》,随后又相继出台了《个人信息保护法关联五法》。③立法促进政府信息公开。注重行政机关信息开放，在对行政机关的信息公开上出台了一系列的法律。这些法律对日本的行政改革作出了重要贡献，使得民众可以对政府的工作进行评价，从而进一步实现公正、民主的行政运作，也增强了民众监督和参与的意识。

1.1.4 韩国诚信制度历史及法律环境

不同于欧美日国家，韩国的征信业着力于信息共享与行业基本框架的建立，并呈现出两级行业架构与三种共享模式特点。两级行业架构主要是非营利性的信息等级机构与以营利为目的的私营征信公司。三种共享模式主要有：强制金融机构把信用信息报送韩国银行联合会；通过协会或公司集团实现行业内部信息共享；通过商业合同收集其他信息。可见，韩国银行联合会依据国家强制力将全国范围内的信用信息集中，同时依法向其他机构提供信息，实现信息共享。根据韩国诚信发展历程，可将其概括为三个阶段，见图1.4。

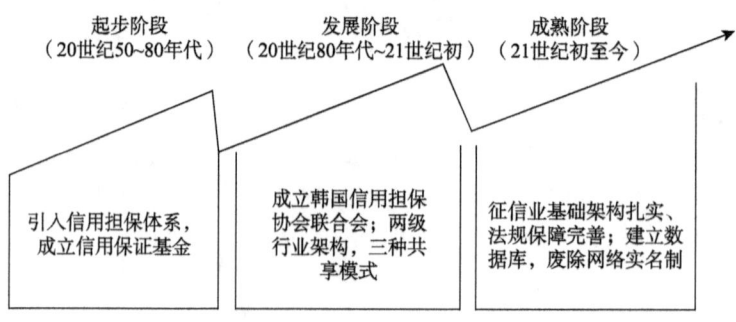

图1.4 韩国诚信制度建设的发展历程

第一阶段，即起步阶段（20世纪50~80年代）：1950年，韩国为了筹措土地改革资金，成立四家证券公司发行土地补偿债券。1956年3月，成立大韩股票交易所。20世纪60年代，韩国引入信用担保体系，并建立信用担保储备金体系。1967年《中小企业信用保证法案》颁布实施。1976年，韩国的信用担保基金成立，这也是韩国第一家专门为中小企业提供融资信用保证的机构。该基金是基于《韩国信用担保基金法案》设立的，主要是通过信用信息和有效管理为缺少抵押物及信用记录的企业提供信用担保。这些为韩国的诚信发展奠定了相应的基础。

第二阶段，即发展阶段（20世纪80年代~21世纪初）：1981年，韩国发布《资本市场国际化计划》，其证券市场开启了国际化进程。1989年，韩国设立了技术保证基金，其目的是促进中小企业的技术创新，这标志着韩国的诚信建设进入发展的新时期。1995年,《信用信息使用及保护法》(简称《信用信息法》)颁布,基于此,"两级行业架构+三种共享模式"形成。1999年,《地域信用保证基金法案》颁布实施,并于次年成立韩联会,标志韩国全国信用保证体系建立。

第三阶段,即成熟阶段(21世纪初至今):在挣脱亚洲金融危机的泥沼后,信用卡业务在韩国得到了飞速发展。由于信用风险失控,2003年,韩国爆发信用卡危机。为健全个人的信用体系,韩国成立个人征信机构。2002年2月KIS公司成立,共享成员机构48家;同年11月,NICE公司成立,数据共享成员达到111家,成为数据共享成员最多的私营机构;到2006年2月,KCB成立征信机构,主营信用报告,不从事商账追收与信用咨询。自此,韩国的诚信发展逐步走向成熟。

作为世界上互联网最普及的国家之一,韩国对互联网的监管措施非常严格,出台了多项保障网络安全、规范网络信息管理的法律法规。同时,仿照美国和日本,制定了涉及公共部门与保护个人隐私的法律,如《电子通信基本法》(1983年)、《电子通信事业法》(1983年)、《通信秘密保护法》(1993年)、《个人信息保护法》(1995年)等,另外在规范信用管理与政府信息方面也做了相应规定。

1995年《信用信息法》颁布,它经过韩国的国会批准通过,法律的效力也最高,是韩国诚信建设的基本法律法规。总共分为6章30条,包信信息收集、加工、使用、保护;可以收集的信息、信用信息的发布、管理、使用;消费者权利的保护与争议处理等。具体有:①《信用信息法》立法的目的,指出立法为规范征信业、防止信用信息滥用、保护个人隐私、维护市场秩序等。②详细界定信用信息的主体、征信业务、机构及信用信息的提供者与使用者等。规定了四种征信业务,包括信息的登记查询、业务调查、追收、信用评价。③明确信用信息传播遵循的原则,即准确、最新、保密及责任明确性。④消费者个人、企业信用信息的收集与报告,以及对于有争议的信用信息的处理流程等。《信用信息法》中首次引进了信用不良者概念,规定对金融交易等关于商业往来中发生的付款或贷款等债务无故不履行偿还义务者,为信用不良者(田泽,2007)。

1998年,韩国颁布实施了《公共机关信息披露法》,其目的是针对公共部门的信息公开与保护制定相应的法案,总共5章27条。具体内容包括:①立法的目的、法律使用用语的定义及信息公开原则与适用范围。包括信息、公开、公共机关的具体定义;公共机关管理、保存的信息,在规定的范围内允许公开等。②对信息请求公开的人员规定,以及公共机关履行的义务。包括公民及符合规定的外国人或团体可申请信息公开;公共机关对于信息保存、管理、公布等应做事项。③信息公开范围、流程、申请方法、费用等。包括禁止公开的信息范围及申请信息公开的流程;公共机构对信息公开与否的决定,以及信息公开、寄送等所需承担的费用。④申请人异议申请、裁决的规定。申请人对有关信息公开或不公开有异议时，可提出行政复议或诉讼的申请。⑤信息公开委员会的构成、设定及总括制度等。为审议与调整信息公开政策、标准等，设立信息公开委员会。委员会为信息公开制度提出建议时，行政安全部对信息公开实施做有效评价。

作为韩国诚信业发展的支柱，韩国银行联合会是韩国唯一一家中央信用信息集中登记机构，面向银行等金融机构，收集与诚信相关的个人与企业信用信息。韩国诚信业的法律法规体现出对信息主体权利的保护，对信息共享和使用的规范：①韩国的法律从根本上规定对个人隐私及自由的保护。②借鉴美日国家，建立信息保护体系，并制定相应的法律，如《公共机关信息披露法》（1998年）及专门针对信用保护的《信用信息法》（1995年）等。③作为互联网最普及的国家之一，出台数十部法律保护用户权益，如《电子通信基本法》（1983年）、《电子通信事业法》（1983年）等。

1.1.5　国外典型国家诚信制度体系建设总结

美、日、德、韩等国家在社会信用发展过程中，出台了一系列规范信用管理、个人隐私、政府信息等的法律法规，从而使得信用市场健康发展。例如，美国在20世纪70年代密集立法，约出台了12部信用法规，规范了社会、个人、政府信息等各个方面，使得其信用发展迅速，达到成熟阶段；日本从20世纪60年代开始信用业得到发展，目前已经发展得较为成熟，尤其在2003年通过了《个人信息保护法关联五法》，全方位多角度地对个人信息进行最大限度保护；德国的信用管理法规散见于民法、信贷法、数据保护法等法律法规中，在信用发展的不同阶段，依据形势出台了相应的信用管理法规；韩国的征信立法将公共与私人事业领域区分开，在保护商业秘密和个人隐私的同时，鼓励信用信息共享与公开，如《信用信息法》对征信业进行了全面、具体的规范。

通过对美、德、日、韩等国信用立法的总结分析可以看出，它们的立法比较完善，法律法规体系也在不断修改，以适应其发展。具体而言，这些国家在诚信体系建设上具有以下特点。

（1）信用立法比较完善，注重保护个人隐私。法律法规体系不断修改，以适应社会的发展。立法中强调以保护个人利益为目标，因此在规范个人隐私上，出台了一系列的法律法规。

（2）信用监管制度完善，个人信用意识强。各发达国家在诚信体系建设中强调对信息主体的保护，并要求监管机构提交监管报告，民众的信用意识较强。

（3）信用信息采集规范，开放程度高。在个人和企业的信用信息的采集和使用上都有明确的规定，不仅仅是个人信息，甚至政府部门的政务信息都做了详细的说明，这就使得这些发达国家的信用信息开放程度高，而这也保证了征信机构信用数据的来源，从而促进征信业在这些国家得到了长足的发展。

（4）征信内容广泛，互联网征信助其发展。金融、电信、电商、零售业等都逐步进入征信范围。征信数据的输出标准逐渐统一，便于在国内甚至国际上流通。互联网技术的快速发展及日益频繁的网上活动产生了海量数据，从而带动数据服务商行业的发展，互联网征信是传统征信业的有益补充。

1.2 我国国家层面诚信制度及其内容评价分析

1.2.1 我国诚信制度概况

我国的社会诚信体系建设虽然起步比较晚，但是也形成了一定的规模。社会各界已经开始重视个人信用，各地政府已经把社会诚信体系建设纳入本地社会发展规划，以促使社会诚信环境的好转。从20世纪90年代至今，我国的诚信体系建设先后经历起步、搭建征信平台及央行主导统筹等阶段，概括来讲，可分为三个阶段（中国行为法学会公司治理研究会，2015），见图1.5。

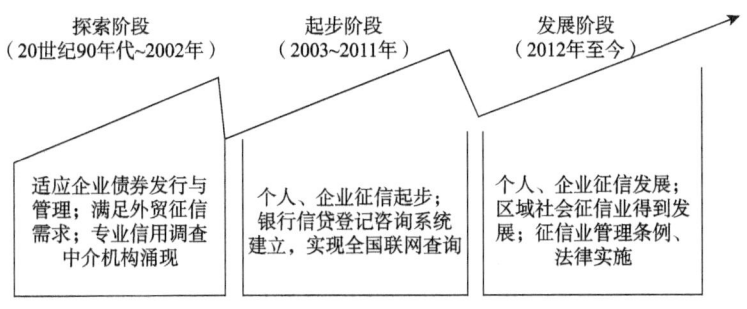

图1.5 我国诚信制度发展历程

第一阶段，即探索阶段（20世纪90年代~2002年）：20世纪90年代，为适应企业的债券发行及资本市场管理，一大批信用评估机构如大公、诚信、远东等相继涌现。1992年，中国的第一家全国性信用评级公司——中国诚信信用管理有限公司批准建立。随后多家信用评级公司纷纷建立。1997年，上海率先开展企业的信贷资信评级。1999年底，银行信贷登记咨询系统开始上线运行。2002年，市、省及总行的银行信贷系统三级数据库建立，从而实现了全国的联网查询。随着诚信逐渐被市场接受，信用调查、咨询等中介机构开始发展起来，我国的诚信体系开始萌芽。

第二阶段，即起步阶段（2003~2011 年）：国家加大诚信体系建设的力度，陆续出台重要的诚信法律法规，为我国诚信体系建设提供政策支撑。2003 年，国务院指出，本届政府用五年时间建立起与当前我国经济发展相适应的社会信用体系基本框架及运行机制。2005 年，《个人信用信息基础数据库管理暂行办法》制定实施。次年，中国人民银行设立了中国人民银行征信中心。此时，中外征信机构及中国人民银行与地方行业征信系统出现百花齐放的局面。2007 年，商务领域信用信息系统开通运行。2010 年，全国公路建设市场信用信息管理系统上线运行。

第三阶段，即发展阶段（2012 年至今）：我国诚信建设进入法制化、规范化阶段。2012 年 12 月，国务院会议通过《征信业管理条例》。该条例解决了我国诚信体系建设过程中无法可依的问题，对规范征信市场、保护信息主体的权益、推动社会诚信建设起到了重要的推动作用。2013 年 5 月，国家发展和改革委员会、中国人民银行及中央编办发布了《关于在行政管理事项中使用信用记录和信用报告的若干意见》，指出了要建立完善的社会信用主体信用的记录等。2014 年 1 月，国务院召开会议通过《社会信用体系建设规划纲要（2014—2020 年）》，该纲要对我国的信用体系建设进行了部署。2014 年 8 月，国务院公布了《企业信息公示暂行条例》，对信用信息的公示做了详细的规定，为构建披露企业信息中心搭建平台。2015 年，中国进入个人征信市场化元年，国务院、人民银行等发布多份指导意见，首次对个人征信机构要求细化，为中国诚信体系建设的发展提供了制度保障。

相比于发达国家，我国的诚信建设发展缓慢，直到 21 世纪才得到发展。而社会信用的发展离不开法律法规的保驾护航，但是我国目前关于国家层面上的信用法律法规较少，信用管理办法散见于我国的合同法、广告法、消费者权益保护法、证券、食品、旅游等法律法规及相应的部委规章中。通过在教育部、中国法律法规检索系统等网站中进行检索，共收集到与诚信相关的法律文件近百条，这些条款对我国的信用经济发展具有极大的促进作用。

早在 20 世纪 80 年代，教育部等出台了相应的中、高等学校学生行为准则，号召学生诚实守信，文明礼让，而这一时期也正好是我国信用发展的探索阶段，还未出台与信用相关的法律法规。到了 20 世纪 90 年代，我国的信用经济处于起步阶段，一些法律法规纷纷出台，进入 21 世纪，无论是与诚信相关的法律法规还是部委规章及文件等，出台的总数增长迅速，见图 1.6。此时，我国正处于信用发展阶段，急需相应的法律法规对信用市场进行规范，使之健康发展。

第1章 我国国家层面的诚信制度调研及国际比较 ·13·

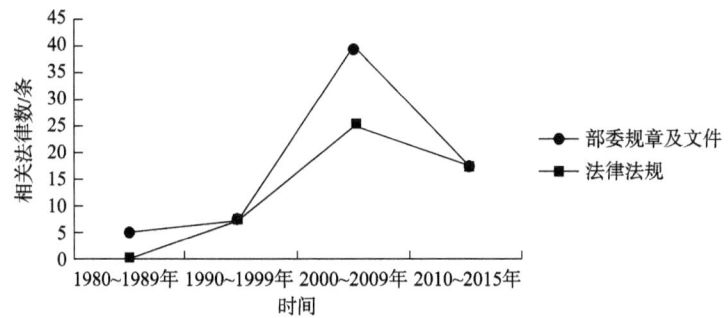

图1.6 我国信用发展不同阶段出台的相关法律数

20世纪90年代,我国的改革开放开始蓬勃发展,社会市场经济初具规模,而对信用体系的需求也随之产生,中国的诚信建设开始萌芽。1999年,中国最早的研究社会信用体系问题的专著——《建立国家信用管理体系》诞生,提出社会信用体系概念,社会信用体系基础理论初步形成(林钧跃,2012a)。同年,《中华人民共和国合同法》颁布实施。合同法对保护合同当事人的合法权益,维护社会的经济秩序,促进我国社会主义现代化的建设具有极其重要的作用。在合同的履行过程中,诚实守信是基础。2005年制定的《个人信用信息基础数据库管理暂行办法》,对我国的个人信用信息数据库进行了明确规定:该数据库是我国统一的个人信用信息共享平台。到了2013年,国务院会议通过的《征信业管理条例》,解决了我国征信业发展中无法可依的问题,并对推进我国诚信体系建设发展壮大起到了积极作用。根据我国诚信建设发展的不同阶段及立法特点,选取上述三部法律法规,深入分析相关条款,为进一步完善诚信法规提供参考。

1999年3月15日,中国第九届全国人民代表大会第二次会议审议通过《中华人民共和国合同法》,并于同年10月1日起实施。总共二十三章,分为四百二十八条,对合同的订立、效力、履行、变更、转让、违约责任及合同的分类等进行了规定。

(1)明确合同制定原则,完善合同制定的内容。《中华人民共和国合同法》制定的目的是保障当事人权益及维持经济秩序稳定。订立的合同应包含当事人的姓名、住所、标的、数量、价款、履行期限、地点、方式、违约所承担的责任、解决争议的方法等。规定合同可以采取要约、承诺等方式订立,并对要约与承诺的具体内容做了明确的规定。

(2)制定合同的履行内容,明确合同效力。指出当事人首先应本着诚信原则,依据合同约定履行义务。合同一旦生效,当事人可以就约定或约定不明确的问题,达成补充协议。对于生效的合同,当事人不能因姓名的变更或法人、负责人等的变动而不履行合同义务。对于依法成立的合同,即时生效。对于合同的效力,当事人可以约定附加的条件及期限。同时,对于无效的合同做了明确的规定。

（3）制定合同变更与转让措施，明确合同的权利义务终止条例。规定了经过当事人的协商后，合同可变更。对于不明确的变更内容，可视为未变更。另外，债权人可以将合同的权利转让给第三人，但须按照合同性质、法律规定等进行转让。同时，对债权人的义务转让也做了明确的规定。如果解除合同，在债务按照约定履行、债权人免除了债务及债权债务同归于一人等的情况下，合同的权利义务可以终止。

（4）明确违约责任，建立补救、赔偿损失机制，促进社会主体改善信用状况。对于未履行或履行不合规定的，应该采取相应措施进行补救或者承担违约责任。但是，如果当事人造成的损失远低于双方所约定的违约金，可以向仲裁机构申请仲裁，或者向人民法院提交申请适当减少赔付金额。而对于不可抗力发生的未能履行合同，法案中规定不能免除责任。

（5）针对不同合同，规范订立机制，完善合同管理制度。对各种不同的合同做了明确约定、分类。提出了包括买卖、供用电、水、气、热力、赠与、借款、租赁、融资租赁、承揽、建设工程等在内的十五种合同，对每种合同的内容、当事人的权益与义务、承担的责任等做了详细规定。

2005年10月，《个人信用信息基础数据库管理暂行办法》颁布实施。内容分为七章四十五条，规定了个人信息的范围、采集、查询、管理、异议处理等，同时制定了对涉嫌违法的机构和个人的惩戒措施。

（1）明确个人信用信息内容，制定信息报送与整理程序。个人信用信息基础数据库由中国人民银行统筹安排，同时设立信用信息服务中心。其中，个人的征信内容包括个人基本信息、信贷交易信息及反映个人的信用状况等信息。规定了商业银行应及时、准确、完整报送个人信用信息，不能擅自更原始数据，不能向违规建立的个人数据库提供个人信息。

（2）明确个人信用信息业务查询范围，制定异议处理办法。规定了商业银行在办理个人贷款、贷记卡申请、贷后风险管理等业务时，可以向个人信用数据库查询其信用报告。对于有异议的信用信息，个人有权向主管部门提出异议申请。根据异议信息产生的原因，《个人信用信息基础数据库管理暂行办法》提出了相应的处理方法。

（3）制定个人信用信息管理操作规程，提升信息安全使用专业化水平。规定商业银行应制定相应的个人信用信息报送、查询、安全管理等方面的操作规章；建立信息查询用户的职责规程。规定管理员用户不允许直接查询个人的信用信息。

（4）建立违反管理制度与操作规程的惩戒措施，改善个人信用信息管理状况。对于商业银行违反操作规程与管理制度的，给予警告，甚至罚款1万~3万元，并给予直接负责的高级管理人员纪律处分，涉嫌犯罪的应移交司法机关；

对于违反规定的征信服务工作人员，给予行政处分，情节严重的移交司法机关处理。

2013年3月，《征信业管理条例》颁布实施。内容分为八章四十七条，规定了经营个人征信业务与企业征信业务的征信机构设立条件、破产管理办法，明确了征信业管理规则，如个人信息、企业信息的采集，制定了异议信息的处理办法、金融信用信息的管理监督原则，提出了违反《征信业管理条例》的惩戒措施等。

（1）设定征信机构经营条件，提高征信机构经营水平。对经营个人征信业务的征信机构准入条件做了详细说明。规定设立经营企业征信业务的征信机构须提交营业执照、业务范围、股权结构等证明文件，以及制定风险防范措施。同时，规定了解散或破产的征信机构的信用信息数据处理办法。

（2）明确征信业规则，完善信用信息的采集、处理、保存等管理制度。对个人的不良信息及禁止采集的个人信息做了明确规定。并对信息主体查询的个人信息用途做了说明。明确了征信机构采集企业信息渠道、工作人员查询个人信息的流程与权限。提出征信机构向境外个人或机构提供信用信息的管理办法。

（3）制定了异议信息处理办法，设立金融信用信息数据库，改善信用信息管理质量。信息主体对于有误的个人信息，有权提出异议申请，征信机构应在规定的期限内核实，确实存在错误的，应及时更正。为防范金融风险，促进金融业发展，建立金融信用信息数据库。对金融数据库接收内容、信息查询、监督管理、服务费用等做了明确规定。

（4）明确违法行为，制定惩戒措施，加强信用平台建设。依法取缔未经征信业监督管理部门批准建立的个人及企业征信机构，甚至追究刑事责任。对于违反规定的金融信用信息数据库管理人员及运行机构，处以数额不等的罚款，情节严重的依法追究刑事责任。而对于征信业的监督管理部门及其工作人员，由于徇私舞弊等给信息主体造成伤害的，依据情节严重程度，给予处分，甚至追究刑事责任。

1.2.2 基于制度内容层面的我国诚信制度评价

诚信制度的内容、条款评价是诚信制度推行实施的重要环节，为了科学、客观、有效地评估诚信相关制度，必须有针对性地设计诚信制度内容评估指标体系，指标体系中的各项指标要能够全面、准确反映相关制度的实施效果。建立诚信制度评估指标体系，首先要确立评估指标的不同维度，然后在此基础上进行指标的遴选和确定。对制度进行评估时，首先要考虑制度环境，制度反映了社会中存在的严重性高、影响深远的问题，好的制度往往脱胎于社会各阶层迫切需要解决的严重社会问题；在明确的制度环境上，制定政策的过程应公正透明，制度目标应明确可行,制度内容应科学可靠,确保政策本身的定位精确、科学合理;而制度执行力是制度评估的关键维度,制度的执行力不仅包含制度执行中个体及组织的执行能力,而且体现了把握制度执行原定目标及方向的能力,还包括了制度执行过程中所表现出的执行力度;制度预期绩效是直观表现制度实施效果的重要维度,制度的实施最终表现在是否达到了预期的目标,制度实施所投入的人力、物力各项资源的单位时间成果,制度实施后社会各阶层的反馈结果及满意度等。制度在环境、内容、执行力及绩效等不同维度下各个指标的最终表现,整体反映了相关制度实施全过程的评估结果。根据诚信制度评价指标构建原则,并通过专家问卷调查及梳理相关文献(葛小抱,2014;马自强等,2003;宋健峰和袁汝华,2006),筛选出诚信制度评估指标体系,见表1.1。

表1.1 诚信制度评估指标体系

一级指标	二级指标	指标说明
制度环境 C_1	诚信问题的社会现象 C_{11}	政策所对应的社会诚信问题的严重性,政策的产生应脱胎于现实的社会现象,问题越严重,制度必要性越强
	诚信制度的必要性 C_{12}	相关政策制定的迫切性,相关社会问题是否需要制定政策,公众与企业的诚信意识是否高
制度内容 C_2	政策制定过程的权威性 C_{21}	政策的整个制定过程是否科学完整,是否充分考虑社会各阶层的意见,足够公正透明
	政策目标的明确性 C_{22}	目标明确、具体,文字表达清楚,诚信制度的技术差异等不会使人认知困难或产生歧义
	政策目标的可行性 C_{23}	制定的政策在政治、经济、文化、技术、人员、法制、道德等方面上是否可行
	政策内容的科学性 C_{24}	政策方案是否建立在可靠的现实基础上,是否经过充分论证,是否具有适应性;与政策领域内外的其他政策的一致程度及政策执行是否始终如一;政策实施给目标群体、诚信机构、社会带来的利益,以及可能给个人、群体、社会在物质、精神上带来的损失
制度执行力 C_3	主体对制度执行的影响 C_{31}	主体的年龄、性别、性格、爱好、经验、知识背景及诚信教育普及等对政策执行的影响
	组织对制度执行的影响 C_{32}	组织的人员配备、层级设置、规章条例、内外部流动性等对政策执行的影响
	政策执行的着力方向 C_{33}	政策在宏观上是否与使受众满意的大方向吻合,在微观上是否与政策目标吻合
	政策执行客体参与度 C_{34}	政策目标群体参与政策制定过程的程度,通过参与政策制定以实现自己的利益诉求,在制定过程中得到政策制定者的考虑
	政策执行的资源配套 C_{35}	政策执行过程中对所需的人、财、物等各类资源整合利用的效度,可以通过政策执行过程中的人力与费用成本来测度,如果执行过程中的人力与费用成本越低,则资源的利用率越高
	政策执行的组织机制 C_{36}	政策执行过程中组织及组织之间的沟通协调机制及政府的监督、失信奖惩机制等行为是否完善
	政策执行的环境适应度 C_{37}	政策执行中对环境的适应程度,政策执行过程中,需要灵活调整工作方法以适应不断变化的社会环境

续表

一级指标	二级指标	指标说明
制度预期绩效 C_4	政策预期效果 C_{41}	政策的预定目标的实现程度与政策功能的发挥程度
	政策预期效率 C_{42}	政策的投入与政策的结果得失情况，政策实施所投入的各项资源在单位时间表现出的实施结果表明了政策的效率
	政策预期满意程度 C_{43}	通过政策实施效果的满意程度，反映诚信教育状况、政策的当前表现与长远效果、政策对区域和全局的影响

由于社会环境复杂，影响诚信制度的因素众多、相互关联，因而制定出合适的诚信制度评估体系是一项复杂的任务。作为一种图模型，模糊认知图（Kosko，1986）在解决复杂因素内在因果关联关系、模拟复杂系统、表达人类思维、整合专家知识及辅助决策等方面具有较强的知识表示与推理能力（Papageorgiou et al.，2017），与传统推理方法如贝叶斯网络等相比，模糊认知图可以克服因素、属性等要求独立这样的限制（崔军辉，2015），且能表示Markov、树结构等难以表示的动态反馈因果系统（张桂芸等，2007），因而在实际中得到了广泛应用。目前，模糊认知图被应用于环境评价（Mourhir，2016）、化工检测（Mendonca et al.，2013）、医疗规划（Salmeron and Papageorgiou，2012）、住房市场预测（Azadeh et al.，2012）、企业安全文化评估（Ruan et al.，2012）等领域。

考虑到诚信制度影响因素相互关联，制度内容动态发展变化，本节利用模糊认知图对诚信制度影响指标进行推理分析。模糊认知图在建立诚信制度影响指标因素模型方面有着能模拟动态情形的独特之处。以往绩效评价大多考虑的是静态状态的方法、模型，即收集到各指标属性值后，输出当前综合评价值或等级。然而，现实状况是社会诚信的发展随着其影响指标的发展而变化，模型中的多数状态值或参数不确定、动态变化。而模糊认知图正是处理反馈现象、表达动态情形非常有效的方法，不仅可以表示影响指标间直接的、间接的相互关联关系，还可以表示影响指标间的因素影响强度，进而对各指标因素做出详细的动态分析。通过模糊认知图中的计算方法，对各指标进行不断迭代以达到稳定状态，从而分析诚信影响指标的发展态势，找出问题所在，为下一步的计划、发展提供决策参考。

模糊认知图是一种软计算方法，它可以用一个四元组 (C,W,X,f) 表示，其中 $C=\{C_1,C_2,\cdots,C_n\}$ 表示构成模糊认知图的概念节点集。W 为模糊认知图的邻接矩阵，$W:(C_i,C_j)\to w_{ij}$，$w_{ij}\in[-1,1]$ 反映了节点 C_i 与 C_j 间的因果关系强度。若 $w_{ij}>0$，则节点 C_i 与 C_j 存在正因果影响关系，即 C_i 的变化引起 C_j 同向变化；若 $w_{ij}<0$，则节点 C_i 与 C_j 存在负因果影响关系；若 $w_{ij}=0$，则节点 C_i 与 C_j 不存在相互关联的关系。$X:C_i\to x_i$ 表示节点 C_i 在 k 时刻的状态：$X(k)=$

$[x_1(k), x_2(k), \cdots, x_n(k)]$。$f: R \to [-1,1]$ 为阈值函数，以保证节点迭代值在允许范围内。

模糊认知图通过以下方式实现推理、预测：

$$x_j(k) = f\left(\sum_{i=1}^{n} x_i(k-1) w_{ij}\right) \quad (1.1)$$

其中，$f(x)$ 为 Sigmoid 函数（Papageorgiou et al., 2009）：

$$f(x) = \frac{1}{1 + e^{-\lambda x}}, \lambda > 0 \quad (1.2)$$

模糊认知图的状态空间事先由初始条件确定，通过函数 $f(x)$ 的转换，最终系统达到稳定或循环状态，甚至出现混沌状态（崔军辉，2015）。

本节基于模糊认知图，对上述三部法律法规《中华人民共和国合同法》（1999 年）、《个人信用信息基础数据库管理暂行办法》（2005 年）、《征信业管理条例》（2013 年），进行模拟仿真，分析其在上述指标下的发展态势。具体步骤如下：

Step 1：运用模糊认知图构建诚信制度评估指标相互影响的网络图，并确定因果影响关系，见图 1.7。其中的"+"、"-"分别表示指标间存在的正、负因果影响关系。

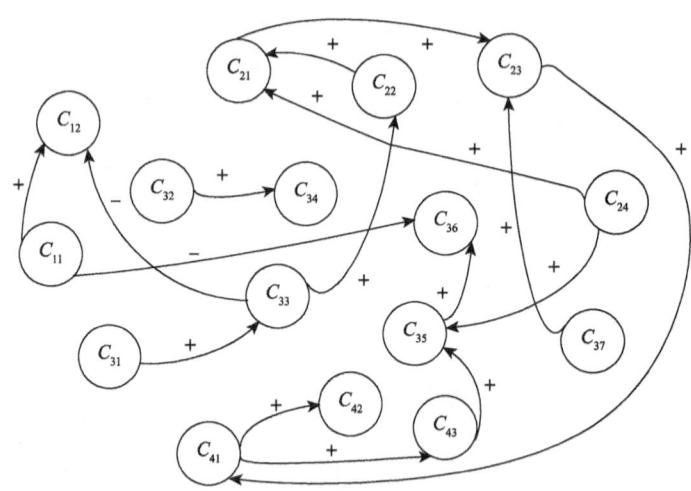

图 1.7　诚信制度指标模糊认知图

根据诚信制度影响指标的内容、范畴，及各指标间的因果影响关系，我们设计了问卷调查表（见附表 1），并绘出各指标间的模糊认知图（图 1.7）。诚信问题的社会现象（C_{11}）越严重，诚信政策的制定越迫切（C_{12}），两者之间存在正相关的关系。而诚信问题的社会现象（C_{11}）越严重，则政策执行过程中组织间的沟通协调机制以及组织的监督、奖惩机制等就不够完善，因而政策执行的组织机制（C_{36}）需要加强，两者存在负相关的关系。另外，政策的整个制定过程越科学完整，并充分考虑社会各阶层的意见，且足够公正透明，即政策制定过程越权威（C_{21}），则制定的政策实施在政治、经济、文化、技术、人员等方面上就更加可行，即政策目标的可行性（C_{23}）越好，从而 C_{21} 与 C_{23} 存在正相关关系。而政策的内容明确、具体，文字表达清楚，不会使人认知困难或产生歧义，即政策目标越明确（C_{22}），就更能体现政策制定过程的权威性（C_{21}），所以 C_{22} 与 C_{21} 存在正相关关系。通过问卷调查得到了各影响指标间的因果关系、影响强度，最终确定诚信制度影响指标的模糊认知图（图1.7）。

Step 2：确定关联矩阵。根据诚信制度指标模糊认知图，并通过专家调研获得影响因素关联矩阵 W，其中 w_{ij} 表示指标因素 i 对 j 的影响程度。

$$W = \begin{bmatrix} 0 & 0.8 & 0 & 0 & 0 & 0 & 0 & 0 & 0 & 0 & -0.4 & 0 & 0 & 0 & 0 & 0 \\ 0 & 0 & 0 & 0 & 0 & 0 & 0 & 0 & 0 & 0 & 0 & 0 & 0 & 0 & 0 & 0 \\ 0 & 0 & 0 & 0 & 0.6 & 0 & 0 & 0 & 0 & 0 & 0 & 0 & 0 & 0 & 0 & 0 \\ 0 & 0 & 0.2 & 0 & 0 & 0 & 0 & 0 & 0 & 0 & 0 & 0 & 0 & 0 & 0 & 0 \\ 0 & 0 & 0 & 0 & 0 & 0 & 0 & 0 & 0 & 0 & 0 & 0.4 & 0 & 0 & 0 & 0 \\ 0 & 0 & 0.5 & 0 & 0 & 0 & 0 & 0 & 0 & 0.3 & 0 & 0 & 0 & 0 & 0 & 0 \\ 0 & 0 & 0 & 0 & 0 & 0 & 0 & 0.7 & 0 & 0 & 0 & 0 & 0 & 0 & 0 & 0 \\ 0 & 0 & 0 & 0 & 0 & 0 & 0 & 0 & 0 & 0.6 & 0 & 0 & 0 & 0 & 0 & 0 \\ 0 & -0.2 & 0 & 0.4 & 0 & 0 & 0 & 0 & 0 & 0 & 0 & 0 & 0 & 0 & 0 & 0 \\ 0 & 0 & 0 & 0 & 0 & 0 & 0 & 0 & 0 & 0 & 0 & 0 & 0 & 0 & 0 & 0 \\ 0 & 0 & 0 & 0 & 0 & 0 & 0 & 0 & 0.7 & 0 & 0 & 0 & 0 & 0 & 0 & 0 \\ 0 & 0 & 0 & 0 & 0 & 0 & 0 & 0 & 0 & 0 & 0 & 0 & 0 & 0 & 0 & 0 \\ 0 & 0 & 0 & 0 & 0.5 & 0 & 0 & 0 & 0 & 0 & 0 & 0 & 0 & 0 & 0 & 0 \\ 0 & 0 & 0 & 0 & 0 & 0 & 0 & 0 & 0 & 0 & 0 & 0 & 0 & 0 & 0.7 & 0.8 \\ 0 & 0 & 0 & 0 & 0 & 0 & 0 & 0 & 0 & 0 & 0 & 0 & 0 & 0 & 0 & 0 \\ 0 & 0 & 0 & 0 & 0 & 0 & 0 & 0 & 0.6 & 0 & 0 & 0 & 0 & 0 & 0 & 0 \end{bmatrix}$$

对诚信影响指标间的关系采用专家打分，按照[-1，1]区间值确定指标因素间影响强度，绝对值越大说明正、负相关的影响强度越大。为得到较为全面合理的影响度值，采用问卷调查的形式（见附表2），调查对象选择来自政府、高校、社会法律人士等，因为其对我国诚信制度的内容、条款较为熟悉。假设其权重相同，根据

$$w_{ij} = \frac{w_{ij}^1 + w_{ij}^2 + w_{ij}^3 + w_{ij}^4 + w_{ij}^5 + \cdots + w_{ij}^n}{n} \tag{1.3}$$

确定影响强度值，其中，$w_{ij}^l(l=1,2,\cdots,n)$ 表示第 l 位被调查者给出的第 i 个指标因素对第 j 个指标因素的判断值。

Step 3：节点初始值的确定。通过中国法律法规检索系统，分别检索查阅《中华人民共和国合同法》（1999 年）（A_1）、《个人信用信息基础数据库管理暂行办法》（2005 年）（A_2）、《征信业管理条例》（2013 年）（A_3），按照 Delphi 方法，采用问卷调查的形式（见附表 2），邀请领域内的专家与高校学者，同上面指标影响因素间影响强度的测算方法，采用平均值计算，最终得到不同诚信制度文件 A_1、A_2、A_3 在各属性下的初始值。各诚信制度在不同属性下的初始值如表 1.2 所示。

表 1.2 诚信制度评估初始值

指标	C_{11}	C_{12}	C_{21}	C_{22}	C_{23}	C_{24}	C_{31}	C_{32}	C_{33}	C_{34}	C_{35}	C_{36}	C_{37}	C_{41}	C_{42}	C_{43}
A_1	0.7	0.8	0.8	0.4	0.7	0.6	0.3	0.5	0.7	0.4	0.5	0.6	0.6	0.6	0.5	0.6
A_2	0.7	0.8	0.8	0.4	0.6	0.4	0.8	0.7	0.3	0.2	0.4	0.5	0.4	0.5	0.4	0.6
A_3	0.8	0.8	0.8	0.5	0.7	0.6	0.7	0.6	0.6	0.7	0.6	0.4	0.5	0.7	0.6	0.7

Step 4：对属性值迭代以达到稳定状态。根据公式 $U_i^{t+1}=f\left(\sum_{j=1}^n U_j^t w_{ji}\right)$ 迭代，得到稳定状态，其中，w_{ji} 为 W 中的元素，U_j^t 为 $A_s(s=1,2,3)$ 中时刻 t 的分量，$f=\dfrac{1}{1+\mathrm{e}^{-\lambda x}}$，$\lambda>0$，为减少迭代次数，取 $\lambda=1$（Papageorgiou et al.，2009），对于 A_1 [《中华人民共和国合同法》（1999 年）]，通过不断迭代得到稳定值，见表 1.3。对于 A_1 在不同属性下的初始状态值为 $A_1^{t_0}$，即为表 1.2 中 A_1 行对应的数值，通过迭代五次，达到稳定状态（此时 $A_1^{t_0+4}$ 与 $A_1^{t_0+5}$ 列中对应的数据相同），如 A_1 在属性 C_{12}（诚信制度的必要性）下，由初始的状态值 0.8，降为稳定状态时的 0.570 2，说明随着法律完善，主体的诚信意识提高，相关社会问题得到了有效解决，政策制定的迫切性有所缓和，从而在该指标下的状态值有所降低。

表 1.3 诚信制度 A_1 迭代状态值

指标	$A_1^{t_0}$	$A_1^{t_0+1}$	$A_1^{t_0+2}$	$A_1^{t_0+3}$	$A_1^{t_0+4}$	$A_1^{t_0+5}$
C_{11}	0.7	0.500 0	0.500 0	0.500 0	0.500 0	0.500 0
C_{12}	0.8	0.603 5	0.571 9	0.570 2	0.570 2	0.570 2
C_{21}	0.8	0.593 9	0.590 0	0.589 3	0.589 5	0.589 5
C_{22}	0.4	0.569 5	0.555 0	0.558 4	0.558 4	0.558 4

续表

指标	$A_1^{t_0}$	$A_1^{t_0+1}$	$A_1^{t_0+2}$	$A_1^{t_0+3}$	$A_1^{t_0+4}$	$A_1^{t_0+5}$
C_{23}	0.7	0.706 8	0.647 1	0.646 6	0.646 5	0.646 5
C_{24}	0.6	0.500 0	0.500 0	0.500 0	0.500 0	0.500 0
C_{31}	0.3	0.500 0	0.500 0	0.500 0	0.500 0	0.500 0
C_{32}	0.5	0.500 0	0.500 0	0.500 0	0.500 0	0.500 0
C_{33}	0.7	0.552 3	0.586 6	0.586 6	0.586 6	0.586 6
C_{34}	0.4	0.574 4	0.574 4	0.574 4	0.574 4	0.574 4
C_{35}	0.5	0.631 8	0.627 3	0.626 5	0.626 5	0.626 5
C_{36}	0.6	0.517 5	0.560 3	0.559 5	0.559 4	0.559 4
C_{37}	0.8	0.500 0	0.500 0	0.500 0	0.500 0	0.500 0
C_{41}	0.6	0.569 5	0.570 2	0.564 3	0.564 3	0.564 3
C_{42}	0.5	0.603 5	0.598 4	0.598 5	0.597 5	0.597 5
C_{43}	0.6	0.617 7	0.612 0	0.612 1	0.611 0	0.611 0

由表 1.3 中数据可见，通过不断迭代各属性值达到稳定状态。A_1 中不同属性的发展态势，见表 1.4。根据 A_1 在不同属性下的初始值及稳定状态时的值，可以得到各属性的发展态势，如 A_1 在 C_{11} 下由初始的状态值 0.7，经过迭代，降为稳定状态时的 0.500 0，整体呈下降趋势；而在 C_{22} 下由初始的 0.4 经过五次迭代，升为稳定时的 0.558 4。

表 1.4 诚信制度 A_1 不同属性的发展态势

指标	C_{11}	C_{12}	C_{21}	C_{22}	C_{23}	C_{24}	C_{31}	C_{32}	C_{33}	C_{34}	C_{35}	C_{36}	C_{37}	C_{41}	C_{42}	C_{43}
发展态势	↓	↓	↓	↑	↓	↓	↑	→	↓	↑	↑	↓	↓	↓	↑	↑

如在 C_{11}（诚信问题的社会现象）下，属性值降低，说明目前合同欺诈现象相比以前逐渐减少，趋于缓和。《中华人民共和国合同法》于 1999 年 10 月 1 日开始实施，当时利用合同欺诈危害国家及社会利益的情况十分严重，工商行政部门加强合同监管的任务艰巨。为适应当前形势，健全合同管理，稳定监管队伍，经九届全国人大二次会议通过，国家工商行政管理局特颁布该法案，该法案的制定在很大程度上遏制了合同欺诈现象，因而 C_{11} 下属性值逐渐降低。在 C_{22}（政策目标的明确性）下，属性值得到提高，说明该法案目标越来越明确、具体，文字表达得也越来越清楚，不会使人认知困难或产生歧义。这主要归功于最高人民法

院对《中华人民共和国合同法》中的问题做了解释。在 1999 年 12 月及 2009 年 4 月,最高人民法院审批委员会第 1090 次及 1462 次会议,分别对合同法使用的范围、诉讼时效、合同效力、代位权、撤销权、合同转让中的第三人,合同的订立、履行、效力、违约责任等做了详尽的说明,因而该属性值趋于上升。而在 C_{37} 下(政策执行的环境适应度),指标值大幅度降低,即政策执行中对环境的适应程度不够,对不断变化的社会环境难以做到灵活调整。《中华人民共和国合同法》提出当事人行使权利、履行义务应当遵循诚实信用原则,然而,民事立法对于维护诚信主要体现在民事责任和救济等方面。如果以民事责任维护诚信,则失信的成本较低。通过罚款等措施对失信企业进行惩罚,对于过去的限额已不能满足现实的需求,应当根据现阶段实际情况进行调整。这就使得总体上政策满意度 C_{43} 得到了提升,但整体效果(C_{41})不佳。

对于 A_2[《个人信用信息基础数据库管理暂行办法》(2005 年)],根据公式 $U_i^{t+1} = f\left(\sum_{j=1}^{n} U_j^t w_{ji}\right)$ 迭代,得到 A_2 各指标的稳定状态,其中,w_{ji} 为 W 中的元素,U_j^t 为 A_2 中时刻 t 的分量,通过不断迭代得到稳定值,见表 1.5。A_2 在不同属性下的初始状态值为 $A_2^{t_0}$,即为表 1.2 中 A_2 行对应的数值,通过迭代五次,达到稳定状态(此时 $A_2^{t_0+4}$ 与 $A_2^{t_0+5}$ 列中对应的数据相同)。

表 1.5 诚信制度 A_2 迭代状态值

指标	$A_2^{t_0}$	$A_2^{t_0+1}$	$A_2^{t_0+2}$	$A_2^{t_0+3}$	$A_2^{t_0+4}$	$A_2^{t_0+5}$
C_{11}	0.7	0.500 0	0.500 0	0.500 0	0.500 0	0.500 0
C_{12}	0.8	0.622 5	0.567 8	0.570 2	0.570 2	0.570 2
C_{21}	0.8	0.569 5	0.588 1	0.589 7	0.589 5	0.589 5
C_{22}	0.4	0.530 0	0.563 3	0.558 4	0.558 4	0.558 4
C_{23}	0.6	0.663 7	0.643 8	0.646 3	0.646 5	0.646 5
C_{24}	0.4	0.500 0	0.500 0	0.500 0	0.500 0	0.500 0
C_{31}	0.8	0.500 0	0.500 0	0.500 0	0.500 0	0.500 0
C_{32}	0.7	0.500 0	0.500 0	0.500 0	0.500 0	0.500 0
C_{33}	0.3	0.636 5	0.586 6	0.586 6	0.586 6	0.586 6
C_{34}	0.2	0.603 5	0.574 4	0.598 7	0.574 4	0.574 4
C_{35}	0.4	0.617 7	0.624 6	0.626 2	0.626 4	0.626 4
C_{36}	0.5	0.500 0	0.557 8	0.559 0	0.559 3	0.559 3
C_{37}	0.4	0.500 0	0.500 0	0.500 0	0.500 0	0.500 0
C_{41}	0.5	0.559 7	0.566 0	0.564 0	0.564 3	0.564 3
C_{42}	0.4	0.586 6	0.596 7	0.597 8	0.597 4	0.597 4
C_{43}	0.6	0.598 7	0.610 1	0.611 3	0.610 9	0.610 9

A_2 中不同属性的发展态势,见表 1.6。

表 1.6 诚信制度 A_2 不同属性的发展态势

指标	C_{11}	C_{12}	C_{21}	C_{22}	C_{23}	C_{24}	C_{31}	C_{32}	C_{33}	C_{34}	C_{35}	C_{36}	C_{37}	C_{41}	C_{42}	C_{43}
发展态势	↓	↓	↓	↑	↑	↑	↓	↓	↑	↑	↑	↑	↑	↑	↑	↑

通过不同属性的发展态势可以发现,中国人民银行于 2005 年颁布实施的《个人信用信息基础数据库管理暂行办法》整体发展趋势较好,其中 C_{11}、C_{12}、C_{21}、C_{31}、C_{32} 发展减缓,有所降低。

关于 C_{11}（诚信问题的社会现象）及 C_{12}（诚信制度的必要性）,《个人信用信息基础数据库管理暂行办法》颁布实施以来,对维护金融的稳定,防范各商业银行信用风险,以及保障个人信用安全方面起到了积极的作用,因而对于商业银行中失信、违信等行为有所遏制,C_{11} 及 C_{12} 整体有所下降。但是《个人信用信息基础数据库管理暂行办法》由中国人民银行制定,第十一次行长办公会议通过,政策的制定未能充分考虑社会各阶层的意见,政策的部分内容不明确,如在确保个人信用信息安全方面,规定征信服务中心应建立个人信用数据库内部运行和外部访问的监控制度;在商业银行报送的个人信用信息保存方面,规定商业银行应遵守中国人民银行发布的个人信用数据库标准及有关要求,准确、完整、及时报送个人信用信息;在个人有偿使用信用信息的费用方面,规定征信服务中心可以根据个人申请有偿提供信用报告。但是,均未指明具体的规章制度、收费标准等。而且缺少对申请人提供的异议信息的审查机制,对由个人信用数据库信息失误造成的异议信息,缺少惩戒措施。相关信用信息工作人员权限不明确,缺乏必要的操作规程。征信服务中心应当定期对个人信用信息进行审查,确保不被非法篡改、使用等。另外,对于毁坏、泄露、非法使用个人信用信息的行为缺少严厉的惩戒机制,如商业银行或相应工作人员在有违规操作或失信行为时,处以一万到三万的罚款,这难以起到警示作用,从而导致 C_{21} 呈现下降趋势。

C_{31}（主体对制度执行的影响）、C_{32}（组织对制度执行的影响）整体呈下降趋势,这主要是因为随着信用市场的发展,信用服务中心收集、整理的个人信息越来越完善,个人特征信息如年龄、爱好、性格、知识背景、家庭状况、个人收入等更加全面,所以相比于从前贫乏的个人信息,信用中心收集的个人信息越来越全面,个体特征对政策执行的影响也越来越小。另外层级设置、内外部人员的流动等对信用信息的保护、使用等初始影响较大。《个人信用信息基础数据库管理暂行办法》中对个人信用信息的安全与管理方面的完善,如规定:商业银行制定管理用户与查询用户口令控制制度;管理用户不得直接查询个人信用信息;查询用户的工作人员一旦调离,则该用户即予以停用;工作人员发生变动,征信管理部门和征信服务中心变更备案等,极大地降低了层级设置及人员流动对政策执行的影响,因而 C_{32} 呈下降趋势。

对于 A_3[《征信业管理条例》(2013 年)],根据公式 $U_i^{t+1} = f\left(\sum_{j=1}^{n} U_j^t w_{ji}\right)$ 迭代,得到 A_3 各指标的稳定状态,其中,w_{ji} 为 W 中的元素,U_j^t 为 A_3 中时刻 t 的分量,通过不断迭代得到稳定值,见表 1.7。A_3 在不同指标下的初始状态值为 $A_3^{t_0}$,即为表 1.2 中 A_3 行对应的数值,通过迭代五次,达到稳定状态(此时 $A_3^{t_0+4}$ 与 $A_3^{t_0+5}$ 列中对应的数据相同)。

表 1.7 诚信制度 A_3 迭代状态值

指标	$A_3^{t_0}$	$A_3^{t_0+1}$	$A_3^{t_0+2}$	$A_3^{t_0+3}$	$A_3^{t_0+4}$	$A_3^{t_0+5}$
C_{11}	0.8	0.500 0	0.500 0	0.500 0	0.500 0	0.500 0
C_{12}	0.8	0.627 1	0.571 9	0.570 2	0.570 2	0.570 2
C_{21}	0.8	0.598 7	0.589 5	0.589 3	0.589 5	0.589 5
C_{22}	0.5	0.559 7	0.555 0	0.558 4	0.558 4	0.558 4
C_{23}	0.7	0.674 8	0.647 6	0.646 5	0.646 5	0.646 5
C_{24}	0.6	0.500 0	0.500 0	0.500 0	0.500 0	0.500 0
C_{31}	0.3	0.500 0	0.500 0	0.500 0	0.500 0	0.500 0
C_{32}	0.5	0.500 0	0.500 0	0.500 0	0.500 0	0.500 0
C_{33}	0.6	0.552 3	0.586 6	0.586 6	0.586 6	0.586 6
C_{34}	0.7	0.574 4	0.574 4	0.574 4	0.574 4	0.574 4
C_{35}	0.6	0.645 7	0.629 9	0.626 5	0.626 4	0.626 4
C_{36}	0.4	0.525 0	0.562 7	0.559 9	0.559 4	0.559 4
C_{37}	0.5	0.500 0	0.500 0	0.500 0	0.500 0	0.500 0
C_{41}	0.7	0.569 5	0.567 1	0.564 4	0.564 3	0.564 3
C_{42}	0.6	0.620 1	0.598 4	0.598 0	0.597 5	0.597 5
C_{43}	0.7	0.636 5	0.612 0	0.611 5	0.611 0	0.611 0

根据表 1.7 中数据得到各属性的稳定状态。

A_3 中不同属性的发展态势,见表 1.8。

表 1.8 诚信制度 A_3 不同属性的发展态势

指标	C_{11}	C_{12}	C_{21}	C_{22}	C_{23}	C_{24}	C_{31}	C_{32}	C_{33}	C_{34}	C_{35}	C_{36}	C_{37}	C_{41}	C_{42}	C_{43}
发展态势	↓	↓	↓	↑	↓	↓	↑	→	↓	↓	↑	↑	→	↓	↓	↓

《征信业管理条例》于 2012 年 12 月 26 日国务院第 228 次常务会议通过，并于 2013 年 3 月 15 日实施。由 A_3 中属性发展态势可以发现，存在多个属性下滑趋势，如在指标 C_{11}、C_{12} 下，属性值下降趋势明显。这说明《征信业管理条例》已初见成效，当前某些违信问题已经得到有效遏制。但是政策的整个制定过程还不够科学完整，如与民法、消费者权益保护法等没有形成关联关系，因此 C_{21} 呈现下降趋势。在对个人信用信息的保护主要是从行政处罚角度，如《征信业管理条例》提出：对违反规定的征信机构及金融信用信息基础数据库运行机构，单位处以 5 万到 50 万元、个人处以 1 万到 10 万元罚款，但是缺少消费者自身权益、救助途径等规定，因而政策目标的可行性 C_{23} 与内容的科学性 C_{24} 呈下降趋势。对禁止采集的信息做了明确规定，如个人的党派、信仰、血型、身体疾病等信息，但是对于如何处理信用信息的收集、披露、隐私保护等的规定过于宽泛，缺少细化。从而使得政策在宏观上与使受众满意的大方向不一致，政策目标群体参与政策制定过程的程度不够高，因此 C_{33}、C_{34} 呈下降趋势，并最终导致政策的效果、满意度等（C_{41}、C_{42}、C_{43}）下滑。

另外，对于《征信业管理条例》在 C_{22}、C_{31}、C_{35}、C_{36} 方面有所提高。《征信业管理条例》与《征信机构管理办法》是我国目前征信业依赖的主要法律文件（江宇等，2014），其中《征信机构管理办法》是《征信业管理条例》的配套规章，该办法完善了个人征信机构设立时所应具备的条件。

通过动态模拟可以发现，A_1 中 C_{22}、C_{31}、C_{34}、C_{35}、C_{42}、C_{43} 6 项指标呈上升趋势，发展态势较好，C_{32} 持平，但是其余 9 项发展缓慢且呈下降趋势，如 C_{11}、C_{12}、C_{21}、C_{23}、C_{24} 等。这说明随着社会的发展，社会失信现象较为严重，诚信制度建设尤为迫切。而于 1999 年制定的《中华人民共和国合同法》，需结合我国国情和社会现状进行调整与修订，应充分考虑社会各阶层的意见，同时考虑在政治、经济、文化、技术、受众满意度等社会各方面是否可行，并在政策执行过程中提高组织间的协调监督能力并完善奖惩机制。A_2 整体发展态势最好，共有 11 项影响指标发展良好，而有 5 项发展迟缓，如 C_{11}、C_{12}、C_{21}、C_{31}、C_{32}，所以应加强这五个方面的改善力度，尤其在当前失信现象较为严重的情形下，应制定较为科学、完整、公正、透明的信用信息数据库管理办法。另外，目前 A_2 在 C_{31} 和 C_{32} 方面有所欠缺，主要是在信用信息基础数据采集时受个体的年龄、性别、性格、爱好、经验、知识背景等对政策执行的影响，以及组织的人员配备、层级设置、规章条例、内外部流动性等对政策执行的影响。虽然目前的信用信息数据库管理办法只是一种暂行的办法,还没有形成严格的法律条文,但是在施行过程中,整体表现优异(11 项影响指标发展呈上升趋势),应继续保持良好态势。对于 A_3,有 4 项影响指标发展良好,但有 10 项发展呈下降趋势,尤其在 C_{12}、C_{23}、C_{42}、C_{43} 这四个方面下降趋势明显。这主要是由于该条例实施时间短,相关社会问题急需制定政策来解决。同时在经济、技术、文化等方面实施效果不够,并且政策的当前表现以及对区域和全局的影响未能表现出令人满意的效果。因此,对于 A_3,应加强这四个方面的建设力度,找出问题所在,认清相关政策制定的迫切性,提高政策效率,以增强政策实施效果的满意度。

从 20 世纪 90 年代开始,我国改革开放蓬勃发展,市场经济初具规模,社会信用体系也随之产生。为了适应社会信用体系发展,我国陆续发布了《中华人民共和国合同法》(1999 年)、《个人信用信息基础数据库管理暂行办法》(2005 年)、《征信业管理条例》(2013 年)、《企业信息公示暂行条例》(2014 年)等。另外,在国家发展和改革委员会的统筹协调下,人民银行、交通、海关等信用建设平台正在有效整合,各部委出台了相应的规章制度,如《商业银行信息披露办法》(2006 年)、《公路建设市场信用信息管理办法》(2009 年)、《中华人民共和国海关企业信用管理暂行办法》(2014 年)等,为建设"诚信中国"打下了坚实的基础。《企业信息公示暂行条例》的实施开启了我国企业信用体系建设的一体化进程,成为我国社会信用体系建设的重要基石。然而该条例实施以来,我国企业信用体系建设还存在着一些问题。企业信用信息公示系统处于初创阶段,各方面有待进一步完善,各部门、行业、地区的企业信用信息互联共享存在障碍,国务院其他有关部门的企业信用信息公示平台建设相对滞后,"一处失信,处处受限"的目标难以实现。现行关于信用建设的立法缺少各部门联动的机制。目前已经建立了以工商行政管理部门为主的企业信用信息公示系统,另外,中国人民银行、交通、海关、证监会等也建立了专项的企业信用信息平台,但众多的信息平台之间缺乏必要的信息整合与共享,还有可能产生信息资源的重叠、互相冲突等问题,各部门信用信息缺乏有效整合与联动法律机制。

1.3 思考与启示

美、日、韩等国家诚信制度建设过程中典型的经验与成功做法,给我国诚信制度体系建设提供了很好的思路与启示。

(1)借鉴国外诚信建设的成功经验,立足本国国情,构建高效、顺畅的诚信制度体系,加快制定面向全国的诚信制度步伐。没有完善的信用法律体系,就不可能建立完善的社会诚信体系。我国诚信体系相关法律和配套措施还不完善。通过分析发达国家诚信法律法规的发展过程可以发现，良好的诚信氛围离不开完善的法律法规。而我国的社会诚信体系建设由于起步较晚，缺乏专门的诚信法律法规支撑。另外，基于模糊认知图对我国诚信法规的仿真分析也可以看出，C_1 整体表现呈下降趋势（C_{11}、C_{12}），说明社会诚信问题较为严重，且急需制定或完善相应的诚信法规；说明诚信法规的制定内容不够全面，需征求社会各阶层意见制定更加完善的诚信法规。因此，可以在考虑本国国情的基础上，借鉴发达国家诚信建设的成功经验，弥补不足，如明确个人、企业和政府信息采集的界限和使用记录，确定个人、企业和政府信息隐私保护和信息流通的稳定点；加大对失信企业和个人的惩处力度，对其起到震慑作用，使其不敢越雷池一步。目前国家相关部门对社会诚信建设的法律法规开展调研活动，各地的信用法规也在不断完善之中。所以，应抓住当前诚信建设的有利时机，不断完善各地法规，全面推进诚信立法步伐。

（2）积极营造诚实守信的社会氛围，加强诚信宣传，增强全民诚信意识，促进信用交易发展。随着市场经济的发展，越来越多的人已经意识到社会经济信用的重要性。国家在经济开放的同时，通过媒体、社交平台等对诚信知识进行宣传，营造诚实守信的社会环境。同时，制定个人和企业诚实守信的奖励和惩罚措施，以此提高全民守信意识，把讲信用作为公民的基本素养，形成"守信光荣，失信可耻"的良好氛围。通过系统的动态模拟同样发现，C_{36} 得到了有效的提高，说明在诚信法规的政策施行过程中，失信惩戒及奖励机制得到了很好的贯彻，信用信息主体能够清醒地认识到失信带来的危害。另外，在市场经济比较发达的国家，信用交易在市场中占据主导地位（倪风琴，2005）。市场经济的发展必然会以信用经济体系为支撑。国家在经济开放的同时，应重视信用经济，除了在诚信法律法规方面给予重视之外，还应促进信用交易发展，提高信用交易程度。

（3）充分发挥地方院校教育资源优势，采取多种教育方式，培养社会诚信建设的管理人才。完善和巩固社会诚信建设成果，需要一大批诚信管理人才，对各种信息进行加工、处理，以预防各种信用风险，杜绝失信行为发生。在动态模拟的基础上，可以发现发达国家相关诚信法规制定的目标明确（C_{22}），条款表达清晰；同时，主体对制度执行的影响（C_{31}）得到了改善，即信用信息主体良好的经验、专业知识背景、诚信教育的改善等可以使诚信制度很好地得到贯彻执行。但是，我国的诚信建设相对发达国家而言，起步较晚，因而缺乏大量的诚信建设人才。所以，应充分利用各地的教育资源，发挥高校优势，培养诚信管理人才。目前已有高校如北京大学、上海财经大学等开设了信用管理专业，为我国培养了一批诚信建设人才。另外，2006 年，《信用管理师国家职业标准》已经出台，各高校可以利用自身优势,通过夜大、函授、在线教育等各种方式培养诚信管理人才。各中小学也应开展形式多样的诚信宣传活动,让诚实守信植根于每个人的心中。

(4)加强诚信机构的准入机制,鼓励民间资本、社会风险资本进入诚信市场,选择符合市场经济发展和我国国情的诚信机构运营模式。加快诚信机构为诚信市场服务的步伐,是我国当前诚信建设中的首要任务。通过系统的动态模拟可以发现,诚信制度内容的科学性(C_{24})得到了增强,即诚信制度的施行会给目标群体、诚信机构、社会等带来经济效益。时下,信用产品发展丰富,各种诚信机构应运而生。而诚信机构担负着信息处理、信用交易等方面的重任,因此,诚信机构自身的信用尤为重要。可以说,诚信机构的失信对社会、企业和个人造成的危害更大,因此有必要对诚信机构的市场准入机制进行严格把控,并对其进行严密监督。另外,在诚信机构的运营上,以市场化运作、民间资本等各种资本进入的美国诚信业发展最为成功(吴国平,2011)。考虑到我国国情,诚信行业起步较晚、发展短暂,需要政府对其进行监督和管理。因此,应考虑多元化的诚信机构融资方式,鼓励民间资本、风投资本进入诚信市场,辅以政府监管,并以法律防范监管主体出现渎职、滥用职权等行为。

第 2 章 我国省域诚信制度建设的背景、特点及比较分析——以长三角三省一市为例

李京文和李剑玲（2015）认为长三角地区是中国第一大经济区，是中央政府定位的中国综合实力最强的经济中心、亚太地区重要国际门户、全球重要的先进制造业基地、中国率先跻身世界级城市群的地区。赵彦年（2012）认为在长三角区域经济社会发展的同时，三省一市形成了各具特色的诚信制度体系。社会诚信制度体系是社会诚信体系的核心，长三角地区三省一市诚信制度的建设情况，对我国其他省域诚信制度发展具有重要的借鉴意义。

本章对我国典型省域——长三角三省一市诚信制度建设的背景、特色制度等进行研究，这有助于梳理我国省域层面诚信制度建设的基本现状，能够深度挖掘出省域层面诚信制度建设中存在的主要问题；为省域层面诚信制度建设提供改善思路，能够加快推进省域层面诚信制度建设，切实提高我国省域层面诚信制度建设的水平，这也是我国省域层面诚信制度建设的前提和基础。

2.1 长三角三省一市诚信制度建设的背景及特点分析

我国省域层面的诚信制度建设既具有鲜明的年代特色，又具有不同的地域特征。根据不同省域诚信制度建设的发展情况，将建设过程大致划分为三个阶段，每个阶段的诚信制度都有不同的特征。由于各省域诚信制度建设开展时间、发展速度各不相同，因此每个阶段的起止时间略有不同。

2.1.1 上海市诚信制度建设的背景

宁越敏（2015）认为上海市是中国最国际化的城市，更是长三角地区的经济中心。在经济发达的上海市，诚信制度化建设受到国家及地方政府的高度重视。早在 20 世纪 90 年代，国务院特别指示在上海市率先开展诚信制度建设试点，从此上海市正式开展诚信制度建设。根据我国省域诚信制度建设的发展阶段划分，将上海市诚信制度建设大致分为三个阶段：1999~2000 年为起步阶段，2001~2012 年为发展阶段，2013 年至今为深化阶段，见图 2.1。上海市按照国家诚信制度建设的规划要求，在本市范围内开展积极、有效的诚信制度化建设。诚信制度化建设也在不断促进上海市的经济发展和社会进步，是上海市开展改革开放的重要基础。在国家诚信政策的指引下，历经多年的探索和发展，上海市形成独具特色的诚信制度体系。

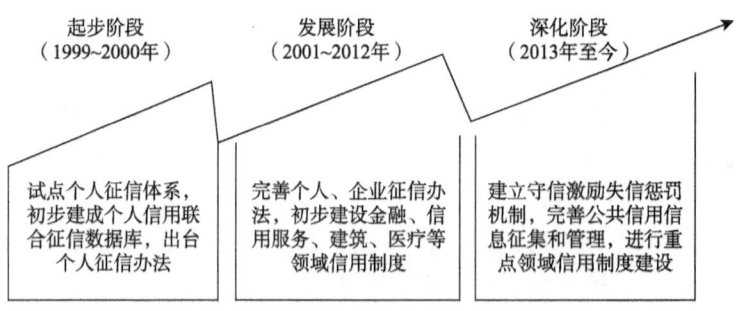

图 2.1　上海市诚信制度建设的发展历程

上海市诚信制度主要包含个人及企业征信管理、信用信息征集和管理、政府信息公开、重点行业信用管理等方面，具体政策法规文件有《上海市个人信用征信管理试行办法》《上海市企业信用征信管理试行办法》《上海市公共信用信息归集和使用管理试行办法》《上海市政府信息公开规定》《关于本市食品安全信用体系建设的若干意见》等。

自 1999 年正式开展诚信制度建设以来，上海市诚信制度建设积极探索并取得了阶段性成果和宝贵经验。经过二十年的发展，上海市诚信制度建设呈现以下特点。

一是不断完善组织机构建设，建立以政府为主导、多类主体共同协作的社会信用体系建设联席会议制度。2001 年，上海市建立了社会信用体系建设联席会议制度。联席会议成员由市委和市政府职能部门、市高院、市检察院、中央驻沪机构、区县政府等构成。上海市社会信用体系建设联席会议制度负责推进上海市社会信用体系建设，其组织机构如图 2.2 所示。

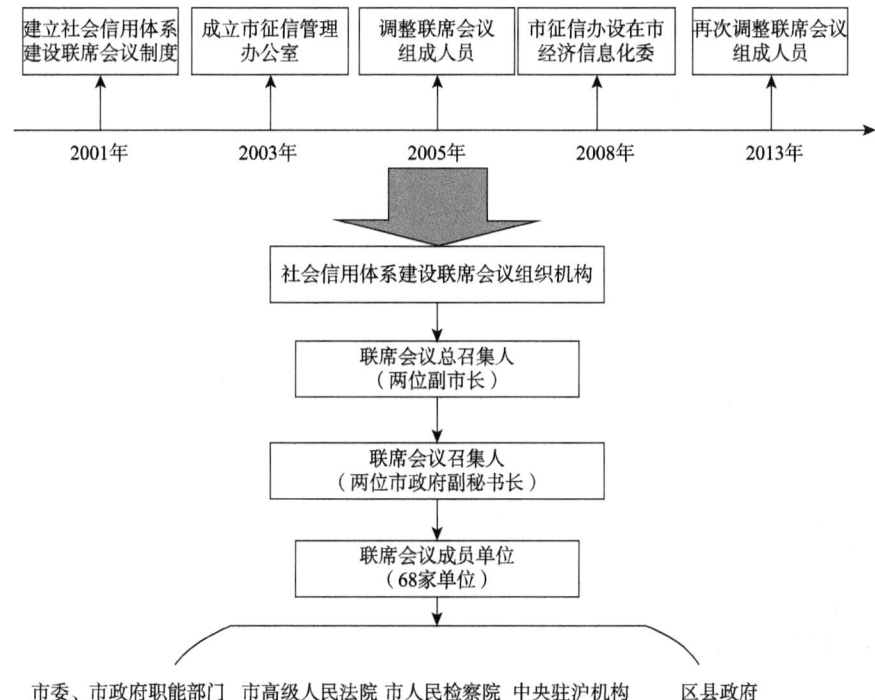

图 2.2　上海市诚信制度建设组织结构图

二是以个人和企业为信用主体，建立信用信息管理制度。围绕信用信息归集、公开、披露、应用等方面，上海市形成了一批制度性安排，如《上海市个人信用联合征信试点办法》《上海市企业信用征信管理试行办法》《上海市企业失信信息查询与使用办法》《上海市社会组织信用信息记录、共享和使用管理暂行办法》《上海市公共信用信息归集和使用管理试行办法》等。这些制度，对信用信息的记录、共享、使用、保护等内容进行规范和标准化，促进了信用产品使用和信用服务行业发展。依托信用信息管理制度，上海市建立了个人及企业联合征信系统，通过上海市公共信用信息服务平台，向社会提供信用服务。上海市公共信用信息服务平台是全国覆盖信息主体最多、提供数据单位最多的公共征信系统。

三是以金融领域为突破口，建立多行业信用监管机制。2009 年，在国务院出台的《关于率先形成服务经济为主的产业结构，加快推进上海国际金融中心和国际航运中心建设的意见》中，国家对上海的国际化都市建设提出了更高的要求。完善的社会诚信体系是开展国际化大都市建设的基础。为响应国家战略，上海市出台《上海市推进国际金融中心建设条例》，在金融机构中加强诚信制度建设，通过制定诚信守则、承诺等形式规范金融行业从业人员的职业行为，培育诚实守信的职业道德，提高金融行业服务水平。上海市交通运输和港口管理局发布《上海市交通港航企业质量信誉考核办法》，制定交通港航企业质量信誉考核标准、程序、应用等内容，促进交通港航领域诚信制度建设。上海市工商部门出台《上海市纳税信用等级评定管理暂行办法》、上海市财税部门出台《上海市国有资产监督管理委员会关于进一步加强信用体系建设的指导意见》、上海市质量技术监督部门出台《关于印发上海市质量技术监督局企业质量信用信息管理办法试行的通知》、上海市卫生部门出台《上海市食品安全行动计划（2012—2015 年）》、上海市建设部门出台《上海市建筑市场信用信息管理暂行办法》，这些诚信制度的出台促进了各相关领域的诚信制度建设工作。同时，上海市将相关领域的信用信息一起纳入联合征信系统之中，实现不同行业之间信用信息的交换、整合和利用。

2.1.2 江苏省诚信制度建设的历史背景

2002 年，江苏省出台《江苏省工商行政管理系统企业信用管理暂行办法》，标志着江苏省诚信制度建设正式启动。根据我国省域诚信制度建设发展的阶段划分，江苏省诚信制度建设分为三个阶段：2002~2003 年为起步阶段，2004~2012 年为发展阶段，2013 年至今为深化阶段，见图 2.3。江苏省诚信制度的起步时间比上海市晚，在学习上海市及其他各省域诚信制度建设的基础上，江苏省诚信制度建设也取得了较好的成果。

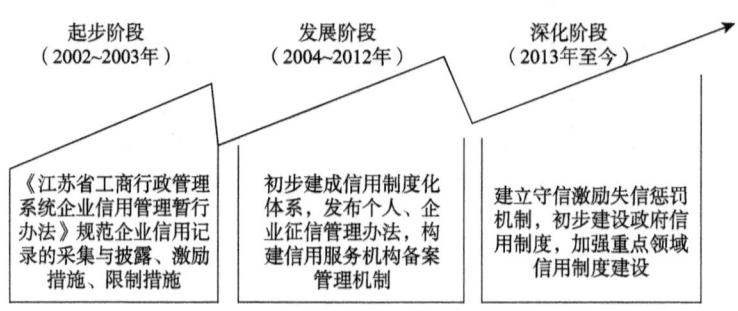

图 2.3　江苏省诚信制度建设的发展历程

自 2002 年正式开展诚信制度建设以来，江苏省诚信制度建设积极探索并取得了阶段性成果和宝贵经验。经过十几年的发展，江苏省诚信制度建设呈现以下特点。

一是设置江苏省社会信用体系建设领导小组和公共信用信息中心，专门负责信用信息管理和社会信用体系建设。自 2004 年起，江苏省成立了省社会信用体系建设领导小组及办公室，并在江苏省经济和信息化委员会下设立江苏省公共信用信息中心。江苏省社会信用体系建设领导小组包含省委省政府职能部门、人民银行南京分行、南京海关等部门，实施对信用信息的归集和管理，实现对信用产品应用推广,最终建立政府职能部门、公检法系统和银行系统的联动监管机制。江苏省诚信制度建设组织结构如图2.4所示。

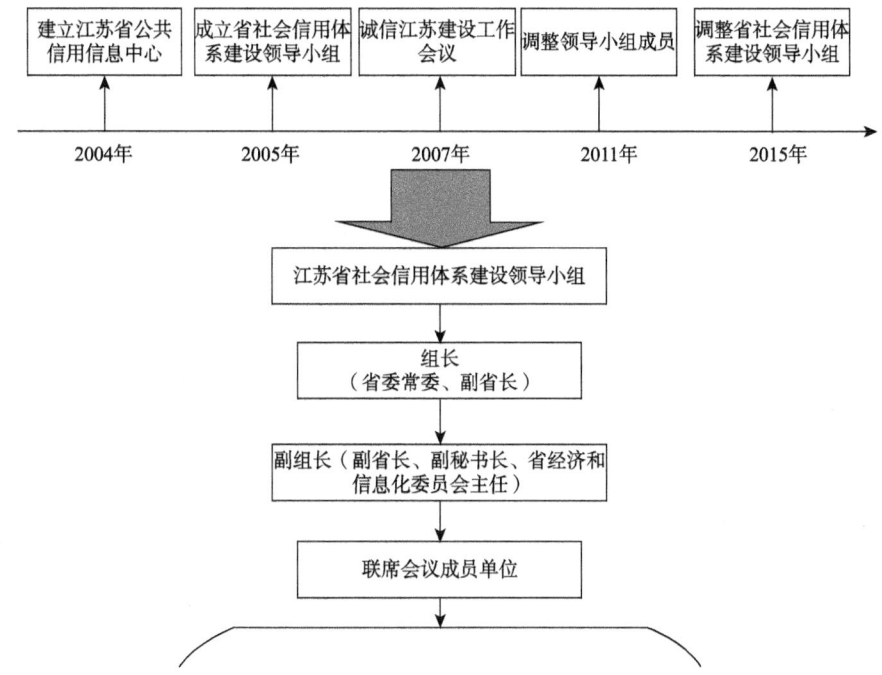

图 2.4 江苏省诚信制度建设组织结构图

二是建立省、市两级公共信用信息管理制度,明确企业、个人等多主体在信息归集、管理、使用及失信惩戒方面的条款制度。江苏省诚信制度建设起步晚,在总结其他省市诚信制度建设的经验教训的基础上,连续出台社会信用体系建设三年行动计划,重视社会诚信体系建设的总体设计,并针对不同信用主体加强规划引导。自2007年起,围绕信用信息归集、使用、征信管理等方面,省政府陆续出台了《江苏省公共信用信息归集和使用暂行办法》《江苏省企业信用征信管理暂行办法》《江苏省个人信用征信管理暂行办法》《省政府办公厅关于明确省公共信用信息系统第一批归集数据项的通知》《江苏省政府部门应用信用信息和信用产品示范工程方案》《江苏省企业信用管理规范(试行)》等信用管理制度,明确了企业和个人为主体的信用管理办法,建立社会法人和自然人失信惩戒办法,并强调在行政管理中实施信用承诺、信用报告和信用审查等信用管理办法。省级和市级诚信制度管理的有关部门先后出台诚信管理规章制度100多项,有力支撑了诚信制度的建设。同时,江苏省重视信用信息化建设。到2016年,江苏省建成"一网三库一平台"(诚信江苏网站,社会法人信用、自然人信用和人民银行信贷征信数据库,公共信用信息系统服务平台),实现公共信息归集和共享机制。

三是逐步建立针对不同主体、行业的守信激励和失信惩戒机制。在推进诚信制度建设过程中,江苏省坚持褒奖和惩戒并举,根据信用主体和行业的不同特点,出台一系列诚信奖惩制度,包括《江苏省关于开展工程建设领域守信激励和失信惩戒制度建设试点的工作方案》《江苏省社会法人失信惩戒办法(试行)》《江苏省自然人失信惩戒办法(试行)》《江苏省诚实守信红名单社会公示管理办法(试行)》《江苏省严重失信黑名单社会公示管理办法(试行)》《省政府关于进一步深化价格改革切实加强价格监管的意见》等。针对自然人和社会法人的失信行为进行信用等级评估,根据信用等级采取守信激励和失信惩罚措施。对自然人较重失信行为,采取禁止报考公务员或事业单位、暂停或减少相关福利和优惠政策等惩戒措施,并对严重失信行为实施分类监管。对社会法人较重失信行为,采取惩戒措施,如限制上市融资、发行企业债券等;不予批准设立信用担保机构等具有金融类业务的机构等。针对不同环保信用等级的企业,实行差别水价、差别电价等政策,激励企业主动开展治污减排,提高信用等级。

2.1.3 浙江省诚信制度建设的历史背景

2002年,浙江省出台《浙江省人民政府关于建设"信用浙江"的若干意见》,标志着浙江省开始诚信制度建设。根据我国各省域诚信制度建设的阶段划分,浙江省诚信制度建设分为三个阶段:2002~2004年为起步阶段,2005~2012年为发展阶段,2013年至今为深化阶段,见图2.5。

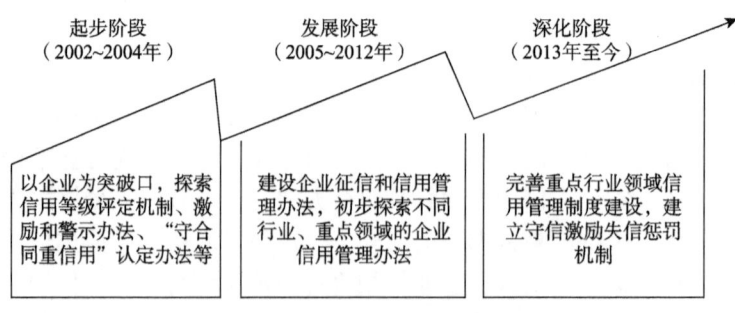

图 2.5 浙江省诚信制度建设的发展历程

自 2002 年正式开展诚信制度建设以来,浙江省诚信制度建设积极探索并取得了阶段性成果和宝贵经验。经过十几年的发展，浙江省诚信制度建设呈现以下特点。

一是以企业信用为突破口，建立适应不同行业特点的企业诚信制度。根据浙江省中小企业众多、信用需求迫切的特点，省政府明确"先企业后个人、先征集后应用"的行动方针。浙江省不仅出台了专门的企业信用规范，如《浙江省企业信用激励与警示办法（试行）》《企业信用管理规范指引》等；还建立了运输、测绘、广告等多行业的企业诚信制度，如《浙江省公路水运工程施工企业信用评价管理办法》《浙江省测绘与地理信息市场信用等级评价管理暂行办法》《浙江省广告经营单位信用评价管理办法（试行）》《浙江省道路运输企业信用考核管理办法》等。通过企业诚信制度建设，浙江省企业信用水平快速提升，行业信用建设实力增强。

二是建立信用服务机构行业规范，促进信用服务业发展。为促进信用服务市场的规范化发展，浙江省发布《浙江省信用服务机构管理暂行办法》，在信用服务机构中加强诚信制度建设，提高信用服务水平，实现对信用服务机构的监督和管理。为促进信用产品的使用，浙江省发布《关于在全省重点建设工程招标投标领域应用企业信用报告的通知》《关于在行政管理事项中应用信用记录和信用报告的实施意见》《浙江省重点建设工程招标投标领域信用服务机构选择暂行办法》，刺激信用产品消费，有效激发社会信用需求，从而达到壮大信用服务行业的目的。

三是制定信用联合奖惩机制，形成信用监管网络。2007 年，《浙江省社会信用体系"十一五"规划》提出"警示在先、惩戒在后，立信为主、处罚为辅"的奖惩原则。根据规划要求，浙江省政府各部门通过建立信用预警制度、信用联合奖惩办法、黑名单制度、信用修复机制等制度，进一步褒奖守信行为、提高失信行为的成本。浙江省提出的诚信奖惩制度有《浙江省工商行政管理机关企业信用预警制度（试行）》《浙江省企业信用联合奖惩实施办法（试行）》《浙江省餐饮服务食品安全"黑名单"制度》《浙江省工商行政管理机关企业信用修复实施细则（试行）》等。在这些制度中，根据守信行为和失信行为的等级，实施多层次分等级的奖惩机制，提高守信收益和失信成本。

2.1.4 安徽省诚信制度建设的历史背景

为贯彻国家推进诚信制度化建设的要求，2002 年，安徽省出台《安徽省重合同守信用单位认定暂行办法》来规范企、事业单位诚信行为的认定程序。这标志着安徽省正式开启省域范围内的诚信制度建设。根据我国各省域诚信制度建设的阶段划分，安徽省诚信制度建设分为三个阶段：2002~2004 年为起步阶段，2005~2012 年为发展阶段，2013 年至今为深化阶段，见图 2.6。

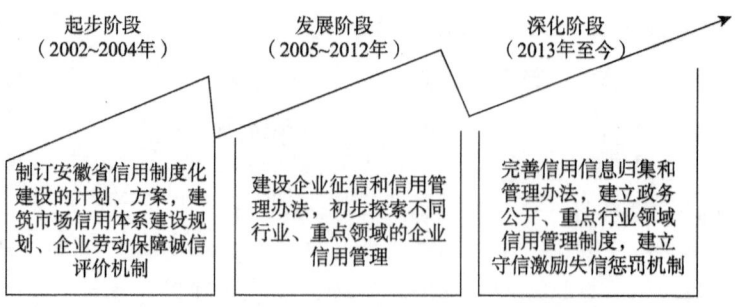

图 2.6　安徽省诚信制度建设的发展历程

自 2003 年正式启动"信用安徽"建设以来，安徽省诚信制度建设积极探索并取得了阶段性成果和宝贵经验。经过十几年的发展，安徽省诚信制度建设呈现以下特点。

一是建立并健全公共信用信息征集与共享机制，强化信用信息和信用报告应用机制。针对不同行业领域，安徽省出台相应的信用管理制度，如《安徽省企业劳动保障诚信评价暂行办法》《安徽省公路水运工程施工企业信用评价管理暂行办法》《安徽省重点监管医疗器械经营企业质量信用分类管理办法（暂行）》《安徽省旅游经营失信行为惩戒暂行办法》等政策法规。建设安徽省公共信用信息共享服务平台，全面记录、归集行政、司法和社会管理中产生的信用信息，在劳动保障、运输行业、医疗器械行业、旅游行业、建筑行业等重点领域开展信用评级，充分应用公共信用信息，加强事中事后及分类监管。

二是建立守信激励和失信惩戒机制，实现多部门、跨地区联合惩戒失信主体。通过公共信用信息共享平台，将守信和失信信息记入信用档案。围绕工程建设、人力资源服务机构管理、环境保护、药品安全、安全生产等领域，安徽省出台重点行业和领域信用奖惩措施，开展市场主体信用评价。在行政、司法和社会管理机构进行市场监管和公共服务的过程中，对具有守信记录的社会成员实行守信激励政策；对于具有失信记录的社会成员，制定失信行为惩戒办法。综合运用多种约束和惩戒手段，依法依规建立信用惩戒"黑名单"、产品质量"红黑榜"，对守信主体和失信主体实行多部门、跨地区联合奖惩机制。

三是建立依法行政、政务公开等多种政务诚信制度，全面提升政府诚信水平。在制定社会诚信体系建设规划中，多次提及推进政务诚信建设。根据规划要求，严格依法行政，建立政府权力清单和责任清单；健全政府和行政承诺考核制度，公开并落实政府发展规划和目标；加强公务员队伍的诚信管理和廉政教育，建立公务员诚信档案。为规范政务服务行为，安徽省出台了政务诚信制度，如《安徽省政府信息公开办法》《安徽省政府权力运行监督管理办法》《关于全面推进政务公开工作的实施意见》等。这些诚信制度，通过明确政府信息公开范围、程序，形成政府权力运行监管的制度框架，努力营造公开、公平、公正的政务环境。

2.2 长三角三省一市特色诚信制度分析

根据诚信制度建设的背景及特点的分析，发现不同省域诚信制度建设起步时间和发展速度各不相同，各地发展也各具特色。根据各省域诚信制度建设的发展特色，考虑从信用信息归集和管理、失信惩戒、守信奖励、政府诚信等几个方面分析各地的特色诚信制度。因此，从各省域的诚信制度中选定《上海市公共信用信息归集和使用管理办法》（2016年）、《江苏省社会法人失信惩戒办法（试行）》（2013年）、《浙江省企业信用联合奖惩实施办法（试行）》（2014年）、《安徽省政府信息公开办法》（2014年）四个特色诚信制度进行分析。通过对各省域特色诚信制度的条款进行逐条分析，深入挖掘相关条款的局限性，为诚信制度建设的持续改进提供参考。

2.2.1 上海市特色诚信制度分析——《上海市公共信用信息归集和使用管理办法》

早在1999年，上海市在国内率先开展诚信制度化建设。2000年7月，上海市个人信用联合征信数据库初步建成。信用信息是诚信制度建设的基础，完善、公正、客观的信用记录为开展信用管理和信用服务提供依据。2003年以来，上海市相继发布《上海市个人信用征信管理试行办法》《上海市企业信用征信管理试行办法》，用以规范个人和企业征信管理工作。2014年，上海市正式开通并运行公共信用信息服务平台，对外提供信用信息查询服务。同年，上海市发布《上海市公共信用信息归集和使用管理试行办法》，对服务平台和信用信息管理起到了规范作用。2013年国务院出台《社会信用体系建设规划纲要（2014—2020年）》（国发〔2014〕21号）、《关于运用大数据加强对市场主体服务和监管的若干意见》（国办发〔2015〕51号）等文件，明确提出通过运用大数据"加强对市场主体的服务和监管，推进简政放权和政府职能转变"。根据国务院文件指示，2014年上海市出台《上海市公共信用信息归集和使用管理试行办法》，经过一年多的试行，完善了相关条款。2016年初，上海市正式颁布《上海市公共信用信息归集和使用管理办法》。该办法是上海市第一个全面规范公共信用信息归集、使用和相关管理活动的政府规章。

该办法共7章37条，对公共信用信息的范围、查询制度、奖惩机制、保密机制等内容进行了具体规定，实现了对公共信用信息归集和使用的规范化管理。该办法的实施能够在一定程度上促进上海市的诚信制度化建设，提高社会整体的诚信水平，促进信用信息交流和信用经济的发展。

（1）公共信用信息的提供单位众多，公共信用信息的征集对象和范围较为广泛。公共信用信息的提供单位不局限于行政机关、司法机关等政府部门，还包含法律法规授权的具有管理公共事务职能的组织及公共企事业单位、群团组织等。"年满18周岁的自然人、法人和其他组织"均列入征集对象，信用信息的内容涵盖信用状况相关的数据和资料。公共信用信息分为三类：基本信息、失信信息和其他信息。按照征信对象的不同，对基本信息和失信信息包含的内容进行了明确的条款规定，基本涵盖了信息提供单位能够提供的所有信息。其他信息内容包含表彰奖励、志愿服务、慈善捐赠等信息。

（2）设立公共信用信息管理的主管部门和服务中心，提升公共信用信息归集和使用过程的专业化水平。上海市经济信息化部门是公共信用信息归集和使用管理的主管部门，上海市公共信用信息服务中心负责上海市公共信用信息服务平台的建设和运行。

（3）制定明确的信用信息查询程序，完善公共信用信息的应用机制。明确了政府和社会两大不同主体的查询方式。根据查询程序的要求，政府机关查询信用信息需根据工作领域遵循合理、相关原则，不得查询与工作领域无关的信息，同时建立查询日志。社会查询按照信用信息的公开程度有所不同：公开信息无须提供材料即可查询，非公开信息需要信息主体本人或经信息主体授权才可进行查询。

（4）建立守信激励和失信惩戒措施，促进信用主体改进信用状况。为弘扬诚信精神、遏制失信行为，从而营造良好的诚信环境，制定了"守信激励、失信惩罚"措施。奖惩机制的施行主体是行政机关，根据信息主体的信用状况采取相应的激励和惩戒措施。在守信激励措施方面，对信用状况良好的信用主体，给予行政管理和服务提供便利，或在政府补贴、招投标活动中具有优先被选择权。在失信惩罚措施方面，对具有失信行为的信用主体，在日常行政、监管工作中进行重点检查，限制享受政府补贴、政府采购、招投标及评优等优惠政策和福利政策。对于严重失信名单，惩罚机制更为严厉。对于失信情况特别严重的信用主体建立名录，采取市场禁入措施或市场强制退出措施。

（5）明确信用信息保护措施，以规范公共信用信息的管理并保障信用信息的安全。为维护信息主体的权益，详细制定了关于信息安全、删除、异议信息处理和保密等措施。上海市公共信用信息服务中心建立信息安全管理制度、设立查询程序、建立查询日志，保障信用信息的安全。规定失信信息的查询期限为五年，届满应将失信信息删除。信息主体还可以要求将本人的表彰奖励、志愿服务、慈善捐助等信息删除。由于归集过程不规范或者信息管理过程的疏忽，有可能出现异议信息。针对异议信息，规定了特殊的处理程序。针对信用信息相关的单位和工作人员，还规定了保密措施，防范信用信息的不当获取和使用。

通过分析，我们发现部分条款存在局限性：①仅涉及自然人、法人和其他组织，政府部门、司法机关、事业单位等机关单位未列入联合征信对象。②从公共信用信息的分类和内容看，对于守信信息的内容规定不够细化，缺乏对守信信息的归集、评定和管理。③失信信息的删除程序过于简单，应划分失信信息的等级给予不同的处理方式。

2.2.2　江苏省特色诚信制度分析——《江苏省社会法人失信惩戒办法（试行）》

守信激励和失信惩罚机制是诚信制度运行的核心机制。国家重视建立守信激励和失信惩罚机制的建设，2010年，最高人民法院出台了《关于限制被执行人高消费的若干规定》，该规定中明确提出对失信被执行人实行最高消费限制标准。2013年，十八届三中全会又提出了"建立健全社会征信体系，褒扬诚信，惩戒失信"。为促进并完善诚信奖惩机制，国务院印发《社会信用体系建设规划纲要（2014—2020年）》，再次强调要加快相关机制建设。2016年，国务院发布《国务院关于建立完善守信联合激励和失信联合惩戒制度加快推进社会诚信建设的指导意见》，提出加快建设守信激励和失信惩戒相关的制度、法规，依法对诚信相关行为进行奖惩和约束，从而构建全国范围内多方参与、多方合作的联合奖惩机制。江苏省作为诚信制度化建设的先行省份，制定出台了关于守信激励和失信惩罚的多项制度，包括《江苏省价格信用等级管理及失信惩戒办法（试行）》《江苏省企业环保信用评价及信用管理暂行办法》《江苏省社会法人失信惩戒办法（试行）》《江苏省自然人失信惩戒办法（试行）》《江苏省诚实守信红名单社会公示管理办法（试行）》。

2013年《江苏省社会法人失信惩戒办法（试行）》的出台，是为了倡导诚实守信，惩戒社会法人失信行为。该办法的实施在一定程度上增加了失信成本，达到约束社会法人行为的目的。该办法共6章37条，对社会法人的失信行为进行分级认定、分档惩治。

（1）明确失信惩戒机制的管理对象和各环节的管理部门，规定各管理部门的职责。该办法由县级以上地方人民政府信用管理机构负责组织实施，失信惩戒机制的管理对象主要涉及社会法人，不包含自然人。

（2）对失信行为在不同领域中的界定标准进行了明确规定，为失信惩戒机制的执行奠定了基础。根据失信机制管理对象的社会领域划分社会法人的失信行为，明确了两类不同领域的失信行为。不仅仅对企业的违法违约行为进行了限制，还将政府的违法行为也考虑到其中，对政府的执法行为起到了一定的约束作用。

（3）制定失信行为三等级的认定标准，对失信行为实施分等级惩戒机制。将失信行为划分为三等级，并对不同等级失信行为的内容进行明确的规定。对不同等级的失信行为进行分级惩戒，对一般失信行为采取三种较轻的方式进行处理。如果处理方式较轻，则对一般失信行为没有约束力，一般失信行为有可能转变为较高等级的失信行为，处理的方式较一般失信行为也更为严厉。如果具有严重的失信行为，会被列入"黑名单"，向社会公开失信"黑名单"，从而给失信行为人造成舆论压力。

（4）明确教育和修复机制，督促社会法人提高信用水平。对失信行为的认定和惩戒的最终目的，是督促社会法人停止并改正失信行为。根据失信行为的频次、严重程度、是否主观意志等特征，对失信行为采取教育行为、不予惩罚、减轻惩罚或者信用修复等方式，降低初次失信或非故意失信给社会法人带来的损失。

通过分析，发现部分条款存在局限性：①失信行为辨别困难。对于一般失信行为，只有在与社会法人日常经营接触过程中才能发现。县级以上地方人民政府作为失信行为的管理部门，缺乏与之接触的有效途径。②失信行为等级认定标准模糊。按照处以行政处罚严重程度的不同，可以认定为不同等级的失信行为。但是，严重程度由不同部门或者不同系统的行政处罚基准进行认定，分类定级的标准过于模糊。③处罚标准低。在《江苏省社会法人失信惩戒办法（试行）》中，将拖欠员工工资认定为一般失信行为，采取不处罚或轻微处罚方式。

2.2.3 浙江省特色诚信制度分析——《浙江省企业信用联合奖惩实施办法（试行）》

诚信制度建设是社会经济发展的基础，企业是社会经济发展的主体。浙江省是中小企业的数量大省，经过"十二五"期间的建设，全省"新三板"挂牌企业位居全国首列。随着中国加入世界贸易组织后，全球一体化进程加剧了国内企业的市场竞争，国内企业的生存和发展面临更加严峻的挑战。为促进企业适应当前的经济形势，支持企业的健康发展，浙江省对企业的诚信制度建设提出了更高的要求。浙江省认真落实国家出台的《中小企业促进法》，结合本省中小企业的发展特点制定并颁布《浙江省促进中小企业发展条例》，通过完善法制环境促进中小企业诚信水平的提升。为进一步促进企业诚实守信、合法经营，2014年浙江省政府发布《浙江省企业信用联合奖惩实施办法（试行）》。

该办法共21条，包含实施对象、组织管理部门、企业信用等级分类、失信信息和荣誉信息的判定标准、分类奖惩措施等方面内容。该办法的实施能够形成公平竞争的经营环境，实现浙江省企业持续优化发展。

（1）设立专门的管理部门实施联合奖惩机制，促进企业合法经营、诚实守信。针对经过工商注册登记的从事生产经营和服务活动的各类经济组织，浙江省信用中心负责提供实施信用奖惩机制所需的信用信息，其他机关部门负责业务范围内的具体实施工作。

（2）对企业信用等级进行认定和分类，对不同等级企业实施分类管理。通过对企业进行了解和调查，根据荣誉、违约、违法等失信记录将企业信用档案分为四类：无失信行为的分为A、B类，有失信行为的分为C、D类。

（3）明确规定失信信息和荣誉信息的判定标准，准确识别企业信用状况。企业荣誉信息是指在经营过程中，政府职能部门、公检法系统、银行或者其他组织对该企业进行的奖励、表彰、认定等记录。这些荣誉记录能够在一定程度上提高企业的信用状况，共包含17种信息。失信信息是指经过政府或其他组织进行认定、裁决的违约、违法等行为信息，会对企业信用造成一些负面影响，共包含23种。

（4）明确规定守信奖励措施和失信惩戒措施，对不同信用等级的企业实施分类奖惩。对于信用A类企业采取的奖励性措施有给予政策支持或倾斜，按规定积极给予信贷支持，优先安排股权融资、债券融资，等等。对信用C、D类企业采取的惩戒性措施有重点监管，从严审批，取消政策优惠，限制贷款，等等。

通过分析，发现部分条款存在局限性：①失信信息和荣誉信息必须经过依法认定，判定标准包含范围较窄。在企业经营过程中，常常出现一些不能够经过认定的信息，如企业参与社会捐赠信息、合同违规信息等。该办法不能够涵盖企业相关的所有的荣誉信息和失信信息。②奖惩措施与其他政策规定重复。该办法规定的奖惩措施，与其他相关荣誉评定办法的奖励措施类似，起不到守信激励的作用。当企业发生失信行为，触犯法律法规时，也能够收到类似的惩罚措施。

2.2.4 安徽省特色诚信制度分析——《安徽省政府信息公开办法》

政府形象反映了政府的整体素质、行为特征和精神面貌，是政府权力有效运行的基础。为响应国家号召、打造服务型政府，2006年，安徽省出台《安徽省人民政府办公厅关于进一步加强政务公开促进机关效能建设的通知》。该通知提出努力营造公开、公平、公正的政务环境，树立廉洁、务实、透明、高效的机关新形象。为进一步促进各级政府加快职能转变，安徽省出台《安徽省政府信息公开办法》《安徽省政府权力运行监督管理办法》《关于全面推进政务公开工作的实施意见》《安徽省行政许可和行政处罚等信用信息公示工作方案》《2016 年全省政务公开政务服务工作要点》，不断推进政务信息公开化，加强政府诚信制度建设。

2014年颁布的《安徽省政府信息公开办法》共6章30条，对政府信息公开的主体、范围、方式、程序等做出了详细规定。

（1）明确规定政府信息公开的主体，全面推进不同政务机关的政务公开。在"谁制作、谁公开"的立法精神指导下，对政府信息公开的行政机关进行明确规定，并对执行过程中可能存在异议的状况进行了分析，给出有效的解决措施。这样的做法能够保证政务信息的公开途径畅通，保证政务信息可循可查。

（2）明确政府信息公开的范围和重点公开的信息，确保政府政务信息透明化。对政府信息应当重点公开的部分进行重点介绍："三公"使用情况，政府投资项目招投标情况，保障性住房建设情况，行政机关、公益类事业单位招录情况，社会救助情况等。另外，公民、法人或者其他组织可以根据需要，向行政机关申请获取相关政府信息。

（3）制定政府信息公开的方式和程序，确保政务公开制度有效执行。明确规定行政机关可以采取多种方式主动公开政府信息，如机关网站、政府公报、新闻发布会、各种媒体等方式。除此之外，政府还应该就信息公开过程中的疑点、难点等问题对群众提供信息咨询，进行重点政策的解读工作。

通过分析，发现部分条款存在局限性：①政府信息可公开范围不明确，仅说明了可重点公开的信息范围和不予公开的信息范围。除此之外，还有大量的政府信息处于两者中间。这些信息可能对民众是有用的或者是需要公开的信息，但是却被忽略了。②申请政府信息公开查询的途径较为复杂。除了要准备申请材料外，还要说明申请内容和申请理由，但是有时候申请人也不清楚申请内容，从而导致申请需求被拒绝。

2.3 长三角三省一市特色诚信制度评价

诚信制度评估、评价过程还需关注制度制定过程的科学性（吴国平，2011）、合理性（刘金林，2011）、制度的强度（刘可文和潘坤友，2015）和制度实施的效果（杨成珍和张国祥，2013），运用定量评估方法从多个维度（张炜等，2016）评价诚信制度。本章针对长三角地区三省一市的特色诚信制度进行量化评估，并对评估结果进行分析。

Step 1：节点初始值的确定。根据对长三角三省一市特色诚信制度分析，可以发现诚信制度本身的特点和局限性。为准确全面地了解诚信制度的实施效果，还要通过定量评估和分析。为达到客观、精准和科学性较强的评估结果，选择 2.2 节中的四个特色诚信制度进行定量评估分析。设《上海市公共信用信息归集和使用管理办法》为 B_1，《江苏省社会法人失信惩戒办法（试行）》为 B_2，《浙江省企业信用联合奖惩实施办法（试行）》为 B_3，《安徽省政府信息公开办法》为 B_4。按照 Delphi 方法，采用问卷调查的形式（见附表 1），邀请领域内的专家与高校学者，根据第 1 章 1.2.2 节的指标影响因素影响强度的测算方法，采用平均值计算法，最终得到不同诚信制度 B_1、B_2、B_3、B_4 在各属性下的初始值，如表 2.1 所示。B_1 制度在 C_{11} 制度下的表现值为 0.7，表明《上海市公共信用信息归集和使用管理办法》制定之时，该制度对应的社会诚信问题较为严重，急需出台相关诚信制度来规范信用信息的归集和管理程序。B_2 制度在 C_{22} 制度下的表现值为 0.3，表明《江苏省社会法人失信惩戒办法（试行）》对制度实施的目标及内容规定不明确。2.2 节的分析表明该诚信制度对失信行为及失信行为等级认定标准规定得不够清晰、明确，从而导致对失信行为辨别困难。根据对指标的定量分析能够实现诚信制度的量化评估，为诚信制度的进一步改进和比较提供参考作用。

表 2.1 诚信制度评估的指标表现值

指标	C_{11}	C_{12}	C_{21}	C_{22}	C_{23}	C_{24}	C_{31}	C_{32}	C_{33}	C_{34}	C_{35}	C_{36}	C_{37}	C_{41}	C_{42}	C_{43}
B_1	0.7	0.8	0.8	0.5	0.8	0.6	0.8	0.8	0.6	0.4	0.7	0.7	0.8	0.7	0.6	0.7
B_2	0.8	0.8	0.7	0.3	0.6	0.4	0.8	0.8	0.2	0.6	0.7	0.5	0.6	0.4	0.7	0.6
B_3	0.8	0.8	0.8	0.3	0.7	0.6	0.8	0.8	0.5	0.7	0.8	0.7	0.8	0.6	0.8	0.7
B_4	0.7	0.8	0.8	0.4	0.8	0.6	0.8	0.8	0.3	0.8	0.8	0.8	0.8	0.7	0.6	0.8

Step 2：对属性值迭代以达到稳定状态。根据公式 $U_i^{t+1} = f\left(\sum_{j=1}^{n} U_j^t w_{ji}\right)$ 迭代，得到稳定状态，其中 w_{ij} 为 W 中的元素（见第 1 章 1.2.2 节中的 Step 2），t 为迭代次数，U_j^t 为 $B_s(s=1,2,3,4)$ 中时刻 t 的分量，$f = \dfrac{1}{1+\mathrm{e}^{-\lambda x}}, \lambda > 0$，取 $\lambda = 1$。通过迭代计算能够表达指标之间的动态作用，进而对各指标因素做出详细的动态分析。

（1）对于 B_1（《上海市公共信用信息归集和使用管理办法》），通过五次迭代得到稳定值，如表 2.2 所示。

表 2.2 《上海市公共信用信息归集和使用管理办法》指标稳定状态表

指标	$B_1^{t_0}$	$B_1^{t_0+1}$	$B_1^{t_0+2}$	$B_1^{t_0+3}$	$B_1^{t_0+4}$	$B_1^{t_0+5}$
C_{11}	0.7	0.589 0	0.549 8	0.549 8	0.549 8	0.549 8
C_{12}	0.8	0.500 0	0.500 0	0.500 0	0.500 0	0.500 0
C_{21}	0.8	0.617 7	0.584 6	0.585 0	0.584 6	0.584 5
C_{22}	0.5	0.539 9	0.530 8	0.529 2	0.529 2	0.529 2
C_{23}	0.8	0.569 5	0.572 2	0.569 2	0.569 1	0.569 0
C_{24}	0.6	0.647 9	0.621 3	0.615 0	0.615 0	0.615 0
C_{31}	0.8	0.603 5	0.588 3	0.591 5	0.591 4	0.591 3
C_{32}	0.8	0.559 7	0.574 4	0.574 4	0.574 4	0.574 4
C_{33}	0.6	0.510 0	0.529 0	0.528 1	0.527 9	0.527 9
C_{34}	0.4	0.500 0	0.500 0	0.500 0	0.500 0	0.500 0
C_{35}	0.7	0.620 1	0.586 6	0.586 6	0.586 6	0.586 6
C_{36}	0.7	0.500 0	0.500 0	0.500 0	0.500 0	0.500 0
C_{37}	0.4	0.598 7	0.570 7	0.571 0	0.570 7	0.570 7
C_{41}	0.7	0.727 1	0.696 9	0.695 0	0.694 2	0.694 2
C_{42}	0.6	0.500 0	0.500 0	0.500 0	0.500 0	0.500 0
C_{43}	0.7	0.603 5	0.592 0	0.587 1	0.587 1	0.587 1

由表 2.2 观察得到，经过第四次和第五次迭代后，各指标的表现值基本不变，指标值达到稳定状态。各指标通过关联矩阵 W 接收和传递各指标之间的因果影响，通过多次迭代实现系统内部的动态变化，最终达到稳定状态，从而实现对真实世界的模拟。

B_1（《上海市公共信用信息归集和使用管理办法》）所有指标的发展态势见表2.3。

表 2.3 《上海市公共信用信息归集和使用管理办法》指标发展态势

指标	C_{11}	C_{12}	C_{21}	C_{22}	C_{23}	C_{24}	C_{31}	C_{32}	C_{33}	C_{34}	C_{35}	C_{36}	C_{37}	C_{41}	C_{42}	C_{43}
发展态势	↓	↓	↓	↑	↓	↑	↓	↓	↓	↑	↓	↓	↑	↓	↓	↓

如在 C_{11}（诚信问题的社会现象）下，指标值降低，说明目前失信现象相比以前逐渐减少，趋于缓和。在 C_{22}（政策目标的明确性）、C_{24}（政策内容的科学

性）下，指标值得到提高，说明该法案建立在可靠的现实基础上，目标越来越明确、具体，文字表达也越来越清楚，不会使人认知困难或产生歧义。在规章制定过程中，上海市政府坚持开门立法、广开言路。制定工作经历了启动评估、调研讨论、起草和意见征求、听证四个阶段。对2014年颁布实施的《上海市公共信用信息归集和使用管理试行办法》，经过了一年的实施情况评估。这些工作为《上海市公共信用信息归集和使用管理办法》奠定了可靠的基础。而在C_{36}（政策执行的组织机制）下，指标值大幅度降低，表明组织之间沟通协调机制不够畅通。这是因为公共信用信息管理过程中，涉及行政机关、司法机关、企事业单位及法律法规授权组织，范围相对较广，各个组织之间存在沟通不畅、交流迟滞等现象。这也使得政策预期效率C_{42}和政策预期满意度C_{43}下降，即政策效率不高，政策满意度不佳。

（2）对于B_2（《江苏省社会法人失信惩戒办法（试行）》），通过五次迭代得到稳定值，如表2.4所示。

表2.4　《江苏省社会法人失信惩戒办法（试行）》指标稳定状态表

指标	$B_2^{t_0}$	$B_2^{t_0+1}$	$B_2^{t_0+2}$	$B_2^{t_0+3}$	$B_2^{t_0+4}$	$B_2^{t_0+5}$
C_{11}	0.8	0.589 0	0.549 8	0.549 8	0.549 8	0.549 8
C_{12}	0.8	0.500 0	0.500 0	0.500 0	0.500 0	0.500 0
C_{21}	0.7	0.589 0	0.583 2	0.584 3	0.584 5	0.584 5
C_{22}	0.3	0.534 9	0.529 4	0.529 1	0.529 2	0.529 2
C_{23}	0.6	0.559 7	0.567 7	0.569 0	0.569 1	0.569 0
C_{24}	0.4	0.629 5	0.617 9	0.614 8	0.614 9	0.615 0
C_{31}	0.3	0.552 3	0.584 9	0.591 4	0.591 3	0.591 3
C_{32}	0.8	0.530 0	0.574 4	0.574 4	0.574 4	0.574 4
C_{33}	0.3	0.490 0	0.528 5	0.527 9	0.527 9	0.527 9
C_{34}	0.2	0.500 0	0.500 0	0.500 0	0.500 0	0.500 0
C_{35}	0.6	0.620 1	0.586 6	0.586 6	0.586 6	0.586 6
C_{36}	0.7	0.500 0	0.500 0	0.500 0	0.500 0	0.500 0
C_{37}	0.5	0.574 4	0.569 5	0.570 5	0.570 6	0.570 7
C_{41}	0.6	0.681 4	0.694 5	0.695 0	0.694 2	0.694 2
C_{42}	0.4	0.500 0	0.500 0	0.500 0	0.500 0	0.500 0
C_{43}	0.6	0.589 0	0.592 0	0.587 1	0.587 1	0.587 1

由表 2.4 中数据可见，B_2（《江苏省社会法人失信惩戒办法（试行）》）的各项指标达到相对稳定状态。

B_2《江苏省社会法人失信惩戒办法（试行）》所有指标的发展态势见表 2.5。

表 2.5　《江苏省社会法人失信惩戒办法（试行）》指标发展态势

指标	C_{11}	C_{12}	C_{21}	C_{22}	C_{23}	C_{24}	C_{31}	C_{32}	C_{33}	C_{34}	C_{35}	C_{36}	C_{37}	C_{41}	C_{42}	C_{43}
发展态势	↓	↓	↓	↑	↓	↑	↓	↓	↑	↑	↓	↓	↑	↑	↑	↓

通过不同指标的发展态势可以发现，《江苏省社会法人失信惩戒办法（试行）》整体发展趋势较好，其中 C_{11}、C_{12}、C_{21}、C_{23}、C_{32}、C_{36}、C_{43} 有所降低。

关于 C_{11}（诚信问题的社会现象）及 C_{12}（诚信制度的必要性），《江苏省社会法人失信惩戒办法（试行）》颁布实施以来，对维护市场秩序、防范信用风险及保障信用安全方面起到了积极的作用。因而对于社会法人中失信行为有所遏制，从而导致 C_{11} 及 C_{12} 整体有所下降。但是《江苏省社会法人失信惩戒办法（试行）》根据《国务院办公厅关于社会信用体系建设的若干意见》和《江苏省企业信用征信管理暂行办法》制定，目前仍处于试行状态。《江苏省社会法人失信惩戒办法（试行）》的制定过程还未能充分考虑社会各阶层的意见，政策的部分内容不明确、不完善。在 2.2 节的分析中，发现部分条款存在一定的局限性：失信行为的识别、认定标准等方面未能准确说明；对失信行为的处罚标准太低，缺少强有力的惩戒措施。这些因素都导致 C_{21}、C_{23} 呈现下降趋势。由于层级设置、内外部人员的流动等对信用信息的初始影响较大，如果查询人员或工作人员变动，会导致信用信息主体处于停滞状态，因而 C_{32} 呈下降趋势。在政策执行过程中，失信行为人的惩戒措施往往不是由一个部门单独执行的，需要多个政府部门或者多个组织进行配合。但是跨部门和跨组织的沟通不畅可能导致时间延迟或者难以达成一致意见，从而影响惩戒措施的实施，因而 C_{36} 呈下降趋势。

（3）对于 B_3（《浙江省企业信用联合奖惩实施办法（试行）》），通过五次迭代得到稳定值，如表 2.6 所示。

表 2.6　《浙江省企业信用联合奖惩实施办法（试行）》指标稳定状态表

指标	$B_3^{t_0}$	$B_3^{t_0+1}$	$B_3^{t_0+2}$	$B_3^{t_0+3}$	$B_3^{t_0+4}$	$B_3^{t_0+5}$
C_{11}	0.8	0.589 0	0.549 8	0.549 8	0.549 8	0.549 8
C_{12}	0.8	0.500 0	0.500 0	0.500 0	0.500 0	0.500 0
C_{21}	0.8	0.603 5	0.583 2	0.584 6	0.584 5	0.584 5
C_{22}	0.3	0.539 9	0.530 1	0.529 1	0.529 2	0.529 2

续表

指标	$B_3^{t_0}$	$B_3^{t_0+1}$	$B_3^{t_0+2}$	$B_3^{t_0+3}$	$B_3^{t_0+4}$	$B_3^{t_0+5}$
C_{23}	0.7	0.559 7	0.569 4	0.568 8	0.569 1	0.569 0
C_{24}	0.4	0.634 1	0.619 6	0.614 8	0.615 0	0.615 0
C_{31}	0.3	0.586 6	0.584 9	0.591 5	0.591 4	0.591 3
C_{32}	0.8	0.530 0	0.574 4	0.574 4	0.574 4	0.574 4
C_{33}	0.5	0.490 0	0.529 0	0.528 0	0.527 9	0.527 9
C_{34}	0.2	0.500 0	0.500 0	0.500 0	0.500 0	0.500 0
C_{35}	0.5	0.620 1	0.586 6	0.586 6	0.586 6	0.586 6
C_{36}	0.7	0.500 0	0.500 0	0.500 0	0.500 0	0.500 0
C_{37}	0.7	0.586 6	0.569 5	0.570 7	0.570 6	0.570 7
C_{41}	0.6	0.698 5	0.692 0	0.695 0	0.694 2	0.694 2
C_{42}	0.4	0.500 0	0.500 0	0.500 0	0.500 0	0.500 0
C_{43}	0.7	0.574 4	0.592 0	0.587 1	0.587 1	0.587 1

由表 2.6 中数据可见，B_3（《浙江省企业信用联合奖惩实施办法（试行）》）的各指标达到稳定状态。

B_3（《浙江省企业信用联合奖惩实施办法（试行）》）所有指标的发展态势见表 2.7。

表 2.7 《浙江省企业信用联合奖惩实施办法（试行）》指标发展态势

指标	C_{11}	C_{12}	C_{21}	C_{22}	C_{23}	C_{24}	C_{31}	C_{32}	C_{33}	C_{34}	C_{35}	C_{36}	C_{37}	C_{41}	C_{42}	C_{43}
发展态势	↓	↓	↓	↑	↓	↑	↑	↓	→	↑	→	↓	↓	↑	↑	↓

由 B_3 中的指标发展态势可以发现，存在 C_{11}、C_{12}、C_{21}、C_{23}、C_{32}、C_{36}、C_{37}、C_{43} 多个指标下滑趋势。

在指标 C_{11}、C_{12} 下，指标值下降趋势明显，说明《浙江省企业信用联合奖惩实施办法（试行）》已初见成效，当前某些失信问题已经得到有效遏制。但是政策的整个制定过程还不够科学完整，如与民法、消费者保护法等没有形成关联关系，因此 C_{21} 呈现下降趋势。失信信息和荣誉信息必须经过依法认定，判定范围较窄，在政策目标的可行性 C_{23} 上呈下降趋势。对守信激励和失信惩戒措施的实施，需要经过多部门配合，不同的组织之间可能存在沟通不畅的问题，因此 C_{32}、C_{36}、C_{37} 呈下降趋势，并最终导致政策的满意度 C_{43} 下滑。

（4）对于 B_4（《安徽省政府信息公开办法》），通过五次迭代得到稳定值，如表2.8所示。

表2.8 《安徽省政府信息公开办法》指标稳定状态表

指标	$B_4^{t_0}$	$B_4^{t_0+1}$	$B_4^{t_0+2}$	$B_4^{t_0+3}$	$B_4^{t_0+4}$	$B_4^{t_0+5}$
C_{11}	0.7	0.598 7	0.549 8	0.549 8	0.549 8	0.549 8
C_{12}	0.8	0.500 0	0.500 0	0.500 0	0.500 0	0.500 0
C_{21}	0.8	0.617 7	0.586 0	0.585 2	0.584 4	0.584 5
C_{22}	0.4	0.539 9	0.530 8	0.529 3	0.529 2	0.529 2
C_{23}	0.8	0.579 3	0.573 7	0.568 3	0.569 0	0.569 0
C_{24}	0.7	0.620 1	0.620 1	0.615 1	0.615 1	0.615 0
C_{31}	0.3	0.603 5	0.586 6	0.591 5	0.591 4	0.591 3
C_{32}	0.5	0.617 7	0.574 4	0.574 4	0.574 4	0.574 4
C_{33}	0.6	0.500 0	0.529 0	0.528 1	0.527 9	0.527 9
C_{34}	0.8	0.500 0	0.500 0	0.500 0	0.500 0	0.500 0
C_{35}	0.3	0.603 5	0.586 6	0.586 6	0.586 6	0.586 6
C_{36}	0.6	0.500 0	0.500 0	0.500 0	0.500 0	0.500 0
C_{37}	0.8	0.598 7	0.571 9	0.571 2	0.570 6	0.570 7
C_{41}	0.8	0.742 7	0.687 0	0.694 6	0.694 2	0.694 2
C_{42}	0.6	0.500 0	0.500 0	0.500 0	0.500 0	0.500 0
C_{43}	0.8	0.544 9	0.589 5	0.587 1	0.587 1	0.587 1

由表2.8中数据可见，B_4（《安徽省政府信息公开办法》）的各指标达到稳定状态。

B_4（《安徽省政府信息公开办法》）中所有指标的发展态势见表2.9。

表2.9 《安徽省政府信息公开办法》指标发展态势

指标	C_{11}	C_{12}	C_{21}	C_{22}	C_{23}	C_{24}	C_{31}	C_{32}	C_{33}	C_{34}	C_{35}	C_{36}	C_{37}	C_{41}	C_{42}	C_{43}
发展态势	↓	↓	↓	↑	↓	↓	↑	↓	↓	↓	↑	↓	↓	↓	↓	↓

由 B_4 中的指标发展态势可以发现，存在 C_{11}、C_{12}、C_{21}、C_{23}、C_{24}、C_{33}、C_{34}、C_{36}、C_{37}、C_{41}、C_{42}、C_{43} 多个指标呈下滑趋势。

在指标C_{11}、C_{12}下，指标值下降趋势明显，说明《安徽省政府信息公开办法》已初见成效，当前存在的失信问题已经得到一定程度的遏制。但是政策的整个制定过程还不够科学完整，没有公民参与论证，因此C_{21}、C_{23}、C_{24}呈现下降趋势。在宏观上，《安徽省政府信息公开办法》基本与受众满意的大方向吻合；但制定过程中，大众参与政策制定过程的程度不高；组织的监督、奖惩机制等尚不完善；在执行过程中，当行政机关之间就信息公开存在争议时，由共同上一级行政机关协调解决，灵活性不足。因此，C_{33}、C_{34}、C_{36}、C_{37}呈下降趋势。这些现象将影响政策预期效果、政策预期效率和政策满意程度，导致C_{41}、C_{42}、C_{43}下滑。

通过比较分析，长三角三省一市诚信制度建设存在以下问题。

（1）各省域诚信制度的实施对象分布不均衡，同一类制度的内容相似度较高。在具体条款分析中发现，同类型制度的内容相似性非常高。以上海市、江苏省、安徽省（浙江省还没有出台类似的诚信制度）的公共信用信息管理制度为例（《上海市公共信用信息归集和使用管理试行办法》《江苏省公共信用信息归集和使用暂行办法》《安徽省公共信用信息征集共享使用暂行办法》），通过对该类诚信制度的具体条款进行比较分析发现，在信用信息分类、采集途径、查询办法、信息保护及奖惩措施等方面的部分条款内容极为相似。这种现象能够在一定程度上促进全国社会诚信制度的标准化建设，但是也会导致各省域诚信制度建设的特色不够鲜明，可能无法解决省域内的特殊问题。

（2）各省域诚信制度建设起步时间不同，发展速度不平衡。根据省域诚信制度的背景分析发现，各省域起步时间不一致。根据表2.1各省域诚信制度评估的指标值分析发现，各省域诚信问题所在的环境不一致，政策执行力也不同，导致各地诚信制度建设的发展速度不均匀。由于国家最先在上海开展诚信制度建设试点，因此上海市的诚信制度建设起步早、发展快。目前，从诚信制度建设、信用信息数据库建设、信用服务建设等方面来看，上海市社会诚信制度建设取得了显著成果，走在全国各省市的前列。浙江省出台了以自然人、企业及政府为对象的诚信制度，其中关于企业诚信的制度数量最多，企业诚信制度建设也最为全面。在学习各省域诚信制度建设的基础上，江苏省逐步建立完善的信用数据库，建立以自然人、法人为主体的诚信管理制度。虽然江苏省起步比其他省份稍晚一些，但是建设速度和信用信息数据库的完善程度较高。安徽省的诚信制度建设起步时间最晚，在政府诚信制度建设方面成绩较为突出。由三省一市诚信制度建设的发展历程可以看出，在诚信制度建设的发展速度、完善程度和诚信制度内容分类上，长三角地区存在发展不平衡问题。

（3）各省域诚信制度的法律机制不完善，导致各地信用信息共享制度不健全，跨省域诚信制度建设约束力不强。诚信立法是诚信制度建设的重要环节，通过完善的立法手段促进诚信制度各个环节的有效建立，使得诚信制度建设、信用信息管理和信用服务发展能够合理合法。与一般的诚信制度相比较，诚信立法手段具有更强的约束力和权威性。虽然各地相继在信用信息归集管理方面颁布相应的地方性法规，但没有有效的跨省域诚信制度，跨区域信用信息归集管理方面工作依据不足。从表 2.1 中的政策执行力指标来看，企业、政府等组织执行政策的能力较强，组织内部的沟通监管机制较为健全。由于跨地区诚信制度的缺失，中小企业信用体系建设、征信市场管理和非国有机构的信用信息采集等方面缺乏完整的诚信法律支撑，造成无失信惩罚的约束机制，也导致跨省域协同监管工作困难重重。

（4）信用信息数据归集困难，信息公开、奖惩方法等规定不够明确具体，诚信制度可执行程度低。通过对各省域信用信息管理制度进行分析发现，各省域的信息化建设的组织机构、发展模式和信用信息归集与管理制度各有特点。上海市采取第三方机构主导、政府各部门配合完成信息归集和使用；江苏省、浙江省、安徽省采取政府主导、多部门和机构配合完成信用信息归集和使用。各省域的信用信息较为分散，大部分信用信息分布在行政部门、金融机构、事业单位等政府部门中。各省域的信用信息多被政府部门垄断，其他征信机构难以获得信用信息，市场化程度低。为促进信用信息的归集和共享，必须细化信用信息归集和管理制度，进一步完善信用信息共享平台。通过 2.2 节对各省域诚信制度特色条款进行分析发现，在江苏省和浙江省制度的奖惩制度中，对信用信息公开机制和奖惩机制进行了规范化。通过表 2.1 政策目标的明确性指标评价数据来看，具体条款的被执行目标不明确，易使人认知困难或产生歧义。对于具体执行条款的规定不详细，从而使得诚信制度的可执行程度不高。

2.4　思考与启示

通过对长三角地区三省一市诚信制度的评估、分析和比较，在借鉴国外典型地市诚信制度建设的基础上，提出我国省域诚信制度建设改进的相关建议。

（1）在省域诚信制度建设过程中，梳理现有诚信制度的特点和内容，及时废止落后、重复性的诚信制度，平衡诚信制度在各类别中的比例，并建立具有本省省域特色的诚信制度。省域诚信制度建设是一个动态演化的过程。在省域诚信制度建设过程中，应该及时对现有诚信制度进行推陈出新。在诚信制度出台并执行一段时间后，要及时观察并评估诚信制度的执行效果，一旦发现有严重的失误、失效的情况，政府应该及时中止或改善出台新制度以取代旧制度，这样才能保证诚信制度的实施达到较好的效果。在社会诚信体系建设过程中，个人诚信是基础、企业诚信是中坚力量、政府诚信是上层建筑。在诚信制度建设过程中，应该平衡各类诚信制度所占的比例，达到社会诚信体系的全面发展。在省域诚信制度的制定过程中，应该立足于本省诚信制度建设的实际情况，针对重点问题、难点问题研究诚信制度建设的突破点，健全并完善对应的诚信制度。

（2）在信息化时代的大背景下，借鉴国内外典型地市信用信息管理制度的经验，完善各省域信用信息数据库的标准化建设，建立有效的信用信息管理平台，力求实现信用信息的跨省域查询和使用。我国在上海市、北京市、浙江省、山东省等部分省市已建立地方性的信用信息管理体系，建立了集合银行、公检法及政府职能机关等来源的信用信息数据库。根据模糊认知图对典型省域诚信制度的仿真分析可以看出以下内容。诚信制度实施初期，制度环境指标（C_{11}、C_{12}）较高，说明社会诚信问题较为严重。随着制度的实施，诚信环境有所好转，说明诚信制度的实行起到了切实的作用。但是C_{32}、C_{36}呈下降趋势，说明组织机构和组织机制不健全导致诚信制度的执行力较差。在美国、德国和日本等国家的典型地市诚信制度体系中，信用信息往往较为集中地分布在几个数据库中（魏清，2002），国家能够对信用数据进行全面监控。我国现有的信用信息管理体系的缺陷在于，只能局限在一个城市或者省域范围内提供信用服务。由于我国各地区经济发展水平参差不齐，诚信制度建设具有较强的地域特点，建立全国范围内的信用信息互联系统难度较大。因此，在借鉴国外信用信息管理体系的基础上，省域政府可发挥主导作用，通过立法规定、行政推动及协调统一等强制手段，建立如长三角、珠三角等范围内的区域信用信息管理体系，实现信用信息在跨省域范围内的归集、管理和使用。

（3）在政府主导的模式下，立足各省域诚信制度建设的特色，完善信用信息归集制度、规范信用信息评估制度、建立信用中介机构管理制度。我国省域的信用信息服务平台主要采取政府主导的方式进行，有利于政府在较短的时间内聚集大量的信用信息，从而组建信用信息数据库，快速推动诚信制度建设的发展。随着省域诚信制度建设的完善和信用服务市场的发展，这种模式使得政府财政负担重、容易造成政府垄断、不利于信用服务行业的市场化运作。对不同省域诚信制度内容进行比较发现，不同省域的同类型制度的重复度较高，没有体现不同的地域特色。从模糊认知图对典型省域诚信制度的仿真分析可以看出：指标C_{21}、C_{23}、C_{24}往往呈现下降趋势，说明制度的编制过程没有经过充分讨论、分析和论证，容易形成政府"一言堂"。随着诚信制度的实施，C_{34}多呈现上升趋势。这说明公众参与程度越来越高，公众对诚信制度的参与热情较高。如果能够充分利用第三方力量发展信用信息管理，能够提高政策执行效率。在美国、日本、欧洲等信用服务发达的国家中，除了国家的推动作用外，银行、地方政府和民营信用服务机构也在社会诚信体系建设中发挥重要的作用（张合林，2008）。美国消费者信用调查业务也是从州级政府发展起来的，逐渐建立全国信用信息系统。根据发达国家地方建设经验，推动第三方信用服务中介机构参与社会诚信体系建设是经济发展的必然要求。考虑到我国省域的发展特点，政府出台信用服务机构管理条例、信用信息归集制度，应充分发挥省域政府、信用服务机构、行业协会组织等不同主体的作用，建立"政府主导、社会化运作"的诚信制度体系。

（4）坚持"公平、公正、公开"的原则，根据社会环境的变化特点，及时修改并完善省域政府诚信制度建设的决策机制和程序，完善信用信息共享制度。发达国家诚信制度发挥效能的重要原因在于，诚信制度建设之初就合理地采纳各界的意见，并根据社会环境的改变不断进行修改。美国更是通过立法手段保护信用信息公开，保障信用信息实现共享（薛永洁，2010年）。根据模糊认知图对典型省域诚信制度的仿真分析可以看出，C_{24} 呈上升趋势，这说明诚信制度的内容具有一定的科学性。但是从特色诚信制度的具体条款分析发现，部分条款存在概念表达模糊的缺点。在吸纳国外经验的基础上，我国省域诚信制度建设过程中，坚持科学决策原则，依法向社会公布诚信制度制定的机制和程序，提高决策透明度。政府制定信用信息共享制度，应从以下几个方面完善信用信息共享程序：一是明确信用信息的公开范围，对所掌握的信用信息实施信用信息公开的等级划分，对不同的对象公开不同级别的信用信息。二是注重个人及企业信用信息隐私保护，对信用信息的归集和共享采取谨慎的态度，严格规定信用信息采集范围和不适合公开范围，制定严格的个人信用档案登记制度、规范的个人信用评估机制、严密的个人信用风险预警系统及其管理办法。三是提高相关法律条款的可执行性。省域政府应制定信用信息的保密目录和公开目录，促使信用信息能够按法律规定的途径和方式向社会公开，实现对信用信息的分类管理。

（5）营造诚信的社会环境，坚持"守信激励、失信惩戒"的原则，完善具体制度条款的规定，提高制度的可执行程度，形成褒扬诚信、惩戒失信的制度机制。

在省域诚信制度建设过程中，各地区均在相关制度中提及建立守信激励、失信惩戒机制。相关条款的具体执行程序浮于表面，执行难度大。根据模糊认知图对典型省域诚信制度的仿真分析可以看出，C_{23} 呈下降趋势，这说明诚信制度的可执行力差。同发达国家相比，失信行为处罚力度不大，难以起到警示作用。在诚信制度建设不断完善过程中，省域政府应当加强法制建设，对信用缺失严重的个人和企业进行严厉打击和惩罚，这是规范社会秩序的首要措施。通过具体法律条款规定，加大失信违约成本，建立"一处失信处处受限"的诚信环境，才能够真正减少失信行为，建立诚实守信的社会氛围。在制定诚信制度过程中，应当明确规定失信惩戒的范围、尺度，完善将优惠政策与信用主体信用状况相结合的制度。省域政府应制定合理的制度执行程序，使得相关条款能够切实可行。

第3章 诚信制度建设实施效果评估的因素与指标设计

3.1 诚信制度建设实施效果评估的维度与评估原则分析

随着我国在道德和法律两方面对诚信的倡导与规定，国家及地方均出台了相应的诚信制度和诚信教育实施措施。诚信制度实施结果的好坏直接影响社会诚信水平。人民作为社会的组成个体，其诚信水平会直接影响社会诚信运行情况，并对经济和金融产生相应的影响。政府作为诚信制度建设的推行主体，需要付出相应的财力与物力来维持诚信制度的建设效果。反观之，社会的运行情况、经济发展态势和金融环境都能反映诚信制度建设的成效，相应因素的改变能反映国家诚信制度建设的效果。本章通过对多个维度因素的变动来反映诚信制度建设实施效果，进行效果评估。

社会是人们通过交往形成的社会关系的总和，是人类生活的共同体；政治对社会诚信制度建设起到了强有力的支撑作用，政府作为国家的权力机构，相较私营体系其具备权威性、普遍性与强制性，对诚信维护起到了强有力的约束作用；经济体现诚信制度建设的物质支撑，任何国家事务的发展都离不开经济的支持；金融风险是国家诚信制度建设的一个重要表征因素，金融市场缺乏透明度、存在信用风险往往会导致诚信缺失的行为发生。这四个维度系统而全面地解释了一个国家的诚信制度建设涵盖的内容，由此，对各对象的诚信制度建设实施效果的评估从社会、政治、经济和金融四个方面开展。

采用文献计量方法统计2000年以后关于诚信与信用评估的相关文献，从文献中挖掘相应对象的评估指标。在中国知网（www.cnki.net）上检索与"诚信制度评估"和"诚信环境评估"相关的文献，并对以上文献中所涉及的评估指标进行统计，具体文献发表年份分布情况如表 3.1 所示。

表 3.1　2000~2016 年诚信制度建设实施效果评估相关文献发表时间分布情况

发表年份	≤2003	2004	2005	2006	2007	2008	2009
数量/篇	6	7	4	11	13	17	21
发表年份	2010	2011	2012	2013	2014	≥2015	总计
数量/篇	13	19	23	30	25	22	211

从发表的数量上看，关于诚信评估的文献是逐年增多的，后稳定在较高的水平。关于诚信评估的对象，其中 97 篇文献是关于中小企业的信用与诚信评估，占比高达 45.97%，可见诚信制度建设直接作用于社会，中小企业作为社会的主要构成主体，其诚信行为的优劣能够部分解释诚信制度建设的成效。除去对中小企业信用评估的文献，有部分是对不同地区社会信用环境的评估，从宏观层面对评估对象的信用环境进行评估。宏观层面的指标有经济总量、经济增长率和不良贷款率等。

与相关诚信评估的文献进行对比发现：

（1）本章从社会、政治、经济和金融环境 4 个方面对诚信制度建设实施效果进行评估，与所选的代表性文献基本一致，因为上述文献均涉及这 4 个方面。

（2）经济环境所涉及的 4 个子指标，在文献中出现的频率最高，由此可知经济环境的转变能够很好地反映诚信制度建设实施效果。

（3）已有文献中，对诚信制度建设实施效果进行评估的文献较少，且多集中于对微观个体，如中小企业、在校大学生和银行等的评估，对单一微观个体的诚信状况的评估不能准确反映宏观诚信制度实施效果。

（4）统计的文献中包含对诚信环境的评估，其评估指标与本章涉及的评估指标相近，诚信制度实施效果的好坏外在表现为诚信环境的改善或恶化，故能较好地综合已有文献对诚信环境的评估。

对比已有评估体系，本章进行提炼后得到的各评估对象的评估指标能够较为客观地评估不同主体的诚信制度建设实施情况，为后文的评估奠定基础，并且为找到诚信制度建设突破口提供了一定的方向。结合评估对象的不同和上文综述的已有评价体系，并基于指标构建的全面性、代表性、科学性、可比性等原则构建相应的评估指标。

全面性：诚信制度建设实施效果的评估指标体系应能全面、系统地评估其实施效果。首先，指标的选取需要了解各指标间的整体性及关联性，才能够确保指标体系对诚信制度建设实施效果做出准确评估。其次，诚信制度建设实施效果评估指标体系的设置应统筹考虑影响实施效果的各主要因素，包括社会、政治、经济和金融因素，以便于从各个不同角度对各评估对象的诚信制度建设实施效果做出全面、合理的评估。

代表性：诚信制度建设实施效果涉及中央和各地方的社会、政治、经济和金融等方面，要综合各个方面进行分析，并需要保证指标具有代表性，能反映诚信制度建设实施效果。应权衡指标体系的全面性和代表性，避免指标体系过于繁杂。同时在建立指标体系时，需尽量选取和诚信制度建设实施效果相关程度高的指标，从而反映评估对象的真实情况。

科学性：构建各评估对象的诚信制度建设实施效果评估指标体系，应该注意各指标之间既相互区别又相互联系，能形成一个有机整体。在构建指标体系的时候，还必须保障指标选取的客观性，指标的算法及准则必须科学规划，指标选取科学性直接关系到研究结果。社会、政治、经济和金融四个相对独立的维度，涵盖了国家宏观运行的表征因素，保证了评估指标间的关联性。各维度均须选取定量指标描述，保证数据的客观性，以确保研究的科学性。

可比性：诚信制度建设实施效果的评估包含了多对象的横向比较与多年份的纵向对比，为了保证评估结果的差异性，在建立指标体系时须保证各指标能反映诚信制度建设实施效果在不同阶段与不同对象上产生的差异，凸显诚信制度建设实施效果的差异性，增加评估结果之间的可比性，从而准确评估各对象的诚信制度建设情况。

3.2 典型国家诚信制度建设实施效果评估指标设计

3.2.1 社会环境

广义上是指社会上的各种事务，包括人类的一切活动，如生活条件、医疗卫生情况、教育程度等，其存在和作用有力地影响着人们诚信态度的形成和改变。

（1）国民收入：人均 GDP 与 GDP 增长率从国家层面体现经济的发展情况，人均国民收入则可衡量人民的富裕程度。按照世界银行的划分标准，中国已由低收入国家步入了中等收入国家的行列，人民群众得到了更多改革和发展带来的实惠，生活水平进一步提高，生活质量进一步改善。这有利于社会的稳定发展，在一定程度上有助于推动诚信制度的建设。同样，诚信制度建设显现出效果的同时，也能有效改善国民诚信状况，从而影响国民收入。对此，遴选美国、中国、日本三国进行对比分析，如图 3.1 所示。

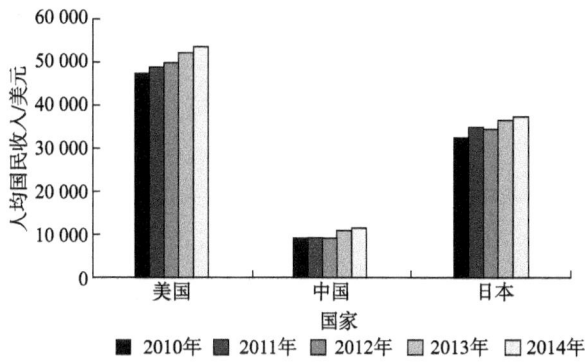

图 3.1　2010~2014 年美、中、日三国人均国民收入情况

纵向对比三国的人均国民收入变化情况可知，其人均国民收入均呈现小幅上升的趋势，且我国表现出最高增长率，为 46.12%，美国与日本的增长率均为 14% 左右；横向对比发现，美国的人均国民收入情况大概是我国的 5 倍左右，是日本的 1.5 倍左右，可见我国的人均国民收入与美国、日本等发达国家相差较远。

（2）就业状况：就业率的高低代表社会劳动力和社会发展之间的适应性，充分就业有助于提高社会的和谐程度，有助于社会成员生活质量的普遍提升。萨缪尔森研究表明，"失业会破坏身体和精神的健康——较多的心脏病、酗酒和自杀，对许多人来说，非自愿失业会对自身造成非常严重的创伤"。由此可见，就业情况与社会诚信制度建设实施效果存在重要的关联性。采用就业人口比率来表征就业状态，就业人口比率即就业人口占 15 岁以上总人口的百分比。选取美国、中国、日本三国进行对比分析，如图 3.2 所示。

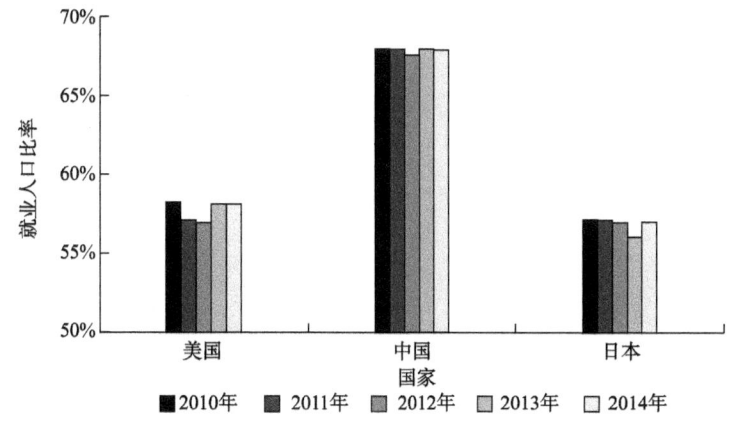

图 3.2　2010~2014 年美、中、日三国就业率情况

从图 3.2 可见，2010~2014 年，我国的就业人口比率稳定在 68%，相较美、日

两国，处于较高水平；美、日两国的就业人口比率的波动也较小，美国在 2011 年下降了 1 个百分点，在 2013 年又上升了 1 个百分点，并稳定在 58%；日本的就业人口比率在这 5 年内，基本稳定在 57%，仅在 2013 年下降了 1 个百分点；由此可见，各国对就业人口比率的控制都较好。

（3）教育状况：教育体现着社会的知识水平，知识可以影响人的思想和行动，道德思想教育对人的诚信意识至关重要。一般情况下，受过高等教育的人接触的道德教育相较于常人较多，而道德知识在一定程度上会带动人们的诚信行为，本·琼森也指出"知识是心灵的活动"，高等院校入学率在一定程度上影响了国家的诚信制度建设。本章采用高等院校入学率作为测度指标，高等院校入学率即高中之后 5 年学龄人口总数中大学（ISCED5 和 6：国家标准教育分类法）在校生总数的百分比，选取美国、中国、日本三国进行对比分析，如图 3.3 所示。

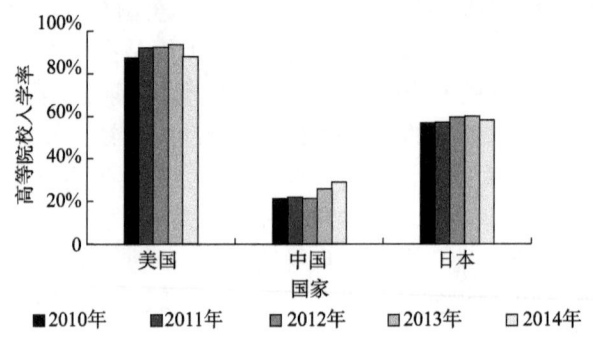

图 3.3　2010~2014 年美、中、日三国高等院校入学率情况

由图 3.3 可见，美、中、日三国高等院校入学率分别处于三个层次，美国 2010~2014 年的平均高等院校入学率高于 90%，可见美国的教学资源较为充足，国民的受教育程度较高，但从 2013 年呈现出下降趋势，且在 2014 年降幅达 5 个百分点；日本的高等院校入学率处于第二层次，稳定在 60% 左右；我国处于第三层次，但 2010~2014 年呈现稳步增长，于 2014 年增长到 30%，增幅达 36.4%，可见国民对教育态度的转变，以及扩招政策的作用显现。

（4）医疗健康状况：马斯洛认为"人类的需求由低到高分为五个层次，在多种需求未获满足前，低层次的需求需先被满足，之后才有动力追求高层次需求"，生理健康之类的需求是低层次的需求，只有健康得到保证后才会进行诚信等更高层次的活动，故健康需求的满足支持了人们对诚信活动的进行，公共医疗卫生保障所有社会成员都能够享受维护身体健康的生活水准。公共医疗卫生支出占医疗总支出的百分比越高，社会成员健康水准越有保证，才有机会实现道德追求，故公共医疗支出占比可以作为衡量诚信制度建设实施效果的一个社会因素指标。选取美国、中国、日本三国进行对比分析，如图3.4所示。

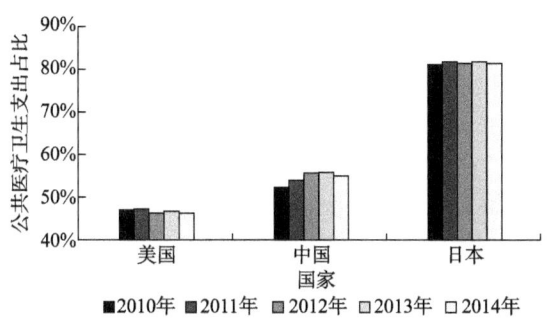

图3.4　2010~2014年美、中、日三国公共医疗卫生支出占比情况

从图3.4可见，日本的公共医疗卫生支出占医疗总支出的百分比在美、中、日三国中最高，为82%左右，且在2010~2014年内波动幅度较小，可见日本的公共医疗程度较高；其次是我国，2010~2013年持续增长，仅在2014年出现小幅下降；美国的公共医疗卫生支出占比最小，为47%左右。

（5）信息网络状况：互联网对诚信制度建设有着不可忽略的影响作用。互联网是我国征信社会建设的最为关键的一环，网络诚信制度建设将直接影响到网络法制建设，也直接影响到现实社会的征信体制。通过互联网，有关征信信息披露的时效性、延续性好，对诚信行为起到监督作用。互联网的普及性对信用制度的建设发挥着较大的作用，固定宽带互联网用户可以表征互联网的普及性，两者有正相关关系，其指使用宽带互联网线路、电缆调制解调器或高速网络技术的宽带用户数量，以每百人为单位。选取美国、中国、日本三国进行对比分析，如图3.5所示。

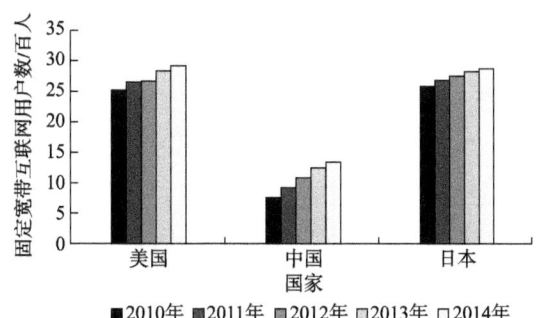

图3.5　2010~2014年美、中、日三国固定宽带互联网用户数情况

作为发达国家的美国和日本，保持着相对较高的宽带互联网接入率，并

在 2010~2014 年呈现持续上升的趋势，其中美国的增长率为 15.5%，日本为 12.0%；我国的宽带互联网接入水平虽然较低，但保持着较高的增长率，从 2010 年的 7.69%增加到 2014 年的 13.63%，增幅高达 77.2%，可见我国的宽带互联网接入人数的激增、互联网的快速发展，使得诚信制度建设与网络诚信关系凸显。

（6）法律保障状况：法律通过强制力的手段来捍卫诚信，对人们诚信行为具有强有力的约束作用，法律是保障诚信的一道重要屏障，能够有效遏制失信行为。法律权利力度指数可以度量法律在诚信制度建设中的力度和效果，指数范围为 0~12，数值越高，表明担保法和破产法等法律对获得信贷或其他诚信行为更加有利。选取美国、中国、日本三国进行对比分析，如图 3.6 所示。

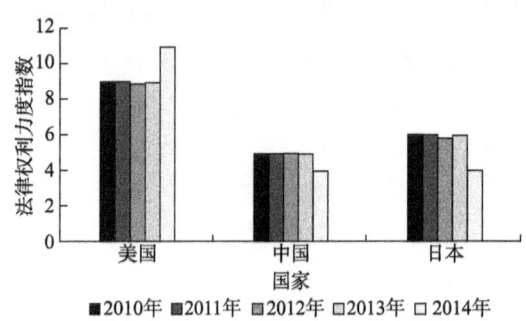

图 3.6　2010~2014 年美、中、日三国法律权利力度指数情况

由图 3.6 可知，美国的法律权利指数处于较高水平，且在 2014 年实现了 22.2%的增幅，说明法律对信贷保障程度的提高，减少了贷款坏账的出现，同时，诚信制度建设提升了社会的诚信程度，有利于信贷业务的进行；日本的法律权利指数比我国稍高，并且在 2014 年均出现小幅下降，可见由于法律的原因，获得信贷的难度增加。

3.2.2　政治环境

政府是我国的权力机构，相较私营体系，其具有普遍性、权威性和强制性。在诚信制度建设中，政府制定的法律法规和相关活动都直接影响诚信制度的建设，故政治环境与诚信制度建设存在较强的相关性。

（1）政府支出：政府最终消费支出关乎国家的安全和人民的福利水平，为诚信制度建设打下了坚实基础。通常情况下，政府消费支出有两种情况：一种是由政府等部门在市场上购买产品或服务，然后免费提供给特定居民；一种是政府等部门作为非市场生产者，将自己的服务产出免费或以无市场含义的价格提供给居民和公众。因此,本章将政府最终消费支出作为诚信制度建设实施效果的评估指标,包括政府为购买货物和服务(包括雇员薪酬)而发生的所有经常性支出,还包括国防和国家安全方面的大部分支出(政府军费支出除外)。选取美国、中国、日本三国进行对比分析,如图 3.7 所示。

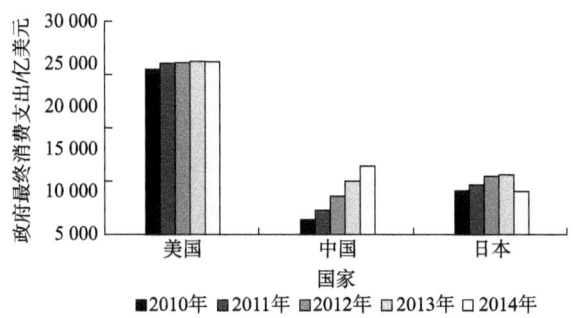

图 3.7　2010~2014 年美、中、日三国政府最终消费支出情况

由图 3.7 可知,美国的政府最终消费支出相较我国和日本高出很多,且稳定在较高的水平,2010~2014 年的增幅为 4.3%;2010~2013 年,日本政府最终消费支出均高于我国,但在 2014 年出现较大降幅,为 16.9%;我国 2010~2014 年均保持上升趋势,最终增幅高达 94.2%,可见我国政府在各方面支出的增加,包括对诚信制度建设的支出。

(2)政府税收:税收收入是国家财政收入最主要的来源,也是维护社会文明的基础,有利于促进社会平等竞争、人民共同富裕。因此,良好的税收收入是诚信制度建设的保证。本章用税收收入占 GDP 的比重来表征政府税收情况,政府税收指强制转移至中央政府以作公共目的之用的款项,部分强制性款项转移及大部分社会保障交款不包含在内。选取美国、中国、日本三国进行对比分析,如图 3.8 所示。

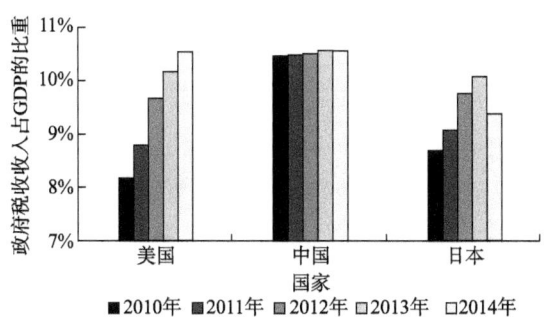

图 3.8　2010~2014 年美、中、日三国政府税收收入占 GDP 的比重情况

根据图 3.8 可知,我国的税收收入占 GDP 的比重在这 5 年内基本稳定在 10.5%;

美国与日本均有不等的升幅与降幅,美国5年内保持持续增幅,从2010年的8.2%增加到2014年的10.6%,增幅为29.3%,可见美国政府税收程度的加重;日本政府税收在2010~2013年持续增加,增幅为16.1%,但2014年出现下降,降幅为6.7%;最终美、中、日三国的政府税收比率差距缩小,都在10%左右的水平。

3.2.3 经济环境

良好的诚信环境是经济发展的必然需求,良好的诚信环境需要诚信制度的支持,从而更好地促进经济的发展,经济发展也可促进诚信制度的建设。经济与诚信建设相互影响,经济环境的不同会直接导致不同国家之间的诚信环境有所差异,从而反映诚信制度建设实施效果的差异。

(1) 经济总量:国民生产总值与 GDP 具有较高的相似性,GDP 是一个经济体内在一定时期内生产的所有最终产品和劳务的市场价值。人均 GDP 本身具有社会和平、平等的含义,且根据亨廷顿分析,在一定范围内人均 GDP 增加会对社会和谐等产生正向影响,社会和谐能够保障人类的高层次活动,包括诚信活动。因此,人均 GDP 是诚信制度建设的基础,应将其作为诚信制度建设实施效果评估指标。选取美国、中国、日本三国进行对比分析,如图 3.9 所示。

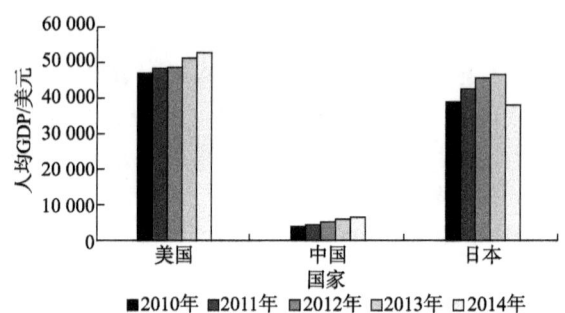

图 3.9　2010~2014 年美、中、日三国人均 GDP 情况

由图 3.9 可见,我国作为发展中国家,人均 GDP 与发达国家美国和日本存在较大的差距,但差距在缩小。2010 年美国人均 GDP 为我国的 12.5 倍,到 2014 年为我国的 7.8 倍,美国人均 GDP 依旧呈现逐年增长的趋势,2010~2014 年的增幅达 12.9%;2010 年日本人均 GDP 为我国的 10.5 倍,到 2014 年为我国的 5.7 倍,并在 2014 年出现经济衰退,人均 GDP 降幅为 17.2%;我国人均 GDP 在 2010~2014 年保持持续增长,增幅达 81.6%,可见我国经济增长速度较快。

(2) 经济增长:尽管学术界对 GDP 的数值及其发展变化率的意义有所争议,但是从 GDP 的核算过程和内涵来看,GDP 增长率是宏观经济状况的一个重要观测指标,影响国家的社会稳定。一般而言,合适而稳定的增长率表明一国的经济状况发展良好,社会失业率呈下降趋势,进而在一定程度上有利于国家的安定和谐。GDP 增长率反映了不同评价对象在不同时期的经济总量变化情况。选取美国、中国、日本三国进行对比分析,如图 3.10 所示。

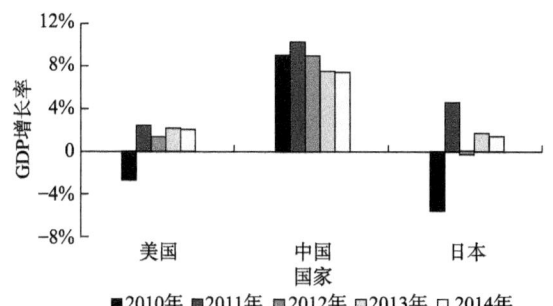

图 3.10 2010~2014 年美、中、日三国 GDP 增长率情况

从图 3.10 可见,仅有我国的 GDP 增长率在 2010~2014 年均保持为正数,最大的 GDP 增长率出现在 2011 年,为 10.4%,可见我国经济的高速增长;美国仅在 2010 年出现 GDP 增长率为负的情况,并在以后 4 年中均保持 2%左右的增长率;日本在 2010 年出现 5.5%的 GDP 负增长率,于 2012 年再次出现经济退后;相比之下,我国 GDP 增长较为稳健。

(3)通货膨胀:通货膨胀会引起收入和财富的再分配,扭曲商品相对价格,降低资源配置效率,但适当的通货膨胀能够有效刺激消费,对国家经济产生正向影响;通货膨胀未得到有效控制时,会引发泡沫经济,从而使国家的经济基础受到损害,当人民的生存都成问题时,诚信便成为空谈。比较通货膨胀率可以更好地了解不同国家经济情况,因此,本章将通货膨胀率作为信用制度的社会影响因素指标,并选取美国、中国、日本三国进行对比分析,如图 3.11 所示。

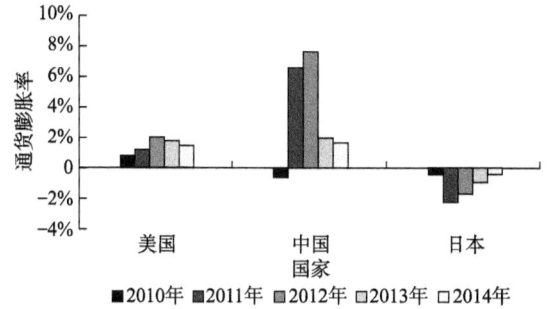

图 3.11 2010~2014 年美、中、日三国通货膨胀率情况

由图 3.11 可见,日本在 2010~2014 年内的通货膨胀率均为负数,即表现为通

货紧缩，市场上流通货币减少，购买力下降，会导致经济衰退；美国 2010~2014 年均保持正向通货膨胀率，最高时仅为 2.1%，这样可有效刺激消费；我国在 2010 年出现小幅的通货紧缩，为 0.6%，在 2012 年和 2013 年出现了较高的通货膨胀率，分别为 6.6%和 7.8%，这会导致货币贬值、人民购买力下降，在 2013 年到 2014 年回落到较低水平，为 2%和 1.7%。

3.2.4 金融环境

若金融市场缺乏透明度、存在信用风险，则会滋生更多的诚信问题，诚信制度的不完善同样会影响金融市场的运行效率。金融市场与诚信制度关系紧密，相辅相成。经济合作与发展组织将国家的社会信用制度作为评估该国金融市场稳定与风险的一个重要指标。

（1）银行运行状态：银行承担着借款人的信用风险，银行不良贷款越高，说明金融行业面临的信用风险水平越高，甚至还会诱发社会道德风险。本章用银行不良贷款率来表征银行运行状态。银行运行状态由不良贷款额占贷款组合总额（包括扣除专项贷款损失准备金之前的不良贷款）的百分比表征，是指借款人未能或已有迹象表明未能按原定的贷款协议按时偿还银行的贷款本息而形成的贷款。本章选取美国、中国、日本三国进行对比分析，如图 3.12 所示。

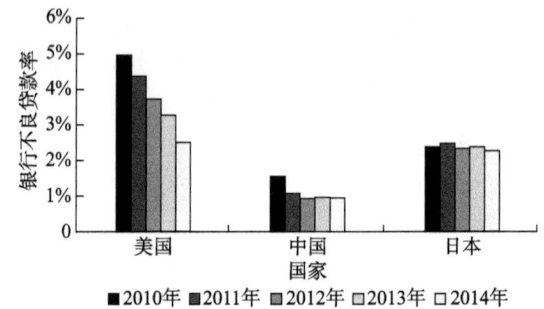

图 3.12　2010~2014 年美、中、日三国银行不良贷款率情况

由图 3.12 可知，我国的银行不良贷款率在美、中、日三国中最小，在 2010 年最高时也仅为 1.6%，其余 4 年均保持在 1%左右，可见我国对贷款资格审核力度之大与我国诚信制度建设初见成效；其次是日本的不良贷款率，保持在 2.4%左右，波动幅度较小；美国在 2010~2014 年，不良贷款率持续下降，从 2010 年的 5%下降到 2014 年的 2.5%，降幅为 50%。

（2）社会征信系统：由公共征信系统和私营信贷覆盖率构成。公共征信系统和私营信贷系统为个人或企业提供还款记录、未偿付债务或信贷余额等征信相关信息，以占成年人口的比例表示。社会征信系统对个人或公司失信行为起到约束作用，社会征信系统覆盖越高，对个人或公司的违约信息记录越清晰，越有助于失信行为的信息披露，这在一定程度上会抑制失信行为的发生，有助于诚信制度建设。社会征信系统覆盖体现了国家诚信制度建设水平，可以将其作为诚信制度建设实施效果的评估指标。选取美国、中国、日本三国进行对比分析，如图 3.13 与图 3.14 所示。

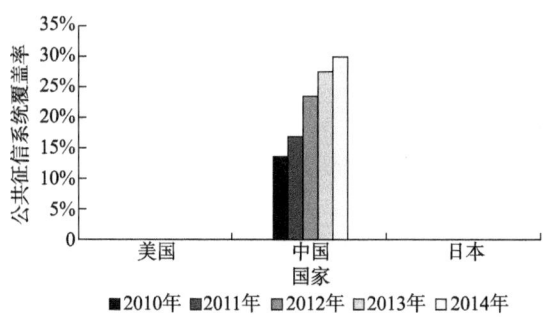

图 3.13　2010~2014 年美、中、日三国公共征信系统覆盖率情况

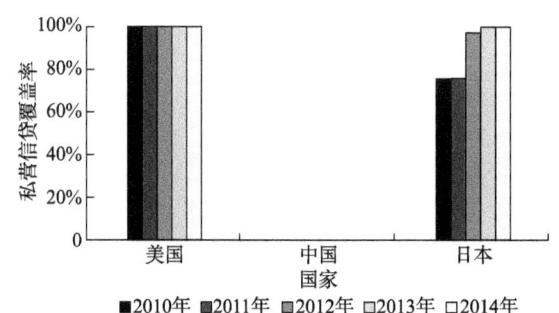

图 3.14　2010~2014 年美、中、日三国私营信贷覆盖率情况

由两图对比可知，由于国情的不同，我国公共征信系统相较之下比较完善，从 2010 年的 13.7%的覆盖率上升到 2014 年的 30.2%，增幅达 120.4%；私营信贷覆盖率没有明显的变化，保持在 0；而日本和美国的征信系统由私营信贷公司负责建立与实施，美国的私营信贷覆盖率在 2010~2014 年保持在 100%，可见其覆盖率之广；日本从 2010 年的 76.2%上升到 2013 年的 100%，以此可见日本对私营信贷公司参与社会征信系统的建立与维护较为支持。

（3）征信信息：征信信息深度指数用于衡量从公共或私营征信机构获取征信信息的范围、可及性和质量，可反映征信系统的覆盖程度与征信信息的有效程度。该指数范围为 1~8，数值越大，表示从公共或私营征信机构获取的征信信息越多，越有利于对征信个体做出准确的信用评估。顾名思义，该项指标对社会诚信制度的建设起着至关重要的影响作用。选取美国、中国、日本三国进行对比分析，如图3.15所示。

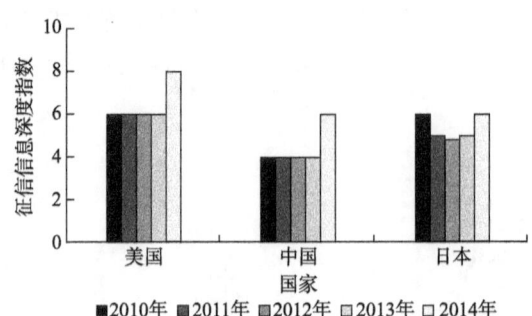

图 3.15 2010~2014 年美、中、日三国征信信息深度指数情况

由图 3.15 可知，美国的征信信息易于从公共与私营征信机构获取，这也与美国私营信贷覆盖率较高相关；随着日本私营信贷覆盖率的提升，其征信信息的可获得性也呈现上升趋势，最终上升到 2014 年的 6；我国的征信信息主要从政府获得，2010~2014 年保持上升趋势，可见征信制度的逐步完善与征信信息的全面建立。

（4）信贷环境：用私营部门的国内信贷比例和银行部门的信贷比例来表征。前者指各个国家的私营金融信贷发展情况占国家经济的比例；后者包括以总额计算的银行对各部门的所有信贷，中央政府信贷除外，以净额计算。两项信贷环境指标是基于征信信息提供的贷款，信用水平越高，提供贷款的金额越大，反之则越小。而贷款数值越大，提供贷款部门所面临着违约风险就越大，所承受的信用风险水平就越高。选取美国、中国、日本三国进行对比分析，如图 3.16 与图 3.17 所示。

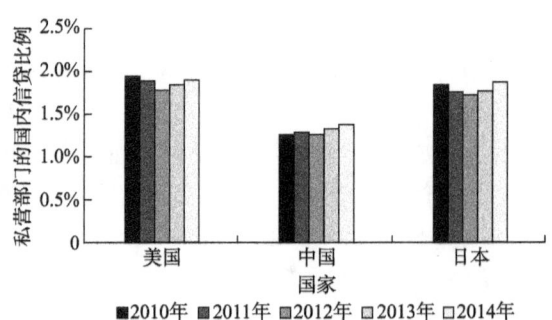

图 3.16 2010~2014 年美、中、日三国私营部门的国内信贷比例情况

第3章 诚信制度建设实施效果评估的因素与指标设计 ·67·

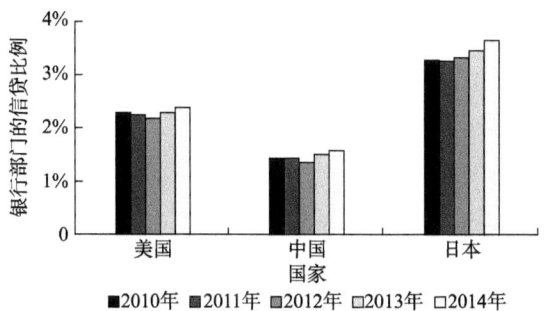

图 3.17 2010~2014 年美、中、日三国银行信贷比例情况

通过两图对比可知，美国的私营金融信贷占其国家经济的比例较高，均保持在 2.2%以上，且在 2014 年上升到 2.405%，可见美国的金融信贷比例较高，也说明美国征信系统的相对完善与全面；日本的信贷总额最高，并基本呈逐年上升的趋势，增幅达 10.8%；我国在信贷环境方面相较日、美两国均有差距，但两项指标均保持逐年上升趋势，增幅分别为 10.1%和 12.3%。

典型国家诚信制度建设实施效果评估指标体系如图 3.18 所示。

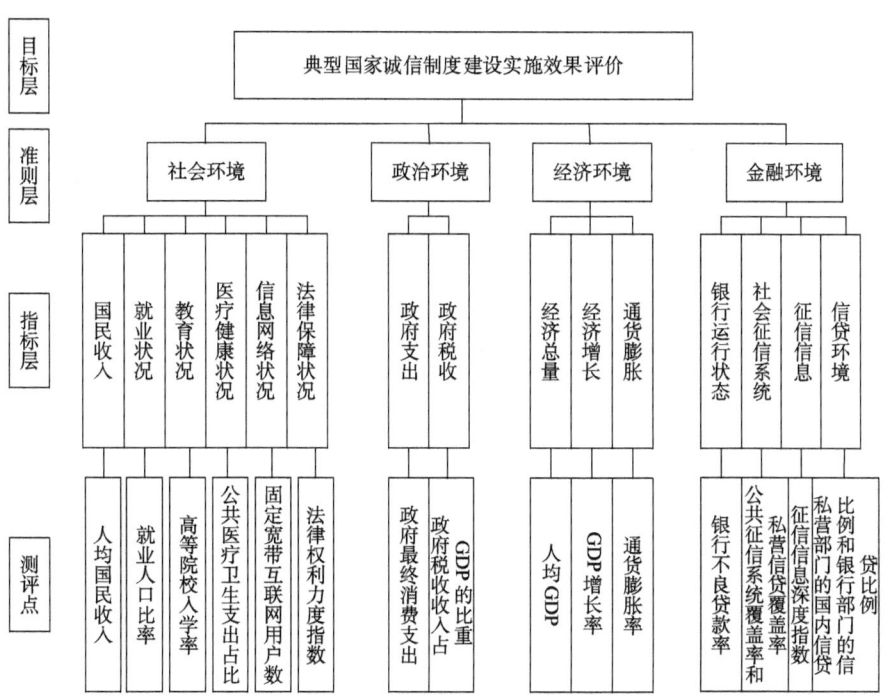

图 3.18 典型国家诚信制度建设实施效果评估指标体系

3.3 省域视角下诚信制度建设实施效果评估指标设计

这部分的指标与国家层面的指标设计出发点一致，略有差异是主要考虑到指标的可获得性差异，以及省域与国家层面的本质差异。

3.3.1 社会环境

就业状况、教育状况、生活状况、医疗健康状况会直接影响个体的行为，这些因素处于较低水平时均会影响诚信制度的建设。

（1）就业状况：就业率的高低代表社会劳动力和社会发展之间的适应性，充分就业有助于提高社会的和谐程度，有效提升社会成员生活质量。大量失业人员的存在，会对社会公共安全构成直接的威胁，从这个意义上来看，就业与社会诚信制度建设有重要的关联性。考虑到指标数据的可获得性，此处用实际就业率表示就业状况，并选取江苏、浙江、山东三省进行对比分析，如图3.19所示。

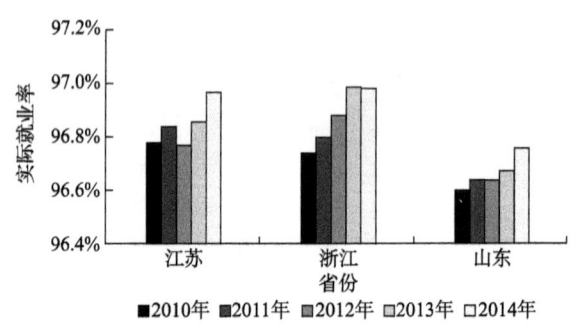

图3.19 2010~2014年江苏、浙江、山东三省实际就业率情况

结合图3.19发现，在2010~2014年，三省的就业率均高于96%，说明各省社会就业充分，浙江与山东的就业率呈逐年上升的趋势，浙江在2013年的就业率增幅最大，为0.11%，山东在2014年的增幅最大，为0.09%；江苏就业率未呈现出较为明显的变化趋势，在2012年出现下降，降幅为0.06%，其余均为上升。

（2）教育状况：家庭教育和社会教育对个人的行为有引导作用，从而教育个人诚实守信，能够有效减少失信行为。在社会上开展诚信主体的教育活动，可以增强个人的诚信意识。因此，每十万人口高等学校平均在校生人数可作为诚信制度建设实施效果的评价指标，评价国家层面的诚信制度建设实施效果时，使用大学生在校生总数占中学之后 5 年学龄人口总数的比重反映不同国家的高等院校升学率和最高等教育的重视程度，评价省域层面时使用的指标可以反映各省的受教育程度。结合指标数据的可获得性、各国教育国情和应受教育人口数的不同，评价省域诚信制度建设实施效果时用每十万人口高等学校平均在校生人数来反映教育状况。选取江苏、浙江、山东三省进行对比分析，如图 3.20 所示。

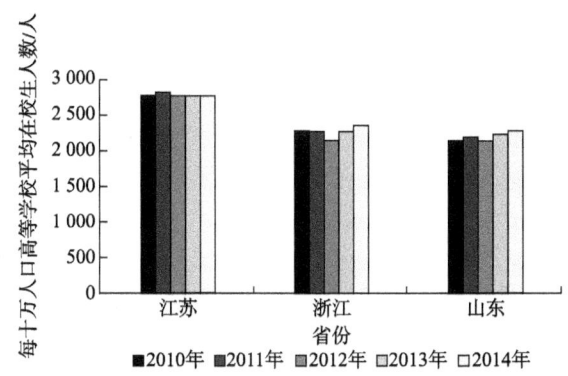

图 3.20 2010~2014 年江苏、浙江、山东三省每十万人口高等学校平均在校生人数情况

由图 3.20 可见，江苏相较其余两省，每十万人口高等学校平均在校生人数最高，2010~2014 年的平均值为 2 806 人，所占比重为 2.8%，且每年差距较小；浙江与山东差距较小，在 2010 年差距最大，仅为 150 人；浙江在 2010~2012 年呈现逐年下降，平均降幅为 1.9%，然后开始逐年上升，平均增幅为 3.2%；山东仅在 2011~2012 年出现小幅下降，整体波动幅度较小。

（3）生活状况：个人基本需求满足之后的消费能力可反映其生活状况，恩格尔系数能较为准确地表述生活状况，且与生活状况正相关，即较高的城镇居民恩格尔系数对应较高的生活水平。根据马斯洛的需求理论可知，当基本的生活需求得到满足，人们会追求精神层面的生活，也就会注重自己的诚信行为，故诚信制度建设实施效果与居民生活水平会相互影响。在对国家层面的诚信制度建设实施效果进行评价时，用信息网络状态和法律状态指标来描述社会环境。考虑到典型国家作为较为宏观的评价对象，对应的评价指标也较为宏观，如法律建设是以国家为单位，对我国各省评价时，各省在相同的法律体系下，使得各省的法律环境差别较小，若用该指标评价各省的诚信制度建设实施效果，则区分度较小。综合考虑，使用城镇居民恩格尔系数来反映各省的生活水平差异。选取江苏、浙江、山东三省进行对比分析，如图 3.21 所示。

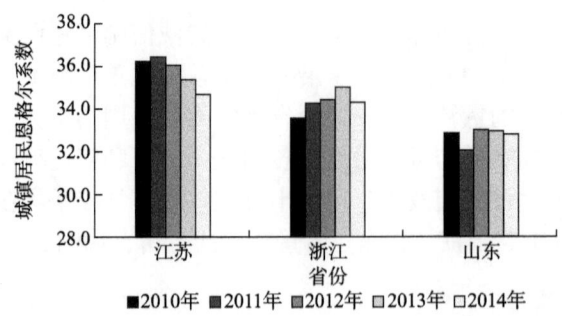

图 3.21 2010~2014 年江苏、浙江、山东三省城镇居民恩格尔系数情况

恩格尔系数为负向指标,相较之下,浙江与山东的城镇居民恩格尔系数数值较小,说明该省居民食品支出总额占个人消费支出总额的比重较小,其居民生活水平较高;浙江的城镇居民恩格尔系数最小值出现在 2010 年,为 33.6,并呈现逐年上升趋势,在 2014 年出现下降;山东的城镇居民恩格尔系数保持在较低水平,最低时为 2011 年的 32.1;江苏城镇居民恩格尔系数呈现逐年下降的趋势,2011~2014 年降幅为 4.9%,居民生活水平提高。

(4)医疗健康状况:我国 80%的医疗资源集中在 20%的大城市,解决居民生理需求,才能追求高层次的需求,从而影响诚信建设。因此,对健康保障状况,采用社区卫生服务中心总数来表示,描述国家层面的医疗健康状态时使用公共医疗卫生支出表示。由于美国等发达国家的医疗系统是私营部门经营,与我国差异较大,故我国各省的健康保障状况用与居民生活最相近的社区卫生服务中心总数来描述较为准确。选取江苏、浙江、山东三省进行对比分析,如图 3.22 所示。

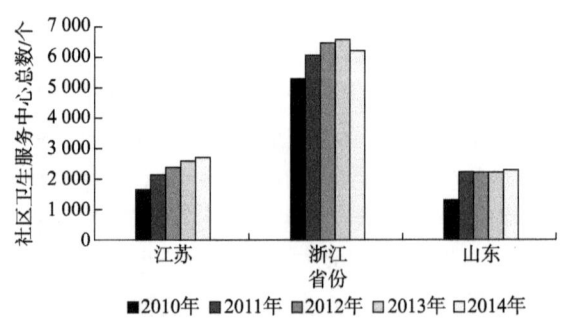

图 3.22 2010~2014 年江苏、浙江、山东三省社区卫生服务中心总数情况

由图 3.22 可见,浙江社区卫生服务中心总数比江苏和山东高出很多,2010~2013 年持续增长,增幅为 24.5%,在 2014 年出现下降,降幅为 5.4%;江苏与山东的差距较小,最大差距出现在 2014 年,为 439 个,江苏逐年上升,年平均增幅为

13.6%；山东 2010~2011 年增幅较大，为 65.2%，然后保持平稳，无明显波动。

3.3.2 政治环境

政府是我国的权力机构，相较私营体系，其具有普遍性、权威性和强制性。在诚信制度建设中，政府制定的法律法规和相关活动都直接影响诚信制度的建设，故政治环境与诚信制度建设存在较强的相关性。政府作为国家的管理部门，其诚信情况在诚信制度建设中是一个必要的要素，政府积极响应诚信制度建设，以身作则，才能够得到民众更好的支持。

（1）政府支出：政府最终消费支出关乎人民的福利水平，为诚信制度建设打下坚实基础，故将政府最终消费支出作为诚信制度建设实施效果的评估指标。其主要包括政府为购买货物和服务（包括雇员薪酬）而发生的所有经常性支出。选取江苏、浙江、山东三省进行对比分析，如图 3.23 所示。

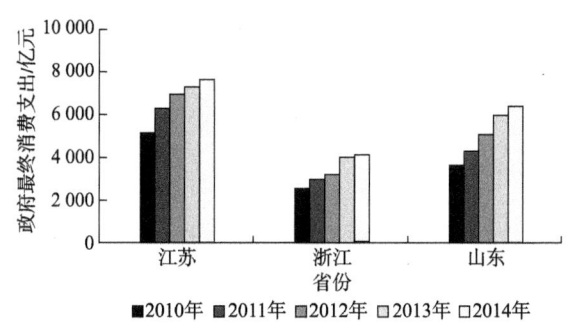

图 3.23　2010~2014 年江苏、浙江、山东三省政府最终消费支出情况

由图 3.23 可知，江苏、浙江、山东三省的政府支出情况均保持逐年增长，年平均增长率分别为 11.0%、13.1% 和 14.9%，相比之下，山东的政府支出情况在 2010~2014 年增幅最大；在数量上进行对比，相较之下，浙江政府最终消费支出较少，江苏政府最终消费支出在 2010 年为浙江的 2.02 倍，到 2014 年为 1.86 倍，山东政府最终消费支出在 2010 年为浙江的 1.44 倍，2014 年为 1.53 倍。

（2）政府收入：国家（政府）主要通过税收的方式获得主要用于公共建设的收入，且对不同收入的人民征收不同的税，从而实现国民收入分配。政府税收情况能反映地方的公共生活保障情况。对典型国家诚信制度建设实施效果进行评价时，用政府税收收入占 GDP 的比重来衡量，但考虑到我国与发达国家的 GDP 存在量级上的差异，此处直接使用政府税收来表征。选取江苏、浙江、山东三省进行对比分析，如图 3.24 所示。

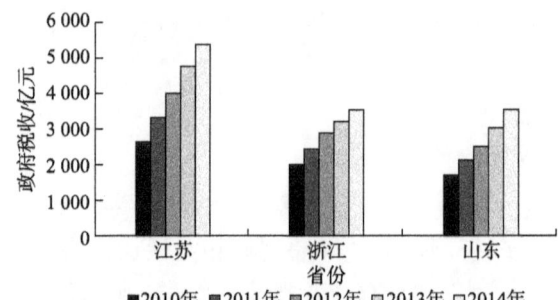

图 3.24　2010~2014 年江苏、浙江、山东三省政府税收情况

由图 3.24 可见，在政府收入方面，三省均保持着持续上升的趋势，在数量上，江苏居首，浙江与山东差距较小；江苏政府收入年平均增长率为 19.6%，2011 年的增长率最高，为 24.8%；浙江政府收入年平均增长率为 15.8%，2012 年的增长率最高，为 24.3%；山东政府收入年平均增长率为 19.8%，2011 年的增长率最高，为 25.0%。

3.3.3　经济环境

经济的快速发展能够保障诚信制度的健全，健全的诚信制度也能促进经济的稳固发展，两者间相互依赖，相互促进。对于不同的评价对象，其处于不同的经济发展时期，相应的诚信制度建设情况也会存在差异。测度经济发展时多使用经济总量和增长质量等指标，此处选取经济总量、经济增长、发展水平和物价指数来描述各省的经济发展情况。

（1）经济总量：人均 GDP 本身具有社会公平和平等的含义，且人均 GDP 能部分解释社会人口的生活质量的高低，从而反映其对社会保障有一定的依赖性。衡量居民人均收入水平、生活水平时，也会将人均 GDP 作为重要的参考指标，故选取人均 GDP 描述经济总量。选取江苏、浙江、山东三省进行对比分析，如图 3.25 所示。

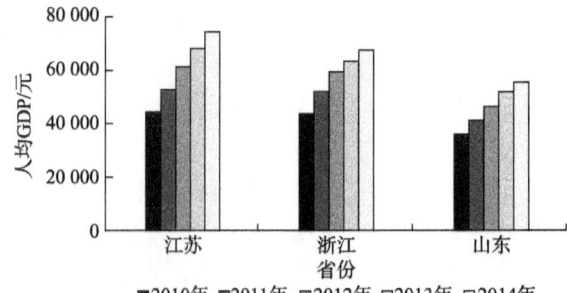

图 3.25　2010~2014 年江苏、浙江、山东三省人均 GDP 情况

横向对比三省的人均 GDP，发现江苏最高、浙江其次、山东最低，纵向对比三

省人均 GDP，发现均保持逐年增长的趋势，江苏、浙江、山东 2010~2014 年的总增幅分别为 68.6%、56.2%和 56.9%；江苏人均 GDP 年平均增长率为 14.1%，且在 2011 年增幅最大，为 19.4%；浙江人均 GDP 年平均增长率为 11.9%，且在 2011 年增幅最大，为 17.9%；山东平均增长率为 12.0%，且在 2012 年增幅最大，为 15.2%。

（2）经济增长：合适而稳定的 GDP 增长率表明经济状况发展良好，社会失业率就趋向下降趋势，进而在一定程度上有利于地方的安定和谐。GDP 增长率反映了不同评价对象在不同时期的经济总量变化情况。选取江苏、浙江、山东三省进行对比分析，如图 3.26 所示。

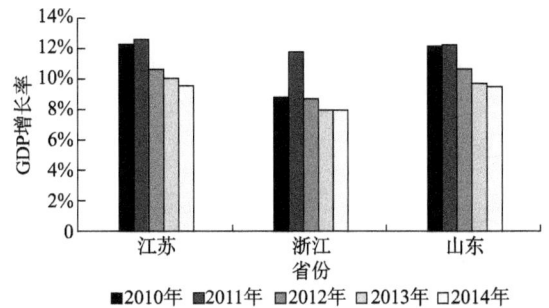

图 3.26 2010~2014 年江苏、浙江、山东三省 GDP 增长率情况

由图 3.26 可见，江苏 2010~2014 年的平均增长率为 11.2%，2011 年增长率最大，为 12.7%；浙江 2010~2014 年的平均经济增长率为 9.2%，2011 年增长率最大，为 11.9%；山东平均增长率为 11.0%。

（3）发展水平：个人可支配收入能有效衡量个人的收入水平和消费水平，较高的个人可支配收入对应有较多的余额用于个人消费开支，能反映一个地区的生活水平，也能够衡量相应地区的经济发展水平。对典型国家诚信制度建设实施效果进行评价时，用通货膨胀率作为经济环境的描述指标之一，但此处考虑到通货膨胀率是国家层面的经济宏观量，故此处用个人可支配收入作为经济环境的描述指标之一。选取江苏、浙江、山东三省进行对比分析，如图 3.27 所示。

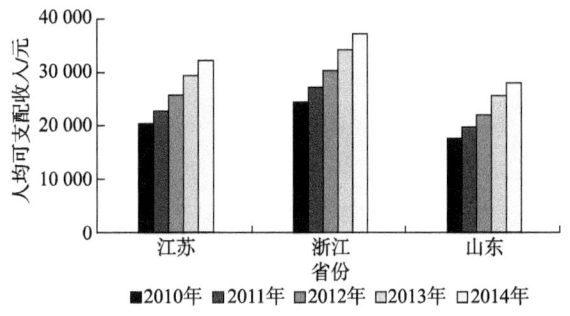

图 3.27 2010~2014 年江苏、浙江、山东三省人均可支配收入情况

由图 3.27 可知，三省人均可支配收入均逐年上涨，浙江人均可支配收入最高，江苏次之，山东最低；浙江人均可支配收入年平均增长率为 12.2%，2010~2014 年总增幅为 58.3%；江苏人均可支配收入年平均增长率为 11.4%，2010~2014 年总增幅为 53.8%；山东人均可支配收入年平均增长率为 12.2%，2010~2014 年总增幅为 58.7%。

（4）物价指数：当通货膨胀时，物价水平会对应上涨，从而刺激消费；反观之，居民消费价格指数在反映消费商品和服务价格水平变动情况的同时，其变化率能够部分解释通货膨胀或紧缩程度，故居民消费价格指数能够一定程度上反映人民的生活水平，生活水平的高低影响人们的高层次精神追求，即与诚信制度建设产生联系。由于通货膨胀率的变动能一定程度上反映物价指数的变动，故评价典型国家诚信制度建设实施效果时未选用物价指数作为经济环境的描述指标。选取江苏、浙江、山东三省进行对比分析，如图 3.28 所示。

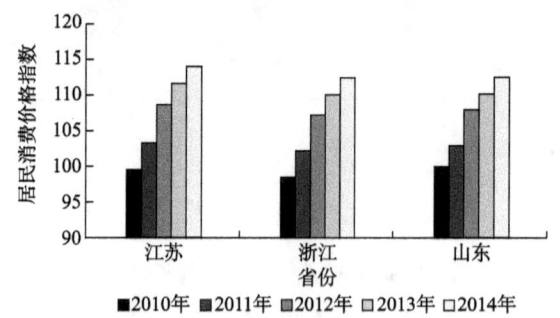

图 3.28　2010~2014 年江苏、浙江、山东三省居民消费价格指数情况（以 2009 年=100）

由图 3.28 可知，2010~2014 年三省的居民消费价格指数均保持上升的趋势；江苏的居民消费价格指数从 2010 年的 99.6 上升到 2014 年的 114.3，升幅为 14.7%；浙江的居民消费价格指数从 2010 年的 98.5 上升到 2014 年的 112.7，升幅为 14.4%；山东的居民消费价格指数从 2010 年的 100.0 上升到 2014 年的 112.7，升幅为 12.7%；可见三省的消费价格指数升幅差距较小。

3.3.4　金融环境

若金融市场缺乏透明度、存在信用风险，则会滋生更多的诚信问题。诚信制度的不完善同样会影响金融市场的运行效率。金融市场与诚信制度关系紧密，相辅相成。完善的诚信制度能够有效减小金融行业的风向，从而吸引更多的企业来投资，对当地经济产生正向影响，故诚信制度的建设实施效果的好坏是评价该地区金融行业风险大小的重要指标。但考虑到评价对象从国家缩小到我国各省，相对宏观的指标在省域上差别较小，而且相较美国等征信国家，我国的征信体系建设起步较晚,没有权威机构对各省征信环境的指标数据进行统计,导致征信数据难以获得。综上考虑,用金融信贷规模和金融诚信表现情况来描述各省的金融环境。

(1)金融信贷规模:金融机构的信贷规模与该地区的诚信情况息息相关,诚信制度建设实施效果较好时,对应地区的诚信制度完善,从而能够降低金融信贷风险。在该种情况下,金融机构会加大其信贷规模,从中获取信贷收益,故金融机构的本外币贷款余额能够反映地方的金融环境。选取江苏、浙江、山东三省进行对比分析,如图 3.29 所示。

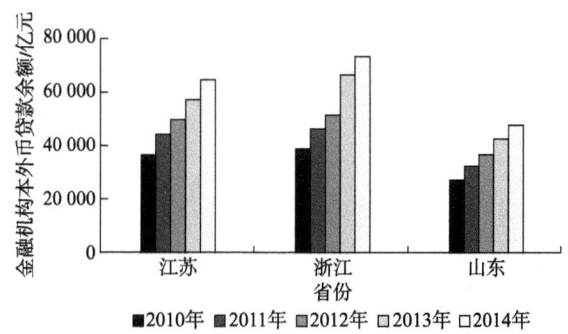

图 3.29　2010~2014 年江苏、浙江、山东三省金融机构本外币贷款余额情况

由图 3.29 可知,三省的金融机构本外币贷款余额均保持逐年上升的趋势,在数量上,江苏与浙江差距较小,两省均比山东的金融信贷规模大;浙江金融机构本外币贷款余额年平均增长率为 17.2%,2012 年增幅最大,为 25.2%;江苏与山东的增幅差距较小,分别为 15.2%和 15.1%。

(2)金融诚信表现:金融机构的不良贷款率反映信贷个体的诚信状况与金融环境,金融机构不良贷款率较高时,说明该金融机构信贷资产的安全状况较低。在诚信制度建设实施效果较好时,人们诚信意识提升的同时,失信行为会得到严厉的惩处,从而在金融行业减少不良贷款的发生。选取江苏、浙江、山东三省进行对比分析,如图 3.30 所示。

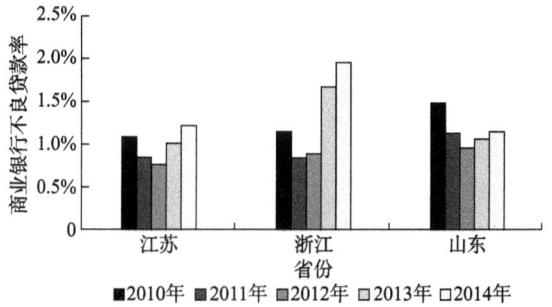

图 3.30　2010~2014 年江苏、浙江、山东三省商业银行不良贷款率情况

由图 3.30 可知,三省的商业银行不良贷款率均表现出先下降后上升的波动规律,江苏、浙江和山东的商业银行不良贷款率最低值分别出现在 2012 年、2011 年和 2012 年,数值为 0.81%、0.91%和 1.01%;2010~2014 年的平均不良贷款率分别为 1.01%、1.32%和 1.18%;浙江的不良贷款率最高,且 2014 年出现最大值 1.98%。

省域诚信制度建设实施效果评估指标体系如图 3.31 所示。

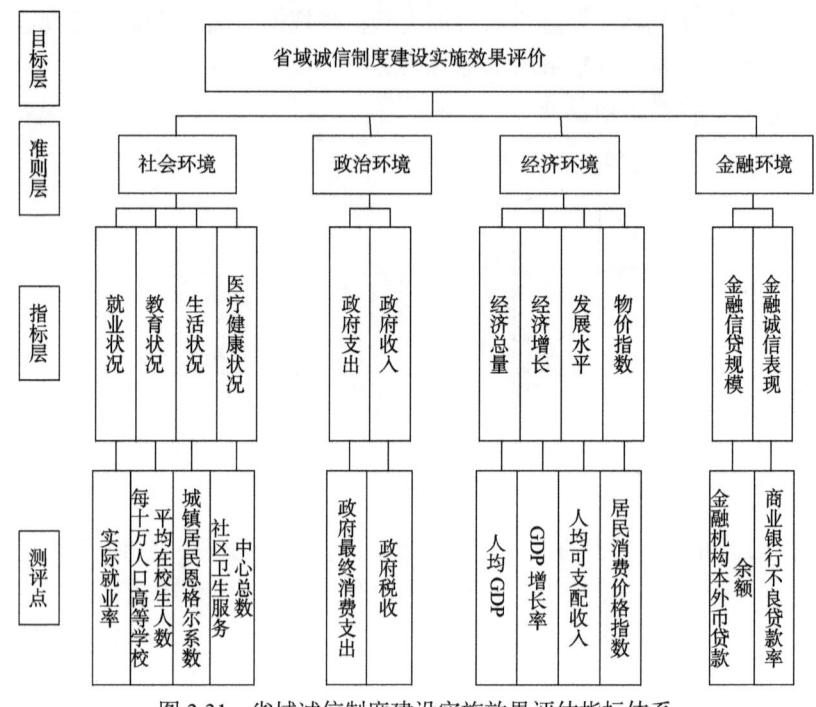

图 3.31 省域诚信制度建设实施效果评估指标体系

3.4 地级市视角下诚信制度建设实施效果评估指标设计

3.4.1 社会环境

社会将人们联系在一起,形成了大量的中介组织,有助于信任的建立。因此,在评估区域诚信制度建设情况时,首先要考虑社会环境的影响。就业情况、教育水平、居民生活水平及医疗卫生状况是刻画社会环境的重要尺度,直接影响了社会诚信水平。为保证数据的可靠性及可得性,结合统计年鉴,本节选取就业率、教育状态、恩格尔系数和医疗健康状态四个指标来描述社会环境。

（1）实际就业率：指实际就业人口与可提供劳动力人口的比值。实际就业率是评估一个地区就业状况的主要指标，实际就业率越高，表示劳动资源利用越充分。对个人来说，充分就业能使社会成员获得稳定收入以满足物质需求，实现个人价值、满足精神需求；诚信制度建设的有效实施，能在一定程度上提升个人精神需求，从而影响就业水平。选取南京、苏州、徐州三市进行对比分析，如图 3.32 所示。

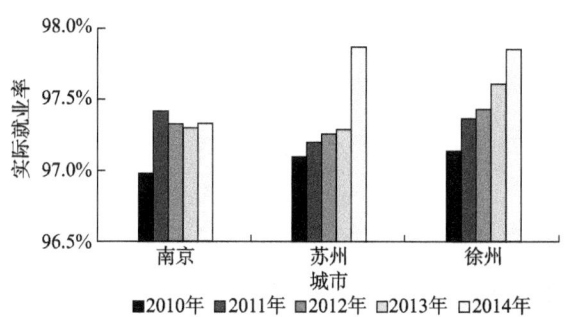

图 3.32　2010~2014 年南京、苏州、徐州三市实际就业率情况

由图 3.32 可见，南京、苏州、徐州三市的就业率在 2010~2014 年内均保持在 96%以上；南京从 2010 年的 96.68%上升到 2011 年的 97.42%后，保持平稳在 97.3%，无较大的升幅与降幅；相比之下，苏州和徐州的就业率均逐年上升，并在 2014 年出现较大增幅，分别为 0.58%和 0.25%。

（2）教育状态：每十万人口高等学校平均在校生人数用以衡量一个地区的教育水平。诚信水平较低的社会，其停留在基础的社会层次，使其社会个体缺乏接受高等教育的积极性，即诚信水平影响了受教育水平；另外，教育可以增强人们的诚信意识，有助于控制失信行为，提高诚信水平。选取南京、苏州、徐州三市进行对比分析，如图 3.33 所示。

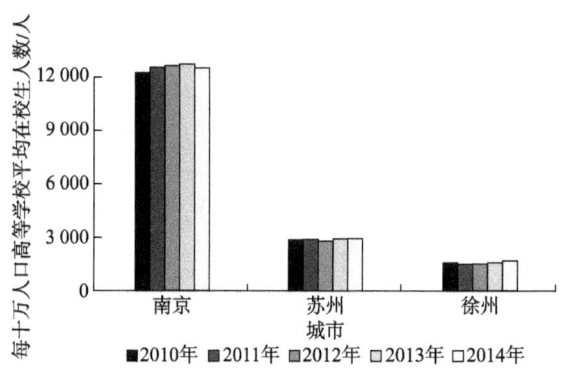

图 3.33　2010~2014 年南京、苏州、徐州三市每十万人口高等学校平均在校生人数情况

由图 3.33 可知，苏州和徐州每十万人口高等学校平均在校生人数与南京相差较大，分别大约是 4.2 倍和 7.6 倍，且人数波动幅度不大；由于南京高等学校数量相较苏州和徐州多出较多，故南京每十万人口高等学校平均在校生人数多，比例稳定在 12.5%左右。

（3）恩格尔系数：恩格尔系数是指食品支出总额占个人消费支出总额的比重，是衡量居民生活水平的主要标准之一。个人基本需求满足之后的消费能力可反映其生活状况，恩格尔系数能较为准确地表述生活状况，且与生活状况正相关，即较高的城镇居民恩格尔系数对应较高的生活水平。根据马斯洛的需求理论可知，当基本的生活需求得到满足，人们会追求精神层面的生活，也就会注重自己的诚信行为，故诚信制度建设实施效果与居民生活水平会相互影响。选取南京、苏州、徐州三市进行对比分析，如图 3.34 所示。

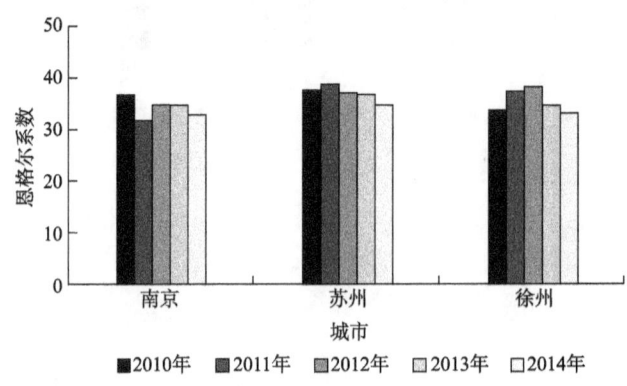

图 3.34　2010~2014 年南京、苏州、徐州三市恩格尔系数情况

恩格尔系数越小，表示食品支出总额占个人消费支出总额的比重越小，从而居民生活水平越高，即该指标为负指标。对比图 3.34 可知，三市的恩格尔系数差距不大，并且没有明显的变化趋势，南京的最低恩格尔系数出现在 2011 年，为 31.9%，苏州的最低恩格尔系数出现在 2014 年，为 34.8%，徐州的最低恩格尔系数出现在 2014 年，为 33.4%，相较而言，南京的居民生活水平较高。

（4）医疗健康状况：用社会卫生机构数衡量一个地区的医疗健康状况。医疗卫生的目标是保障所有社会成员都能够享受维护身体健康的生活水准。只有满足了最基本的生命健康需求，人们才有追求更高道德标准的动力。社会医疗卫生机构越多，越能满足社会成员的健康需求，在一定程度上有助于社会的诚信提高。选取南京、苏州、徐州三市进行对比分析，如图 3.35 所示。

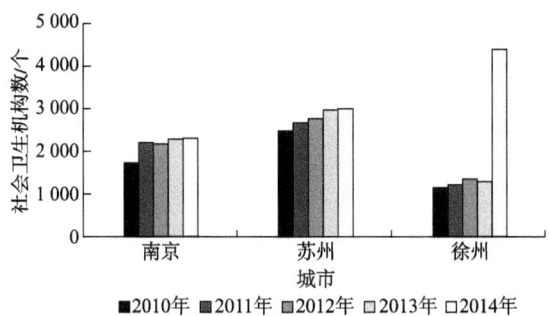

图 3.35　2010~2014 年南京、苏州、徐州三市社会卫生机构数情况

由图 3.35 可见，南京与苏州的社会卫生机构数持续小幅增长，南京从 2010 年的 1 764 个上升到 2013 年的 2 315 个，总增幅为 31.2%；苏州从 2010 年的 2 524 个上升到 2014 年的 3 007 个，总增幅为 19.1%；徐州在 2010~2013 年均保持较小增幅，年平均增长率为 4.1%，2013~2014 年，因为相应政策的出台，而出现大幅增长，增长率为 239.7%。

3.4.2　政治环境

一个地区的政治环境从方方面面影响着经济和社会发展，同时也对企业生产经营活动和个人的行为有着导向作用。作为政治环境的先导，地方政府对一个地区的诚信制度建设具有重要影响。政府在诚信制度建设中的作用可以通过政府支出和政府收入两项指标来测度。

（1）政府支出：政府最终消费支出关乎人民的福利水平，为诚信制度建设打下坚实基础。将政府最终消费支出作为诚信制度建设实施效果的评估指标，并选取南京、苏州、徐州三市进行对比分析，如图 3.36 所示。

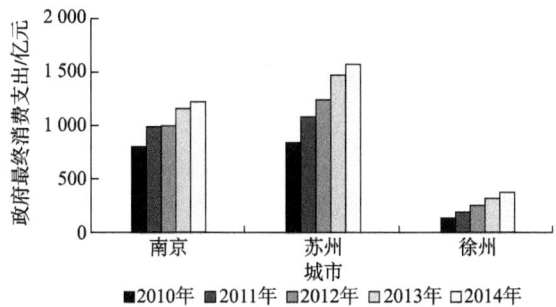

图 3.36　2010~2014 年南京、苏州、徐州三市政府最终消费支出情况

由图 3.36 可知，三市的政府最终消费支出均保持逐年增长，年平均增长率分

别为 11.03%、17% 和 27.79%。相比之下，徐州的政府最终消费支出在 2010~2014 年增幅最大；在数量上进行对比，相较之下，徐州的政府支出较少，南京政府最终消费支出在 2010 年为徐州的 5.38 倍，到 2014 年为 3.07 倍，苏州政府最终消费支出在 2010 年为徐州的 5.65 倍，2014 年为 3.98 倍，可见徐州政府最终消费支出增幅较大。

（2）政府收入：财政收入是衡量政府财力的重要指标，财政收入是政府执行力的保障，包括对诚信制度建设的支持能力。选取南京、苏州、徐州三市进行对比分析，如图 3.37 所示。

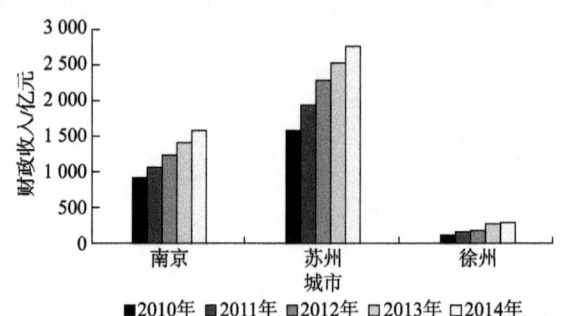

图 3.37　2010~2014 年南京、苏州、徐州三市财政收入情况

由图 3.37 可见，在财政收入方面，三市均保持着持续上升的趋势，在数量上，苏州居首，南京次之，徐州最少，并且与南京和苏州相差较大；苏州政府收入年平均增长率为 15.4%，2012 年的增长率最高，为 20.8%；南京政府收入年平均增长率为 15.2%，2011 年的增长率最高，为 22.4%；徐州政府收入年平均增长率为 28.2%，2012 年增长率最高，为 46.3%。

3.4.3　经济环境

经济环境是诚信制度建设的物质基础。评估经济环境主要有三个角度：经济总量、经济增长和经济发展质量。本部分从人民生活的角度，选取人均可支配收入、居民消费价格指数两项指标来反映经济发展质量。

（1）经济总量：衡量地区当前经济总量，是保证诚信建设的基础条件之一。诚信制度建设实施效果越好的地区，分工和交易越发达，商业贸易越繁荣，经济水平越高。本部分用人均 GDP 衡量地区经济总量，并选取南京、苏州、徐州三市进行对比分析，如图 3.38 所示。

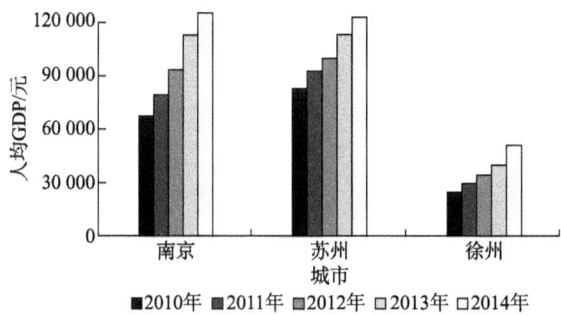

图 3.38 2010~2014 年南京、苏州、徐州三市人均 GDP 情况

从图 3.38 可见,南京与苏州两市的人均 GDP 差距较小,且同时保持较为平稳的增长趋势,最大值均出现在 2014 年,分别为 125 031 元和 123 209 元,差距仅为 1 822 元,两市的人均 GDP 年平均增长率分别为 16.8%和 10.2%;徐州的人均 GDP 相对较低,从 2010 年的 24 959.6 元上升到 2014 年的 51 714 元,年平均增长率为 20.1%,徐州的人均 GDP 增长率在三市中最高。

(2)经济增长:用 GDP 增长率衡量地区经济增长速度,并选取南京、苏州、徐州三市进行对比分析,如图 3.39 所示。

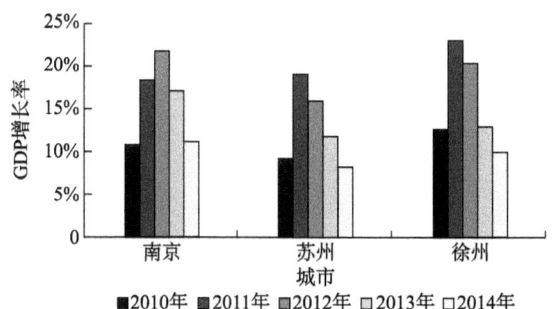

图 3.39 2010~2014 年南京、苏州、徐州三市 GDP 增长率情况

由图 3.39 可见,三市的 GDP 增长率均呈现出先上升后下降的趋势,只是各市上升时期不同;南京的 GDP 增长率 2010~2012 年保持持续上升,从 10.9%到 22.6%,然后开始下降,到 2014 年下降到 11.25%;苏州的 GDP 增长率从 2010 年的 9.35%上升到 2011 年的 19.23%,然后增速放缓,下降到 2014 年的 9.36%;徐州与苏州表现出较为相似的变化趋势,从 2010 年的 12.81%上升到 2011 年的 23.09%,然后增速放缓,2014 年为 10.44%。

(3)人均可支配收入:一般来说,人均可支配收入与生活水平成正比。经济发展的成果最直接体现就是人民生活水平的提高,该指标反映了一个地区的经济发展质量,即经济成果对人民生活的贡献度,并选取南京、苏州、徐州三市进行对比分析,如图 3.40 所示。

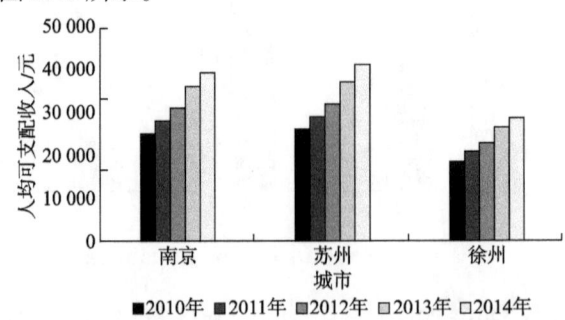

图 3.40　2010~2014 年南京、苏州、徐州三市人均可支配收入情况

由图 3.40 可知,三市的人均可支配收入均保持上升趋势,并且南京与苏州的人均可支配收入差距较小,2010~2014 年的人均可支配收入差距为 1 047.4 元;南京人均可支配收入保持逐年上升,平均增幅为 11.83%,最大增幅为 13.73%;苏州人均可支配收入的平均增幅为 11.83%,最大增幅为 13.77%;徐州人均可支配收入的平均增幅为 11.8%,最大增幅为 13.94%。

(4)居民消费价格指数:是衡量经济是否健康发展的重要标准。居民消费价格指数越高,反映出一个地区的物价水平越高。选取南京、苏州、徐州三市进行对比分析,如图 3.41 所示。

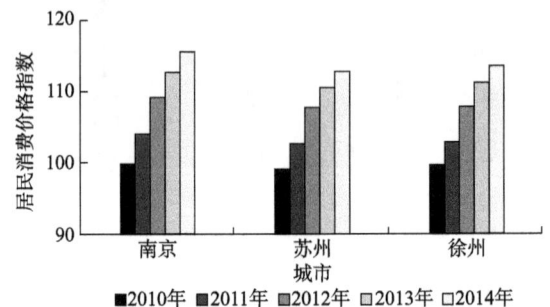

图 3.41　2010~2014 年南京、苏州、徐州三市居民消费价格指数情况(以 2009 年=100)

由图 3.41 可知,2010~2014 年三市的居民消费价格指数均保持上升的趋势;南京的居民消费价格指数从 2010 年的 100.1 上升到 2014 年的 115.95,升幅为 15.8%;苏州的居民消费价格指数从 2010 年的 99.5 上升到 2014 年的 113.2,升幅为 13.8%;徐州的居民消费价格指数从 2010 年的 99.8 上升到 2014 年的 113.72,升幅为 13.9%;可见三市的居民消费价格指数升幅差距较小。

3.4.4 金融环境

金融是人们在不确定环境中进行资源跨期的最优配置决策的行为。金融信用环境是诚信环境重要的外在表现，金融环境运行良好的地区将会吸引更多的投资，地区得到全面发展，有助于地方诚信制度的建设。信贷规模的大小可以反映金融环境对诚信水平的作用，金融机构贷款余额、存款余额直接体现了一个地区金融信贷活动的活跃度和规模，反映出地区金融信用水平。

（1）贷款余额：用金融机构本外币贷款余额来衡量。银行或其他信贷机构按一定利率，为企业、个人等提供，其数量反映了信用活动的活跃度和规模，也反映出一个地区的信用水平。选取南京、苏州、徐州三市进行对比分析，如图 3.42 所示。

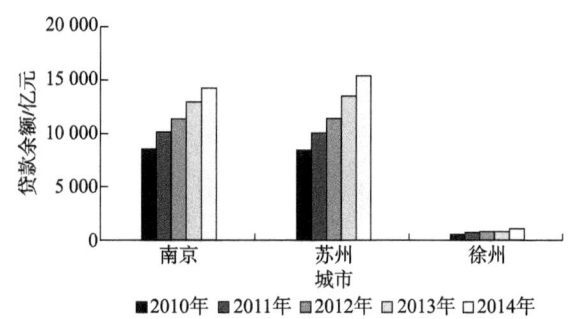

图 3.42 2010~2014 年南京、苏州、徐州三市贷款余额情况

由图 3.42 可知，徐州的金融信贷活动较为平静，与南京和苏州相差较大，但每年均保持一定的增加量，2010~2011 年的增幅最大，为 34.3%，2010~2014 年的平均增幅为 22.2%；南京与苏州的贷款余额差别较小，年平均差距为 351.23 亿元，南京的贷款余额年平均增长率为 14.1%，苏州的贷款余额年平均增长率为 16.2%。

（2）存款余额：用金融机构本外币存款余额来衡量。企业、机关、团体或居民把货币资金存入银行或其他信贷机构保管并取得一定利息。它是银行信贷资金的主要来源，为信贷活动提供了基础，直接体现了一个地区金融信用水平。与省域诚信制度诚信建设实施效果评价的金融环境指标相比，同省内各城市的商业银行贷款总额较小，导致不良贷款的发生概率减小，因此同省内不同城市间的商业银行不良贷款率差异较小，没有足够的区分度。故此处选取金融机构本外币存款余额作为金融环境的描述指标，选取南京、苏州、徐州三市进行对比分析，如图 3.43 所示。

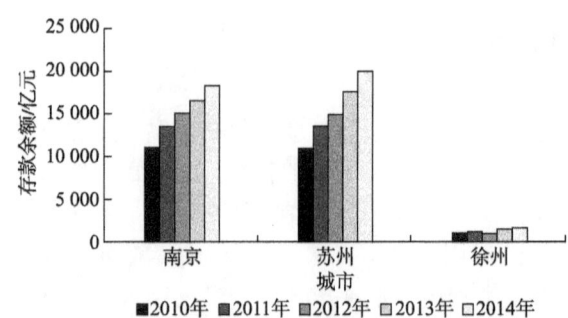

图 3.43 2010~2014 年南京、苏州、徐州三市存款余额情况

由图 3.43 可知，三市的存款余额分布情况与贷款余额较为相似，均表现出徐州与其余两市的差距较大，但三市均保持平稳上升趋势。徐州的存款余额年平均增长率为 17.0%，且在 2010~2011 年的增幅最大，为 25.9%；南京的存款余额在 2014 年出现最大值，为 18 417.9 亿元，苏州在 2014 年同为最大，为 20 037.58 亿元，差距为 1 619.68 亿元。

3.5 评价与分析方法

通过以上分析确定了不同评价对象的评价指标，通过有效的评价方法得到评价相应的评价结果。本部分采用了 TOPSIS 法、熵权法、纵横向拉开档次法、灰色关联分析法和双激励评估法。

3.5.1 TOPSIS 法

TOPSIS（technique for order preference by similarity to ideal solution）法又叫逼近理想解的排序法，是一种多指标决策方法，由 Hwang 和 Yoon 于 1981 年首次提出。该方法通过评价数据来模拟出正理想解与负理想解，即对于评价对象给出最优和最差的结果标准，再通过评价数据计算出评价对象到正负理想解的距离，将该距离作为评价结果，将评价结果排序，进而得知评价对象的相对优劣情况。该评价方法中的正理想解是虚拟、不存在的，正理想解中设计的各指标值，是对应评价对象中该指标值的最优值；负理想解则对应各指标值均为最差值。在使用 TOPSIS 法时，需先对原始数据进行无量纲处理和归一化，从而消除单位的影响，增加结果的可比性。正负理想解的设置都是通过处理评价数据获得，客观性较强，计算各评价对象到正负理想解的综合距离，并得到评价结果，对评价结果进行排序，从而得到各评价对象间的相对优劣情况。

TOPSIS 法的适用范围较广，对评价对象和指标的多少均没有限制。由于 TOPSIS 法对评价数据的使用较为充分，故增加了评价结果的客观性，能够反映出接近真实的评价结果以及评价对象间的相对优劣程度。

3.5.2 熵权法

熵权的引入主要是考虑到评价指标的权重应该如何确定，指标权重的确定方法主要有两种。一种是客观赋权法，即通过对原始数据进行科学的处理，利用数据的特征，使用相应的算法来得到指标的权重。该种方法不需要人为的主观判断，即充分使用原始数据，客观性较强，如主成分分析法、熵值法和多目标规划法等。另一种是主观赋权法，该方法需要通过专家主观打分来获得判断矩阵，从而计算出各指标的权重；该方法的优点是专家可以根据实际的决策问题和专家自身的知识经验合理地确定各指标的权重，避免计算权重与事实相悖的情况，如专家调查法、层次分析法和最小平方法等。

熵权主要是基于信息熵而产生的。熵作为一个物理量态函数，其数值表示系统内分子无序性的程度，即熵值越高，对应的系统内的分子越无序，从而系统越混乱。香农提出信息熵，其中，原始数据的差异性反映信息量的多少；对于诚信制度建设实施效果评价体系的各指标的原始数据，若通过某指标的原始数据计算出的信息熵越小，则该指标提供的信息量越大，赋予该指标的权重也应该越大。因此，通过计算各指标的信息熵来确定各指标的权重，即运用了熵权原理。

3.5.3 纵横向拉开档次法

纵横向拉开档次法是一种基于时序动态视角的综合评价方法，可以在项目实施过程中某时刻综合比较各评价对象的变化状况，也可以在不同时刻综合比较某个对象的整体发展水平，同时还可以在不同时刻综合比较各评价对象的整体发展水平，通过对诚信制度建设过程中纵横向全面系统的评价，掌握各评价对象的诚信制度建设情况。"纵横向"拉开档次法在确定评价指标权重时，是通过利用数据间的差异最大化来确定的，相较于层次分析法及通过专家判断矩阵确定权重的方法，纵横向拉开档次法更加具有客观性，使得评价过程能够充分使用评价数据。此外，纵横向使得评价从两个维度进行，分别是同一对象的不同时期的运行状况和不同对象的统一时间截面的运行状况，使得评价结果更加全面。

3.5.4 灰色关联分析法

灰色关联分析是灰色系统理论的基础，是对系统变化发展态势的定量描述和比较的方法（刘思峰，2014，2010a）。该方法按照规范性、整体性、偶对称性和接近性的灰色关联四公理原则，来确定参考序列和比较数列之间的关联度。灰色关联分析通过找出评价系统中各因素间的相关关系，来确定影响最终评价值的关键因素，从而了解该系统运行的主要特征，引导与保证该系统的稳定发展。灰色关联分析的实质是关联系数分析，对于评价对象的诚信制度建设实施效果评价，先是求出各评价对象与最佳指标组成的理想方案的关联系数，再通过关联系数计算得到关联度，通过关联度的大小，即可分析出影响诚信制度建设实施效果的关键因素，再基于关键因素得出我国诚信制度建设的建议。灰色关联分析涉及灰色不确定性，是优于经典的确定数学方法，该方法突破了传统精确数学绝不容许模棱两可的约束，具有原理简单、易于掌握、计算简便、排序明确等特点，故具有极大的实际应用价值。灰色关联分析通过曲线几何形状的相似程度来判断关联程度，曲线越接近，相应序列之间的关联度就越大，反之越小。

3.5.5 双激励评估法

双激励评估法（郭亚军，2007）通过引入正负两条线性激励线，将评价对象的各指标的评价值描绘在含正负激励线的图中，并对评价结果处于负激励线以下的部分进行适度"惩罚"，对正激励线以上的部分进行适度"奖励"，通过此种"惩罚"和"奖励"的方式将原有的评价信息进行转换，再通过转换后的评价信息进行集结，从而得到最终集结值来表征评价对象的最终评价结果。其思想是通过引入正负激励线，将多阶段多对象的评价值的集结问题扩展为时段区域连续的评价值集结问题。该方法充分利用了评价对象的所有评价值，即考虑了评价对象的整个过程，将离散的评价时点的动态评价问题转换为连续时点的动态评价问题，从离散的评价时点中扩散出连续信息，充分利用信息的同时对评价数据进行了有效扩展。该方法中设置的正负激励控制线能够反映决策者的经验知识，使得评价结果更具真实性与有效性，是一种带有明确决策意图的多阶段信息集结方法。因为正负激励控制线中已蕴含了不同时段评价值"差异价值"的信息，故不需对时间权重进行设置，这就使得决策的难度大大降低。该方法得到的评价结论信息比较丰富，从而为诚信制度建设效果的改善提供了多种可能。

本章针对不同层面的评价指标及相应的评价方法做了详细介绍，并对指标数据的变动情况做了详细分析。从评价指标数据的变动上,通过描述统计分析来反映不同评价对象的诚信制度建设实施效果。再结合指标数据和评价方法,对典型国家、我国各省、江苏省各市的诚信制度建设实施效果进行了评价,针对评价结果,提出了相应的政策建议。

第4章 典型国家诚信制度建设实施效果的动态综合评估

本章通过研究世界典型国家诚信制度建设实施效果的评估问题来说明典型国家诚信制度建设情况。从社会、政治、经济、金融四个维度遴选了测度诚信制度建设实施效果的17个二级指标；基于12个典型国家2010~2014年时间序列数据，运用纵横向拉开档次法，对各国的诚信制度建设进行动态综合评估，并借助最大序差、灰色关联度等工具对评估结果进行分析。

4.1 背景及研究现状描述

在诚信建设的诸多学术研究中，基于社会道德诚信层面的研究有：魏亚东（2014）研究了古希腊时期、中世纪基督教时期及近代以来三个时期中，西方国家诚信道德教育与道德认知、践行之间的关系问题，并解释了西方国家公民对诚信的道德认知和践行程度高于我国的原因在于诚信教育；王淑芹（2015）基于人生活在意义世界中的价值特性的德性论、义务论、功利论的伦理思想的三个维度，研究了诚信道德的正当性问题；赵兴华（2016）考虑到美国高校将学术诚信作为严谨治学层面的重要指标，并将其列为培养学生道德情操、促进公民社会诚信意识提升的重要环节，基于此研究了美国高校在学术诚信培养方面的成功经验。基于政府政治诚信层面的研究有：李宁（2013）基于我国"三公消费"在标准、数额、隐蔽性和腐败等方面的矛盾及其对政府诚信的危害，从权力缺乏有效规制、"经济人"角色作用、信息不对称制约、制度设计不科学和监督机制不健全等方面研究了政府诚信缺失的问题；于魏华（2015）研究了西方发达国家政府税收诚信体系建设的成功经验，并对比我国诚信制度建设现状，为我国构建和谐、有序的政府税收诚信体系提供借鉴。基于征信法律制度层面的研究有：王平（2013）基于发达国家在社会信用制度建设的主要模式、社会征信机构的主要模式和法律框架三个方面的经验和做法，阐述了发达国家诚信体系建设发展模式和立法与管理，并对我国诚信体系给出启示。基于市场经济信用层面的研究有：张洁（2010a）基于对诚信的含义、诚信对市场经济的意义，以及中国现阶段市场经济中存在的诚信缺失现象的全面深度剖析，研究了我国市场经济中诚信机制构建问题；吴秀荣（2013）发现在"GDP崇拜"下的我国经济发展产生了资源的浪费、诚信的缺失、道德的沦丧等问题，研究了如何通过经济发展方式和发展理念的转变来提高人民生活质量的问题；Yazdanfar和Öhman（2016）基于对苏丹经济贸易信用历史数据的分析，研究了贸易信用对小中型企业利润的影响问题。基于金融业诚信制度层面的研究有：郑小娟（2013）基于对欧洲国家债务危机的已有研究，研究了如何规避国家信用脆弱性和风险传导的问题；Sheng等（2013）基于对阿根廷、巴西、墨西哥等国家货物贸易中的信贷情况的调查，研究了经济危机下拉丁美洲各国家所采取的信贷措施问题；王君（2016）基于中国传统诚信文化对近代金融机构在制度创新和经营管理实践方面所取得的良好成效，研究了诚信金融文化对当代金融机构制度创新的启示问题。这些研究均从不同的角度研究了诚信制度的建设情况，以及诚信建设对不同领域的影响，但大多是专注一个角度进行静态的评估分析，鲜有从社会、政治、经济及金融等四个方面对诚信制度进行动态综合评估的研究。基于此，本章选取世界典型国家诚信制度建设实施效果为评估对象，分析对比各典型国家的诚信制度建设差异，对实施效果进行动态综合评价，研究各国诚信制度建设实施效果随时间的变化情况，并分析诚信制度良好及诚信制度有较大改善的国家的具体经验，以此为改善我国诚信制度提供详尽的参考建议。

4.2 国家层面诚信制度建设实施效果动态综合评估的指标体系

根据第3章中的指标设计，从社会、政治、经济及金融环境四个方面选取了17个与诚信制度相关的二级指标（表4.1），分别记为$X_1, X_2, \cdots, X_{17}$，并选取美国、中国、日本、德国、英国、法国、意大利、印度、韩国、西班牙、俄罗斯、澳大利亚等12个典型国家，对它们2010~2014年五年间的诚信制度建设实施效果进行动态综合评估分析。

表 4.1　世界典型国家诚信制度建设实施效果评估指标体系

目标层	准则层	指标层	X
世界典型国家诚信制度建设实施效果	社会环境	法律权利力度指数	X_1
		人均国民收入	X_2
		实际就业率	X_3
		高等院校入学率	X_4
		公共医疗卫生支出占比	X_5
		固定宽带互联网用户数	X_6
	政治环境	政府最终消费支出	X_7
		政府税收	X_8
	经济环境	人均 GDP	X_9
		GDP 增长率	X_{10}
		通货膨胀率	X_{11}
	金融环境	银行不良贷款率	X_{12}
		公共征信系统的覆盖面	X_{13}
		私营信贷所的覆盖面	X_{14}
		征信信息深度指数	X_{15}
		私营部门的国内信贷比例	X_{16}
		银行部门的国内信贷比例	X_{17}

4.3　国家层面诚信制度建设实施效果动态综合评估方法的选择

本章选取纵横向拉开档次法对世界典型国家的诚信制度建设实施效果进行动态综合评价，研究各国实施效果随时间的变化情况，以及同一时间下各国诚信制度建设的差异情况。这是由于利用纵横向拉开档次法对世界典型国家的诚信制度进行评估时，首先，通过该方法所确定的权重系数 $\omega_j(j=1,2,\cdots,m)$ 可以最大限度拉大各被评估对象之间的差异，既能在横向上体现各个时刻不同国家之间的差异，又能在纵向上体现各个国家总的分布情况，从而更为合理、充分地挖掘指标数据所提供的信息；其次，为了研究的时效性，本章只选取了各国 2010~2014 年五年间的相关数据，时序数据较短，很多其他综合评估方法如熵权-TOPSIS法，只适用于时序较长的情况，而纵横向拉开档次法可操作性较强，因此于本章更为适用。

首先，对表4.1中的负向指标作如下处理（郭亚军，2007），将其转化为正向指标：

$$x_{ij}(t_k)' = \frac{\max_{i,k}\{x_{ij}(t_k)\}}{x_{ij}(t_k)} \quad (4.1)$$

其中，$x_{ij}(t_k)$为各国$S_i(i=1,2,\cdots,12)$在时刻$t_k(k=1,2,\cdots,5)$的第$j(j=1,2,\cdots,17)$项指标值。另外，通过无量纲处理来消除17个指标的量纲和量级差异给评价结果带来的影响：

$$x_{ij}(t_k)^0 = \frac{x_{ij}(t_k)}{\max_i\{x_{ij}(t_k)\}} \quad (4.2)$$

使用纵横向拉开档次法，将无量纲处理过的数据$x_{ij}(t_k)^0$分别代入式（4.3）中：

$$\boldsymbol{H}_k = \boldsymbol{A}_k^{\mathrm{T}}\boldsymbol{A}_k, \boldsymbol{A}_k = \begin{bmatrix} x_{11}(t_k)^0 & \cdots & x_{1m}(t_k)^0 \\ \vdots & \ddots & \vdots \\ x_{n1}(t_k)^0 & \cdots & x_{mn}(t_k)^0 \end{bmatrix} \quad (4.3)$$

其中，$t_k = 2010, 2011, 2012, 2013, 2014$。计算$\boldsymbol{H} = \sum_{k=1}^{5}\boldsymbol{H}_k$的最大特征值所对应（经归一化处理）的特征向量，求得的特征向量即权重系数向量$\boldsymbol{\omega}$。

4.4 数据计算及结果分析

4.4.1 基本数据及分析

将$x_{ij}(t_k)^0$和$\boldsymbol{\omega}$代入式（4.4）中即可求得各国的诚信制度建设实施效果的综合评估值：

$$y_i^*(t_k) = \sum_{j=1}^{17}\boldsymbol{\omega}_j x_{ij}(t_k) \quad (4.4)$$

为便于直观比较，又不失一般性，将$y_i^*(t_k)$作平移、放大处理，即取

$$y_i(t_k) = \left[y_i^*(t_k) + 4\right] \times 10 \quad (4.5)$$

$y_i(t_k)$ 的值和排序情况见表 4.2。

表 4.2　各国诚信制度建设实施效果的综合评估值及其排序

国家	2010 年		2011 年		2012 年		2013 年		2014 年	
	Y 值	排序	Y 值	排序	Y 值	排序	Y 值	排序	Y 值	排序
美国	46.794	2	47.033	2	47.035	3	46.967	2	47.076	2
中国	44.713	11	44.457	11	44.608	11	44.831	11	44.917	11
日本	46.845	3	46.605	5	47.113	2	46.951	3	46.751	5
德国	46.716	4	46.746	3	46.786	4	46.825	4	46.742	6
英国	47.570	1	47.665	1	47.606	1	47.557	1	47.236	1
法国	46.090	9	46.125	9	46.139	9	46.197	9	46.296	8
意大利	46.244	7	46.505	7	46.673	5	46.796	5	46.828	4
印度	44.151	12	44.294	12	44.367	12	44.374	12	44.245	12
韩国	46.458	6	46.508	6	46.610	6	46.659	6	46.629	7
西班牙	46.115	8	46.387	8	46.335	8	46.316	8	46.236	9
俄罗斯	44.821	10	44.669	10	44.864	10	44.887	10	45.088	10
澳大利亚	46.472	5	46.717	4	46.584	7	46.617	7	46.947	3

4.4.2　世界诚信制度建设实施效果综合水平

考虑到国际综合环境的错综复杂会影响世界各国诚信制度建设实施效果，故此处需得到国际诚信制度建设实施效果的综合评价值。由于每个国家受到国家综合环境的影响力度不同，这里借鉴纵横向拉开档次法的思想，求出各国占整体的比例，具体过程如下。

将无量纲处理过的数据 $\{x_{ij}(t_k)^0\}$ 分别代入相应的 $H_k = A_k^T A_1$ 中。

计算 H_k 的最大特征值及其所对应（经归一化处理）的特征向量 φ_k，则该特征向量的对应分量即各国所占的比例。

令 $Y_k^* = \left[y_1^*(t_k), y_2^*(t_k), \cdots, y_{12}^*(t_k)\right]^T$ ($t_k = 2010, 2011, \cdots, 2014$)，其中 $y_i^*(t_k)$ 为各国诚信制度建设实施效果的综合评估值，国际综合诚信制度建设实施效果的综合评估值为 $Z_k^* = \varphi_k^T Y_k^*$。同样，为了不失一般性，将 Z_k^* 作与 $y_i^*(t_k)$ 同样的平移、放大处理，即取

$$Z_k = (Z_k^* + 4) \times 10 \tag{4.6}$$

Z_k 的值如表 4.3 所示。

表 4.3　国际综合诚信制度建设实施效果的评估值

年份	2010	2011	2012	2013	2014
国际综合值	46.255	46.316	46.388	46.395	46.386

将这 12 个典型国家的诚信制度建设实施效果的综合评估值及国际综合诚信制度建设实施效果的综合评估值绘到图 4.1 中，从图可以看出，法国、意大利、西班牙处于国际诚信制度建设实施效果评价综合值的附近，"征信国家"的评价值则高于综合评价值；反观处于国际诚信制度建设实施效果综合水平以下的国家，多为征信业起步较晚的国家，包括中国、印度、俄罗斯，这三个国家的综合评价值始终与其他国家有较大的差距，有较大的提升空间。

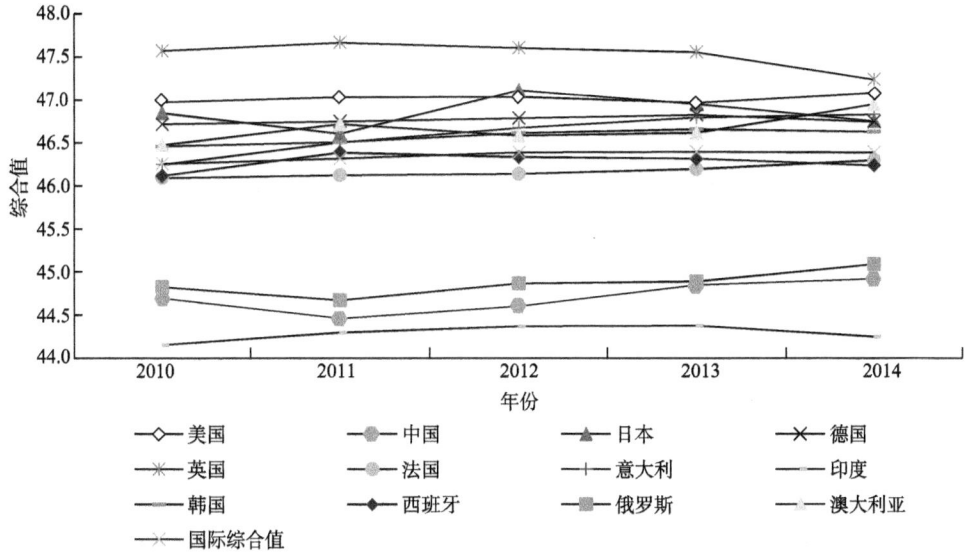

图 4.1　各国及国际水平诚信制度建设实施效果综合值

4.4.3　各国诚信制度建设实施效果的排序波动情况

采用最大序差可有助于观察各国排序的波动情况。

定义 4.1（郭亚军，2007）：记 r_{ik} 为某省区诚信建设实施效果综合评估结果的排序，则称

$$r_{\max i} = \max_k \{r_{ik}\} - \min_k \{r_{ik}\}, \quad i=1,2,\cdots,12; k=2010,2011,\cdots,2014 \quad (4.7)$$

为该国诚信制度建设实施效果动态综合评估值的排序及最大序差（表 4.4）。

表 4.4 各国诚信制度建设实施效果动态综合评估值的排序及最大序差表

国家	综合评估结果排序					最大序差
	2010 年	2011 年	2012 年	2013 年	2014 年	2010~2014 年
美国	2	2	3	2	2	1
中国	11	11	11	11	11	0
日本	3	5	2	3	5	3
德国	4	3	4	4	6	3
英国	1	1	1	1	1	0
法国	9	9	9	9	8	1
意大利	7	7	5	5	4	3
印度	12	12	12	12	12	0
韩国	6	6	6	6	7	1
西班牙	8	8	8	8	9	1
俄罗斯	10	10	10	10	10	0
澳大利亚	5	4	7	7	3	4

从表 4.4 中可见，中国、英国、印度、俄罗斯的最大序差均为 0，即在 2010~2014 年这五年中，英国的诚信制度建设实施效果始终排名第 1，作为征信业起步较晚的国家代表中国、印度的诚信制度建设实施效果排名始终处于末尾两位，同样征信业起步较晚的俄罗斯虽然情况优于中国和印度，但是其排名情况也不容乐观；美国和英国，其诚信制度建设实施效果动态综合评估值的排名保持在前三位，且最大序差为 1，说明排名的波动较小，该国的诚信制度建设实施效果一直保持在较好的水平；征信业发展较好的国家中，韩国、西班牙等国的诚信制度建设实施效果动态综合评估值也较为稳定；相较波动较小的国家，日本、德国、意大利、澳大利亚等国的最大序差均大于等于 3，说明其波动较为剧烈。另外，从表 4.2 看，虽然这四个国家的诚信制度建设实施效果综合评估值均有所增长，但相比较表 4.3 中国际综合评估值，从国际综合诚信制度建设提升的角度来讲，日本、德国的诚信制度建设实施效果有下降之势，而意大利、澳大利亚的诚信制度建设实施效果有上升的趋势。

4.4.4 灰色关联分析

为了找出影响各国诚信制度建设实施效果动态综合评价值较大的作用因素，

以及对各国诚信制度建设实施效果评价排名波动影响较大的因素,此处引入灰色相似关联度和灰色接近关联度来进行分析。

定义 4.2（刘思峰等,2010b）：设 $X_i = [x_i(1), x_i(2), \cdots, x_i(n)]$ 与 $X_j = [x_j(1), x_j(2), \cdots, x_j(n)]$ 是长度相同且皆为 1 的时距序列,而 $X_i^0 = [x_i^0(1), x_i^0(2), \cdots, x_i^0(n)]$ 与 $X_j^0 = [x_j^0(1), x_j^0(2), \cdots, x_j^0(n)]$ 分别为 X_i 与 X_j 的始点零化像。其中, $x_i^0(k) = x_i(k) - x_i(1), x_j^0(k) = x_j(k) - x_j(1), k = 1, 2, \cdots, n$,则分别定义 X_i 与 X_j 的灰色相似关联度 ε_{ij} 和灰色接近关联度 ρ_{ij} 如下：

$$\varepsilon_{ij} = \frac{1}{1 + |s_i - s_j|}, \quad \rho_{ij} = \frac{1}{1 + |S_i - S_j|} \quad (4.8)$$

其中, $s_i - s_j = \int_1^n (X_i^0 - X_j^0) \mathrm{d}t$, $S_i - S_j = \int_1^n (X_i - X_j) \mathrm{d}t$。

需要注意的是,在对各国各个诚信制度建设实施效果评价指标进行排名时,借鉴统计中秩的获取方法,倘若两个国家或多个国家的指标评价值相同,则它们排名的平均值代替这几个国家在该指标上的排名。而对于正向指标,则指标值越大,其排名越靠前,对于负向指标,其指标值越小,则排名越靠前（表 4.5）。

表 4.5 基于灰色接近关联度典型国家的排名情况分析表

国家	X_1	X_2	X_3	X_4	X_5	X_6	X_7	X_8	X_9
英国	0.870	0.417	0.333	0.370	1.000	0.556	0.364	1.000	0.308
中国	0.727	1.000	0.741	0.241	0.513	1.000	0.260	0.548	0.241
印度	0.265	1.000	0.263	0.206	1.000	1.000	0.741	0.588	0.206
俄罗斯	0.976	1.000	0.909	0.588	1.000	1.000	0.625	0.385	0.290

国家	X_{10}	X_{11}	X_{12}	X_{13}	X_{14}	X_{15}	X_{16}	X_{17}
英国	0.444	0.296	0.294	0.265	0.556	0.656	0.513	0.263
中国	0.741	0.755	0.241	0.263	0.851	0.870	0.357	0.351
印度	0.741	0.769	0.313	0.482	0.513	0.385	0.769	0.222
俄罗斯	0.645	0.645	0.833	0.727	0.588	0.526	0.606	0.241

在分析对各国诚信制度建设实施效果影响较大的因素时,为了排除排名波动对其的影响,可以选取排名相对稳定即最大序差为 0 的国家,如英国、中国、印度、俄罗斯,采用灰色接近关联度对这些国家在 2010~2014 年五年内各评价指标的排名情况与这些国家五年内的诚信制度建设实施效果动态综合评价值的排名情况进行关联分析,得到的结果如表 4.5 所示。

由表 4.5 可以看出,对于英国来讲,指标 X_1, X_5, X_8 与英国诚信建设实施效果动态综合评价值的关联系数均大于 0.85,说明以上 3 个指标的排名情况与其综合值的排名情况最为接近,即政府税收(占 GDP 的比重)、法律权利力度指数、公共医疗卫生支出(占医疗总支出的百分比)这三个指标对英国的诚信制度建设实施效果影响最大,是英国诚信制度建设能够始终维持良好状态的主要原因。而对于中国来讲,指标 $X_1, X_2, X_3, X_6, X_{10}, X_{11}, X_{14}, X_{15}$ 的排名情况与其诚信制度建设实施效果综合评价值的排名情况最接近;对于印度来讲,指标 $X_2, X_5, X_6, X_7, X_{10}, X_{11}, X_{16}$ 的排名情况与其综合值的排名情况最接近;对于俄罗斯来讲,指标 $X_1, X_2, X_3, X_5, X_6, X_{12}, X_{13}$ 的排名情况与其综合值的排名情况最接近。而这三个国家均为诚信制度建设实施效果较为落后的国家,普遍存在着法律权利力度指数、人均国民收入、实际就业率、公共医疗卫生支出(占医疗总支出的百分比)、固定宽带互联网用户数、GDP 增长率、通货膨胀率较为落后的状况,若希望加强诚信制度建设实施效果,应主要从以上几个因素进行改善。

对于诚信制度建设实施效果动态综合评价值波动较大的国家,在考虑对其影响较大的因素时,选取综合评价值排名波动较大即最大序差大于 3 的国家,如日本、德国、意大利、澳大利亚,采用灰色相似关联度对这些国家在 2010~2014 年五年间各个指标的排名情况与动态综合评估值的排名情况进行关联分析,得到的结果如表 4.6 所示。

表 4.6 基于灰色相似关联度典型国家的排名情况分析表

国家	X_1	X_2	X_3	X_4	X_5	X_6	X_7	X_8	X_9
日本	0.930	0.690	0.784	0.714	0.833	0.952	0.870	0.952	0.741
德国	0.976	0.741	0.833	0.833	1.000	0.800	1.000	0.952	0.769
意大利	0.645	0.556	0.635	0.690	0.571	0.645	0.645	0.727	0.645
澳大利亚	0.741	0.870	0.833	0.816	0.833	0.952	0.588	0.816	0.870

国家	X_{10}	X_{11}	X_{12}	X_{13}	X_{14}	X_{15}	X_{16}	X_{17}	
日本	0.635	0.645	0.690	0.816	0.606	0.392	0.667	0.833	
德国	0.426	0.769	0.909	0.851	0.952	0.851	0.588	0.741	
意大利	0.976	0.645	0.526	0.645	1.000	0.741	0.870	0.465	
澳大利亚	0.476	0.377	0.833	0.816	0.800	0.714	0.833	0.741	

由表 4.6 可以看出,对于诚信制度建设实施效果呈下降趋势的征信国家日本、德国来讲,指标 $X_1, X_3, X_4, X_5, X_6, X_7, X_8, X_9, X_{13}, X_{17}$ 与各国诚信制度建设实

施效果动态综合评价值的关联度均大于 0.7，可见这些指标排名波动情况与其综合值的排名波动情况相似，说明这 10 个指标的变化与两国的诚信制度建设实施效果下降关系较大。而对于诚信制度建设实施效果有上升趋势的诚信制度建设发展中国家意大利来讲，指标 $X_8, X_{10}, X_{14}, X_{15}, X_{16}$ 的排名波动情况与其综合值的排名波动情况相似，说明这五个指标的发展改善了意大利的诚信制度建设实施效果；对于澳大利亚来讲，指标 $X_1, X_2, X_3, X_4, X_5, X_6, X_8, X_9, X_{12}, X_{13}, X_{14}, X_{15}, X_{16}, X_{17}$ 的排名波动情况与其综合值的排名波动情况相似，指标发展情况较为全面。

4.5　思考与启示

本章基于社会、政治、经济、金融四个方面的 17 个与诚信制度建设实施效果相关的二级细化指标，通过纵横向拉开档次法评估了世界 12 个典型国家的诚信制度建设实施效果，以及各国家 2010~2014 五年间的诚信制度建设实施效果综合变化情况。通过总结诚信制度建设实施效果趋稳的征信国家、诚信制度建设实施效果明显下降的征信国家、诚信制度建设有较大改善的征信业起步较晚国家及诚信制度建设较为落后的国家在诚信制度建设中的经验教训，提出如下建议。

第一，从社会视角来看，由于指标 X_2, X_3, X_5, X_6 是普遍导致诚信制度建设实施效果较为落后的国家现有诚信制度建设状况的原因，作为诚信制度建设较为落后的国家之一，我国应努力改善我国国民的购买力、就业、公共医疗卫生及网络使用等状况，以改善我国的诚信制度建设实施效果。

第二，从政治视角来看，尽管相关指标 X_7, X_8 不是导致我国诚信制度建设实施效果落后的原因，由于政府最终消费支出、税收指标值的波动导致了日本、德国诚信制度建设实施效果的下降，而税收指标值的波动引导着意大利、澳大利亚诚信制度建设实施效果的提升，尤其是良好的税收状态是维持英国诚信制度建设实施效果始终保持良好状态的原因之一，因此可以通过循序渐进的方式引导政治因素相关指标的改善进而改善我国的诚信制度建设实施效果。由于法律权利力度指数不仅是普遍导致诚信制度建设较为落后的国家现有诚信状况的原因之一，亦是导致日本、德国诚信制度建设实施效果下降、引导意大利、澳大利亚诚信制度建设实施效果提升的原因之一，更是维持英国诚信制度建设始终保持良好状态的原因之一，因此，完善中国特色社会主义征信法律体系对我国诚信制度建设的改善起着至关重要的作用。

第三，从经济视角来看，由于 GDP 增长率、通货膨胀率是普遍导致类似我国诚信制度建设实施效果较为落后的国家现有诚信制度建设现状的原因,因此,应努力加快转变我国的经济发展方式,以期尽快提升我国诚信制度建设的综合效果和能力。

第四,从金融视角来看,为改善我国诚信制度建设实施效果较为落后的现状,需要加大公共征信系统的监管力度,深化征信信息,完善国内信贷体制。

第5章 我国省域诚信制度建设实施效果的动态综合评估

本章通过研究我国31个省（自治区、直辖市）的诚信制度建设实施效果的评估问题来说明我国诚信制度建设情况。从社会、政治、经济、金融四个维度构建了测度诚信制度建设实施效果的12个二级指标；基于我国31个省（自治区、直辖市）2010~2014年时间序列数据，运用熵权-TOPSIS，对各省市的诚信制度建设实施效果进行动态评估；利用灰色绝对关联度分析影响诚信制度建设实施效果的重点要素。

5.1 背景及研究现状描述

我国诚信制度建设受到政府和社会的高度重视，党的十六大要求"健全现代市场经济的社会信用体系"；党的十八大将诚信列为社会主义核心价值观，表明我国已经将诚信制度建设提升到战略高度。国内外众多学者对诚信的研究也由来已久，在理论研究方面，徐国栋（2001）揭示了客观诚信与主观诚信在罗马法和现代各国民法典中的对立统一，并通过社会契约论解释了两种诚信统一的前提；郑先平等（2002）在总结发达国家诚信建设的成功做法与经验的基础上，从联合征信、信用评级、培育中介机构等方面构建了社会诚信制度综合治理机制；傅强和张宜松（2004）研究了我国社会诚信制度建设的基本状况，并提出了我国社会诚信制度体系建立的主要架构；顾雪金（2012）研究了影响我国金融诚信环境的因素，提出金融诚信制度建设重在地方政府，依靠信贷质量落实诚信制度建设；Timo等（2014）研究了信用评级对信息不对称的缓解作用，发现信用评级在减少信息不对称方面扮演着重要角色。在实证研究方面，张维迎和柯荣住（2002）通过中国跨省的信任调查数据，揭示了信任对一个地区的经济绩效的影响，并基于此分析了影响信任建设的因素；宋健（2006）利用 AHP 和因子分析方法构建了地区信用环境的评估指标体系和评估模型，并利用现有条件数据进行了各地区差距分析；朱永新和杨再勇（2006）阐述了我国企业人力资源管理面临的诚信危机，从儒家诚信观和社会变迁的角度分析了诚信危机形成的原因，并从宏观上提出了解决目前人力资源管理诚信危机的总体思路；朱建军等（2013）从政策和法律环境方面研究了江苏省社会诚信制度建设的现状，分析江苏省社会诚信体系建设的优势与劣势的同时，从诚信立法、社会诚信氛围营造、诚信制度建设的市场化运作等方面提出了建议；汪军等（2013）基于社会诚信体系建设绩效评估的灰靶决策方法，对"十一五"期间上海市社会信用制度建设的绩效进行了分析和评估。这些理论与实证研究均取得了较为丰富的成果，但也存在一些不足。一是缺乏对诚信制度实施效果评估的研究，特别是在比较评估方面；二是在诚信制度建设实施效果评估方面，缺乏考虑时间序列的动态评估分析。对此，本章以我国省域诚信制度建设实施效果为评估对象，分析对比各省市的诚信制度建设实施效果的差异，并进行动态评估，研究各省诚信制度建设实施效果随时间的变化情况，以及同一时间截面下，各省份在诚信制度建设实施效果上的差异情况，目的是为我国各省诚信制度建设及差异化策略提供参考。

5.2 省域层面诚信制度建设实施效果动态综合评估的指标体系

根据第 3 章中的指标设计，从社会、政治、经济及金融环境四个方面选择了 12 项与诚信制度建设实施效果相关的二级指标（表 5.1）反映我国 31 个省（自治区、直辖市）的诚信制度建设现状，分别记为 $X_1, X_2, \cdots, X_{12}$。

表 5.1　省域诚信制度建设实施效果评估指标体系

目标层	准则层	指标层	X
省域诚信制度建设实施效果	社会环境	实际就业率	X_1
		每十万人口高等学校平均在校生人数	X_2
		城镇居民恩格尔系数	X_3

续表

目标层	准则层	指标层	X
省域诚信制度建设实施效果	社会环境	社区卫生服务中心总数	X_4
	政治环境	政府最终消费支出	X_5
		政府税收	X_6
	经济环境	人均GDP	X_7
		GDP增长率	X_8
		人均可支配收入	X_9
		居民消费价格指数（以2009年为100）	X_{10}
	金融环境	金融机构本外币各项贷款余额	X_{11}
		商业银行不良贷款率	X_{12}

5.3 省域层面诚信制度建设实施效果动态综合评估方法的选择

熵权-TOPSIS将熵权法与TOPSIS法进行结合，我们利用熵权法确定评估指标的权重，再通过TOPSIS法利用逼近理想解的技术确定评估对象的排序。具体计算步骤如下（李刚等，2011；李灿等，2013；杜挺等，2014）：

（1）建立n个评估指标，m个评估对象的决策矩阵$\boldsymbol{X}$。

$$\boldsymbol{X} = (x_{ij})_{m \times n} \quad (i=1,2,\cdots,m; j=1,2,\cdots,n) \tag{5.1}$$

（2）将负指标转化为正指标，得到新的决策矩阵$\boldsymbol{X}^*$。

若j为负指标：$x_{ij}^* = M - x_{ij}$ （5.2）

若j为正指标：$x_{ij}^* = x_{ij}$ （5.3）

其中，M为指标x_{ij}的允许界限。

（3）对新决策矩阵$\boldsymbol{X}^*$进行标准化处理得到$\boldsymbol{X}'$。

$$\boldsymbol{X}' = (x_{ij}')(i=1,2,\cdots,m; j=1,2,\cdots,n) \tag{5.4}$$

$$x_{ij}' = \frac{x_{ij}^*}{x_j^0}, \quad x_j^0 = \max x_{ij}^*, j=1,2,\cdots,n \tag{5.5}$$

(4) 计算各指标熵值 E_j。

$$E_j = -\frac{1}{\ln m} \sum_{i=1}^{m} P_{ij} \ln P_{ij}, \quad \text{其中}, \quad P_{ij} = \frac{x'_{ij}}{\sum_{i=1}^{m} x'_{ij}} \quad (5.6)$$

(5) 计算指标 j 的熵权 w_j。

$$w_j = \frac{1 - E_j}{\sum_{j=1}^{n} (1 - E_j)} \quad (5.7)$$

(6) 计算加权矩阵 $\boldsymbol{R}$。

$$\boldsymbol{R} = (r_{ij})_{m \times n}, \quad r_{ij} = w_j \times x'_{ij} (i = 1, 2, \cdots, m; j = 1, 2, \cdots, n) \quad (5.8)$$

(7) 得到评估方案的正理想解与负理想解。

$$V_j^+ = \max(r_{1j}, r_{2j}, \cdots, r_{mj}) \quad V_j^- = \min(r_{1j}, r_{2j}, \cdots, r_{mj}) \quad (5.9)$$

(8) 计算各方案与正理想解及负理想解之间的欧氏距离。

$$SS_i^+ = \sqrt{\sum_{j=1}^{n} (v_j^+ - r_{ij})^2} \quad (5.10)$$

$$SS_i^- = \sqrt{\sum_{j=1}^{n} (v_j^- - r_{ij})^2} \quad (5.11)$$

(9) 计算综合评估指数。

$$C_i = \frac{SS_i^-}{SS_i^- + SS_i^+} \quad (5.12)$$

5.4 数据计算及结果分析

5.4.1 基本数据及分析

本章选取 31 个省（自治区、直辖市）的诚信制度建设实施效果作为评价对象，采用 2010~2014 年的数据样本（数据来自中国统计年鉴、各省市统计年鉴、国民经济和社会发展统计公报及金融年鉴）。

为了获得我国省域诚信制度建设实施效果的动态变化情况，通过表 5.1 的指标体系建立我国 31 个省（自治区、直辖市）的评价决策矩阵，并根据式（5.1）~式（5.7）分别计算 2010~2014 年各指标的熵值 E_j 和权重 w_j；按照式（5.8）~

式（5.12）分别计算 31 个省（自治区、直辖市）的指标值与正理想解 SS_i^+ 和负理想解 SS_i^- 的欧氏距离及综合评估指数 C_i，并对得分进行排序（表 5.2）。

表 5.2　省域诚信制度建设实施效果综合得分排名

省（自治区、直辖市）	2010 年	2011 年	2012 年	2013 年	2014 年	省（自治区、直辖市）	2010 年	2011 年	2012 年	2013 年	2014 年
北京	4	4	4	5	5	湖北	12	14	12	12	12
天津	10	12	14	15	14	湖南	20	21	21	16	16
河北	11	8	10	11	11	广东	2	2	2	2	2
山西	18	18	17	17	17	广西	23	26	27	26	26
内蒙古	14	16	13	14	15	海南	25	24	16	24	25
辽宁	8	7	7	7	7	重庆	24	23	22	20	19
吉林	7	10	25	27	27	四川	13	13	11	9	9
黑龙江	19	17	20	19	21	贵州	28	28	28	28	28
上海	6	6	6	6	6	云南	26	27	24	22	23
江苏	3	3	3	2	3	西藏	31	31	29	29	29
浙江	1	1	1	1	1	陕西	22	22	19	17	18
安徽	16	11	8	10	10	甘肃	21	26	25	25	22
福建	15	15	15	13	13	青海	29	30	30	30	30
江西	17	19	17	21	20	宁夏	30	29	31	31	31
山东	5	5	5	4	4	新疆	27	20	23	23	24
河南	9	9	9	8	8						

在熵权法中，评估对象在某项指标上的值相差越大，信息熵越小，其提供的信息量则越大，该指标对综合评价值的影响越大，相应的权重也应越大（郭显光，1998）。结果显示，X_4, X_5, X_{11} 指标权重最大（大于 0.1），说明地域间的医疗条件差别较大，凸显出 80%的医疗资源均分布在 20%的大中型城市，使得该指标对各省诚信制度建设实施效果有较大的影响，政府支出与金融机构的贷款余额指标的权重也较大，反映出以上指标在各省（自治区、直辖市）诚信制度建设实施效果上表现出较大的影响力；X_1, X_2, X_7 指标权重处于中等水平（在 0.03 和 0.1 之间）；其余指标权重较小（小于 0.03）。

将 2010~2014 年各指标的权重绘制成折线图，可以看出 X_3, X_8, X_9, X_{11} 的权重基本保持不变；X_4, X_5, X_{10} 的权重增大，说明社会和政治对诚信制度建设实施效果的影响越来越凸显；$X_1, X_2, X_6, X_7, X_{12}$ 的权重减小，其中 X_{12} 减小得最多，从 2010 年的 0.023 减小到 2014 年的 0.003，减幅达到 86.9%，说明金融环境在各省域的差异越来越小，即该指标包含的信息量越来越小，如图 5.1 所示。

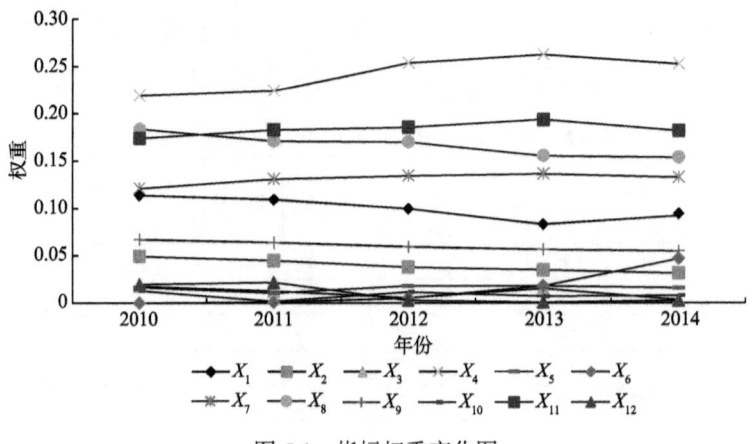

图 5.1　指标权重变化图

5.4.2　动态综合评估结果分析

计算各省（自治区、直辖市）C_i 排名的算术平均值，并规定间隔 6 为一个档次，将省域诚信制度建设实施效果类型从好到差划分为排名 1~6、排名 7~12、排名 13~18、排名 19~24、排名 25 以上；并利用排名的变化情况，将各省（自治区、直辖市）在评估期内的变动类型分为前跳型（即排名持续上升或排名有波动但总体呈上升趋势）、保持型（即排名持续不变或排名有波动但总体上趋于稳定）和后跳型（即排名持续下降或排名有波动但总体呈下降趋势）（陈套，2015）。划分结果如表 5.3 所示。

表 5.3　2010~2014 年省域诚信制度建设实施效果类型表

排名	变动类型	省（自治区、直辖市）
1~6	保持	浙江、广东、江苏、北京、山东、上海
7~12	前跳	河北、安徽、四川
7~12	保持	辽宁、河南、湖北
13~18	前跳	福建
13~18	保持	山西
13~18	后跳	天津、内蒙古
19~24	前跳	湖南、陕西、重庆、新疆、云南
19~24	后跳	江西、吉林、黑龙江、海南、甘肃
25 以上	前跳	西藏
25 以上	保持	贵州、青海、宁夏
25 以上	后跳	广西

表 5.3 反映出：诚信制度建设实施效果为排名 1~6 的区域为浙江、广东、江苏、北京、山东、上海，均为东部地区，且变动类型均为保持，说明其诚信制度建设实施效果一直保持较好；排名 7~12 的区域为河北、安徽、四川、辽宁、河南、湖北，1 个地处东部，1 个地处东北部，3 个地处中部，1 个地处西部，且变动类型不含后跳，说明其诚信制度建设实施效果均保持平稳或上升；排名 13~18 的区域为福建、山西、天津、内蒙古，2 个地处东部，1 个地处中部，1 个地处西部；排名 19~24 的区域为湖南、陕西、重庆、新疆、云南、江西、吉林、黑龙江、海南、甘肃，1 个地区属于东部，2 个属于东北部，2 个属于中部，5 个属于西部，且该区域的省（自治区、直辖市）的变动类型不含保持，说明该区域内的省（自治区、直辖市）的诚信制度建设实施效果波动较大；排名 25 以上的区域为西藏、贵州、青海、宁夏、广西，均属于西部。

为了判断各省（自治区、直辖市）的诚信制度建设实施效果与区域的关系，利用区域（东部、东北部、中部、西部）作为变量，分别将东部、东北部、中部、西部各省（自治区、直辖市）2010~2014 年的平均排名作为分析样本，进行单因素方差分析，结果如表 5.4 所示。表 5.4 中 P 值为 5.05×10^{-5}，远小于置信水平 0.05，说明检验结果高度显著，有充足的理由拒绝原假设，即接受备择假设。区域差异会对诚信制度建设实施效果产生影响。不同区域的平均排名为东部 8.1，东北部 15.2，中部 14.5，西部 23.5，说明在总体上，诚信制度建设实施效果的优良顺序依次为东部、中部、东北部、西部。

表 5.4 单因素方差分析结果

差异源	df	F	P 值	F 临界值
组间	3	11.447 84	5.05×10^{-5}	2.960 351
组内	27			
总计	30			

由表 5.3 知吉林省的诚信制度建设实施效果虽然优于西藏，但吉林为后跳型变动，西藏为前跳型变动。将吉林和西藏各年指标无量纲值与正理想解 SS_i^+ 和负理想解 SS_i^- 的欧氏距离及综合评价指数 C_i 用折线图表示（图 5.2），指标无量纲值与正理想解的距离越小越好，与负理想解的距离越大越好。由图 5.2 知，吉林省指标无量纲值与正理想解的距离呈越来越大的趋势，与负理想解的距离呈越来越小的趋势，因此其综合指数越来越小，排名也逐渐下降，即吉林省的诚信制度建设实施效果在逐年减小。相比而言，地处西部的西藏指标值虽然与正理想解的距离越来越大，但与负理想解的距离也越来越大，综合指数则呈上升趋势，排名也逐渐上升，即西藏的诚信制度建设实施效果呈上升趋势。

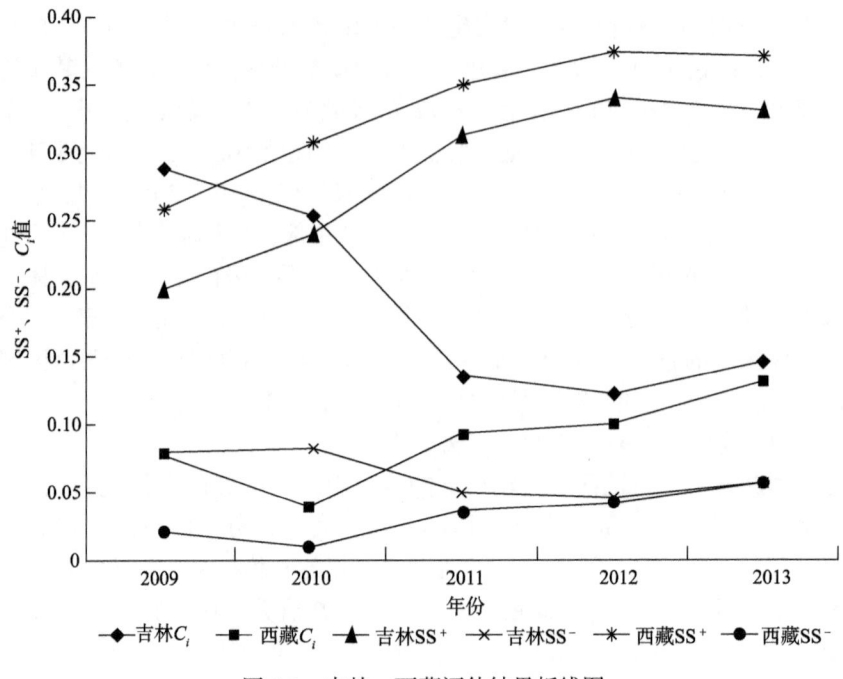

图 5.2　吉林、西藏评估结果折线图

5.4.3　灰色关联分析——以江苏省为例

以上研究虽然探讨了各省（自治区、直辖市）诚信制度建设实施效果的差异，但不能看出影响诚信制度建设实施效果的重点因素。下面以江苏省为例，利用灰色关联法进行分析。这里采用灰色绝对关联度，其模型如下（刘思峰，2010a）：

$$\varepsilon_{ij} = \frac{1+|s_i|+|s_j|}{1+|s_i|+|s_j|+|s_i-s_j|} \quad (5.13)$$

其中，ε_{ij} 为序列 X_i 与 X_j 的绝对关联度，因为这里 X_i 与 X_j 的长度相同且皆为 1 的时距序列，所以有

$$s_i = \left|\sum_{k=2}^{n-1} x_i^0(k) + \frac{1}{2}x_i^0(n)\right| \quad (5.14)$$

$$s_j = \left|\sum_{k=2}^{n-1} x_j^0(k) + \frac{1}{2}x_j^0(n)\right| \quad (5.15)$$

$$|s_i - s_j| = \left|\sum_{k=2}^{n-1}\left[x_i^0(k) - x_j^0(k)\right] + \frac{1}{2}\left[x_i^0(n) - x_j^0(n)\right]\right| \quad (5.16)$$

$X_i^0 = \left[X_i^0(1), X_i^0(2), \cdots, X_i^0(n)\right], X_j^0 = \left[X_j^0(1), X_j^0(2), \cdots, X_j^0(n)\right]$ 分别为 X_i 与 X_j 的始点零化像。

1. 诚信制度建设实施效果的综合关联度

通过获取江苏省 2010~2014 年各项评价指标数据进行熵权-TOPSIS 分析，可得到该省诚信制度建设实施效果变化情况。C_0 表示包含所有评价指标数据分析得到的诚信制度建设实施效果综合评价指数，C_1, C_2, C_3, C_4 分别为对社会环境、政治环境、经济环境和金融环境层面评价指标进行分析后得到的单项评价指数。对 C_1, C_2, C_3, C_4 关于 C_0 进行灰色关联分析可得到表 5.5。

表 5.5　江苏省 2010~2014 年诚信制度建设实施效果综合指标灰色绝对关联度

灰色绝对关联度	C_1	C_2	C_3	C_4
C_0	0.568	0.580	0.782	0.583

由表 5.5 可见，C_0 和 C_3 的灰色绝对关联度是最大的，为 0.782，说明江苏省诚信制度建设实施效果综合评价指数(C_0)与经济环境评价指数(C_3)十分密切，即经济环境是影响诚信制度建设实施效果的重要因素，对诚信制度建设实施效果有着根本性的影响。另外，虽然 C_0 与 C_1 的关联度最小，但江苏省社会环境的各项指标均表现较好，说明江苏省的社会环境已经达到一个较为稳定的状态，为诚信制度建设提供了一个比较好的基础。

2. 诚信制度建设实施效果的单项关联度

在计算得到社会环境、政治环境、经济环境和金融环境对江苏省诚信制度建设实施效果的影响情况后，可分析各二级指标与上级指标的关联度，从而分析二级指标中影响社会环境、政治环境、经济环境和金融环境的关键指标。计算社会环境综合评价指数(C_1)、政治环境综合评价指数(C_2)、经济环境综合评价指数(C_3)、金融环境综合评价指数(C_4)与其各项指标的灰色绝对关联度（表 5.6）。由表 5.6 可知 C_1 与 X_3 的关联度最大（为 0.845 36），而与其他指标关联度较小，且相差不大，说明城镇居民恩格尔系数有效地表征为社会环境综合评价指数变化驱动因素；C_3 与 X_8 的关联度在经济指标中最大，说明 GDP 增长率是影响经济环境综合评价指数的重要因素。C_2 自身各单项指标的关联度均相差较小，说明各单项指标对相应综合评价指数变化的驱动基本相同；C_4 与 X_{12} 的关联度较大（为 0.709 06），说明其是影响金融环境综合评价指数变化的重要因素。

表 5.6　$C_1 \sim C_4$ 与单项指标灰色绝对关联度

单项指标	社会环境综合评价指数（C_1）	单项指标	政治环境综合评价指数（C_2）	单项指标	经济环境综合评价指数（C_3）	单项指标	金融环境综合评价指数（C_4）
X_1	0.616 61	X_5	0.500 19	X_7	0.500 00	X_{11}	0.500 02
X_2	0.518 49	X_6	0.500 23	X_8	0.675 64	X_{12}	0.709 06
X_3	0.845 36			X_9	0.500 01		
X_4	0.500 55			X_{10}	0.528 07		

5.5　思考与启示

在诚信制度建设上，全国各省（自治区、直辖市）均进行了不同的尝试，然而各省（自治区、直辖市）的基本情况不同，建设方式也不尽相同，一定时期内诚信制度建设实施效果也会产生差异。本章以各省（自治区、直辖市）诚信制度建设实施效果为评估对象，从社会环境、政治环境、经济环境、金融环境四个层面构建了评价体系，并利用熵权-TOPSIS 对我国 31 个省（自治区、直辖市）进行了分析，并以江苏省为例，通过灰色关联法分析找出影响诚信制度建设实施效果的重点因素。

评估结果显示东部、东北部、中部、西部诚信制度建设实施效果差异显著，地域差异对诚信制度建设实施效果产生了影响。在评估的基础上，以江苏省为例分析了影响诚信制度建设实施效果的重要因素，发现经济环境是影响诚信制度建设实施效果的重要因素，同时从经济环境与其单项指标的灰色绝对关联度分析中，发现 GDP 增长率表现出与经济环境的绝对关联，故可通过改善经济环境来提升诚信制度建设实施效果。结合以上定量分析的结果，给出如下 3 点建议。

（1）区域差异导致诚信制度建设实施效果差距显著，东部、东北部、中部和西部地域的差异使得区域间的经济差距较大；诚信制度建设实施效果评估结果中的不及格省（自治区、直辖市）集中在西部，该地区应努力发展经济，从经济总量、人均可支配收入和消费价格指数的提升来驱动经济的增长，以期改善我国的诚信制度建设实施效果，从而改善我国诚信制度。

（2）作为诚信制度建设实施效果优秀的省（自治区、直辖市），应通过相应指标的加大投入来保持诚信制度处于较优水平，如政府最终消费支出和金融机构贷款余额两项。通过加大政府最终消费支出，完成基础建设与诚信制度的推行与完善；通过增大金融机构贷款余额来完善金融市场的诚信风气。

（3）城镇居民恩格尔系数和商业银行不良贷款率能较好地表征社会环境和金融环境的差异，诚信制度建设实施效果较差的西部地区可以通过改善以上两项指标以期在短期内提升诚信制度建设的实施效率。

第6章 江苏省城市诚信制度建设实施效果的动态综合评估

本章通过研究江苏省各地级城市的诚信制度建设实施效果的评估问题来说明江苏省 13 市诚信制度建设情况。从社会、政治、经济、金融四个维度建立测度诚信制度建设实施效果的 12 个二级指标;基于江苏省 13 市 2010~2014 年时间序列数据,运用熵权-TOPSIS 法,对各城市的诚信建设实施效果进行动态评估;以南京市为例,利用灰色绝对关联度分析影响诚信制度建设实施效果的重点要素。

6.1 背景及研究现状描述

我国诚信制度的建设受到政府和社会的高度重视,党的十八大将诚信列为社会主义核心价值观之一,表明我国已经将诚信制度建设提升到国家战略高度。从省域层面来看,诚信制度建设及现状也受到了较大关注,如江苏省颁布了《江苏省社会信用体系建设规划纲要(2015—2020 年)》,并出台《关于推进诚信建设制度化的实施意见》等。国内外众多学者对诚信的研究也由来已久。在理论研究方面,徐国栋(2001)揭示了客观诚信与主观诚信在罗马法和现代各国民法典中的对立统一,并通过社会契约论解释了两种诚信统一的前提;王伟国(2012)指出建设诚信制度,需要把道德自律和制度他律有机结合起来,以法律为其建设保障;付子堂和类延村(2013)通过对"诚信"语源的考察,发现现代诚信蕴含两组范畴,即价值诚信与工具诚信,制度诚信与人际诚信;傅维利等(2010)提出了诚信观由标准、内容、价值三个基本方面,"对己"和"对他"两个基本范畴,以及对象、利益预期、频度和情境约束四个基本维度构成。在实证研究方面,吴继霞和黄希庭(2012)通过质性研究的范式,对中国人的诚信结构进行了本土化的研究，发现诚信由诚实、信用、信任和责任心四个因素构成；有部分文献针对我国部分省市的社会信用制度建设状况进行了研究，并对诚信制度的进一步改善给出了合理建议。张原等（2015）运用因子分析法对陕西省的信用制度发展状况进行了实证分析，发现经济发展水平、企业发展、教育水平、城镇化发展、金融发展是影响信用制度的主要因素；姚小义等（2013）运用主成分分析法研究了全国31个省（自治区、直辖市）的信用制度发展状况，发现东部地区的信用制度优于中西部地区。这些理论与实证研究取得了较为丰富的成果，但也存在一些不足。一是缺乏对城市层面的诚信制度建设实施效果评估的研究，特别是在比较评估方面；二是在诚信制度建设实施效果评估方面，缺乏考虑时间序列的动态评估分析。本章在现有的研究基础上，从诚信制度建设实施效果的影响因素入手，构建区域诚信制度建设实施效果动态评估指标体系，并以东部代表省份的主要城市——江苏省13市为诚信制度建设实施效果评估对象，分析比较各市的诚信制度建设差异，并进行动态评估，研究各市诚信制度建设实施效果随时间的变化情况，然后以南京市为例，通过灰色绝对关联度分析影响诚信制度建设实施效果的关键要素。最终结合各市诚信制度变化情况及影响诚信制度建设实施效果的关键因素，提出江苏省各城市诚信制度改善的指导性建议。

6.2 区域层面诚信制度建设实施效果动态综合评估的方法与指标

根据第3章中的指标设计，类比信用评估和诚信评估的相似性，结合信用评估的现有研究，从社会环境、政治环境、经济环境及金融环境四个方面共12个指标（$X_i, i=1,2,\cdots,12$）来反映城市的诚信发展现状。考虑到数据的可获得性，具体评估指标体系见表6.1，表6.1中X_3和X_8为负向指标，其余均为正向指标。

表6.1 城市诚信制度建设实施效果评估指标体系

目标层	准则层	指标层	X
城市诚信制度建设实施效果	社会环境	实际就业率	X_1
		每十万人口高等学校平均在校生人数	X_2
		城镇居民恩格尔系数	X_3
		社区卫生服务中心总数	X_4
	政治环境	财政支出	X_5
		财政收入	X_6

续表

目标层	准则层	指标层	X
城市诚信制度建设实施效果	经济环境	人均 GDP	X_7
		GDP 增长率	X_8
		人均可支配收入	X_9
		居民消费价格指数（以 2009 年为 100）	X_{10}
	金融环境	金融机构本外币各项贷款余额	X_{11}
		金融机构本外币各项存款余额	X_{12}

6.3 数据计算及结果分析

6.3.1 基本数据及分析

这里采用第 5 章中所提及的熵权-TOPSIS 法对区域层面诚信制度建设进行动态综合评估，具体计算步骤与第 5 章 5.3 相同，此处不赘述。选取江苏省 13 市的诚信制度建设实施效果作为评估对象，采用 2010~2014 年的数据样本，数据来自中国统计年鉴、各省市统计年鉴、国民经济和社会发展统计公报及金融年鉴。

为了获得我国城市诚信制度的动态变化，通过表 6.1 指标体系建立江苏省 13 市决策矩阵，根据式（5.1）~式（5.7）得到各评估指标熵权，即指标权重（表 6.2）；根据式（5.8），构建江苏省 13 市诚信制度评估指标加权决策矩阵，并依式（5.9）~式（5.11）确定各指标的正、负理想解，见表 6.3。

表 6.2 评估指标权重统计分析（2010~2014 年）

指标	2010 年	2011 年	2012 年	2013 年	2014 年	平均权重
X_1	0.021 2	0.021 1	0.055 3	0.045 2	0.021 7	0.032 9
X_2	0.139 4	0.161 6	0.142 1	0.141 9	0.153 9	0.147 8
X_3	0.104 6	0.068 6	0.066 4	0.063 9	0.108 4	0.082 4
X_4	0.059 8	0.049 8	0.049 8	0.050 2	0.057 8	0.053 5
X_5	0.104 6	0.103 3	0.086 5	0.093 9	0.093 0	0.096 2
X_6	0.084 4	0.085 6	0.070 0	0.067 8	0.070 2	0.075 6
X_7	0.078 5	0.084 9	0.079 4	0.078 0	0.076 3	0.079 4
X_8	0.036 9	0.048 2	0.074 0	0.047 9	0.029 5	0.047 3
X_9	0.034 5	0.036 9	0.035 7	0.034 8	0.037 0	0.035 8

续表

指标	2010年	2011年	2012年	2013年	2014年	平均权重
X_{10}	0.0532	0.0249	0.0373	0.0827	0.0434	0.0483
X_{11}	0.1537	0.1691	0.1618	0.1544	0.1597	0.1597
X_{12}	0.1293	0.1460	0.1419	0.1394	0.1491	0.1411

表6.3 决策规范化矩阵及指标正、负理想解（2014年）

城市	X_1	X_2	X_3	X_4	X_5	X_6	X_7	X_8	X_9	X_{10}	X_{11}	X_{12}
南京	0.0000	0.1539	0.0305	0.0393	0.0647	0.0382	0.0763	0.0228	0.0347	0.0000	0.1491	0.1361
无锡	0.0217	0.0213	0.0105	0.0323	0.0242	0.0375	0.0760	0.0074	0.0332	0.0325	0.0779	0.0782
徐州	0.0195	0.0123	0.0270	0.0918	0.0000	0.0042	0.0138	0.0164	0.0160	0.0217	0.0000	0.0019
常州	0.0169	0.0355	0.0088	0.0101	0.0411	0.0270	0.0490	0.0118	0.0295	0.0271	0.0359	0.0391
苏州	0.0203	0.0308	0.0148	0.0563	0.0930	0.0702	0.0748	0.0000	0.0370	0.0325	0.1597	0.1491
南通	0.0203	0.0051	0.0216	0.0216	0.0510	0.0286	0.0286	0.0171	0.0191	0.0271	0.0398	0.0487
连云港	0.0151	0.0000	0.0000	0.0467	0.0212	0.0117	0.0042	0.0236	0.0117	0.0271	0.0039	0.0019
扬州	0.0210	0.0116	0.0807	0.0271	0.0105	0.0134	0.0318	0.0198	0.0184	0.0271	0.0140	0.0190
镇江	0.0136	0.0331	0.1084	0.0046	0.0111	0.0130	0.0487	0.0231	0.0214	0.0325	0.0142	0.0146
泰州	0.0188	0.0032	0.0792	0.0315	0.0169	0.0144	0.0251	0.0234	0.0173	0.0434	0.0140	0.0166
宿迁	0.0107	0.0105	0.0001	0.0401	0.0021	0.0000	0.0000	0.0295	0.0000	0.0163	0.0023	0.0000
盐城	0.0195	0.0082	0.0429	0.0578	0.0455	0.0215	0.0108	0.0250	0.0143	0.0000	0.0126	0.0140
淮安	0.0173	0.0125	0.0105	0.0000	0.0090	0.0079	0.0287	0.0091	0.0271	0.0035	0.0021	
正理想解	0.0217	0.1539	0.1084	0.0918	0.0930	0.0702	0.0763	0.0295	0.0370	0.0434	0.1597	0.1491
负理想解	0	0	0	0	0	0	0	0	0	0	0	0

结合表6.3，以及其他年份的决策规范化矩阵，运用式（5.12）计算得到江苏省2010~2014年13市的诚信制度评估结果，详见表6.4。

表6.4 江苏省13市诚信制度建设综合评估结果（2010~2014年）

年份	评估结果	南京	无锡	徐州	常州	苏州	南通	连云港	扬州	镇江	泰州	宿迁	盐城	淮安
2010	社会环境	0.6104	0.2622	0.2824	0.3214	0.3132	0.1997	0.0934	0.4102	0.4822	0.4156	0.1929	0.1137	0.1474
	政治环境	0.7400	0.6306	0.0286	0.4788	1.0000	0.3144	0.1190	0.1574	0.1354	0.1707	0.0155	0.2109	0.0733
	经济环境	0.5227	0.7041	0.2620	0.5439	0.6082	0.5094	0.3583	0.3958	0.5105	0.4068	0.4157	0.3885	0.4080
	金融环境	1.0000	0.6080	0.0191	0.2737	0.9900	0.2786	0.0385	0.1140	0.1061	0.1023	0.0000	0.0851	0.0284
	综合评估	0.7026	0.5019	0.1817	0.3617	0.6239	0.2950	0.1481	0.2927	0.3377	0.3026	0.1930	0.1796	0.1732
	综合名次	1	3	10	4	2	7	13	8	5	6	9	11	12

续表

年份	评估结果	南京	无锡	徐州	常州	苏州	南通	连云港	扬州	镇江	泰州	宿迁	盐城	淮安
2011	社会环境	0.914 1	0.219 8	0.150 5	0.332 1	0.280 3	0.279 2	0.210 8	0.291 4	0.342 9	0.320 7	0.221 4	0.266 1	0.147 3
	政治环境	0.708 8	0.851 7	0.031 8	0.456 8	1.000 0	0.368 0	0.161 1	0.159 7	0.137 0	0.182 2	0.032 1	0.299 0	0.093 2
	经济环境	0.611 9	0.657 2	0.313 1	0.608 3	0.725 9	0.393 4	0.361 3	0.456 7	0.515 3	0.396 2	0.354 3	0.267 5	0.328 0
	金融环境	1.000 0	0.588 5	0.017 6	0.267 7	0.993 4	0.279 6	0.033 6	0.105 8	0.102 6	0.101 2	0.000 0	0.082 8	0.027 9
	综合评估	0.824 6	0.522 2	0.130 9	0.359 8	0.651 1	0.303 9	0.184 4	0.236 3	0.259 3	0.245 5	0.176 3	0.215 1	0.143 1
	综合名次	1	3	13	4	2	5	10	8	6	7	11	9	12
2012	社会环境	0.719 0	0.219 9	0.184 7	0.259 5	0.286 2	0.162 5	0.211 2	0.267 0	0.431 0	0.271 7	0.201 5	0.325 3	0.166 0
	政治环境	0.658 2	0.746 9	0.040 3	0.435 5	1.000 0	0.442 5	0.177 9	0.157 0	0.166 6	0.210 5	0.017 0	0.410 9	0.103 7
	经济环境	0.696 7	0.612 4	0.348 2	0.458 4	0.513 4	0.322 1	0.229 3	0.372 5	0.385 2	0.307 4	0.450 3	0.505 7	0.448 3
	金融环境	1.000 0	0.563 8	0.014 9	0.252 8	0.992 4	0.276 3	0.028 5	0.105 6	0.095 6	0.098 0	0.000 0	0.082 9	0.023 2
	综合评估	0.779 7	0.494 9	0.163 1	0.315 9	0.623 0	0.274 8	0.159 2	0.218 9	0.295 0	0.212 2	0.217 8	0.303 6	0.200 7
	综合名次	1	3	12	4	2	7	13	8	6	10	9	5	11
2013	社会环境	0.693 3	0.209 0	0.219 2	0.274 8	0.293 6	0.190 0	0.246 9	0.307 9	0.399 7	0.330 8	0.225 7	0.304 9	0.250 8
	政治环境	0.656 8	0.371 0	0.035 0	0.453 2	1.000 0	0.475 3	0.211 6	0.134 9	0.113 9	0.163 0	0.016 4	0.401 1	0.086 3
	经济环境	0.556 0	0.530 6	0.230 0	0.432 3	0.504 8	0.322 6	0.333 4	0.341 1	0.492 6	0.564 1	0.226 0	0.188 4	0.299 4
	金融环境	0.944 0	0.531 6	0.011 7	0.246 5	1.000 0	0.278 0	0.024 0	0.105 9	0.094 5	0.097 5	0.004 0	0.081 6	0.019 9
	综合评估	0.717 4	0.430 8	0.147 6	0.320 3	0.620 6	0.289 9	0.203 7	0.232 3	0.293 0	0.305 7	0.153 9	0.235 6	0.182 9
	综合名次	1	3	13	4	2	7	10	9	6	5	12	8	11
2014	社会环境	0.626 5	0.206 3	0.375 8	0.191 8	0.302 7	0.166 4	0.202 2	0.357 6	0.433 8	0.346 1	0.185 9	0.314 5	0.108 8
	政治环境	0.637 9	0.370 0	0.035 9	0.421 3	1.000 0	0.498 6	0.207 5	0.145 5	0.146 5	0.190 4	0.018 0	0.425 1	0.084 5
	经济环境	0.664 1	0.782 6	0.327 6	0.634 0	0.739 8	0.461 2	0.326 6	0.489 7	0.660 7	0.512 0	0.274 6	0.273 0	0.353 0
	金融环境	0.923 3	0.504 7	0.008 6	0.242 8	1.000 0	0.287 0	0.019 6	0.107 7	0.093 9	0.099 5	0.010 3	0.086 2	0.018 8
	综合评估	0.710 3	0.413 2	0.256 1	0.294 1	0.627 0	0.290 6	0.175 7	0.276 7	0.333 2	0.281 4	0.145 9	0.258 3	0.133 0
	综合名次	1	3	10	5	2	6	11	8	4	7	12	9	13

在熵权法中,评估对象在某项指标上的值相差越大,信息熵就越小,则提供的信息量越大,从而该指标对综合评估的影响越大,相应的权重也越大;反之,各指标值差异越小,信息熵就越大,该指标对评估结果的影响也越小,其权重也越小。本章的评估体系中,包含12个评估指标,根据各指标的平均权重分布情况,将权重定义为较大、中等和较小三档,对应的权重范围为:≥0.1,0.05~0.1,≤0.05,各指标权重分布情况如表6.5所示。

表6.5 指标权重分布情况

指标权重	较大	中等	较小
指标	X_2, X_{11}, X_{12}	X_3, X_4, X_5, X_6, X_7	X_1, X_8, X_9, X_{10}

每十万人口高等学校平均在校生人数（X_2）、金融机构本外币各项贷款余额（X_{11}）、金融机构本外币各项存款余额（X_{12}）指标权重处于较大范围，说明江苏省域范围内，这3个指标在各城市中差异较大，如南京市在2013年的金融机构本外币贷款余额达到14 538.65亿元，而徐州仅有1 077.73亿元。金融环境包含的2个指标所占权重大，可见省域内的投资不均；江苏省内高等学校大部分集中在苏南一带，高等学院在校生所占比例能有效反映城市人口总体的受教育程度，受教育程度的高低直接影响个人诚信与否，省域范围内教育资源的分布不均，也使得该指标差异大，包含的信息丰富。X_3、X_4、X_5、X_6和X_7指标权重处于中等范围，江苏省各城市的城镇居民恩格尔系数均处于20~30范围内，即属于相对富裕与富裕，人民生活水平高的同时会注重自我素质和精神生活，也就会更注重自身的诚信行为；保证人民健康水平的社会卫生机构数是民生工程的基础，80%的医疗资源集中在20%的大型城市使得卫生机构数量成为构成社会环境的重要部分；人均GDP直接衡量各地区的经济总量，决定了人民生活质量的高低，人民的诚信行为建立在一定的生活质量之上，江苏省南北部经济总量相差大，对诚信制度建设实施效果差异有推动作用；描述政治环境的政府支出和政府收入能够反映政府满足社会公共需要的情况，社会公共需要被满足与否会影响诚信制度建设实施效果的好坏。其余指标，多为描述经济环境的指标，权重较小，说明江苏省各市的经济环境差异较小。

将2010~2014年各指标的权重绘制成折线图（图6.1），可以看出X_2，X_4，X_{12}的权重保持平稳，且处于较高水平，说明社会和金融对诚信制度建设实施效果的影响较为明显，社会是诚信制度建设的载体，也是诚信主体的存在集合体；企业和个人的诚信状况直接影响金融行业的发展，完善的社会信用制度可以增大金融市场的透明度、减小金融运作的风险，促进金融行业的发展；反观之，金融的快速发展也反映了当前诚信制度建设实施效果的改善。X_4，X_5，X_6，X_7，X_9的权重基本保持不变；X_8，X_{10}的权重减小，其中X_8减小的幅度最大，减幅达到60.1%，说明经济环境中包含的指标值对评价结果的影响较小，各城市保持相近的步伐进行经济发展。

6.3.2 动态综合评估结果分析

计算各城市综合名次的算术平均值，按照间隔3将江苏省13市诚信制度建设实施效果类型分为4个档，从好到差分为排名1~3名、4~6名、7~9名、10名以后；并利用名次的变化趋势将各市在评估期内的变动类型分为前跳型（即排名持续上升或排名有波动但总体呈上升趋势），保持型（即排名持续不变或排名有波

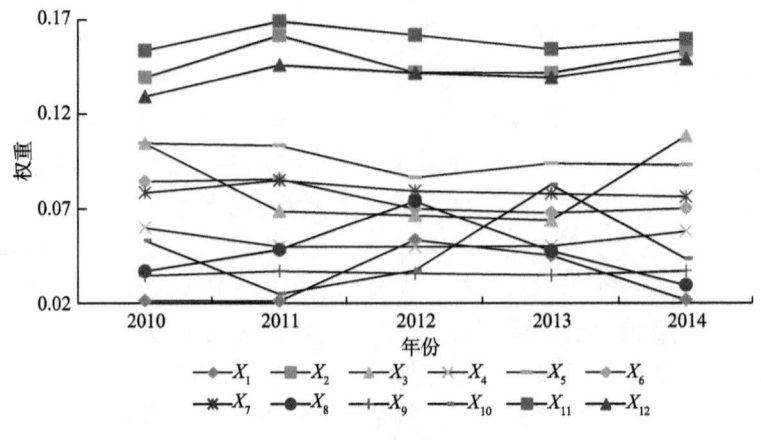

图 6.1 指标权重变化图

动但总体上趋于一致）和后跳型（即排名持续下降或排名有波动但总体呈下降趋势）。划分结果如表 6.6 所示。

表 6.6 2010~2014 年江苏省 13 市诚信制度建设实施效果变动类型表

排名	变动类型	城市
1~3	保持	南京、苏州、无锡
4~6	前跳	镇江、南通
	保持	常州
7~9	前跳	盐城
	保持	扬州
	后跳	泰州
10 名以后	前跳	连云港
	后跳	徐州、宿迁、淮安

诚信制度建设实施效果排名为 1~3 的城市为南京、苏州、无锡，均为苏南地区，且变动类型均为保持，说明上述 3 个城市的诚信制度建设实施效果一直保持良好水平；排名 4~6 的区域为常州、镇江、南通，2 个城市属于苏南，1 个属于东南部；由此可见，诚信制度建设实施效果表现较好的城市均分布在江苏南部，苏南位于中国东南沿海长江三角洲中心，在江苏经济中占较大比重，最为发达；排名 7~9 的区域为扬州、泰州、盐城，均属于江苏中部地区；10 名以后的区域为徐州、宿迁、淮安、连云港，处于江苏北部；江苏省的诚信制度建设实施效果呈现从北到南逐步提升的规律，以苏南代表城市南京、无锡、苏州逐年保持最佳。

地处苏南地区的南京、苏州、无锡，诚信制度保持在 1~3 名，这些城市社会保障制度最为健全,就业率高、受过高等教育的人数比例高、医疗资源丰富、人均可支配收入充足,使得人们的生活水平最高,衡量政治环境的政府支出和政府收入也最高,金融机构的各项贷款和存款也最充足。南京市在每十万人口高等学校平均在校生人数上稳居第一,使得南京市在 2010~2014 样本年内社会环境排名第一,并且与同为 1~3 名区域城市的无锡、苏州拉开较大差距;其他指标如人均 GDP、人均可支配收入、政府财政支出与收入、金融机构本外币贷款与存款余额都位居江苏省前列;同时,南京市金融环境的逐年改善,得益于金融机构贷款和存款余额的充足和不良贷款率的降低;苏州市的政治环境排名保持第一,即政府财政支出和收入最高,金融机构本外币贷款和存款余额指标紧随南京其后,保持第二,就业率、每十万人口高等学校平均在校生人数、人均 GDP、人均可支配收入等指标也处于江苏前列。

4~6 名区域城市包括常州、镇江、南通,其中镇江和南通总体上保持上升的趋势,镇江从 2011 年的第 6 名上升到 2014 年的第 4 名,升幅为 33.3%,社会环境和经济环境的提升是主要原因;南通从 2010 年的第 7 名上升到 2014 年的第 6 名,升幅为 14.3%,政府支出和收入的增多,使得社会福利和保障更加健全,诚信制度建设实施效果有效提升;常州地处苏南,总体上保持在第 4 名,经济环境和政治环境的描述指标,如人均可支配收入、GDP 增长率、财政支出等指标处于江苏省前 5。

7~9 名区域城市包括扬州、泰州、盐城,地处江苏中北部,与 1~3 名和 4~6 名区域城市相比,人民生活水平一般,但经济增速较快,医疗资源相对匮乏,金融机构的贷款和存款表现一般,诚信制度建设实施效果处于中等水平。泰州在 7~9 名区域城市中表现靠前,得益于经济环境指标项的贡献,人均 GDP 增速明显,从 2010 年的 35 711 元到 2014 年的 64 917 元,增幅达 81.8%,使得诚信制度建设实施效果一度位列江苏省第 5 位,但 2013 年跌至第 7 位。扬州总体上保持在第 8 位,各指标平稳增长,人均 GDP 增幅较大,达 75.8%,社会环境较前期有后退趋势。盐城是苏州北部地区诚信制度最好的城市,在 2011 年一度跃至第 5 位,社会环境、经济环境、政治环境的描述指标,如 GDP 增长率为 24.34%,为当期第 1,后期各指标增速放缓,盐城市诚信制度建设实施效果在 2013 年跌至第 9 位,但在苏北地区依然保持前列。

10 名以后区域城市包括徐州、淮安、连云港、宿迁,均地处经济欠发达的苏北地区,这些城市的经济相对欠发展,高等教育水平相对落后,人均 GDP 在江苏处于较低水平,医疗资源和金融机构的贷款存款方面均相对欠缺,诚信制度建设相对不成熟。连云港地处沿海,诚信制度建设实施效果从 2010 的第 13 位升至 2013 年的第 10 位,社会环境和政治环境有较大改善,如社会卫生机构数从 2010 年的 820 个增加到 2013 年的 2 619 个,增幅达 219.4%,医疗资源的丰富极大地改善了其社会环境，政府的财政支出和收入分别从 2010 年的 235.78 亿和 232.32 亿元增加到 2013 年的 600.06 亿和 564.74 亿元，增幅分别为 154.5%和 143.1%。徐州的社会环境和政治环境相对较好，但由于政治环境和金融环境"扯后腿"的现象严重，2014 年徐州的金融机构本外币贷款余额仅为 1 077.73 亿元，为江苏省最低，金融机构本外币存款余额为 1 709.45 亿元，也居于后位。

6.3.3 灰色关联分析——以南京市为例

上述研究虽然探讨了各城市诚信制度建设实施效果的差异，但并不能看出影响诚信制度建设实施效果的重点因素，下面以南京市为例，利用灰色关联进行分析。其模型（刘思峰等，2010b）与第 5 章 5.4.4 相同，此处不赘述。

1. 诚信制度建设实施效果的综合关联度

通过获取南京市 2010~2014 年各项评价指标数据进行熵权-TOPSIS 分析可得到南京市诚信制度建设实施效果的变化情况，C_0 表示包含所有评价指标数据分析得到的诚信制度建设实施效果综合评价指数，C_1,C_2,C_3,C_4 分别为对社会环境、政治环境、经济环境和金融环境层面评价指标进行分析后得到的单项指数。对 C_1,C_2,C_3,C_4 关于 C_0 进行灰色关联分析可得到表 6.7。

表 6.7 诚信制度综合指标灰色绝对关联度

灰色绝对关联度	C_1	C_2	C_3	C_4
C_0	0.856	0.979	0.913	0.915

由表 6.7 可见，C_0 与 C_2 的灰色关联度最大（为 0.979），可知南京市诚信制度建设实施效果综合评价指数(C_0)与政治环境评价指数(C_2)关系密切，这说明政府环境是影响诚信制度建设实施效果的最重要的因素，对诚信制度建设实施效果有着根本性的影响。另外，虽然与社会环境 C_1 关联相对较小（灰关联系数为 0.856），但南京市社会环境下各项指标均表现较好，说明南京市的社会环境已经达到一个较为稳定的状态，为诚信制度建设提供了一个比较好的基础。

2. 诚信制度建设实施效果的单项关联度

计算社会环境综合评价指数(C_1)、政治环境综合评价指数(C_2)、经济环境综合评价指数(C_3)、金融环境综合评价指数(C_4)与其各项指标的灰色绝对关联度（表 6.8）。

表 6.8 $C_1 \sim C_4$ 与单项指标灰色绝对关联度

单项指标	社会环境综合评价指数	单项指标	政治环境综合评价指数	单项指标	经济环境综合评价指数	单项指标	金融环境综合评价指数
X_1	0.862 9	X_5	0.840 8	X_7	0.941 9	X_{11}	0.984 4
X_2	0.748 9	X_6	0.867 1	X_8	0.730 9	X_{12}	0.986 1
X_3	0.796 4			X_9	0.794 6		
X_4	0.818 3			X_{10}	0.841 0		

由表 6.8 可知 C_1 与 X_1 的关联度最大（在 0.85 以上），而与其他指标关联度较小，且相差不大，说明实际就业率有效地表征为社会环境综合评价指数变化驱动因素，如若想通过提升社会环境来改善南京市诚信制度建设实施效果，应从增加就业岗位，提升就业率入手；C_3 与 X_7 的关联度最大（在 0.9 以上），说明其是影响经济环境综合评价指数变化的重要因素，C_3 与其各单项指标的关联度均相差较小，说明各单项指标对相应综合评价指数变化的驱动基本相同；C_2 与 X_6 的关联度较大（在 0.85 以上），说明其是影响政治环境综合评价指数变化的重要因素，增加税收，提升政府收入，加大社会公共用品的建设，能有效改善政府环境，从而加强诚信制度建设实施效果；C_4 与其各单项指标的关联度均较大（在 0.95 以上），说明各单项指标对相应综合评价指数变化的驱动基本相同，且驱动力较大，可通过增加金融机构本外币贷款和存款余额来改善金融环境，同时诚信制度建设能有效提高金融环境的透明度，从而降低金融环境的风险，金融环境与诚信制度建设相互影响，共同进步。

6.4 思考与启示

本章以江苏省 13 市诚信制度建设实施效果为评估对象，从社会环境、政治环境、经济环境、金融环境四个层面构建了评估指标，利用熵权-TOPSIS 对江苏省 13 市进行了分析；并以省会城市南京为例进行指标关联度分析。结合定量分析的结果，给出以下三点建议。

（1）江苏省诚信制度建设实施效果随着地域的变化而产生差异，表现为由南到北，实施效果逐渐变差；相较之下，地域差异对政治环境的影响较大，即地处苏北的城市应加大政府税收与支出，实现税收到基础设施建设和制度推广落实支出的良性循环。

（2）作为诚信制度建设实施效果优秀的城市——南京、无锡和苏州，三市在金融环境和社会环境上的差异较大；同时实际就业率为社会环境综合评价指数变化的驱动因素，金融机构贷款余额和存款余额对金融环境的驱动力相近；故三市应在上述三个指标上加大投入，从而实现诚信制度建设实施效果的再突破。

（3）教育状况、金融机构存款余额和金融机构贷款余额在诚信制度建设实施效果评估中所占权重最大，可见以上三个指标为江苏省诚信制度建设实施效果差异的内在驱动因素；各市应加大对教育的投入，拓展高等教育覆盖面；关注金融行业的发展，保证金融货币的顺畅流通，以实现金融存贷款余额处于高位。

评估结果显示苏南地区诚信制度建设实施效果优于苏北地区，从南到北呈现由好到差的变化规律。在评估基础上，以江苏省诚信制度建设实施效果最优的南京为例分析了影响诚信制度建设实施效果的重要因素，对诚信制度建设实施效果的改善有一定的指导意义。

第7章 典型国家诚信制度建设实施效果分类及特征

本章研究世界典型国家诚信制度建设的聚类问题。基于社会、政治、经济和金融四个维度，构建国家层面的诚信制度建设的聚类指标体系；提出动态视角下基于Orness测度的时间权重确定和K-means的诚信制度建设聚类方法体系；针对2010~2014年的数据，对12个国家的诚信制度建设进行聚类分析，并进一步基于灰色关联分析探讨各聚类国家的差距水平。

7.1 背景及研究现状描述

诚信是现代社会中基础性的行为规范，诚信缺失可能破坏社会信任关系，产生大量无效资本扰乱市场秩序，某种程度上甚至会影响政府公信力和危及社会和谐发展。世界各国对诚信制度建设都格外重视，相关法律法规较为健全（Sampford et al., 2005；Six et al., 2012；Chong et al., 2013；Korkeamäki et al., 2014），如美国的诚信法律制度和执法监管制度是世界上最复杂、最完备的诚信制度；澳大利亚建设、银行、司法等领域主管部门建立了比较完善的行业信用信息系统，信用法律体系较为完善。

诚信不仅在政策层面上成为多个国家的战略发展导向，在理论研究中也成为学术界关注的焦点。徐宪平（2006）对美国诚信制度进行了深入研究与系统阐释；刘颖（2004）比较了英、美、法等国政府诚信制度的演变历程；陈文玲（2003）分析比较了中国和美国的诚信制度建设差异；汪军等（2014）基于广义虚拟经济视角对中美德日的社会信用环境进行了相似度测算研究；张鸿燕和杨艳（2011）从影响制度有效性的内、外因素入手，对美国高校学术诚信制度及其实施进行了深入分析。此外，还有涉及个人诚信制度建设研究（束景明和王燕华，

2005）、地方政府信用影响因素和影响机理（范柏乃和张鸣，2012）、企业信用风险和创新关系（孙婷婷和陈丁，2014）、众包虚拟社区的诚信保障和信誉评价机制（郝琳娜等，2014）等。

从现有研究来看，大多研究聚焦于国家社会信用体系建设的特点、模式及优缺点，针对国家层面诚信制度建设的定量比较与分析研究较少。无论是面向政府实务还是理论研究需要，全方位剖析特定时期各国诚信制度建设的基础条件和建设绩效，对为国家诚信制度建设选择标杆并进行改善研究提供参考具有重要意义。诚信制度建设的国际比较视角，主要关注诚信制度建设的基础条件、内外部环境和建设绩效的综合。本章的难点在于寻找一个有效的聚类方法，从诚信制度建设实施效果视角对世界典型国家进行合理分类。对此，本章首先从已有的第 4 章中所构建的国家层面的指标体系出发，运用基于阶段时间权重优化的诚信制度建设聚类方法，基于动态发展的视角进行聚类分析，其分析结果可为我国社会诚信制度建设的改善提供借鉴和指导。

7.2 国家层面诚信制度建设实施效果综合聚类的指标体系

社会是人们通过交往形成社会关系的总和，是人类生活的共同体；政治对社会诚信制度建设起到强有力的支撑作用，政府具备普遍性、权威性和强制性，对诚信维护起到强有力的约束能力，而这是私营体系所无法具有的；经济体现诚信制度建设的经济实力，任何国家事务的发展离不开经济的支持；金融风险是国家诚信制度建设的一个重要表征因素，若金融市场缺乏透明度、存在信用风险，则表现为其诚信制度的缺失。这四个因素系统而全面地解释了一个国家的诚信制度的建设。由此，本章仍沿用第 4 章中所构建的国家层面的指标体系，如表 7.1 所示。

表 7.1 世界各国诚信制度建设实施效果评估指标体系

一级指标	二级指标	变量名称
社会因素	法律权利力度指数	X_1
	人均国民收入	X_2
	实际就业率	X_3
	高等院校入学率	X_4

续表

一级指标	二级指标	变量名称
社会因素	公共医疗卫生支出（占医疗总支出的百分比）	X_5
	固定宽带互联网用户	X_6
政治因素	政府最终消费支出	X_7
	政府税收	X_8
经济因素	人均 GDP	X_9
	GDP 增长率	X_{10}
	通货膨胀率	X_{11}
金融环境	银行不良贷款与贷款总额的比率	X_{12}
	公共征信系统	X_{13}
	私营信贷所的覆盖面	X_{14}
	征信信息深度指数	X_{15}
	私营部门的国内信贷	X_{16}
	银行部门提供的国内信贷（占 GDP 的百分比）	X_{17}

7.3 基于阶段时间权重优化的诚信制度建设实施效果聚类方法

在聚类过程中，需基于发展的视角进行综合分析，因此必须兼顾各国数年来的数据，其难点在于需要对年度数据进行加权分析。基于面板数据对典型国家诚信制度进行聚类分析，首先基于 Orness 测度确定各年段的时间权重，加权计算各国各指标下综合数值，然后根据 K-means 聚类方法对国家进行聚类分析。下面我们将首先探究基于阶段时间权重优化的诚信制度建设聚类方法以对实施效果进行聚类。

建设国家诚信制度的聚类，属于典型的多阶段多属性决策问题，该问题简要描述如下：设聚类对象 $A=\{a_1,a_2,\cdots,a_n\}$，属性集为 $C=\{c_1,c_2,\cdots,c_m\}$，存在 P 个时间阶段，记各阶段权重为 $\lambda(t_k)=\left[\lambda(t_1),\lambda(t_2),\cdots,\lambda(t_p)\right]^{\mathrm{T}}$，其中 $\lambda(t_k)\geqslant 0$，

$k=1,2,\cdots,p$，且 $\sum_{k=1}^{p}\lambda(t_k)=1$。

$\boldsymbol{B}(t_k)=\left[b(t_k)\right]_{n\times m}$ $(t_k=t_1,t_2,\cdots,t_p)$ 为各时间阶段的数列矩阵。针对此问题，关键点是要基于动态的视角，统筹兼顾各年度的数据发展，从多个维度进行综合分析。郝晶晶（2013）研究了语言情境下的多阶段分析问题，Rousseeuw（1987）研究了 K-means 聚类方法，基于此，提出了诚信制度建设聚类的动态方法。

在通过聚类算法对各国诚信制度进行聚类分析之前，首先建立基于相邻阶段综合贴近度偏差最小化的阶段权重确定模型，用以确定权重。

针对多阶段权重确定问题，对于不同量纲的指标数据，需将指标数据归一化，得归一化矩阵 $\boldsymbol{R}(t_k)=\left[r(t_k)\right]_{n\times m}$（$t_k=t_1,t_2,\cdots,t_p$），令 $r_{ij}(t_k)=\dfrac{b_{ij}(t_k)-\min\limits_{i}b_{ij}(t_k)}{\max\limits_{i}b_{ij}(t_k)-\min\limits_{i}b_{ij}(t_k)}$，$i=1,2,\cdots,n; j=1,2,\cdots,m$。

定义 7.1：针对向量 $\overline{r}(t_k)=\{\overline{r}_1(t_k),\overline{r}_2(t_k),\cdots,\overline{r}_m(t_k)\}$，有 $\overline{r}_j(t_k)=\dfrac{1}{n}\sum_{i=1}^{n}r_{ij}(t_k)$，则称 $\overline{r}(t_k)$ 为 t_k 阶段的理想方案，$D_i(t_k)=\dfrac{1}{m}\sum_{j=1}^{m}\left|r_{ij}(t_k)-\overline{r}_j(t_k)\right|$ 为 t_k 阶段下方案 i 离理想方案的距离。

针对基于动态视角下的建设诚信制度聚类问题，各时间段对应的指标数据差距不应过大，否则将影响动态分析的效果。因此，采用以相邻阶段综合贴近度偏差最小的原则设计阶段权重确定模型，以便实现阶段之间的权衡协调。据此，建立规划模型 M_1（郝晶晶等，2013）：

$$\min D=\sum_{i=1}^{n}\sum_{k=2}^{p}\left[D_i(t_k)\lambda(t_k)-D_i(t_{k-1})\lambda(t_{k-1})\right]^2$$

$$\text{s.t.}\begin{cases}\text{orness}(\lambda)=\dfrac{1}{p-1}\sum_{k=1}^{p}(p-k)\lambda(t_k)=\gamma, 0\leqslant\gamma\leqslant 1\\ \sum_{k=1}^{p}\lambda(t_k)=1\\ \lambda(t_k)=\left[\lambda(t_1),\lambda(t_2),\cdots,\lambda(t_k)\right]^T\in H\\ 0\leqslant\lambda(t_k)\leqslant 1\end{cases} \quad (M_1) \qquad (7.1)$$

其中，第一个约束条件表征决策者对时序权重的偏好程度，r 越接近于 1，表明决策者越重视远期数据，而 r 越接近于 0，表明决策者越重视近期数据，r 取 0.5 表示决策者无偏好。为求出客观聚类结果，在计算过程中取 $r=0.5$，则根据模型

M_1 可获得各时间权重 $\lambda(t_k) = \left[\lambda(t_1), \lambda(t_2), \cdots, \lambda(t_p)\right]^T$，并根据指标综合值计算公式 $r_{ij} = \sum_{k=1}^{p} \lambda(t_k) r_{ij}(t_k)$ 得到每个国家在各指标下的属性值。

针对国家诚信制度建设聚类研究，设将 r 个国家聚成 C 个类别，类别集合为 $\omega = (\omega_1, \omega_2, \cdots, \omega_C)$，国家集合为 $D = (x_1, x_2, \cdots, x_n)$。K-means（Rousseeuw，1987）的核心思想以平方误差作为度量准则，使用迭代，将数据样本划分成互不相交的 k 个集合，使每个集合内的样本尽可能相似，使不同集合之间的样本尽可能不同，使样本集合的平方误差达到最小，最终得到每个集合聚类的中心点。

则基于面板数据的国家诚信制度的 K-means 聚类步骤为

Step 1：基于模型 M_1 计算各时间权重 $\lambda(t_k) = \left[\lambda(t_1), \lambda(t_2), \cdots, \lambda(t_p)\right]^T$，由 $r_{ij} = \sum_{k=1}^{p} \lambda(t_k) r_{ij}(t_k)$ 得到每个国家在各指标下的属性值 r_{ij}。

Step 2：随机给出 k 个初始聚类中心 $m_1, m_2, \cdots, m_k$（$k = C$），据其将 n 个国家分为 k 个集合，根据最近邻准则，计算待聚类国家 x 到 k 个聚类中心的欧氏距离，利用判别式 $\arg\min_{i \in k} |x - m_i|^2$，将 x 划分为距离最小的那一类。

Step 3：根据 Step 2 划分的 k 个集合，令每个集合新的聚类中心为第 i 个集合内的样本均值，即 $m_1', m_2', \cdots, m_k'$，有 $m_i' = \frac{1}{n_i} \sum_{j \in D_i} x_j$，其中 n_i 为第 i 个集合中的国家样本数量，D_i 为划分到集合 i 的国家样本集合。

Step 4：计算待聚类国家集合的平方误差准则函数，即 $E = \sum_{i=1}^{k} \sum_{j \in D_i} |x - m_i'|^2$。

若平方误差 E 继续减小，则回到 Step 2 继续迭代，否则迭代结束，返回得到聚类中心 $m_1', m_2', \cdots, m_k'$，得到的聚类分析结果可以用聚类轮廓系数值的大小进行判断（Rousseeuw，1987）。

该多维度（多对象、多时间段、多指标维度）聚类流程如图 7.1 所示。

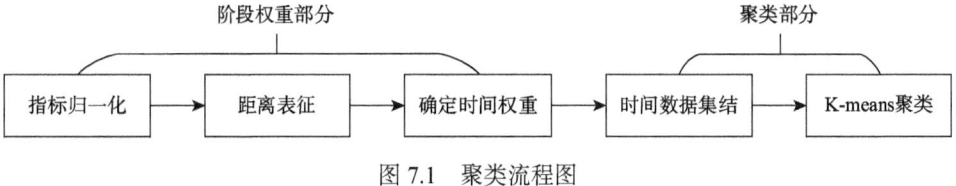

图 7.1 聚类流程图

7.4 数据计算及结果分析

7.4.1 基本数据及分析

这里的数据评价样本为世界层面 12 个在诚信制度建设方面较为典型的国家，沿用第 4 章中的指标数据资料，见图 7.2、图 7.3。

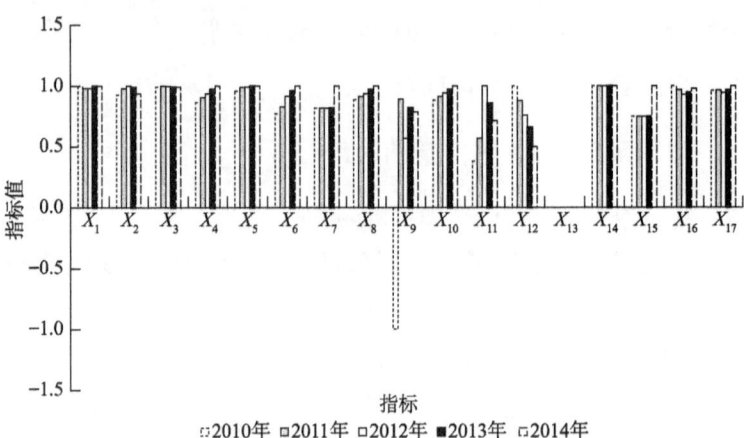

图 7.2 美国各指标趋势图

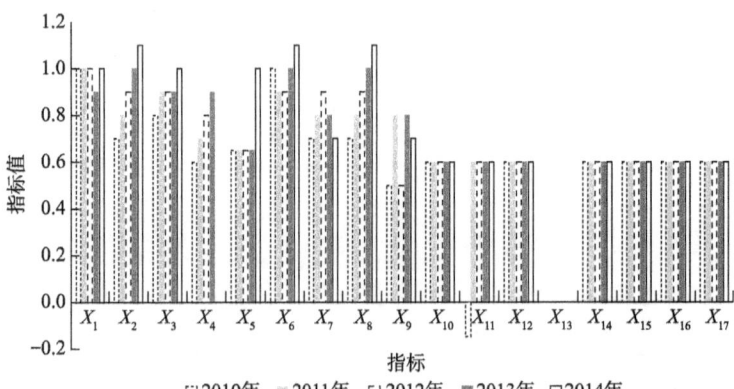

图 7.3 中国各指标趋势图

按照模型 M_1 确定时间权重，为 $\lambda(t_k) = (0.2, 0.201, 0.198, 0.201, 0.2)^T$，其权重值差异微小。这是因为各国家在 2010~2014 年的时间里各指标数据变化基本平稳（图 7.2、图 7.3），则时间各阶段的权重应不会有显著差异。由此说明，由 7.3 节中基于相邻阶段综合贴近度偏差最小化的阶段权重确定模型所确定的时间权重较为合理。

分别计算 17 个指标下各国家数值的最大值、最小值、均值、标准差及极差等统计指标，具体见表 7.2。通过极值比较可知，总体来说，12 个国家中各指标值两极分化严重，尤其在经济、金融方面，有的甚至出现极化现象（私营信贷所覆盖面）。相较于极差，标准差则可以反映 17 个指标下各国家的差异程度，由表 7.2 可知，各国家在一般政府最终消费支出、人均 GDP、人均国民收入、私营信贷所覆盖面、私营部门和银行部门提供的国内信贷方面差异程度偏大。综合上述分析，各国家在经济和金融方面数据波动加大，对聚类有着至关重要的作用。其中，政府最终消费支出、人均 GDP 和人均国民收入在数值上具有很大差异，这是因为这三项指标没有消除量纲，且各国家贫富差距、消费差距较大，处于不同数量级水平。

表 7.2 世界典型国家 17 个指标基础数据分析

指标	最大值	最小值	均值	标准差	极差
X_1	83.62	30.54	64.88	15.90	53.08
X_2	36.27	0.99	23.80	10.36	35.28
X_3	25 184.88	1 693.27	6 763.80	6 256.44	23 491.61
X_4	25.17	8.95	14.73	5.61	16.22
X_5	9.60	2.80	6.43	2.08	6.80
X_6	68.00	44.00	55.72	6.34	24.00
X_7	99.80	21.40	64.74	22.84	78.40
X_8	58 317.12	1 410.94	32 152.78	17 248.72	56 906.18
X_9	8.86	−1.50	1.91	3.09	10.36
X_{10}	50 620.10	4 705.88	31 456.37	12 664.86	45 914.22
X_{11}	9.09	−1.20	2.56	2.75	10.29
X_{12}	12.26	0.58	4.12	3.07	11.68
X_{13}	51.96	0.00	11.21	17.39	51.96
X_{14}	100.00	0.00	61.51	42.79	100.00
X_{15}	6.40	4.40	5.57	0.69	2.00
X_{16}	195.47	46.70	130.21	47.85	148.76
X_{17}	342.40	40.48	164.43	75.16	301.92

通过图 7.4 可知，人均 GDP 和人均国民收入波动相似，且中国、印度和俄罗斯均处于谷底，而日本、德国、英国、法国、意大利、韩国及西班牙处于同一水

平。在GDP增长率方面,中国、印度具有较大优势,其他国家水平相当。而针对通货膨胀率,日本和欧洲一些国家明显较低,而中国、印度和俄罗斯则处于较高水平。

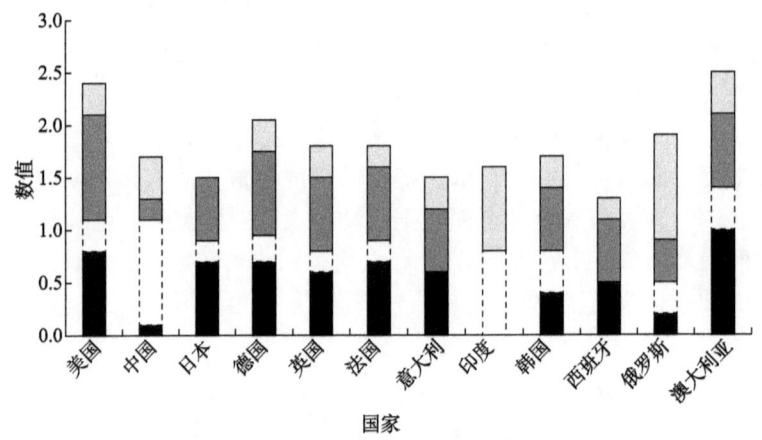

图 7.4 12 国经济方面数据波动图

在金融维度上,根据图7.5可知,12国数值整体波动较大。不良贷款率方面,除了意大利较高以外,其他各国比较均衡;公共征信系统方面,除中国、法国、西班牙有所突出以外,其他均处于较低水平;在私营信贷所覆盖面和征信信息深度指数方面,美、日、德、英、韩五国处于峰顶,而中国、法国均比较落后;私营部门和银行部门提供的国内信贷两个方面数据波动相似,且美国、日本、英国、西班牙在这两方面具有明显优势,而印度和俄罗斯垫底。

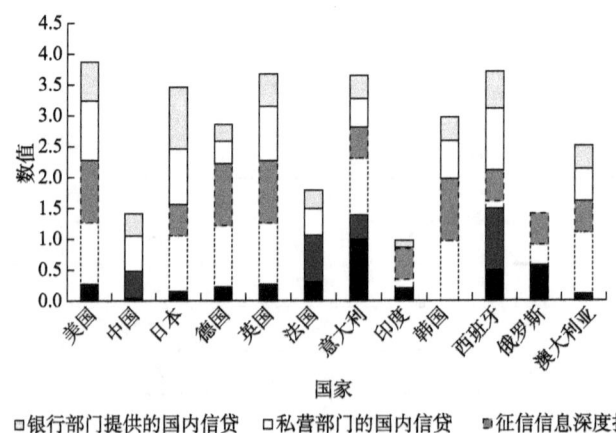

图 7.5 12 国金融方面数据波动图

7.4.2 聚类结果分析

根据 K-means 聚类算法聚类效果,当聚类类别 $K>3$ 时,轮廓系数骤减(图 7.6),根据轮廓系数越大聚类效果越好原则,将各国家诚信制度建设聚为三类,具体为(图 7.7):第一类:日本、德国、英国、法国、意大利、韩国、西班牙;第二类:美国、澳大利亚;第三类:中国、俄罗斯、印度。第一类、第二类所有国家均为发达国家,且第一类国家除日本、韩国属于亚洲外,其他国家均属于欧洲,而第三类均为发展中国家。结合实际情况,将 12 个国家聚为三类符合实际效果。

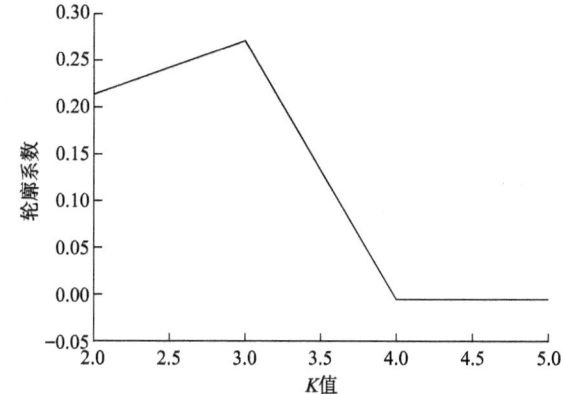

图 7.6 K 值和轮廓系数关系图

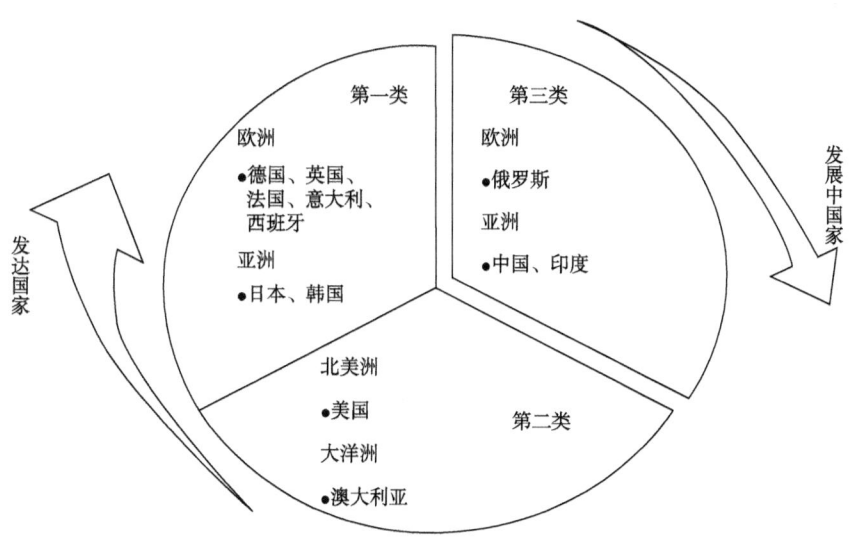

图 7.7 12 个国家聚类图

综合计算 2010~2014 年的指标数据，按数值从大到小依次排序，可以得出 17 个指标下各国家的排名，具体见表 7.3。将每个指标值按大小平均分为高、中、低三档，高档为某指标下分类对象发展状况良好，中档为某指标下分类对象发展状况一般，低档为某指标下分类对象发展状况较差，则这 12 个国家在每个指标下的档次划分情况如图 7.8 所示。

表 7.3 17 个指标下 12 国排名

指标	美国	中国	日本	德国	英国	法国	意大利	印度	韩国	西班牙	俄罗斯	澳大利亚
X_1	11	9	2	5	1	4	3	12	8	6	10	7
X_2	6	11	5	4	3	2	9	12	1	8	10	7
X_3	1	3	2	4	6	5	7	11	12	9	8	10
X_4	10	8	11	7	1	4	2	9	5	12	6	3
X_5	3	11	8	5	2	9	12	4	6	7	10	1
X_6	5	1	7	8	6	10	12	9	4	11	3	2
X_7	2	11	8	9	7	10	6	12	1	4	5	3
X_8	2	11	4	3	6	5	7	12	9	8	10	1
X_9	5	1	7	9	10	3	11	2	8	12	6	4
X_{10}	1	11	6	2	5	3	4	7	12	9	8	10
X_{11}	7	3	12	8	5	10	9	2	6	11	1	4
X_{12}	5	11	9	7	6	4	1	8	12	3	2	10
X_{13}	7	3	10	5	8	2	4	9	12	1	6	11
X_{14}	1	12	7	4	2	11	6	9	5	10	8	3
X_{15}	1	12	6	11	2	5	11	7	9	4	10	8
X_{16}	2	6	3	10	4	9	8	11	5	1	12	7
X_{17}	2	8	1	10	9	7	11	5	3	12	6	

指标值	X_1	X_2	X_3	X_4	X_5	X_6	X_7	X_8	X_9	X_{10}	X_{11}	X_{12}	X_{13}	X_{14}	X_{15}	X_{16}	X_{17}
美国	47.1798	27.392	2.50E+12	9.4996	9.4	57.601	91.797	49944.3	1.1616	50620.1	1.4788	3.8001	0	100	6.4	189.592	231.725
中国	54.8985	10.9531	9.70E+11	10.5599	4.8	68	25.202	5305.49	8.8595	9964.04	3.493	1.1401	22.4372	0	4.4	131.57	150.991
日本	82.079	27.5771	1.10E+12	9.4246	5.6	56.799	59.249	42746.9	0.4275	35410.6	-1.1993	2.4001	0	90.2381	5.4	180.664	342.4
德国	76.7006	32.4815	6.80E+11	11.3748	6.8	56	58.605	43883.1	0.5173	42236.7	1.44	3.0201	0.8797	99.3384	6.4	100.941	121.546
英国	83.6212	32.5974	5.30E+11	25.1739	9.4	57	60.601	39846	0.3194	36975.7	2.1407	3.0397	0	100	6.4	177.727	200.746
法国	77.4403	35.4777	6.50E+11	20.5009	4.8	50.8	57	41920.6	0.3581	37258.2	0.8205	4.1795	39.0091	0	4.4	111.158	129.362
意大利	78.042	21.6395	4.30E+11	22.0011	2.8	44	63.748	36405	-1.4818	35096.8	1.3589	12.2603	20.2947	91.5808	5.4	116.323	152.429
印度	30.5411	0.98996	2.00E+11	9.903	7.6	53	21.397	1410.98	7.4822	4705.91	7.0838	2.9404	0	13.9947	5.4	50.2399	74.2581
韩国	55.3001	36.2714	1.70E+12	14.2328	5.8	58.599	99.797	23013.6	3.2414	31209.8	2.001	0.5802	0	97.4133	6.4	138.036	154.66
西班牙	72.9793	23.5857	2.90E+11	8.9496	5.8	45.8	80.997	30777.8	-1.5009	32318.2	0.3002	6.3402	51.9585	11.7011	5.4	195.469	220.751
俄罗斯	52.1972	12.6271	3.40E+11	14.0231	4.8	59	75.747	12268.8	1.1393	21641.5	6.2357	7.261	0	33.8082	5.4	46.7013	40.4812
澳大利亚	67.618	24.0507	2.30E+11	21.151	9.601	62	82.8	58317.3	2.4411	40039.2	2.7305	1.8599	0	100	5.4	124.042	153.883

高档 ☐ 中档 ☐ 低档 ☐

图 7.8 17 个指标下 12 国的档次划分情况

针对三类国家，其诚信制度建设水平不尽相同，具体表现如下。

第一类包括日本、德国、英国、法国、意大利、韩国、西班牙7个国家，此类国家在社会、政治、经济及金融环境方面比较相似，在各个方面发展也较为均衡。根据表7.3及图7.8可知，这类国家在公民福利方面，如公共医疗卫生支出、固定宽带互联网用户数等，相较于其他两类国家建设环境良好，尤其是英国，实行全民免费医疗，且社会福利覆盖所有在英国居住的人，其排名分别为第一和第三。至于欧洲国家，从第1章国际诚信制度调研中可以看出，英国、德国等在诚信制度建设方面具有比较成熟的机制，注重公民诚信意识的培养，诚信制度建设良好。韩国、日本在第4章中虽然被归为诚信制度发展中国家，诚信制度建设起步较晚，但步伐快，具有后发优势，走在诚信制度建设的前列。总之，此类发达国家具有较为完善的诚信制度，公众诚信意识普遍偏高。

第二类包括美国、澳大利亚，其在各个方面具有较高的相似性，两个发达国家在各个方面综合发展良好。由表7.3及图7.8可知，此类国家在法律、征信系统建设方面尤为突出，如美国拥有完善的法律体系、健全的信用管理体系及市场化运作的各类信用服务公司，对违犯诚信制度现象给予严厉打击和惩罚；拥有商业市场上的信用评估机构和消费者信用评估机构，对市场买卖双方失信行为起到监督抑制作用。总之，此类国家基础好底子厚，为诚信制度建设打下了基础，和第一类国家相比，其更注重诚信法律制度的强化，具有较强法治约束力，以推动诚信国家的建立。

第三类包括中国、俄罗斯和印度三个国家，这三个国家虽然在各个方面比较相似，但和前两类国家相比，诚信制度基础相对较差，尤其在诚信制度设施建设方面和前两类国家有一定的差异，应该以前两类国家诚信制度建设为借鉴，推动其诚信制度的发展。尤其是中国，改革开放以来，经济上突飞猛进，但是诚信缺失现象较为严重。为推动诚信制度建设的有效发展，应该加强诚信制度建设，以前两类国家为借鉴，扬长避短，以实现诚信大国之梦。值得注意的是，在第4章中，这三个国家均通过了动态综合评估，被归为诚信制度建设较为落后的国家。

观察图7.8，中国在各指标下的档次划分情况，其中，指标X_6、X_9下，中国发展状况良好；指标X_1、X_3、X_{11}、X_{13}、X_{16}、X_{17}下，中国发展状况一般；指标X_2、X_4、X_5、X_7、X_8、X_{10}、X_{12}、X_{14}、X_{15}下，中国发展状况较差。总的来说，中国在社会因素、金融因素维度下的发展状况不佳。尤其是指标X_4高等院校入学率，只存在发展状况良好与发展状况较差的国家，没有发展状况一般的国家，中国要想发展这一指标，无典型发展状况一般的案例可寻，又难以跳跃至发展状况良好国家的水平，因此较难发展这一指标。

7.4.3　诚信制度建设实施效果的灰色关联分析

在聚类分析的基础上，需进一步分析各类国家在社会、政治、经济及金融四大因素与理想点的关联度，以探求我国所属类别与其他国家的差距。灰色关联分析根据计算两个行为序列间的对应点之间的距离测度描述系统因素变化趋势的相似性（刘思峰等，2014），具体模型如下。

设正理想方案序列 $\bar{r}_o = [\bar{r}_o(1), \bar{r}_o(2), \cdots, \bar{r}_o(n)]$（正向指标时 $\bar{r}_o(j) = \max[\bar{r}_i(j)]$，负向指标时 $\bar{r}_o(j) = \min[\bar{r}_i(j)]$，各方案序列为 $\bar{r}_i = [\bar{r}_i(1), \bar{r}_i(2), \cdots, \bar{r}_i(n)]$，对于分辨系数 $\xi \in (0,1)$（本章取 $\xi = 0.5$），令

$$\gamma[\bar{r}_o(j), \bar{r}_i(j)] = \frac{\min_i \min_j |\bar{r}_o(j) - \bar{r}_i(j)| + \xi \max_i \max_j |\bar{r}_o(j) - \bar{r}_i(j)|}{|\bar{r}_o(j) - \bar{r}_i(j)| + \xi \max_i \max_j |\bar{r}_o(j) - \bar{r}_i(j)|} \quad (7.2)$$

则两序列的灰色关联度为 $\gamma(\bar{r}_o, \bar{r}_i) = \frac{1}{n} \sum_{j=1}^{n} \gamma[\bar{r}_o(j), \bar{r}_i(j)]$。

根据灰色关联分析模型，计算各类国家与正理想方案的灰色关联度，具体见表 7.4。根据表 7.4 可以看出，第三类国家在诚信制度建设方面较差，和前两类国家相比具有一定的差距。中国诚信制度建设尽管总体高于第三类国家诚信制度建设平均水平，但和前两类国家仍存在较大的距离，有待提高。

表 7.4　各类国家灰色关联度

类别	第一类	第二类	第三类	中国
$\gamma(\bar{r}_o, \bar{r}_i)$	0.674	0.583	0.45	0.503

为了进一步分析三类国家在四大因素方面的差距，计算各因素下各类国家与正理想方案的灰色关联度，见表 7.5。第一类国家诚信制度建设除社会因素外，均高于其他两类国家，第二类国家在社会因素方面则具有较大优势，而第三类国家包括中国均低于前两类国家，可见第三类国家在诚信制度建设相关方面均有待提高。针对我国诚信制度建设，社会、政治、经济和金融方面均低于发达国家，在社会方面需借鉴第二类国家的诚信制度建设经验，另外三个方面（特别增强法律建设方面）向第一类国家学习，从各个方面提高我国诚信制度建设。

表 7.5　各因素下各类国家灰色关联度

类别	社会因素	政治因素	经济因素	金融因素
第一类	0.629	0.716	0.678	0.674
第二类	0.655	0.481	0.563	0.634

续表

类别	社会因素	政治因素	经济因素	金融因素
第三类	0.480	0.411	0.463	0.446
中国	0.559	0.401	0.545	0.504

7.5 思考与启示

本章基于社会、政治、经济和金融四个诚信维度评价指标，采用基于阶段时间权重优化的 K-means 聚类方法，对世界 12 个典型国家诚信制度建设 2010~2014 年五年间的数据进行分类分析。基于以上分析，可以提出如下针对我国在诚信制度建设方面的政策建议。

（1）突出发展优势指标，暂缓发展弱势指标。分析结果表明我国在 GDP 增长率、通货膨胀率指标上发展态势良好。近年来，缓慢复苏中的世界经济仍然存在明显增多的不确定、不稳定因素。缓中趋稳、稳中向好的国内经济却仍然面临一些突出的矛盾和问题。在不确定的国际经济环境下，我国应努力保持稳中求进的态势，维持 GDP 增长率的良好发展态势。

（2）借鉴各指标上发展态势良好的国家在诚信制度建设上的经验，结合我国的国情与现状，建设有中国特色的诚信制度体系。分析结果表明，诚信制度建设综合水平较高的国家，并非所有的指标都发展良好，如法国虽然各方面发展均衡，尤其在公民福利方面走在诚信制度建设前列，然而在私营信贷所覆盖面和征信信息深度指数方面发展落后。我国要建设良好的诚信环境，不可一味地模仿某个国家在所有指标上的建设经验，应有区别地借鉴各个指标上发展状况良好的国家的经验，并结合我国当前诚信制度建设的发展现状，找出适合中国国情的诚信制度建设前进道路和方向。

（3）大力发展经济，走经济强国之路。分类结果显示世界各国诚信制度建设可分为三类，第三类为中国所处的类别，这类国家的诚信制度建设水平均低于其余两类国家，均是发展中国家，经济水平相对落后。因此，大力提高经济水平是提升我国诚信制度建设水平的有效方法之一。

总体来看，诚信制度建设水平较高的国家，各个方面发展均衡且持续稳定发展；诚信制度建设水平落后的国家，诚信制度建设基础相对较差，经济发展相对落后。分析结果可为我国发现自身在诚信制度建设上的优势与不足，进一步找出与各类国家的差距提供参考。

第 8 章　我国省域诚信制度建设实施效果分类及特征

本章研究了我国省域诚信制度建设实施效果的聚类问题。提出了诚信制度建设影响因素，兼顾社会、经济、政治、金融等维度，沿用了测度社会诚信制度建设绩效的 12 个二级指标；基于我国 31 个省（自治区、直辖市）2010~2014 年时间序列数据，运用 Orness 测度确定了各年的时间权重，依据 K-means 算法进行聚类，为社会诚信制度建设分类和目标管理提供借鉴。

8.1　背景及研究现状描述

有关诚信制度建设方面的研究已处于社会热点。就诚信制度建设分类管理方面的研究，张洁（2010b）通过分析会计诚信缺失的现象及原因，提出应从完善会计信息披露制度、净化社会环境、加强对经济领域内强势群体的诚信管理、修订完善会计职业道德规范等几个方面提高会计改革中的诚信；杨礼（2014）提出应从人际交往方面、经济领域方面、求职就业方面和网络媒体方面分情况来逐步培育公民的诚信意识。由此可以看出，在复杂体系中通过分类别、分情况进行诚信制度建设是必要可行的。我国地域辽阔，各区域之间存在经济文化发展很不平衡等问题，因此注重历史和条件差异的区域分类诚信制度管理和建设显得尤为重要。一方面，对地方而言，各区域应相互借鉴和取长补短；另一方面，对我国整体而言，需基于谋求差异化和特色发展的思想进行布局。由此，对我国现阶段各区域的诚信制度建设和环境做一详细分析，进行综合分类并做出有效管理，是亟须解决的问题，此类文献研究并不多见，难点在于需要考虑区域的动态发展对我国各个省市进行分类研究。对此，本章着眼于诚信制度建设的多维度评估，立足于社会、政治、经济、金融等四方面维度，考虑基础条件和建设绩效，运用第 5

章中省域层面的诚信制度建设评估指标体系，对各个省市诚信制度建设实施效果进行聚类，目的是为我国区域性社会诚信制度建设提供借鉴。

8.2 省域诚信制度建设实施效果综合聚类的指标体系

鉴于该章节所研究对象相对于第 5 章研究对象的一致性，本章沿用第 5 章中所构建的评估指标体系，如表 8.1 所示。

表 8.1 省域诚信制度建设实施效果评估指标体系

一级指标	二级指标	变量名称
社会环境	实际就业率	X_1
	每十万人口高等学校平均在校生人数	X_2
	城镇居民恩格尔系数	X_3
	社区卫生服务中心总数	X_4
政治环境	政府最终消费支出	X_5
	政府税收	X_6
经济环境	人均 GDP	X_7
	GDP 增长率	X_8
	人均可支配收入	X_9
	居民消费价格指数	X_{10}
金融环境	金融机构本外币贷款余额	X_{11}
	商业银行不良贷款率	X_{12}

8.3 数据计算及结果分析

8.3.1 基本数据及分析

这里采用 7.3 节中提出的基于阶段时间权重优化的诚信制度建设聚类方法，

其中，数据样本为 2010~2014 年，数据来自中国统计年鉴、各省市统计年鉴及国民经济和社会发展统计公报，12 个二级指标五年的综合值数据统计分析如表 8.2 所示。在不同国家和不同时期具有不同的自然失业率的具体数值，可以依据具体情况来确定特定时期是否实现了充分就业。根据表 8.2，就业率最大值为 98.66%，最小值为 95.72，都阳和陆旸（2011）研究表明中国的自然失业率从 1997 年的 3.78%上升到 2003 年的 5.42%；此后，自然失业率开始下降，2009 年中国的自然失业率又回落到 4.13%。

表 8.2　12 个二级指标的基础数据分析

二级指标	最大值	最小值	均值	方差	极差
实际就业率	98.66%	95.72%	96.52%	0.34%	2.94%
每十万人口高等学校平均在校生人数/人	5 842.76	1 114.93	2 371.71	8.79E+05	4 727.83
城镇居民恩格尔系数	49.61%	30.90%	36.89%	15.53%	18.71%
社区卫生服务中心总数/个	6 170.97	8.00	1 035.53	1.25E+06	6 162.96
人均 GDP/元	82 735.60	16 623.52	38 300.61	3.26E+08	66 112.07
GDP 增长率	15.34%	8.37%	11.79%	2.42%	6.97%
人均可支配收入/元	36 188.19	15 243.17	20 738.69	2.75E+07	20 945.02
居民消费价格指数	104.28%	101.83%	102.92%	0.28%	2.44%
政府最终消费支出/亿元	6 723.86	245.10	2 142.45	2.23E+06	6 478.76
政府税收/亿元	4 465.33	46.25	1 298.07	1.21E+06	4 419.07
金融机构本外币贷款余额/亿元	59 524.11	538.50	18 357.12	2.40E+08	58 985.61
商业银行不良贷款率	2.04%	0.65%	1.18%	0.10%	1.39%

根据联合国粮农组织提出的标准，居民恩格尔系数达 59%以上为贫困，50%~59%为温饱，40%~50%为小康，30%~40%为富裕，低于 30%为最富裕。按照此标准，4 个省份为小康，27 个省份为富裕。我国近年来的 GDP 增长率较为快速，与各年公布的平均增长率相比，天津、重庆等 29 个省份的增长率高于国家平均增长率。具有滞后性的数据居民消费价格指数，却往往是政府货币政策与市场经济活动的一个重要参考指标，重庆、陕西、河北、四川等 13 个省份近 5 年持续增长，五年来的居民消费价格指数都高于 100%，如图 8.1 所示，2010 年各省份的居民消费价格指数相差较大，其余年份较为平均。

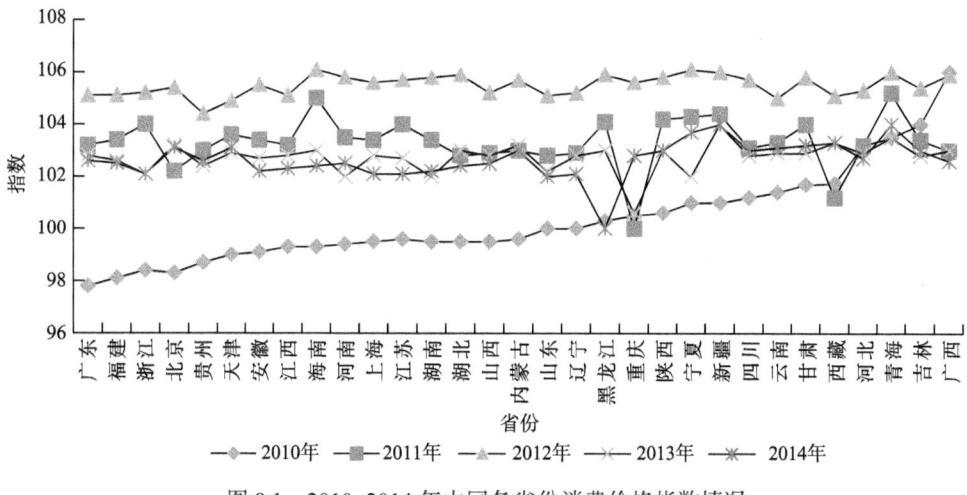

图 8.1　2010~2014 年中国各省份消费价格指数情况

不良贷款率是评价金融机构信贷资产安全状况的重要指标之一，北京、河北、辽宁等 13 个省份近 5 年持续低落，如图 8.2 所示，2010 年和 2014 年各省份的差距较大，不良贷款率情况参差不齐，到 2013 年和 2014 年，情况大大改善，各省份之间的差距明显缩小，基本都在 1% 左右的水平。

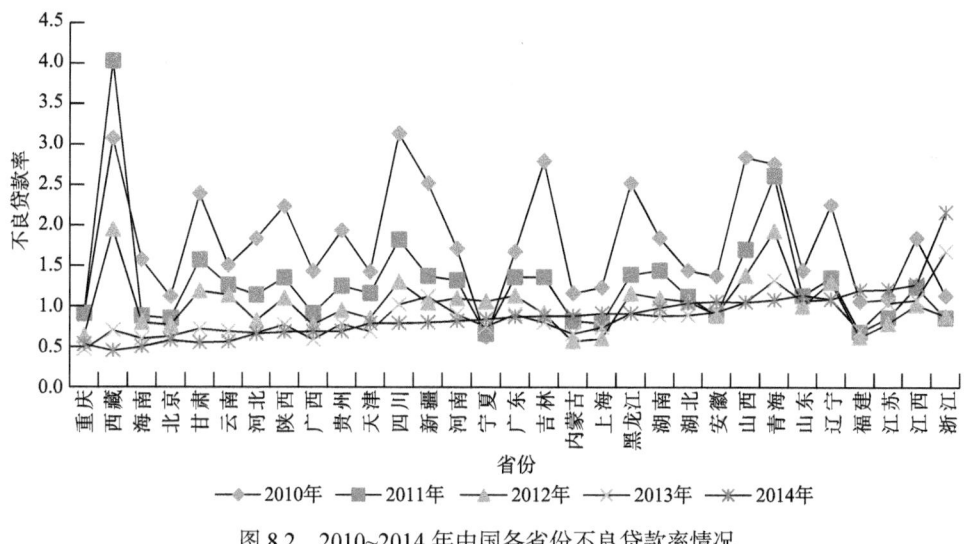

图 8.2　2010~2014 年中国各省份不良贷款率情况

根据表 8.1 中的数据，有 7 个数据的最大值和最小值相差较大，其中，人均 GDP、人均可支配收入、本外币贷款余额表明经济发展水平的地区差异较大，政府的财政收入也就随之受到影响，政府最终消费支出、税收指标差异也较大，由于经济和历史等方面的原因，各省份的医疗和教育状况也大有不同，所以每十万人口高等学校平均在校生人数、社区卫生服务中心总数指标差异较大，这也说明了区域协调发展和因地制宜的必要性。

8.3.2 聚类结果分析

设聚类指标为等重要性，γ 为 0.5，按照规划模型 M_1（见 7.3 节）可得 $\lambda(t_k) = (0.1968, 0.2008, 0.2046, 0.2013, 0.1965)^T$，结果表明时间段权重相对稳定，呈现两边小中间大的特征，最大的时间权重是最小的 1.04 倍，相邻时间权重平均波动率为 1.98%。

根据 K-means 聚类算法将指标综合值进行聚类，当聚类类别 $K>3$ 时，轮廓系数骤减，如图 8.3 所示。根据轮廓系数越大聚类效果越好的原则，可知当 $K>3$ 时，聚类效果不理想，考虑聚成三类，聚类结果可分为三类。第一类：北京、天津、上海、江苏、浙江、山东、广东，这一类的划分中，7 个省份都属于东部地区；第二类：河北、内蒙古、辽宁、吉林、福建、河南、湖北、重庆、四川、陕西，这类划分中，2 个省份属于东部地区，2 个属于中部地区，4 个属于西部地区，2 个属于东北部地区；第三类：山西、黑龙江、安徽、江西、湖南、广西、海南、贵州、云南、西藏、甘肃、青海、宁夏、新疆，在这类划分中，1 个省份属于东部地区，4 个属于中部地区，8 个属于西部地区；1 个属于东北部地区。

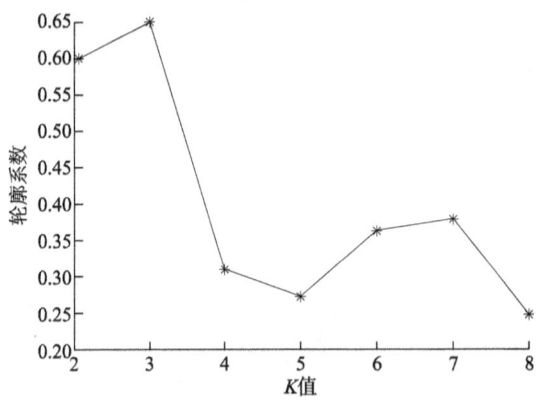

图 8.3 K 值和轮廓系数关系图

第一类包括北京、天津、上海、江苏、浙江、山东、广东等，这些省市社会保障最为健全，有着较高的就业率，受过高等教育人数的最高，医疗卫生设施最有保障，人们的生活水平最为殷实，政府的最终消费支出和税收也最高，金融机构的各项贷款最充足。北京市在就业率、每十万人口高等学校平均在校生人数上排名第一，其他指标如城镇居民恩格尔系数、人均 GDP、人均可支配收入、政府最终消费支出、税收、金融机构本外币各项贷款余额、商业银行不良贷款率都居于全国前五。上海市人均可支配收入最高，在每十万人口高等学校平均在校生人数、人均 GDP、税收、商业银行不良贷款率等指标上也处于全国前五。值得注意的是，这类省市区域（除天津外）在动态综合评估中得分也较高，被归为诚信制度建设实施效果一级区域，其中上海、江苏、浙江属于长三角三省一市，经济基础雄厚，上海作为长三角地区的经济中心，是较早开展信用体系建设试点的城市。

第二类包括河北、内蒙古、辽宁、吉林、福建、河南、湖北、重庆、四川、陕西等，与第一类比较，其人们生活水平一般，经济高速增长，在医疗卫生保障和金融机构的贷款方面相对一般，诚信制度建设处于中等水平。重庆居民消费价格指数、商业银行不良贷款率最低，每十万人口高等学校平均在校生人数、GDP增长率处于全国前十，其他指标表现一般，福建在人均GDP、GDP增长率、人均可支配收入、居民消费价格指数、金融机构本外币各项贷款余额、商业银行不良贷款率等居全国前十。

第三类包括山西、黑龙江、安徽、江西、湖南、广西、海南、贵州、云南、西藏、甘肃、青海、宁夏、新疆等，其经济相对落后，受过的高等教育情况相对较低，人均GDP相对较低，在医疗卫生保障和金融机构的贷款方面较差，诚信制度相对不成熟。黑龙江在就业率、GDP增长率、人均可支配收入、税收、金融机构本外币贷款余额、商业银行不良贷款率等指标上都处于全国的后十位，青海整体指标排名靠后，实际就业率、城镇居民恩格尔系数、人均GDP、GDP增长率较为一般，其他指标都居于后位。相关数据的排名见表 8.3，$X_1 \sim X_{12}$ 分别表示文中的 12 个指标。

表 8.3　省域诚信制度评价指标排名（前五和后五）统计分析

指标	1	2	3	4	5	−1	−2	−3	−4	−5
X_1	北京	海南	广东	甘肃	浙江	宁夏	黑龙江	湖南	四川	云南
X_2	北京	天津	上海	陕西	湖北	青海	贵州	西藏	云南	新疆
X_3	内蒙古	山西	北京	吉林	山东	西藏	海南	云南	四川	湖北
X_4	浙江	江苏	广东	山东	安徽	西藏	宁夏	海南	青海	广西
X_5	江苏	广东	山东	北京	浙江	西藏	宁夏	青海	海南	贵州
X_6	广东	江苏	上海	浙江	北京	西藏	青海	宁夏	甘肃	海南
X_7	天津	上海	北京	江苏	浙江	贵州	甘肃	云南	西藏	广西
X_8	天津	重庆	四川	内蒙古	陕西	上海	北京	浙江	广东	河北
X_9	上海	北京	浙江	广东	天津	甘肃	新疆	青海	黑龙江	西藏
X_{10}	重庆	广东	福建	贵州	山东	青海	广西	新疆	吉林	河北
X_{11}	广东	浙江	江苏	北京	山东	西藏	青海	宁夏	海南	甘肃
X_{12}	重庆	北京	宁夏	内蒙古	上海	西藏	青海	山西	四川	辽宁

第一类中都属于东部地区，第二类中河北、福建属于东部地区，其相比于第一类的东部省份，还存在一定的差距，这两个省份在部分指标上表现一般，如福建在实际就业率、城镇居民恩格尔系数、社区卫生服务中心总数等指标上处于中等靠后的水平，河北在实际就业率、GDP 增长率、居民消费价格指数等指标上处于中等靠后的水平。内蒙古、陕西、重庆、四川四个西部地区属于第二类，属于西部地区诚信制度较好的四个省份，如重庆在 GDP 增长率、居民消费价格指数、商业银行不良贷款率等指标上处于全国前列，内蒙古在城镇居民恩格尔系数、GDP 增长率、商业银行不良贷款率等指标上处于全国前列。第三类中海南属于东部地区，海南在城镇居民恩格尔系数、社区卫生服务中心总数、政府最终消费支出、金融机构本外币贷款余额等指标上处于全国后五位。山西、安徽、江西、湖南属于中部地区，但是在经济发展水平上处于全国的中等靠后水平，如江西、安徽的人均 GDP 处于全国的后六位和后七位，在城镇居民恩格尔系数、政府最终消费支出等指标上也处于全国的后列。

8.4　思考与启示

本章基于社会、政治、经济和金融四个维度，建立了 12 个我国省域诚信制度建设聚类的指标体系，采用基于阶段时间权重优化的 K-means 聚类方法，对我国 31 个省（自治区、直辖市）诚信制度建设 2010~2014 年五年间的数据进行分类分析。基于以上分析，可以提出如下有针对性的政策建议。

（1）根据各省份自身的实际情况，制定适应各类省份不同的诚信制度建设方案。一类省份经济相对发达，社会保障制度较为健全，普通受教育程度较高，可在充分利用现有经济、教育优势的同时，加强对银行不良贷款的监管。二、三类省份则可加大对医疗、教育等方面的投入，提高人们的医疗水平和教育程度。

（2）加强诚信制度建设上的风险管控，从政策层面上降低诚信制度建设中所面临的风险。对于一类省份，应审时度势，避免在发展良好指标上出现新的漏洞，防患于未然；对于二、三类省份，在加强经济建设的同时，注意避免一类城市在诚信制度建设中所存在的问题，如加强对不良贷款的监管。

（3）推动多方面建设各省份诚信制度，避免头痛医头。对于一类省份，虽经济、教育处于相对优势地位，但仍与发达国家省份有一定的距离，还需继续加强优势指标的发展，扬长避短；对于二、三类省份，则应借鉴一类省份的发展经验，实现社会、政治、经济、金融四个维度指标的均衡发展。

（4）结合各类省份短期诚信制度建设状况，及时调整诚信制度建设方向和路径，制订科学有效的分类诚信制度建设方案。

总体来看，我国各省份诚信制度建设水平在 2010~2014 年五年间均根据自身实际情况进行了相应探索，取得了一定的成效。诚信制度建设状况相对较好的一类省份，经济基础雄厚，诚信制度建设较早，发展状况平稳；二、三类省份诚信制度建设起步相对较晚，也在快速发展。各个省份的情况不同，所处的建设阶段也不同，分类结果对我国各省份在诚信制度建设中选择合适的标杆有着重要的借鉴意义。

第9章　江苏省诚信制度建设实施效果分类及特征

本章以江苏省为例研究了多维度下的区域诚信制度聚类问题。考虑社会、政治、经济和金融四个维度，沿用了评价区域诚信制度建设的指标体系；基于面板数据的时序特征和截面特征，采用包含绝对水平、增长水平和稳定水平的综合性距离来测度类间相似性；选取江苏省13个地级市2010~2014年的数据进行聚类分析，并对不同距离测度的聚类结果的差异进行了分析比较，以期为"诚信江苏"的建设和改善提供参考借鉴。

9.1　背景及研究现状描述

目前我国已进入"信用经济时代"，经济运行和社会管理都正在逐步以诚信为标准，良好的社会诚信制度是经济持续发展的基本保证。然而，据国家发展和改革委员会统计，我国每年因为诚信缺失造成的经济损失超过6 000亿元，拉低了国民生产总值至少一个百分点。可见诚信制度的建设迫在眉睫。加强对社会诚信制度建设的管理，首先要准确识别当前的诚信制度。从研究主体来看，目前对诚信问题的研究着眼点各不相同。对于微观主体，如个人、企业的诚信，有JP摩根银行的信用矩阵法，麦肯锡咨询公司的信用组合法等（Madajewicz，2011）。标准普尔和穆迪公司选取影响诚信制度的8个变量指标：财政收支平衡、通货膨胀水平、经济发展水平、GDP总量、人均收入、外部平衡、外债总量、经济合同纠纷等（Fisman and Khanna，1999）。国内的研究中，许多学者通过构建不同的评价体系对区域诚信制度进行分析。中国城市商业信用环境指数（林钧跃，2012b）很好地评价了各地社会整体商业信用环境。从研究方法来看，大部分文献采用了定量计算加规范性分析的方法。中国人民银行洛阳市中心支行专著组

(2006)设计了90项定量指标和37项定性指标,通过专家赋值和加权加总得出各个评价主体的绝对分值。秦振强等(2006)既选取了经济、金融等方面的指标,也选取了政府与企业的信用评价指标,采用打分法与模糊综合评价法分别处理定量和定性指标,得出福建省各市的信用环境得分。

现有的文献中,区域总体诚信制度评价体系并不成熟,未能形成一个普遍认可的指标体系;现有的研究很少考虑到时间因素,大多基于截面数据,或是仅仅简单呈现出数年的诚信制度建设水平而未进行深入研究;另外,现有的分析方法比较单一,对省内划区域诚信制度建设管理的启发性不强。如能通过定量计算对区域进行划分,将有助于分类管理,提高管理效率,从而提升区域诚信制度建设水平。研究的难点在于挖掘面板数据的多重信息,从而合理划分区域诚信制度建设水平。对此,本章考虑社会、经济、政治、金融四个维度,仍旧采用省域诚信制度建设指标体系,并基于面板数据的截面特性与时序特性定义综合距离,以江苏省为例,对各地级市的诚信制度进行聚类,为诚信制度的建设提供科学管理依据。

9.2 区域诚信制度建设实施效果综合聚类的指标体系

区域诚信制度是以诚信为基础,市场主体进行的经营活动的内部条件与外部条件的总和(湖南大学信用研究中心,2010),狭义的诚信制度是从金融信用视角进行评价的,而广义的诚信制度包括各种具有影响的子环境因素:社会环境、政治环境、经济环境、金融环境等。本章从这四个因素出发,沿用区域层面的12个评估指标体系,如表9.1所示。

表9.1 区域诚信制度评估指标体系

一级指标	二级指标	变量名称
社会环境	实际就业率	X_1
	每十万人口高等学校平均在校生人数	X_2
	城镇居民恩格尔系数	X_3
	社会卫生机构数	X_4
政治环境	政府支出	X_5
	政府财政收入	X_6

续表

一级指标	二级指标	变量名称
经济环境	人均 GDP	X_7
	GDP 增长率	X_8
	人均可支配收入	X_9
	居民消费价格指数	X_{10}
金融环境	金融机构本外币贷款余额	X_{11}
	金融机构本外币存款余额	X_{12}

9.3 基于面板数据综合距离的聚类方法

由于综合考虑绝对量、增长率和数据稳定性的聚类方法可以充分利用面板数据所包含的信息，包括数据的截面特征和时序特征；另外，在以不同距离公式分别进行系统聚类时，也可以清晰地归纳出类的特征，有利于对划分类的特征进行综合评价，从而有针对性地提出改进建议与措施。因此本章提出一种更为适用于区域诚信制度分类的聚类方法——基于面板数据综合距离的诚信制度建设聚类方法。

聚类分析的核心是用样本间的距离来测度其相似性。常用的距离包括闵氏距离、兰氏距离、马氏距离、斜交空间距离等。欧氏距离是闵氏距离的一种特殊情形，它在聚类分析中也最为常用，研究表明，实际运用中，基于欧氏距离的分类较为直观有效（李建虎，2011），因此本章统一采用欧氏距离进行相似性的测度。

面板数据本质是一种三维数据，同时具有时序特征和截面特征。以往关于诚信制度的文献中对数据时序特征的分析并不多，一些常见的处理时序信息的方法包括：①固定时间维度，分别对不同年度的样本进行聚类，对每个年度的聚类结果进行简单比较分析；②赋予各年度不同的权重，通常认为最近时期的数据时效性强、影响较大，应当赋予更大的权重，这种处理方式相当于转化为截面数据进行聚类分析，忽略了数据的增量特征；③计算各年度的平均发展速度，对处理后的指标进行聚类，该方法反映了动态时序特征，而忽略了绝对量。李因果和何晓群（2010）提出了一种综合考虑绝对特征、增量特征及波动特征的面板数据聚类方法。本章在此基础上，根据综合距离对江苏省13个地级市的诚信制度进行聚类分析，具体方法如下：

设 x_{ikt}，其中，$i=1,2,\cdots,N$；$k=1,2,\cdots,m$；$t=1,2,\cdots,T$，表示第 i 个样本在 t 时期的第 k 个指标值。d_{ij} 表示第 i 个样本与第 j 个样本之间的距离，则样本之间绝对量的距离 $d_{ij}(A)$ 为

$$d_{ij}(A) = \sqrt{\sum_{k=1}^{m}\sum_{t=1}^{T}(x_{ikt}-x_{jkt})^2} \tag{9.1}$$

样本随时间的变化趋势代表了指标的动态发展水平，对于同一项指标，具有类似变化趋势的两个样本更有理由归为一类。通过比较各样本在各时期的指标值的增长率，可以得出增长率水平的差异。样本 i 和样本 j 增量水平距离 $d_{ij}(I)$ 为

$$d_{ij}(I) = \sqrt{\sum_{k=1}^{m}\sum_{t=1}^{T-1}\left(\ln\frac{x_{ikt+1}}{x_{ikt}} - \ln\frac{x_{jkt+1}}{x_{ikt}}\right)^2} \tag{9.2}$$

不同样本的指标稳定性水平不同，即各项评价指标发展是否均衡，各子环境发展水平是否相当。因此按指标稳定性水平的相似度对样本进行分类是可行的。样本 i 在年度 t 的指标稳定性水平可以用变异系数 CV_{it} 来表示，为使不同指标之间可加，需要先对数据进行标准化处理。

$\mathrm{CV}_{it} = \dfrac{s_{it}}{\bar{x}_{it}}$，其中 $\bar{x}_{it} = \dfrac{1}{m}\sum_{k=1}^{m}x_{ikt}$，表示样本 i 在年度 t 的指标值的均值；$s_{it} = \sqrt{\dfrac{1}{m-1}\sum_{k=1}^{m}(x_{ikt}-\bar{x}_{it})^2}$，表示样本 i 在年度 t 的指标值的标准差。由于变异系数越大，数据越不稳定，为统一衡量标准，在实际计算中取 CV_{it} 的倒数，则样本间的稳定水平距离 $d_{ij}(V)$ 可定义为

$$d_{ij}(V) = \sqrt{\sum_{t=1}^{T}\left(\frac{1}{\mathrm{CV}_{it}} - \frac{1}{\mathrm{CV}_{jt}}\right)^2} \tag{9.3}$$

为了考虑以上包含截面特征和时序特征的综合信息，可以对这三个距离赋予权重，计算如下的综合距离：

$$d_{ij}^2(C) = \alpha d_{ij}^2(A) + \beta d_{ij}^2(I) + \gamma d_{ij}^2(V) \tag{9.4}$$

其中，$\alpha,\beta,\gamma \geq 0$ 且 $\alpha+\beta+\gamma=1$。确定权重的方法有很多，如德尔菲法、层次分析法、熵权法等，在应用中，需要考虑实际需求，根据研究目标和决策者需求，对重点指标赋予更大的权重，以体现其重要性。权重矩阵不同，结果也会产生较大的差异。

由于欧氏距离要求指标之间不相关、各指标方差相同、量纲一致，因此，我们对数据进行预处理，标准化后，找出主成分 $y_1,y_2,\cdots,y_m$，对应的标准差为 $\sigma_1,\sigma_2,\cdots,\sigma_M$，令 $x_M^* = y_m/\sigma_m$，处理后的数据满足上述 3 个条件。

综合距离给出了样本间相似性的度量方式，下面对区域诚信制度采用系统聚类法进行分类。系统聚类法是最常用的聚类分析法，根据求解目标的不同侧重，可分为最短距离法、最长距离法、中间距离法、重心法、类平均法、可变类平均法、Ward 法等。其中，Ward 法应用范围较广，聚类效果较好（朱建平，2006）。设有 N 个单元，每个单元有时间跨度为 T 的 m 个指标数据，具体操作如下：

（1）计算出 N 个单元间的综合距离矩阵 $\boldsymbol{D}_0$；

（2）初始 N 个单元自成一类，分为 N 类：$\{C_1\},\{C_2\},\cdots,\{C_N\}$；

（3）合并综合距离最小的两类构成一个新类；

（4）计算新类与其他类两两之间的综合距离矩阵 $\boldsymbol{D}_1$；

（5）重复进行上述两步，直到所有单元聚成一类。

9.4　数据计算及结果分析

9.4.1　基本数据及分析

江苏省是我国重要的经济大省，随着经济增速的不断提升，也愈加关注经济发展质量。诚信问题作为社会与经济发展的基础，一直以来都是政府工作的重点之一。早在 2004 年，江苏省就将社会信用体系的建设纳入政府工作目标，并于 2008 年发布了《江苏省社会信用体系建设三年行动计划》，此后每三年进行一次修改和编制。

这里以江苏省 13 市的诚信制度为研究样本，结合区域诚信制度评估指标体系，收集整理 2010~2014 年各项指标数据，对江苏省诚信制度进行聚类分析。相关数据全部来源于江苏省统计年鉴和各地级市统计年鉴。

根据式（9.1）~式（9.4）的定义，利用 SPSS 19.0 统计软件对江苏省 13 个地级市的诚信制度进行聚类分析，图 9.1~图 9.4 展示了各距离公式下的聚类谱系图，表 9.2 则详细列出了不同依据下的 13 市聚类情况。

考虑各项评价指标的绝对水平，如图 9.1 所示，江苏省 13 市在 2010~2014 年度的诚信制度可分为四类。Ⅰ类为南京、苏州和无锡 3 个地级市。这 3 个城市 12 项指标中有 7 项处于前三，经济水平位于全省前列，社会保障体系也最为完善，政府用于城市各项建设的投入最多，金融行业最为发达。Ⅱ类为扬州、镇江、泰州、常州和南通 5 个地级市。这类城市与Ⅰ类相比，经济水平处于全省中游，社会体系建设一般，有较大的发展空间，尤其是教育和医疗方面与Ⅰ类城市有较大差距,诚信制度建设属于中等水平。Ⅲ类为宿迁、淮安、连云港和徐州 4 个地级市,这些城市经济水平相对落后,金融规模较小,政府财政保障较弱,而就业压力和物价压力并不比前两类城市小,这可能是由于政府在社会保障建设方面表现一般。盐城自成一类(Ⅳ类),盐城的诚信制度在苏北城市中表现最为突出,其各个子环境建设水平已经接近Ⅱ类城市。另外,值得关注的是,政府财政在其中的作用,其财政收支超过了大部分Ⅱ类城市,这也为其诚信制度的进一步改善提供了基础保障。

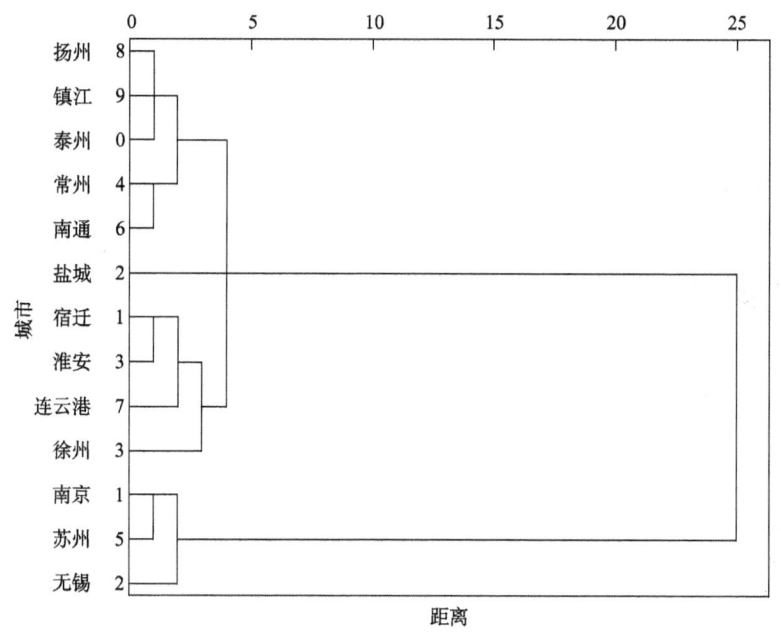

图 9.1 基于绝对量距离的聚类谱系图

考虑 2010~2014 年诚信制度的增长水平,如图 9.2 所示,13 个地级市可以分为四类。Ⅰ类为苏州、无锡和常州三个地级市,这些城市在社会、经济、政治和金融各个方面的增速逐渐放缓,属于增长率最低的一类。Ⅱ类为南京一个城市,南京的诚信制度增长速度略高于Ⅰ类城市,除消费价格指数一项指标外,其余均呈现不断改善的趋势。Ⅲ类为扬州、泰州、南通、镇江、徐州、连云港、盐城和淮安 8 个地级市,这类城市各项指标五年内增长较快,提升的潜力较大,其中,政府财政收支 2010~2014 年平均增长率超过了 20%,信贷规模的增长也在12%~17%。Ⅳ类为宿迁一个城市,全省范围内宿迁的诚信制度发展速度最快,潜力最大。可见江苏省超过 2/3 的城市,2010~2014 年诚信制度的改善速率明显,具有良好的发展态势。

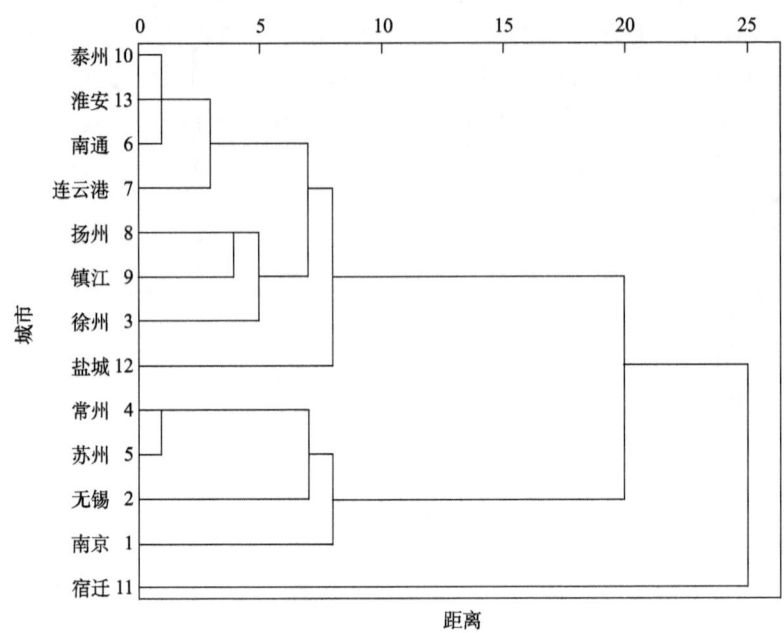

图 9.2 基于增长率距离的聚类谱系图

考虑稳定水平，如图 9.3 所示，各地级市可划分为三类。Ⅰ类包括南京、无锡、苏州、常州和南通，这类城市稳定性水平最高，即各项指标水平相当，在社会、经济、政治与金融四个方面的诚信制度发展比较均衡，诚信制度建设总体较为科学、合理。Ⅱ类包括镇江、泰州、扬州、盐城和连云港，这类城市诚信制度建设稳定性一般，各项指标水平有一定差异，诚信制度发展中存在不均衡不合理的情况，如镇江与常州相比，社会、经济环境相当，但镇江在政治和金融环境方面有着明显的欠缺，因此被归为Ⅱ类。Ⅲ类城市包括徐州、淮安和宿迁，这些城市稳定性水平差，各项指标之间差异较大，发展不协调。其中宿迁 2010~2014 年的稳定水平一直处于全省末位，值得引起注意。

综合考虑以上三种水平，根据式（9.4），计算综合距离，这里取三项距离指标的权重 $\alpha = \beta = \gamma = \frac{1}{3}$，即认为绝对水平、增长水平和稳定水平的重要程度相等，则 2010~2014 年江苏省各地级市按诚信制度可分为三类，如图 9.4 所示。

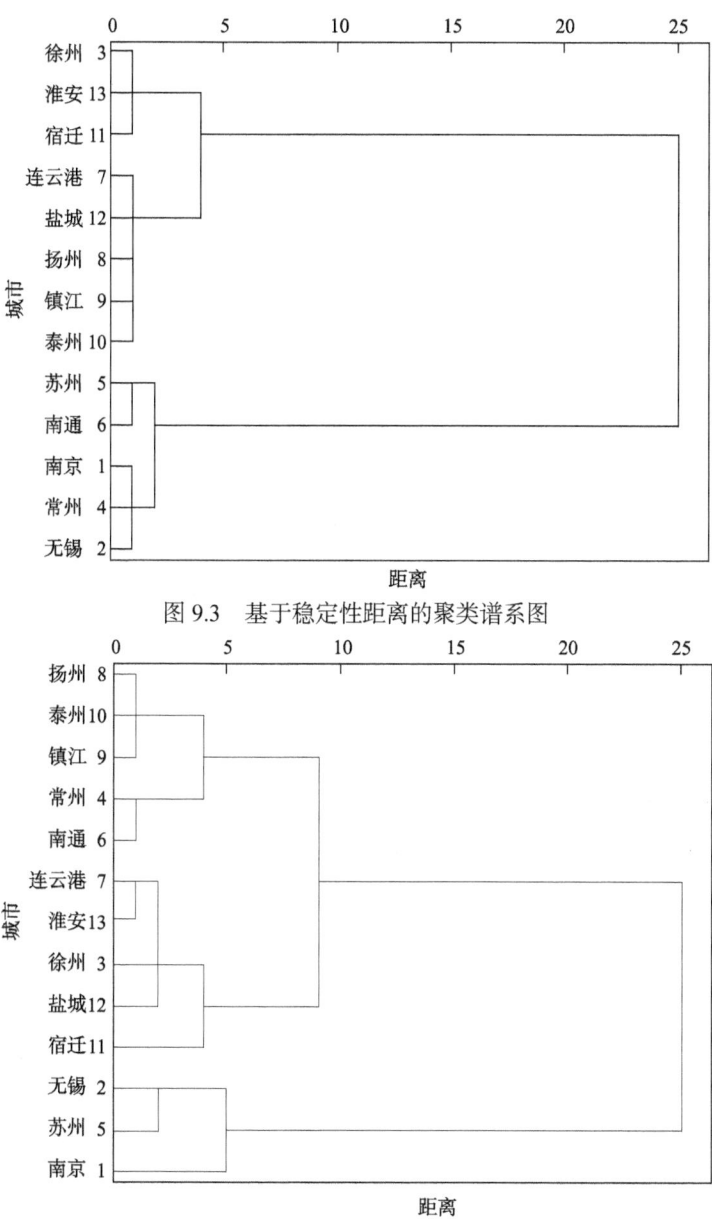

图 9.3 基于稳定性距离的聚类谱系图

图 9.4 基于综合距离的聚类谱系图

9.4.2 聚类过程及结果分析

从 9.4.1 基本数据处理结果可得江苏省 13 个市诚信制度在各距离聚类依据下的分类情况，如表 9.2 所示。

表 9.2　各聚类依据下的江苏省 13 市诚信制度分类情况

聚类依据	Ⅰ类	Ⅱ类	Ⅲ类	Ⅳ类
绝对水平	南京、苏州、无锡	扬州、镇江、泰州、常州、南通	宿迁、淮安、连云港、徐州	盐城
增长水平	苏州、无锡、常州	南京	扬州、泰州、南通、镇江、徐州、连云港、盐城、淮安	宿迁
稳定水平	南京、苏州、无锡、常州、南通	镇江、泰州、扬州、盐城、连云港	徐州、淮安、宿迁	
综合水平	南京、无锡、苏州	常州、镇江、扬州、泰州、南通	连云港、淮安、徐州、盐城、宿迁	

通过观察表 9.2 分析综合水平分类下江苏省各个市的水平特点，可得分析结果，见表9.3。其中，Ⅰ类为南京、无锡、苏州 3 个地级市，这类的特点是诚信制度建设水平最高、增长速度缓慢、内部发展稳定性好。Ⅱ类为常州、镇江、扬州、泰州、南通 5 个地级市，总体特征可概括为诚信制度建设水平较高、增长速度较快、内部稳定性较好。Ⅲ类为连云港、淮安、徐州、盐城、宿迁 5 个城市，该类诚信制度建设水平偏低、增长迅速、内部发展差异性大。

表 9.3　综合距离下各类别主要特点

类别	诚信制度特性			代表城市
	绝对水平	增长速度	稳定性	
Ⅰ类	高	慢	好	南京、无锡、苏州
Ⅱ类	较高	较快	较好	常州、镇江、扬州、泰州、南通
Ⅲ类	偏低	迅速	差	连云港、淮安、徐州、盐城、宿迁

从地域来看，江苏省区域诚信制度集聚特性明显，南北差异较大。苏南地区的南京、苏州和无锡属于Ⅰ类城市，诚信制度建设较为完善，内部发展协调稳定，但随着社会对诚信要求的进一步提高，诚信制度建设增速缓慢可能成为制约发展的瓶颈。这 3 个城市在动态综合评估中，诚信制度建设评分较高，属于诚信制度建设一级城市。

苏南的常州、镇江及苏中三市属于Ⅱ类城市，这类城市各项指标均处于中间水平，增长速度较快且已经具有良好的诚信制度基础，是加强诚信制度建设的中坚力量。这 5 个城市在动态综合评估中，属于诚信制度建设二、三级城市。

苏北五市全部属于Ⅲ类城市，其中，盐城在绝对水平测度时自成一类，虽然在动态综合评估中归为诚信制度建设三级城市，显示出相对较高的诚信制度建设能力，但内部发展稳定性较差，总体表现不佳，这表明盐城应该优先重点关注内部诚信制度建设的协调性，以获得长足稳定的提升。其余苏北四市绝对水平较低且在动态综合评估中归为诚信制度建设四级城市，应在保持高增长率的前提下，设法提高诚信制度建设的总体水平。

9.5 思考与启示

本章基于社会、政治、经济和金融四个维度 12 个区域诚信制度建设分类的指标体系，针对面板数据的时序特征和截面特征，分别采用绝对量距离、增长性距离、稳定性距离及综合距离来测度区域间相似性距离。运用江苏省 13 个地级市 2010~2014 年的面板数据基于上述方法进行了实证分析。基于以上分析，可以提出如下有针对性的政策建议。

（1）推进区域分类管理制度，制订适应不同地区的诚信建设方案。对Ⅰ类地区要充分利用良好的诚信基础，获得投资者的信任，引进外部资源以深化发展地区诚信环境，打造诚信江苏的前沿形象。对Ⅱ类地区，应协调发展各项指标，找出薄弱环节，对症下药，建设健康稳定发展的诚信环境，争取早日达到Ⅰ类地区的水平。对Ⅲ类地区，要勇于探索新的发展模式，如通过产业转型、调整产业结构取得经济突破性发展，带动各项指标改进，从而实现良性循环，提高诚信建设总体水平。

（2）社会保障、政治环境、经济水平和金融环境要实现相互协调，不能顾此失彼。政府在致力提高地区收入水平的同时，要加大对医疗、教育、社保等项目的投入。人口受教育程度是一个地区发展实力和潜力的体现，也是诚信建设的根本动力，要实现全面诚信社会的建设，必须把教育放在优先发展的位置。

（3）将诚信立法提上日程，为诚信体系的进一步完善提供法律保障。一直以来，受传统文化影响，诚信仅仅作为一种道德要求，社会对不诚信行为的约束力不足。目前，江苏省已经出台了信用征信管理办法，对失信的个人和企业采取了网络平台公开等举措，取得了一些成效，如能深入推行并进一步细化，建设成更具规范化的诚信体系，将是"诚信江苏"道路上的里程碑。

（4）相对应的区域分类管理策略是提高未来诚信制度建设水平的有效方法之一。分类结果显示江苏省诚信制度建设存在明显的南北差异，各城市按照诚信制度建设水平可分为三类；对于各城市来说，其诚信制度建设现有水平、未来增长的可能与总体协调度也有明显的差异。

总体来看，诚信制度建设水平较高的城市，诚信发展协调性较好但增长速度缓慢；诚信制度建设水平较低的城市，增速虽较快，但存在省内各区域发展不均衡的问题。分析结果可以为江苏省的各区域诚信制度建设提供参考依据，为后续研究如各项变量对诚信制度建设的影响等问题奠定基础。

第 10 章　基于结构方程模型的企业诚信行为影响机制分析

　　国家诚信制度建设为企业诚信提供制度保证和良好的社会氛围，作为我国社会的重要组成部分，各个企业的诚信行为又势必会为国家诚信制度的建立健全起到推动作用。影响企业诚信的潜在因素主要包括企业内部因素、法律监管因素、社会环境因素，其中法律监管直接受到国家诚信制度建设的影响，而良好的社会诚信环境必然是法律和制度长期作用的结果。企业诚信主要表现在提供保质保量的产品或服务、履行合同规定的义务、按时足额缴纳税款等方面，企业诚信行为的改善对社会风气的改善有正面推动作用，进而形成良性循环。因此，研究企业诚信影响因素间的交互作用对政策建议的提出具有一定指导意义。

　　本章研究企业诚信问题及其影响因素，针对企业诚信的潜在影响因素设计 5 点 Likert 量表。首先，设定研究假设并构建预设模型；然后通过预调研对问卷进行题项筛选，并利用探索性因子分析和 Cronbach's α 系数进行问卷效度和信度分析；最后正式调研，并基于结构方程模型进行模型构建与检验。在检验结果的基础上，提出企业诚信制度建设的政策建议。

10.1　背景及研究现状描述

　　企业作为社会主义市场经济的法人主体，其诚信建设更是受到了广泛的关注。一方面，政府近年来出台了一系列规范企业诚信行为，推动企业诚信建设的法规，如《证券期货市场诚信监督管理暂行办法》《企业环境信用评价办法（试行）》等。另一方面，学术界围绕企业诚信也展开了一系列研究。

在企业诚信内涵及体系建设研究方面，吴敏（2013）从社会基础、维系机制、达到的目的三个维度探讨了中西方世界诚信观的不同，并指出中国企业诚信体系建设应在遵循市场经济发展规律的基础上，从多方面入手：内部明晰产权制度，提高信用管理水平；外部完善企业信用信息披露制度，构建有效的法律环境；从中国自身国情而言，要德性诚信与契约诚信并存。李邢西（2011）从理论上剖析了企业诚信与企业文化的关系，认为企业文化的核心是价值观，实现价值观的内核是诚信，二者具有一致性。罗晓光和邱宇（2016）从行为角度给出了企业诚信的内涵，即企业诚信是企业以社会公认道德原则为基础，通过长期有意识的管理和沟通在企业内部形成整体的信念和文化，在处理与其利益相关者的关系过程中忠实履行各种契约的承诺。

在企业诚信影响因素研究方面，罗晓光和邱宇（2016）认为影响企业诚信水平的企业内部因素包括企业的诚信意识和诚信能力，外部环境因素则包括经济、文化、法律、政府等方面。郑磊等（2012）重点研究了建筑业企业诚信，将建筑业企业诚信的影响因素分为诚信环境、企业素质、投标诚信、履约诚信及社会诚信五个方面，并且利用调研数据进行了检验。李洪伟等（2013）利用因子分析方法，提取了食品工业企业诚信的关键影响因素，包括机会成本、政府监管、公关能力、产品信息透明度、大众诚信观、企业管理。

企业诚信行为的影响因素多为抽象概念，难以量化，更无法直接测量。而结构方程模型主要用来描述潜变量之间的因果关系，适用于对无法直接观测的变量构建模型并加以分析和模拟（Bollen，1989）。武文杰等（2010）将结构方程模型应用于北京居住用地价格影响因素评价。黄德森和杨朝峰（2011）运用结构方程模型探讨影响动漫产业发展的因素及其之间的关系。曹小曙和林强（2011）利用结构方程模型研究广州城市社区居民出行行为。史春云等（2014）则将结构方程模型与自驾游游客满意度结合开展研究。

显然，考虑企业诚信及其影响因素的抽象特性，基于结构方程模型的企业诚信及其影响因素分析是一个重要研究方向。潘东旭和查冬兰（2012）利用上市公司数据进行实证研究，结果表明运营状况、经营业绩是影响企业诚信的主要因素，股权结构、董事会结构是影响企业诚信的重要因素，企业规模对企业诚信影响较小，企业家的激励强度与企业诚信基本没有关联。然而，其考虑的因素受到上市公司数据可获得性的影响，有一定的局限性。基于此，本章针对企业诚信的潜在影响因素设计 5 点 Likert 量表，在问卷调查获取一手数据的基础上，构建并检验结构方程模型，研究企业诚信行为及其潜在影响因素间的相互作用关系，并基于结构方程模型提出政策建议。

10.2 研究假设及模型构建

通过文献调研和企业相关人员访谈得出，企业诚信及影响因素主要涉及三个维度，即企业维度、社会环境维度和法律监管维度。企业维度包括企业诚信度、管理者品格、企业诚信文化及运营绩效；社会环境维度包括社会诚信氛围和经济发展水平；法律监管维度包括政府监管和法律体系。

企业维度包括企业诚信度、管理者品格、企业诚信文化及运营绩效。其中企业诚信度指企业日常经营、管理、生产等方面的具体表现，如产品质量是否达到要求，是否严格履行合同等。管理者品格指企业管理者具备的素质，好的品格能增进团队精神，促进内部关系的和谐，从而为企业的发展打造良好的基础；企业文化是一个企业在经营过程中形成的价值观、道德规范、行为准则等，表现在企业经营的方方面面，并成为推动企业发展的精神力量。企业诚信文化就是企业文化的一种，其建设依赖于完善的公司治理结构及有效的外部控制。运营绩效是指一定经营期内的企业经营效益和经营者业绩。

社会环境维度包括社会诚信氛围和经济发展水平。诚信作为一个道德品质，是人们在社会实践中逐渐形成的，而各种社会实践都是一定社会环境下的产物。社会经济发展水平是指所处固定环境经济现状，体现在所处国家或者地区的经济规模、人民收入及生活素质上，是诚信建立的经济基础。

法律监管维度包括政府监管和法律体系。政府代表国家及人民管理国家和地方事务，领导着国家和地方经济的建设，维护国家的稳定，保证持续健康的发展。同时，政府作为诚信建设的领导者和推动者，在建立健全诚信体系的过程中起到十分关键的作用，不光直接对社会各主体的诚信行为进行监督，同时应该在宏观上对诚信行为进行规范。诚信法制是指维护社会诚信的法律规范的总称。在市场经济中仅靠经济主体的内在道德约束力来实现全社会的诚信是不现实的，还需要法律体系作为诚信监管的客观手段。

根据上述因素，本章做出如下假设，得到本章的预设模型，如图 10.1 所示。

$H_{10.1}$：管理者品格正向影响企业诚信度、运营绩效。管理者品格、企业诚信度和运营绩效从不同角度刻画了企业经营情况，三者互相作用和影响。好的管理者品格更能使员工信服，从而提高企业整体的诚信度，发挥企业人员的潜能，提高企业运营能力。

$H_{10.2}$：经济发展水平正向影响社会诚信氛围、运营绩效及政府监管。首先，较高的经济发展水平意味着牢固的诚信建设经济基础，因而较高的经济发展水平

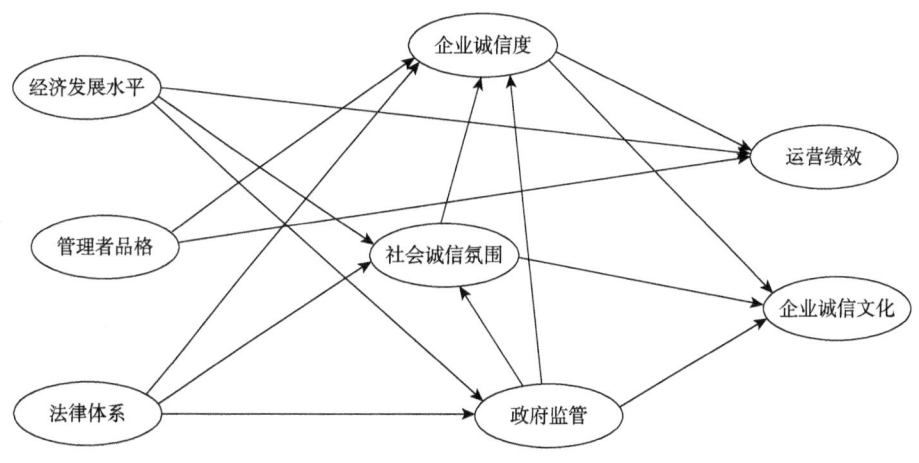

图 10.1 预设模型

推动社会诚信氛围向着较好的方向发展；其次，一方面经济发展水平的提高是全社会各个企业发展的结果，另一方面较高的经济发展水平势必对企业的运营绩效有着积极的影响；最后，经济的发展使得政府在财力上能够更广泛和深入地对诚信进行监管。

$H_{10.3}$：法律体系正向影响企业诚信度、社会诚信氛围及政府监管。法律体系是诚信监管的一种客观手段，国家诚信管理的制度、法律、法规的完善使得政府监管有法可依，促进企业诚信经营及社会诚信环境的良性发展。

$H_{10.4}$：社会诚信氛围正向影响企业诚信度及企业诚信文化。企业诚信是社会诚信的组成部分，社会整体的良好诚信氛围又对各个企业诚信度的提升产生反作用。企业经营活动是在一定的社会环境下发生的，社会诚信氛围越好，越有利于企业的发展，也会促进企业的诚信经营及企业诚信文化的建立。

$H_{10.5}$：政府监管正向影响社会诚信氛围、企业诚信度及企业诚信文化。政府是诚信建设的推动者和领导者，在诚信监管中起到全局性、宏观性的作用。政府监管的广度和深度在一定程度上可以决定社会上失信行为的多少，政府依法对诚信进行监管能够改善社会诚信氛围，促进企业诚信经营，推动企业诚信文化建立。

$H_{10.6}$：企业诚信度正向影响运营绩效及企业诚信文化。企业诚信度不仅可以增强员工的凝聚力和对企业的认同感，而且是企业的无形资产，是企业良好商誉的表现，因此，良好的企业诚信度会无形中推动企业运营绩效的提升。企业诚信度是企业价值观的体现，是企业诚信文化在企业运营实践中的具体体现，又反过来推动诚实守信的企业文化的形成和发展。

10.3 方案设计及组织实施

10.3.1 问卷设计

企业诚信的潜在影响因素多为定性和抽象的，难以定量描述，更不能直接测量。通过量表可以将被调查者的回答转化为定量的数值，进而适用于统计分析。本章在借鉴理论研究和各行业实证研究的基础上，本着综合性、科学性等原则，针对企业诚信的潜在影响因素设计 5 点 Likert 量表。

企业诚信及其潜在影响因素为潜变量，每个潜变量均由 3~5 个可测变量进行衡量，潜变量及其需要观测的具体范畴见表 10.1。将可测变量转化成简洁、明确、没有歧义的问题，并制成预试问卷进行发放。由于担心被试者随意填写，所以设计了 1 组意思相同但说法不同的题目以便筛选问卷。

表 10.1 潜变量及其可测变量

潜变量	可测变量
企业诚信度	拖欠员工工资（Q_1） 违反劳动合同（Q_2） 对合作企业恶意违约（Q_3） 虚假宣传（Q_4） 销售不合格产品（Q_5）
管理者品格	滥用私权（Q_6） 使员工信服（Q_7） 按照规章制度处理问题（Q_8）
社会诚信氛围	遇到或听说诚信主题教育活动频度（Q_9） 所在地区不诚信问题严重情况（Q_{10}） 所在地区社会整体诚信环境（Q_{11}）
经济发展水平	所在地区经济发展水平在全国的地位（Q_{12}） 所在地区近几年经济发展速度（Q_{13}） 所在地区近几年人均收入水平变化（Q_{14}）
运营绩效	行业认可情况（Q_{15}） 在消费者眼中的品牌声望（Q_{16}） 近几年运营业绩（Q_{17}） 公司福利（Q_{18}）
政府监管	相关部门对行业失信行为执法力度（Q_{19}） 相关部门对经营活动监督情况（Q_{20}） 诚信体系建设情况（Q_{21}） 违规企业信息公布情况（Q_{22}）
法律体系	不受法律约束的失信行为（Q_{23}） 关于企业诚信法律法规数量（Q_{24}） 法律条款对失信企业的处罚力度（Q_{25}）

续表

潜变量	可测变量
企业诚信文化	要求员工遵守法律法规、职业规范等（Q_{26}） 对信用荣誉称号的关注（Q_{27}） 对合作企业诚信状况的重视（Q_{28}） 企业内部诚信知识的普及宣传（Q_{29}）

10.3.2 预调研及测项筛选

预调研共发放问卷100份，通过筛选得到有效问卷96份，对问卷进行编码并将反向问题转化成正向问题，将数据录入 SPSS 19 软件对预试结果进行分析，采取临界比（CR 值）、相关系数和 Cronbach's α 值三种方法进行分析筛选（吴明隆和涂金堂，2012）。筛选结果整理如表10.2所示。

表 10.2 可测变量筛选结果整理

潜变量	可测变量	临界比	校正后的项总计相关性	题目删后 Cronbach's α 值	结果
企业诚信度	Q_1	6.853 3*	0.438 4	0.716 1	保留
	Q_2	8.858*	0.680 2	0.624 2	保留
	Q_3	7.285 1*	0.635 9	0.661 0	保留
	Q_4	3.569 3*	0.399 1	0.731 1	保留
	Q_5	3.319 4*	0.447 5	0.732 0	保留
	初始 Cronbach's α=0.739 2，最终 Cronbach's α=0.739 2				
管理者品格	Q_6	10.152 8*	0.730 6	0.866 2	保留
	Q_7	8.532 3*	0.811 4	0.794 4	保留
	Q_8	9.328 9*	0.772 1	0.831 0	保留
	初始 Cronbach's α=0.881 4，最终 Cronbach's α=0.881 4				
社会诚信氛围	Q_9	4.656 7*	0.314 9	0.763 9	删除
	Q_{10}	8.665 3*	0.590 9	0.393 0	保留
	Q_{11}	7.648 4*	0.532 3	0.484 8	保留
	初始 Cronbach's α=0.660 6，最终 Cronbach's α=0.763 9				
经济发展水平	Q_{12}	3.941 5*	0.517 7	0.696 8	保留
	Q_{13}	6.459 9*	0.607 2	0.573 9	保留
	Q_{14}	6.644 2*	0.540 8	0.652 4	保留
	初始 Cronbach's α=0.726 5，最终 Cronbach's α=0.726 5				
运营绩效	Q_{15}	7.422*	0.704 8	0.785 4	保留
	Q_{16}	7.376 9*	0.719 7	0.780 2	保留
	Q_{17}	6.250 9*	0.722 5	0.783 0	保留
	Q_{18}	7.290 3*	0.582 7	0.848 4	保留
	初始 Cronbach's α=0.841 1，最终 Cronbach's α=0.841 1				

续表

潜变量	可测变量	临界比	校正后的项总计相关性	题目删后 Cronbach's α 值	结果
政府监管	Q_{19}	6.520 2*	0.608 4	0.719 2	保留
	Q_{20}	6.219 5*	0.601 1	0.729 3	保留
	Q_{21}	8.521 7*	0.655 3	0.694 4	保留
	Q_{22}	6.398 3*	0.509 3	0.769 5	保留
	初始 Cronbach's α=0.782 6,最终 Cronbach's α=0.782 6					
法律体系	Q_{23}	4.543 9*	0.281 4	0.622 3	删除
	Q_{24}	4.589 1*	0.409 1	0.442 1	保留
	Q_{25}	4.181 1*	0.478 3	0.320 2	保留
	初始 Cronbach's α=0.576 6,最终 Cronbach's α=0.622 3					
企业诚信文化	Q_{26}	6.333 5*	0.650 9	0.850 2	保留
	Q_{27}	6.893 8*	0.749 4	0.810 5	保留
	Q_{28}	8.506 5*	0.720 6	0.822 6	保留
	Q_{29}	7.457 5*	0.727 7	0.819 6	保留
	初始 Cronbach's α=0.863 7,最终 Cronbach's α=0.863 7					

*表示 $p<0.05$

（1）临界比：在临界比达到统计显著的前提下，认为临界比越大，题项的鉴别力越强，若未达到统计显著，则认为题项不能鉴别不同被试者的反应，应将其删除。将被试的总得分从高到低排列，前 25%为高分组，后 25%为低分组，然后将高低两组在题目平均数上的差异进行独立样本 t 检验，该 t 值即为临界比。

（2）校正后的项总计相关性：该指标衡量可测变量与潜变量的相关性，若值小于 3.0，则认为题项与总体相关性太低，删除题项后再次计算各条目的该指标，直至所有题项与总体相关性均达到 3.0 以上。

（3）Cronbach's α 值：在统计（经典测试理论）理论中，信度的 α 作为一个心理测试的可靠性估计。它在 1951 年被 Lee Cronbach 第一次提出，可以将 α 看成两次测试同一构造的预期相关性，一般要求其值大于 0.6。

综上，删除可测变量 Q_9、Q_{23}。

10.3.3　问卷的科学性检验——效度分析-因子分析

由于目前尚无学者提出企业诚信影响因素的明确内涵或设计相应的量表，因此本章在问卷获取数据的基础上进行探索性因子分析，以检验量表的结构效度，包括企业维度、社会环境维度及法律监管维度。进行探索性因子分析，首先要对数据进行检验，判断数据是否具备因子分析的条件，普遍接受的是采取 KMO 值测度和 Bartlett's 球形检验（吴明隆和涂金堂，2012）。

1. 企业维度

企业维度涵盖企业诚信度、管理者品格、企业诚信文化及运营绩效四个潜变量。企业维度的 KMO 和 Bartlett's 球形检验结果如表 10.3 所示。分析结果显示，企业维度的 KMO 值为 0.888，大于 0.7，表明该量表的项目非常适合进行因素分析。此外，Bartlett's 球形检验显著性系数为 0.000，也说明数据相关矩阵不是单位矩阵，数据适合做因素分析。

表 10.3 企业维度 KMO 和 Bartlett's 球形检验

检验取样足够度的 KMO 度量		0.888
Bartlett's 球形检验	近似卡方	898.789
	df	120
	Sig.	0.000

在对企业维度各可测变量进行因子分析的过程中，旋转方法采用方差最大正交旋转法，因子抽取则采用主成分分析法。主成分分析法假设变量是若干线性不相关因子的线性组合，主成分即方差最大的成分。因子分析后，所有 16 个可测变量聚合成三个因子，旋转后的成分矩阵如表 10.4 所示。因子 1 包含 8 个可测变量，因子 2 包含 4 个可测变量，因子 3 包含 4 个可测变量。在解释能力上，因子 1 解释了总变异的 47.562%，因子 2 解释了总变异的 9.853%，因子 3 解释了总变异的 7.889%，三个因子的总变异解释能力为 65.304%，解释了大部分的变异。在每个因子所包含的可测变量内容方面，因子 1 主要以管理者品格和运营绩效为主，只有 Q_1 为企业诚信，因此可将 Q_1 删除。另外，理论层面上，管理者品格和运营绩效为不同的方面，所以正式问卷中仍以原先设定的为主，保留管理者品格和运营绩效两个潜变量及相应可测变量；因子 2 聚合效果较为理想，共包含了 4 个可测变量，均为企业诚信文化方面，同最初的设定完全符合；因子 3 也包含了 4 个可测变量，均为企业诚信度方面，同最初的设定基本符合，只是缺少了可测变量 Q_1。

表 10.4 企业维度旋转成分矩阵

企业维度	成分		
	因子 1	因子 2	因子 3
Q_{17}	0.814		
Q_{16}	0.712		
Q_{18}	0.706		
Q_7	0.644		
Q_1	0.642		

续表

企业维度	成分		
	因子1	因子2	因子3
Q_6	0.617		
Q_{15}	0.612		
Q_8	0.555		
Q_{27}		0.838	
Q_{29}		0.802	
Q_{26}		0.770	
Q_{28}		0.700	
Q_5			0.767
Q_3			0.668
Q_2			0.633
Q_4			0.606

综上，企业维度将考虑企业诚信度、管理者品格、企业诚信文化及运营绩效，其中，企业诚信度的可测变量为 Q_2、Q_3、Q_4、Q_5，管理者品格的可测变量为 Q_6、Q_7、Q_8，企业诚信文化的可测变量为 Q_{26}、Q_{27}、Q_{28}、Q_{29}，运营绩效的可测变量为 Q_{15}、Q_{16}、Q_{17}、Q_{18}，如表 10.4 所示。

2. 社会环境维度

社会环境维度可细分为社会诚信氛围及经济发展水平。社会环境维度的 KMO 和 Bartlett's 球形检验结果如表 10.5 所示。分析结果显示，社会环境维度的 KMO 值为 0.715，大于 0.7，表明该量表的项目非常适合进行因子分析。此外，Bartlett's 球形检验显著性系数为 0.000，也说明数据相关矩阵不是单位矩阵，数据适合做因子分析。

表 10.5 社会环境维度 KMO 和 Bartlett's 球形检验

检验取样足够度的 KMO 度量		0.715
Bartlett's 球形检验	近似卡方	147.933
	df	10
	Sig.	0.000

在对社会环境各可测变量进行因子分析的过程中，旋转方法采用方差最大正交旋转法，因子抽取则采用主成分分析法。由于只包含 Q_{10}、Q_{11}、Q_{12}、Q_{13}、Q_{14} 共 5 个可测变量，且变量之间相关性较大，因此这里采取给定要抽取的因子数量

进行因子抽取，按照原先假定，抽取 2 个因子。因子分析后，所有 5 个可测变量聚合成两个因子，旋转后的成分矩阵如表 10.6 所示。因子 1 包含 2 个可测变量，因子 2 包含 3 个可测变量，在解释能力上，因子 1 解释了总变异的 54.474%，因子 2 解释了总变异的 19.234%，两个因子的总变异解释能力为 73.708%，解释了大部分的变异。在每个因子所包含的可测变量内容方面，因子 1 均为社会诚信氛围方面，同最初的设定完全符合；因子 2 均为经济发展水平方面，同最初的设定也完全符合。

表 10.6 社会环境维度旋转成分矩阵

社会环境维度	成分	
	因子 1	因子 2
Q_{10}	0.918	
Q_{11}	0.799	
Q_{12}		0.905
Q_{13}		0.717
Q_{14}		0.612

综上，社会环境维度包含社会诚信氛围和经济发展水平，其中，社会诚信氛围的可测变量为 Q_{10}、Q_{11}，经济发展水平的可测变量为 Q_{12}、Q_{13}、Q_{14}，如表 10.6 所示。

3. 法律监管维度

法律监管维度可细分为政府监管和法律体系。法律监管维度的 KMO 和 Bartlett's 球形检验结果如表 10.7 所示。分析结果显示，法律监管维度的 KMO 值为 0.854，大于 0.7，表明该量表的项目非常适合进行因子分析。此外，Bartlett's 球形检验显著性系数为 0.000，说明数据相关矩阵不是单位矩阵，数据适合做因子分析。

表 10.7 法律监管维度 KMO 和 Bartlett's 球形检验

检验取样足够度的 KMO 度量		0.854
Bartlett's 球形检验	近似卡方	179.486
	df	15
	Sig.	0.000

在对法律监管各可测变量进行因子分析的过程中，旋转方法采用方差最大正交旋转法，因子抽取则采用主成分分析法。由于只包含 Q_{19}、Q_{20}、Q_{21}、Q_{22}、

Q_{24}、Q_{25} 共 6 个可测变量，且变量之间相关性较大，因此这里采取给定要抽取的因子数量进行因子抽取，按照原先假定，抽取 2 个因子。因子分析后，所有 6 个可测变量聚合成两个因子，旋转后的成分矩阵如表 10.8 所示。因子 1 包含 4 个可测变量，因子 2 包含 2 个可测变量，在解释能力上，因子 1 解释了总变异的 54.001%，因子 2 解释了总变异的 12.165%，两个因子的总变异解释能力为 66.166%，解释了大部分的变异。在每个因子所包含的可测变量内容方面，因子 1 均为政府监管方面，同最初的设定完全符合；因子 2 均为法律体系方面，同最初的设定也完全符合。

表 10.8　法律监管维度旋转成分矩阵

法律监管维度	成分	
	因子 1	因子 2
Q_{20}	0.855	
Q_{19}	0.719	
Q_{22}	0.632	
Q_{21}	0.616	
Q_{24}		0.911
Q_{25}		0.637

综上，法律监管维度包含政府监管和法律体系，其中，政府监管的可测变量为 Q_{19}、Q_{20}、Q_{21}、Q_{22}，法律体系的可测变量为 Q_{24}、Q_{25}，如表 10.8 所示。

10.3.4　信度检验

信度指测量结果的一致性和稳定性，在社会调查研究中最常用的信度测量指标是 Cronbach's α 系数，其取值是介于 0~1。Cronbach's α 系数越高，表示该组可测变量的项目系统性和内部一致性越高。在题项筛选和效度检验后，进行各潜变量的信度检验，结果如表 10.9 所示。各潜变量的 Cronbach's α 系数均大于 0.6，通过了信度检验。

表 10.9　预试研究各潜变量的 Cronbach's α 系数

潜变量	测量变量个数	Cronbach's α
企业诚信度	4	0.716 1
管理者品格	3	0.881 4
社会诚信氛围	2	0.763 9
经济发展水平	3	0.726 5

续表

潜变量	测量变量个数	Cronbach's α
运营绩效	4	0.841 1
政府监管	4	0.782 6
法律体系	2	0.622 3
企业诚信文化	4	0.863 7

10.3.5 描述性统计

通过预试研究分析，删除了部分题项，企业诚信及影响因素调查问卷最终包含 26 个题目。由于本次问卷的部分内容较敏感且担心被试者随意填写，所以在问卷中有意设计了 1 组意思相同但说法不同的题目以便筛选问卷。利用问卷星平台共发放 309 份问卷，回收问卷 309 份，问卷回收率为 100%，有效问卷 229 份，问卷有效率为 74.1%。对被调查人员所在企业的所有制性质进行统计，可得到图 10.2。

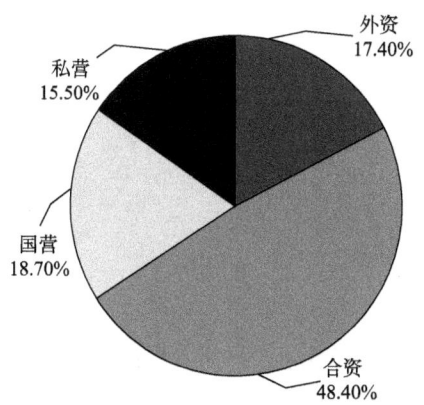

图 10.2 企业性质比率

企业诚信度维度（图 10.3）：就公司拖欠员工工资频率而言，从不拖欠和很少拖欠频率占比大，为 51.58%和 31.01%，有时拖欠占比 15.19%[子图（a）]；在违反劳动合同层面，很少违反占比最大，为 45.25%，其次是从不违反占 37.03%，有时违反占比 15.19%，经常违反占比低至 1.90%，占样本中一小部分[子图（b）]；在公司对合作企业恶意违约现象调查中，从不违约占比最大，为 52.21%，很少违约占比为 39.55%，有时违约不到 10%[子图（c）]；在产品与广告不符层面，占比最大为从来没有，为 39.99%，很少占比 35.90%，有时占比为

18.58%[子图（d）]；在公司产品和服务质量层面，37.34%样本认为从未销售过不符质量的产品或服务，占比最大[子图（e）]。综上所述，无论是对内关于员工的工资发放及劳动合同保障上，还是对外产品服务销售上，调查样本所在企业诚信状况良好。

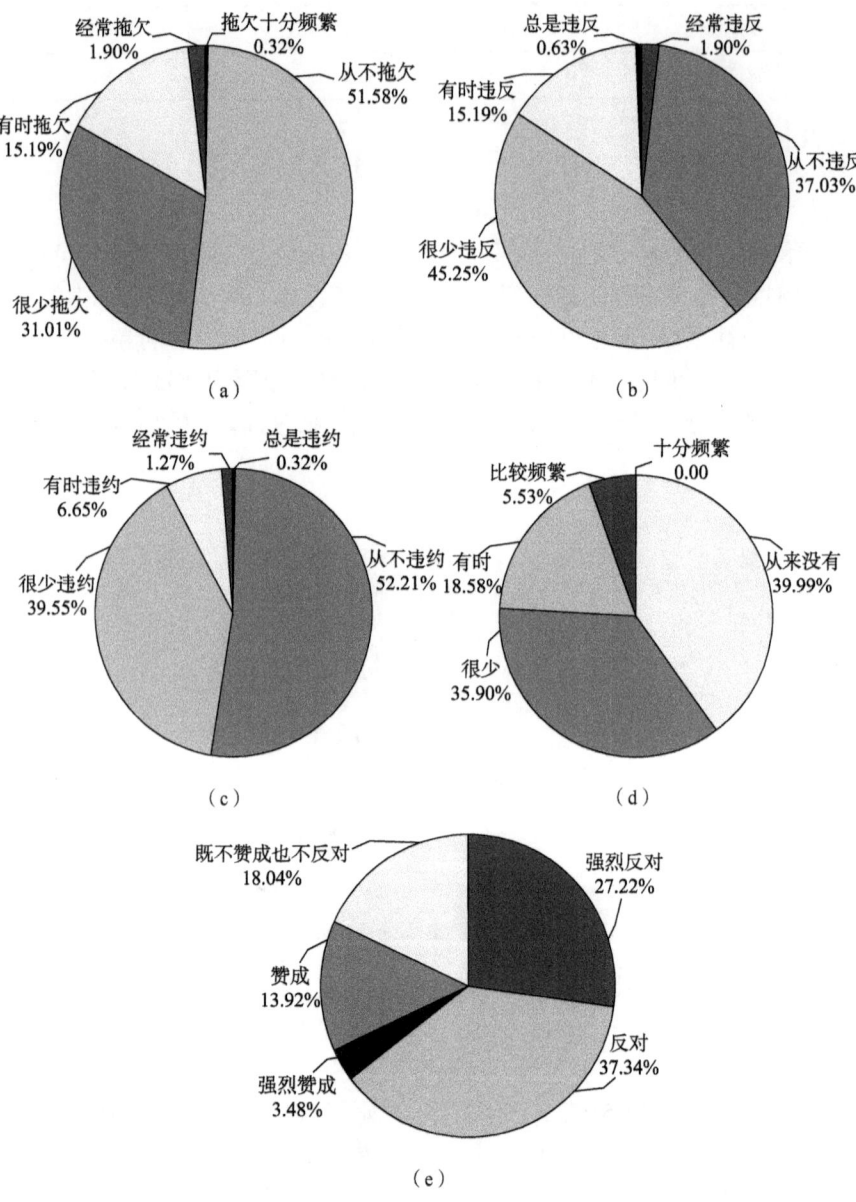

图 10.3　企业诚信度维度问题分布饼图

管理者品格维度（图 10.4）：首先就上级领导在管理中滥用私权而言，很少滥用私权样本所占比例最大，为 45.34%，从不滥用私权和有时滥用私权占比分别为 23.47%和 27.27%[子图（a）]；在上级领导个人威信方面，赞成大多能使员工信服占比最大，约为 56.65%[子图（b）]；在领导处理问题方面，52.84%样本赞成上级领导能按照规章制度处理问题，占比最大[子图（c）]。综上所述，由上述分析可以得出，样本所在范围中管理者品格都处在上游水平。

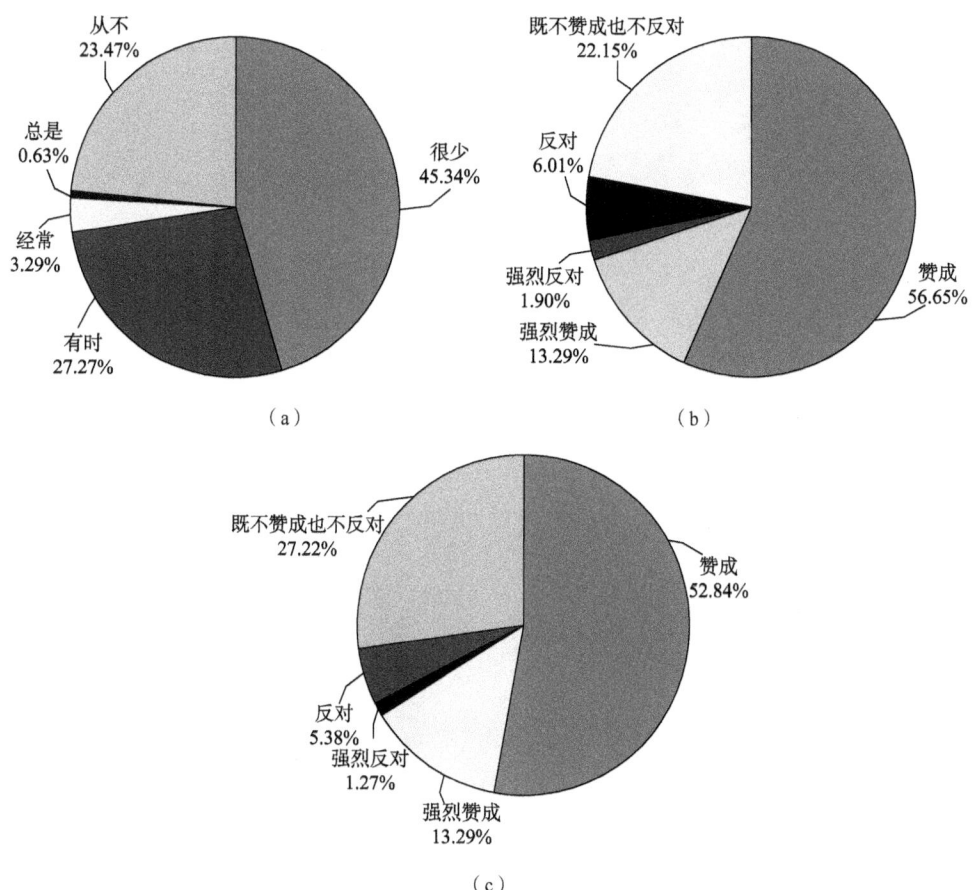

图 10.4 管理者品格维度问题分布饼图

社会诚信氛围维度（图 10.5）：首先是样本所处地区诚信度，诚信度一般占比最大，为 42.41%[子图（a）]；所处环境诚信调查上，较好占比最大，为 39.24%，其次是一般为 38.61%[子图（b）]。综上所述，总体社会诚信环境一般，社会诚信氛围还有待加强。

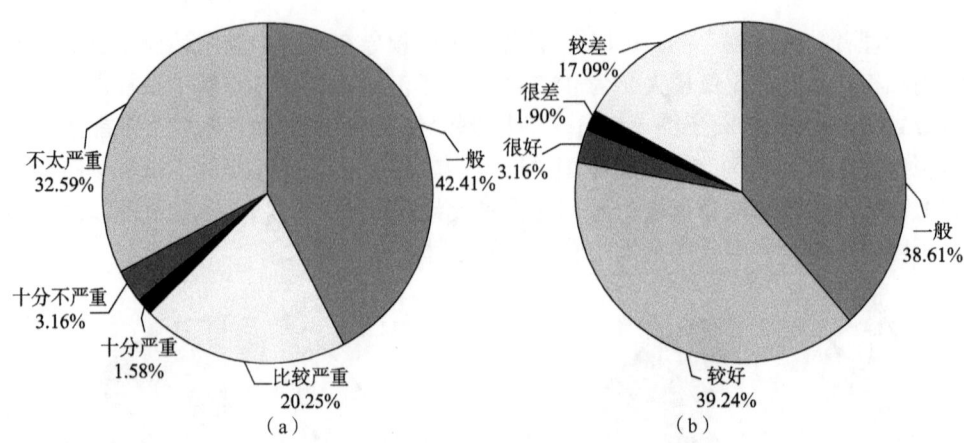

图 10.5 社会诚信氛围维度问题分布饼图

各项百分比之和若不等于 100%,是因为进行过舍入修约,下文不再一一标注

经济发展水平维度(图 10.6):经济发展速度方面,样本所处地区经济发展速度较快占比最大,为 49.68%,而一般和较慢占比分别为 27.53% 和 12.97%[子图(a)];在企业受其他行业认可上,56.01% 的样本赞成该看法,占比最大[子图(b)];人居收入水平提高方面,所在地区人均收入提高一般占比 43.99%,占比最大,其次为较多,为 32.59%[子图(c)]。综上所述,样本所处企业经济发展势头好,经济水平较高。

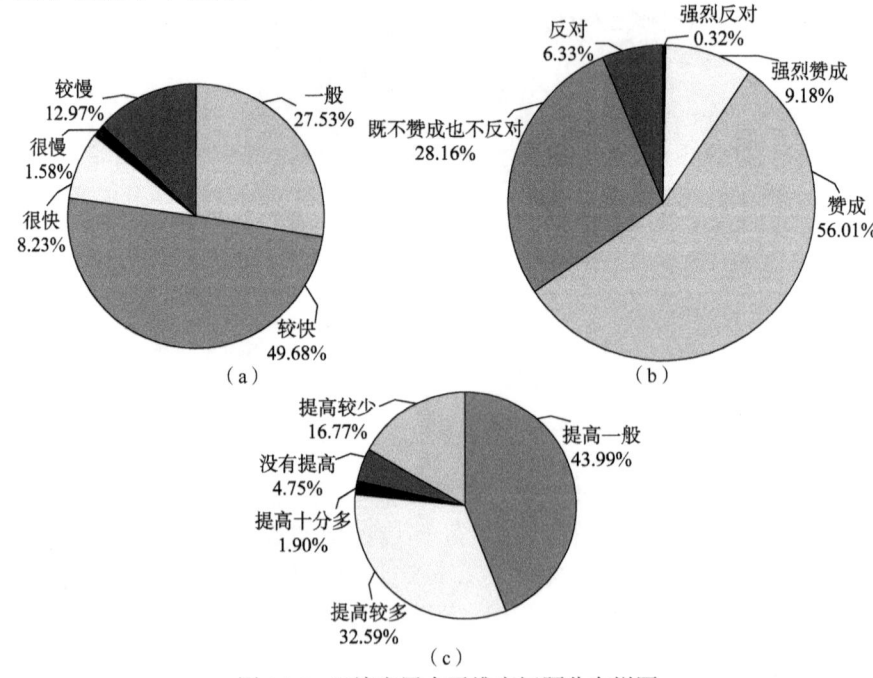

图 10.6 经济发展水平维度问题分布饼图

运营绩效维度（图 10.7）：在对公司近年运营业绩调查上，业绩好占比 40.82%，一般占 40.51%[子图（a）]；公司在消费者眼中的品牌声望上，声望较好为 56.01%，占比最大，而一般为 26.90%，占比第二[子图（b）]；在公司福利方面，差和非常差仅占比 7.28%[子图（c）]。综上所述，在运营绩效维度上，所调查企业样本在对外和对内水平上都处于中偏高水平。

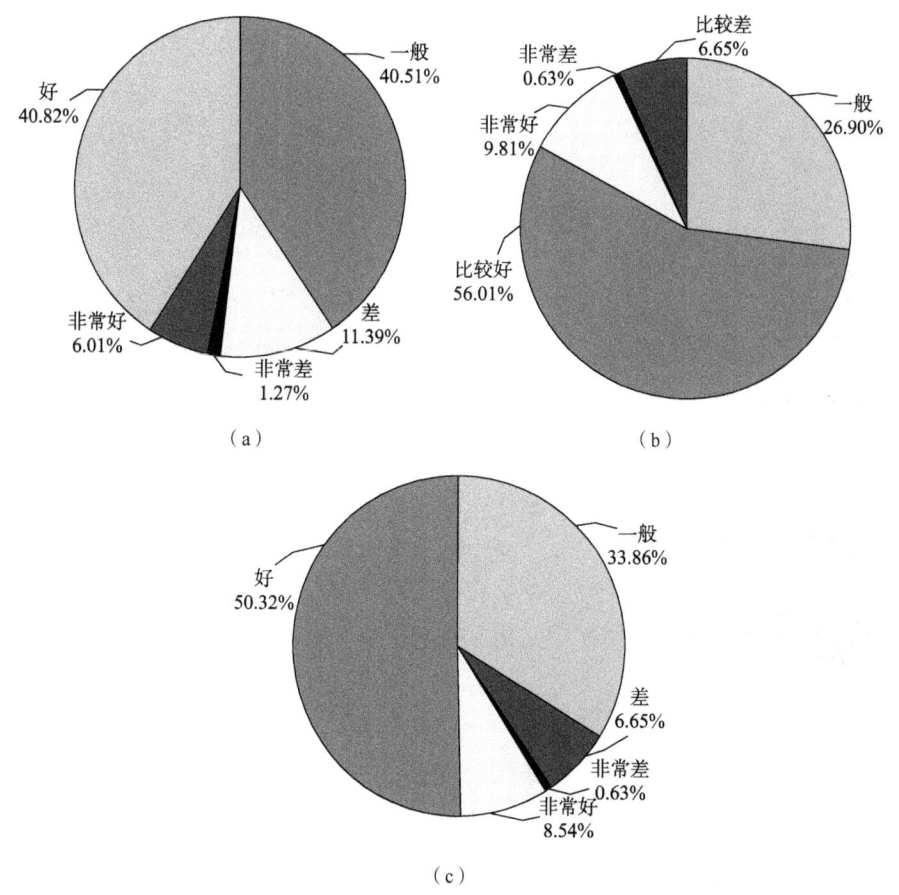

图 10.7　运营绩效维度问题分布饼图

政府监管维度（图 10.8）：政府对所在行业失信惩罚严厉程度上，执法比较严厉占比最大，为 47.47%[子图（a）]；就政府部门对各经营活动审查频率而言，有时约为 46.84%，占比最大，较为频繁次之[子图（b）]；就相关部门对违规企业信息公布频率上，有时公布占比 44.62%[子图（c）]；在所在地区诚信体系完善程度上，存在但一般完善占比最大，为 37.03%[子图（d）]。综上所述，政府部门建立了对企业诚信的监管体系，但执行力度和效果上仍待完善。

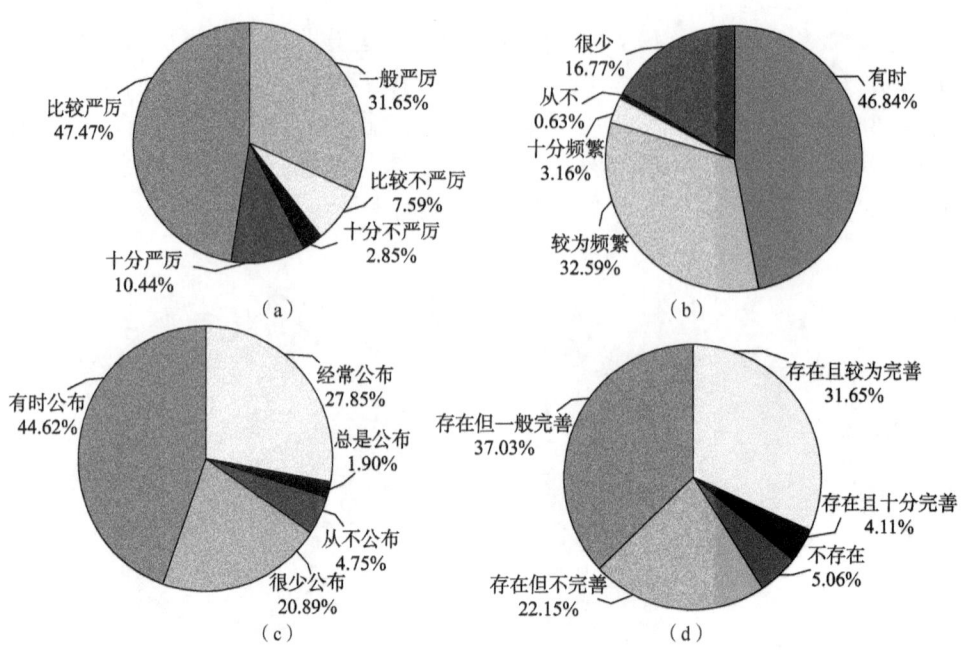

图 10.8 政府监管维度问题分布饼图

法律体系维度（图 10.9）：对于法律数量而言，我国对于法律法规数量比较不够占比为 30.70%[子图（a）]；而就法律制度对失信企业的惩罚程度来说，约 37.66%认为处罚一般严重，33.23%表示处罚较不严重，均占据了大部分样本范围[子图（b）]。综上所述，样本所在企业对诚信有一定的重视程度。

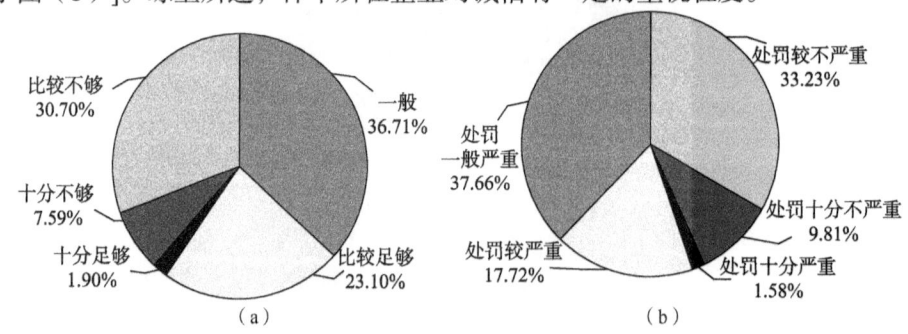

图 10.9 法律体系维度问题分布饼图

企业诚信文化维度（图 10.10）：在企业对诚信荣誉称号建设上，约 44.30%的样本表示比较关注[子图（a）]；而在企业内部企业文化构建层面，有时开展诚信普及活动占比为 43.99%，很少或者从不占比为 18.35%和 5.70%[子图（b）]；在企业对合作企业的诚信状况重视程度方面，比较重视占比最大，为 48.42%[子图（c）]。综上所述，企业对诚信文化的建设有一定的意识和努力，但重视程度处于中游水平，对内对外的诚信体制和文化建设仍待加强。

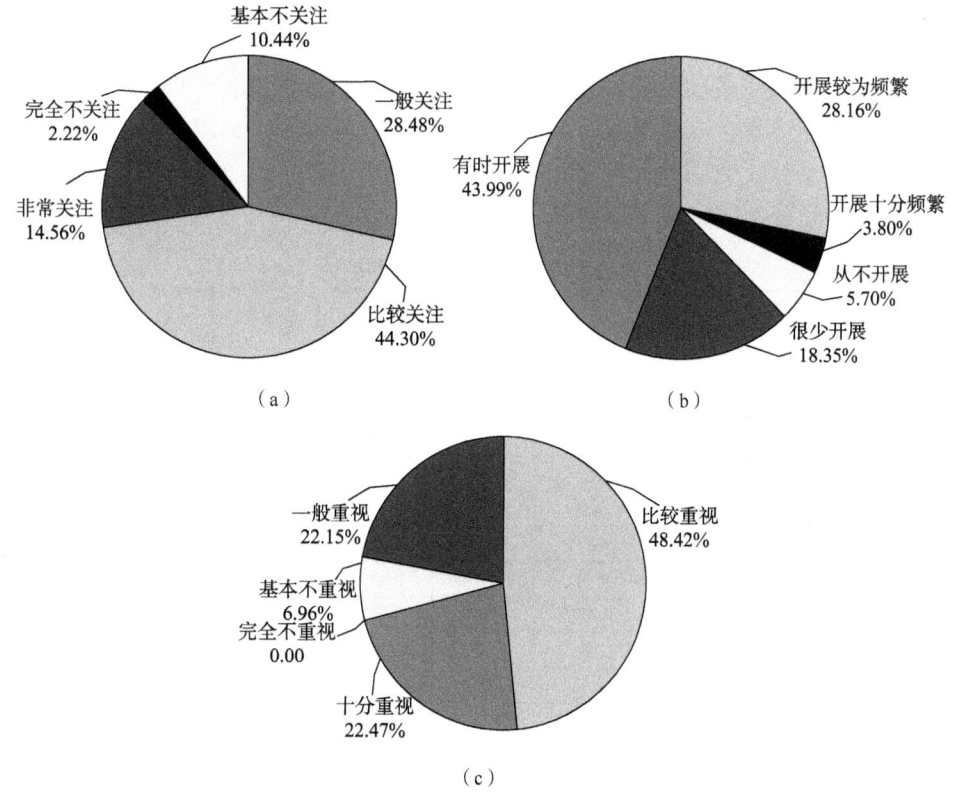

图 10.10　企业诚信文化维度问题分布饼图

10.4　结构方程模型检验与分析

将负向得分统一转化为正向得分后，使用 AMOS 21.0 软件拟合数据并检验结构方程模型。然后对拟合效果进行评价，以考察拟合效果。模型拟合指数可以从模型复杂性、样本大小、相对性与绝对性等方面考察结构模型对数据的拟合程度。

本章考虑 χ^2/df、RMSEA、SRMR、GFI、CFI、NFI 等拟合指数，这些指数是结构方程分析考虑的普遍性指标。评价的标准是 $\chi^2/df<2$，RMSEA 与 SRMR$\leqslant$0.08，GFI 与 CFI$\geqslant$0.9。如果多数指标达到标准，仅个别指标未达到标准，但是

接近标准，模型也是可以接受的（温忠麟等，2004）。

对预设模型的拟合结果显示大部分拟合优度指标未达到标准，按照以下思路对模型进行修正：①减少模型的自由参数，即在符合理论依据的前提下删除不显著的路径；②模型扩展：通过释放部分限制路径或添加新路径，使模型结构更加合理，通常在提高模型拟合程度时使用；③模型限制：限制部分路径，使模型结构更加简洁，通常在提高模型可识别性时使用（王翯华等，2016）。

通过反复修正之后得到本章的最终模型，最终模型的参数估计值如表10.10所示。对于最终模型，模型拟合效果接近为优。

表 10.10　模型的路径参数估计

作用路径			估计值	标准化估计值	标准误	临界比	显著性
政府监管	←	经济发展水平	0.581	0.684	0.087	6.712	***
政府监管	←	法律体系	0.291	0.345	0.072	4.059	***
社会诚信氛围	←	政府监管	0.423	0.315	0.189	2.234	*
企业诚信文化	←	政府监管	1.061	0.952	0.142	7.458	***
企业诚信度	←	管理者品格	0.377	0.355	0.111	3.382	***
运营绩效	←	经济发展水平	0.306	0.356	0.089	3.423	***
运营绩效	←	管理者品格	0.514	0.653	0.089	5.806	***
社会诚信氛围	←	经济发展水平	0.640	0.561	0.171	3.750	***
企业诚信度	←	政府监管	0.812	0.595	0.169	4.796	***
经济发展水平	↔	管理者品格	0.251		0.039	6.411	***
管理者品格	↔	法律体系	0.183		0.039	4.639	***
经济发展水平	↔	法律体系	0.092		0.032	2.843	**
Q_5	←	企业诚信度	1.000	0.571			
Q_4	←	企业诚信度	0.657	0.497	0.110	5.982	***
Q_3	←	企业诚信度	0.740	0.700	0.098	7.532	***
Q_2	←	企业诚信度	0.704	0.592	0.103	6.811	***
Q_{22}	←	政府监管	1.000	0.611			
Q_{21}	←	政府监管	1.329	0.716	0.152	8.762	***
Q_{20}	←	政府监管	0.913	0.569	0.125	7.273	***
Q_{19}	←	政府监管	1.045	0.626	0.133	7.846	***
Q_{14}	←	经济发展水平	1.000	0.682			
Q_{13}	←	经济发展水平	1.097	0.703	0.120	9.138	***
Q_{12}	←	经济发展水平	0.974	0.588	0.126	7.726	***
Q_{15}	←	运营绩效	1.000	0.658			
Q_{16}	←	运营绩效	1.199	0.719	0.127	9.445	***
Q_{17}	←	运营绩效	1.202	0.740	0.125	9.641	***
Q_{18}	←	运营绩效	1.096	0.638	0.129	8.501	***
Q_6	←	管理者品格	1.000	0.755			

续表

作用路径			估计值	标准化估计值	标准误	临界比	显著性
Q_7	←	管理者品格	0.970	0.751	0.087	11.131	***
Q_8	←	管理者品格	1.002	0.799	0.084	11.866	***
Q_{26}	←	企业诚信文化	1.000	0.604			
Q_{27}	←	企业诚信文化	1.389	0.801	0.150	9.273	***
Q_{28}	←	企业诚信文化	1.208	0.757	0.135	8.965	***
Q_{29}	←	企业诚信文化	1.259	0.740	0.143	8.787	***
Q_{11}	←	社会诚信氛围	1.000	0.784			
Q_{10}	←	社会诚信氛围	0.653	0.526	0.100	6.555	***
Q_{25}	←	法律体系	1.000	0.603			
Q_{24}	←	法律体系	1.183	0.747	0.193	6.118	***

***表示$p<0.001$，**表示$p<0.01$，*表示$p<0.05$

根据检验，各可测变量与对应潜变量之间的关系都是显著的。再根据表10.10可知管理者品格正向影响企业诚信度、运营绩效；经济发展水平正向影响社会诚信氛围、运营绩效及政府监管；法律体系对企业诚信度、社会环境氛围的正向影响作用没有得到数据支持，但其对政府监管影响显著，因此法律体系可以通过政府监管影响企业诚信度及社会环境氛围；社会诚信氛围对企业诚信度及企业诚信文化的正向影响作用未得到调研数据的支持；政府监管正向影响社会诚信氛围、企业诚信度及企业诚信文化；企业诚信度对运营绩效及企业诚信文化的影响作用没有得到验证。在企业诚信影响因素关系图中，原假设通过的影响路径为实线，没有通过的影响路径为虚线，结果如图10.11所示。

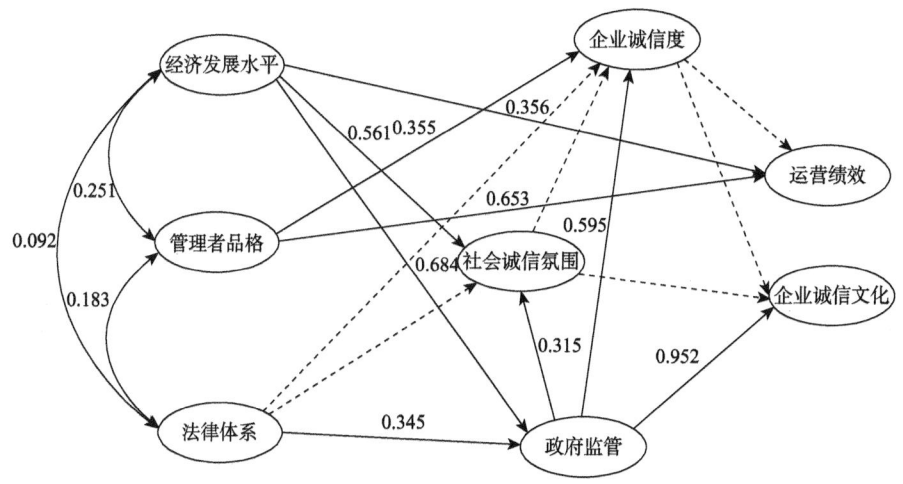

图10.11 企业诚信行为及影响因素关系图

10.5 思考与启示

根据检验结果，提出企业诚信建设的规划方向。

（1）管理者品格正向影响企业诚信度、运营绩效（$H_{10.1}$）得到验证。管理者品格正向影响企业诚信度，标准化总效应系数为0.355，这表明企业管理者的品格在企业诚信行为中起到一定的作用。企业管理者参与企业决策，是企业中较为重要的组成部分，其行为偏好总会通过各种途径作用于企业，并体现在企业诚信度上。管理者品格正向影响运营绩效，标准化总效应系数为0.653。虽然企业诚信度对运营绩效的影响没有得到验证，但管理者品格对企业诚信度和运营绩效的影响是同方向的，这可以在一定程度上体现管理者优秀的品格不仅有利于提升企业诚信度，而且有利于提高运营绩效。管理者品格正向影响企业诚信度得到验证，而法律体系对企业诚信度的影响未得到验证。因此，从企业内部来说，企业诚信度更多是受道德因素影响的。理论方面，亚当·斯密在《道德情操论》中强调了道德评价在经济良性运行中起到的作用。彼得·德鲁克在《管理：使命、责任、实务》中说过"有一项品质是无法学得的，有一项资格是管理人员无法从别人那里获得，但却必须具备的——那不是天才，而是正直的品格"。实践方面，英特尔公司提出并运用"360度考核法"，通过自己、上司、同事、下属、顾客等对中层以上人员进行评价，这一考核方法有助于增强企业管理者的自我约束意识。因此，从企业的角度，应该注重对管理层品格的考核，建立严格的管理层考核制度，包括是否滥用私权、是否按照规章制度处理问题等；从管理者个人的角度，管理者应提升自己的品格，进而在企业诚信建设和企业运营中发挥积极的推动作用。

（2）经济发展水平对社会诚信氛围、运营绩效及政府监管的正向影响作用（$H_{10.2}$）得到验证。经济发展水平正向影响社会诚信氛围，标准化总效应系数为0.561，这表明经济发展水平较高的地区诚信氛围也较好，而较好的诚信氛围往往也会反作用于经济发展。经济发展水平正向影响运营绩效，标准化总效应系数为0.356，一个地区经济发展水平高意味着该地区商业发达，企业经营状况良好，因此经济发展水平与企业运营绩效之间为正相关关系。经济发展水平正向影响政府监管，标准化总效应系数为0.684。"仓廪实而知礼节，衣食足而知荣辱"，古人在一千多年前就有对经济发展水平和社会道德氛围关系的精辟论断。英国经济学家Gächter和Schulz（2016）通过对23个国家的2 568个年轻人进行实验研究，发现个体诚信度与经济发展水平存在显著的相关关系，发达国家受试者相比发展中国家受试者诚信水平较高。因此，在当下我国经济发展进入新常态的情况下，虽然经济增长更平稳，结构更加优化，政府也大力简政放权，进一步释放市场活力，但也会出现一系列新问题、新矛盾，包括企业的诚信经营等。这就要求政府在注重经济发展的同时更注重诚信制度建设，加强对企业的监管，促进社会诚信氛围的改善，并最终对经济发展产生积极的反馈作用，形成良性循环。

（3）政府监管对社会诚信氛围、企业诚信度及企业诚信文化的正向影响（$H_{10.5}$）得到验证，标准化总效应系数分别为 0.315、0.595、0.952。法律体系与企业诚信度、社会诚信氛围的正向影响关系没有得到数据支持，但其对政府监管影响显著（$H_{10.3}$）。这说明了法律体系及政府监管在诚信制度建设中起到积极作用。虽然法律体系不能直接影响企业诚信度、社会诚信氛围，但是可以通过政府监管影响企业诚信度及社会诚信氛围。诚信制度的建立、维护全过程都需要法律法规支撑。在政府对社会诚信的监管方面，国外有一些成功做法可供我们借鉴。美国 1978 年出台《政府道德法》并成立美国政府道德署（United States Office of Government Ethics，OGE）对官员的失信和不道德行为进行约束，韩国 1981 年颁布的《韩国公职人员道德法》和日本 1999 年颁布的《日本国家公务员伦理法》都起到了类似的作用；德国政府实行债务人名录制度，使债权人了解债务人的财产状况，同时该名录也是审查债务人经济上可信性的重要依据。另外，由于债务人名录公开会给债务人带来负面信用评价，债务人名录制度亦是对债务人施压的手段（杨柳，2015）。一方面，政府应当尽快出台相关法律法规以完善诚信制度和诚信体系；另一方面，执法应该和立法齐头并进，建立基于法律规范、行政管理、经济调节、舆论监督和道德约束相结合的守信激励与失信惩戒机制，对社会上的诚信行为给予鼓励，对失信行为进行处罚并记入失信名单，以推动经济社会秩序的健全（王嚣华等，2016）。

（4）社会诚信氛围对企业诚信度及企业诚信文化的正向影响作用（$H_{10.4}$）未得到调研数据的支持。但并不能认为社会诚信氛围与企业诚信度、企业诚信文化毫无关系，因为企业的经营活动是在一定的社会环境下发生的，企业必然会受到当前所在的社会环境的制约和影响，若对社会诚信氛围、企业诚信度、企业诚信文化进行相关分析，可以得出任意两者间均达到了统计意义上的相关，且相关系数较大。类似地，企业诚信度对运营绩效、企业诚信文化具有正向影响（$H_{10.6}$）的假设虽未得到调研数据的支持，但其三者间达到了统计意义上的相关，且相关系数较大。由此可见，社会诚信氛围对企业诚信有一定的影响作用，而企业诚信会进一步影响企业运营绩效。但当前我国社会诚信氛围还有待改善，还存在很多不诚信的企业、不诚信的行为，企业诚信意识的缺失一方面是因为企业内部经营管理存在问题，另一方面与社会整体的诚信环境也是密不可分的。在经济全球化的今天，企业间的竞争更升级到文化软实力的竞争，而诚信作为企业的核心价值文化之一，对企业的运营及发展起着至关重要的作用，企业诚信及诚信文化最终也会转化为企业的价值。

综上，管理者品格、经济发展水平和政府监管在企业诚信度和社会诚信氛围中扮演重要的角色。其中管理者品格是企业内部因素，经济发展水平受制于社会整体的发展阶段，政府监管则取决于政府对诚信制度建设的重视程度。针对上述分析，企业诚信建设可以分为底层构建和顶层强化，如图10.12所示。底层构建包含道德和法律两个方面。道德上，加强企业的基本规范、美德、传统及行业要求建设；法律上，完善企业诚信立法及国家诚信管理体系。道德和法律二者不能脱节，前者主要依靠企业内部的自我约束和行业标准对企业的行为加以规范，后者则靠国家强制力从法律和制度上确保企业不踩红线。道德要求通常要高于法律要求，且二者对企业诚信行为的作用途径和效果不同，因此只有既注重道德、又注重法律才能确保企业诚信行为的持续改进。顶层强化包含企业管理层、企业诚信、诚信文化及政府监督四个方面，具体分为建立管理层诚信考核机制，完善企业内部诚信管理制度，以诚信为核心价值提升企业文化软实力，以及遵循政府自律、政府引导、政府监督的原则。当然，上述措施均在一定的社会环境下发生，与社会环境交互作用，具体而言就是底层构建中的道德环境和法律环境。底层构建是基础，顶层强化是动力，打牢基础，提升动力，企业诚信才能稳步发展。

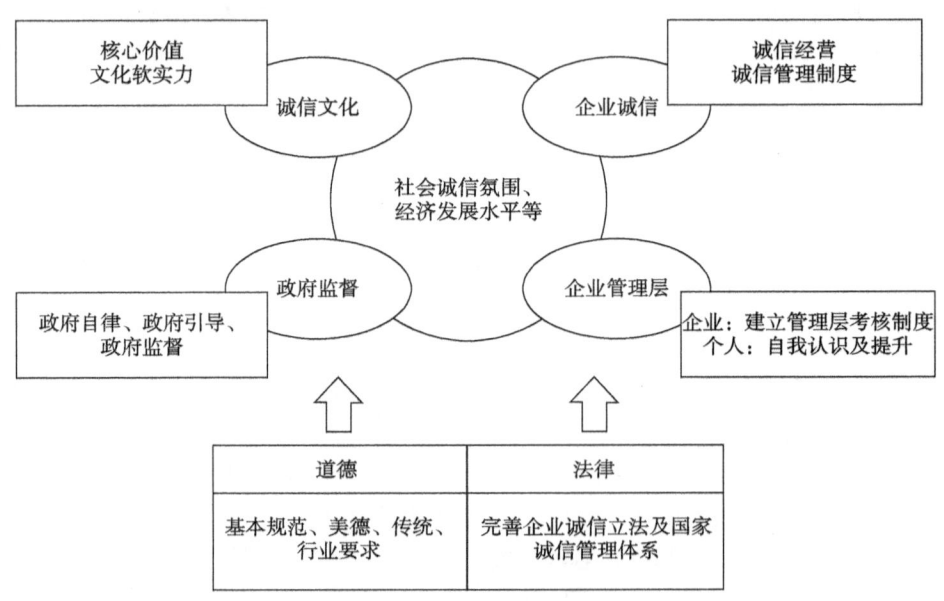

图10.12 企业诚信建设规划

第 11 章 基于结构方程模型的个人诚信行为影响机制分析

个人诚信体系是信用体系的重要组成部分之一，对一个国家的经济及文化建设发挥着重要作用。影响个人诚信的因素可以分为内部因素及外部因素，其中内部因素主要包括个人经济条件、家庭教育和自身期望程度等；外部因素主要包括社会诚信环境、既有的诚信监管力度和社会诚信教育等。结构方程模型可以将诚信影响因素对个人诚信影响的程度进行量化，从而分析出重要影响路径，进而为诚信政策建议的提出提供数据支持。

本章基于结构方程模型研究了个人诚信影响因素测量及其管控分析。基于个人诚信特征及其潜在的影响因素，提出了个人诚信影响因素的交互预设模型；研究了影响因素内涵，并设计了各因素的测量变量；通过预调研方法对问卷题项进行了筛选，利用探索性因子分析和 Cronbach's α 系数方法进行了问卷的效度和信度分析；采用结构方程模型对预设模型进行了验证和检验，提出了提高个人诚信的管理对策建议。

11.1 背景及研究现状描述

诚信是社会主义核心价值观的重要组成部分，是道德建设的基础，在政策层面已成为国家重要的战略导向。同时，"诚信制度建设""信用体系"也受到了学术界的关注。在诚信体系建设研究方面，徐强（2014）对我国诚信相关的法律进行了梳理，提出行业规范、素质教育、司法判决、征信市场等是个人诚信建立亟待解决的难题，并给出了法律法规等政策建议。刘苗容（2012）认为个人诚信缺失主要表现在假证、盗版、偷税漏税、学术腐败等方面，并针对性地提出加强个人诚信建设要从立法工作、个人信用制度等方面出发。闫真（2012）指出东西方诚信观存在明显差异，同时诚信也具有普遍性、继承性、不可或缺性等共同点，论证了个人诚信缺失的表现和危害及缺失的原因。王彬（2008）分析了我国诚信问题主要是由经济发展水平不高、改革开放的冲击和传统文化的式微、城市化进程的迅速推进及法律建设的滞后等多方面的因素共同造成的，加强诚信体系的建设需要推进社会主义核心价值体系，弘扬国内外诚信理论并加大失信惩罚力度，等等。冯颜利和吴兴德（2012）将诚信的内涵归纳为道德规范、经济规律、法律原则、行政资源和国际交往原则五个部分，在和谐社会目标下，探求了企业诚信体系、政府诚信体系、个人诚信体系及自然诚信体系四个方面的建设路径，主要包括诚信法律的完善、征信体制的建立、失信体制的健全及诚信教育的加强。在诚信影响因素研究方面，马超等（2010）在个人诚信、企业诚信及政府诚信三个维度上分析了社会诚信的影响根源。林敏（2013）从网络媒介环境、社会结构压力、网民心理、触发事件、有效动员、社会控制等六大影响要素对网络舆情进行深入探究。概括来看，这方面的研究一般从分析影响诚信影响因素入手，通过影响因素建立一定的指标体系，最后针对性地提出诚信体制建设的方法。

在上述研究中，对个人诚信的研究大多是抽象概念或者定性描述，缺乏量化分析。在方法选取上，结构方程模型近年来得到广泛关注，可以用来描述潜变量之间的因果关系，适用于对无法直接观测的变量构建模型并加以分析和模拟。方福前和吕文慧（2009）利用问卷调查获得的数据，使用结构方程模型对我国城镇居民功能空间的福利状况进行了实证分析。毛小岗等（2013）将结构方程模型应用在居民在公园游憩满意度的影响因素分析上。吴丽民和陈惠雄（2010）构建了收入与幸福指数结构方程模型，探讨了收入与幸福之间的结构与传导机理。考虑到个人诚信及其影响因素的抽象特性，可以基于结构方程模型来进行理论性的探索，如汪伟良和刘红（2015）基于结构方程模型，研究了科研诚信行为与行为人自身所具备科研诚信知识、科研诚信技能、科研诚信态度等因素之间的关系。李洪伟等（2012）利用结构方程模型对影响大学生信用的因素进行了实证研究，并构建了评价机制。本章在现有研究基础上，通过问卷调查获得一手数据资料，利用结构方程模型进行模型构建与检验，研究个人诚信及其影响因素，为个人诚信建设对策和建议的提出提供依据。

11.2　研究假设及模型构建

影响个人诚信的因素有很多，诸如来自个人自身的经济原因、家庭环境问题；来自外界的社会整体氛围；又或者是来自第三方的诚信建设力度等。通过文献调研及对个人的访谈，本章从个人影响维度、诚信环境维度和诚信建设维度等三个方面研究个人诚信及其影响因素。

个人影响维度包括个人诚信、个人期望及经济水平三个方面。个人诚信的直接观测量是个人在经济活动、网络活动及与人交往等活动过程中的诚信表现。个人期望是指个人对未来生活及发展所持有的态度和希望。从某种角度上来说，个人期望是个人奋斗的目标和动力。经济水平是指个人目前经济状况及个人所处环境的经济状况，是个人物质需求是否得到满足的一种体现。

诚信环境维度包含社会诚信氛围和网络诚信。诚信作为一个道德范畴，是人们在社会实践中逐渐形成的，是在一定社会环境下的产物。随着互联网的发展，人们的交流形式不断往虚拟化转移，有人在的地方，就会出现诚信问题，因此网络上的诚信氛围也是诚信环境的重要组成部分。

诚信建设维度侧重于外在动力对诚信的约束，细分为诚信监管和诚信教育，是第三方对个人诚信的约束与塑造。诚信监管是指维护社会诚信的活动的总称。在市场经济中仅靠各经济主体内在的道德约束力来实现全社会的诚信是不现实的，制定相应法律法规等诚信的监管是诚信建设的一种客观手段。除此之外，家庭及学校等形成个人知识和性格的场所对个人进行的诚信教育和悉心培养，在诚信建设进程中也是不可或缺的一部分。根据上述因素，本章做出如下假设，并得到本章的预设模型，如图 11.1 所示。

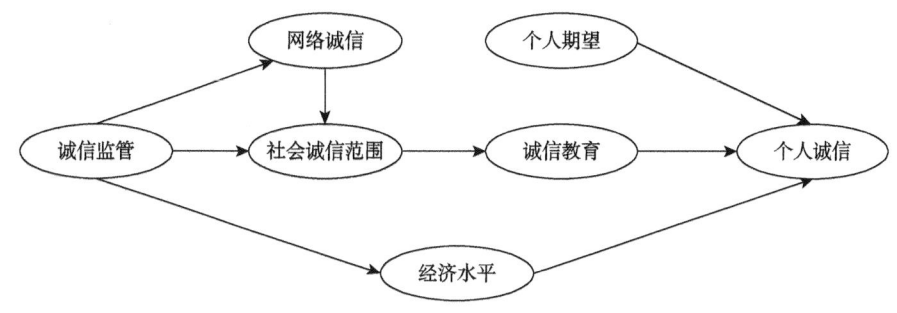

图 11.1　个人诚信度的影响因素预设模型构建

$H_{11.1}$：个人期望正向影响个人诚信。在生活中，人们期望获得较高的荣誉、赢得尊重、获得优质的物质生活，这些期望会促进社会经济的发展，并且为了实现上述目标，个人需要在生活圈树立良好的诚信形象，提高诚信形象从一定程度上能提高自己的诚信度。

$H_{11.2}$：诚信教育正向影响个人诚信。来自家庭、学校和社会的诚信教育会直接影响一个人的价值观和世界观，是塑造个人诚信观的关键因素。

$H_{11.3}$：经济水平正向影响个人诚信。经济发展水平代表着经济发展的规模、速度和达到的水准，诚信体制的建设是基于经济发展的，只有在基本物质生活得到满足的条件下，人们才会逐渐把重心转移到精神层面的满足上来。经济发展良好的环境下，为获得经济满足而产生的失信现象会大大减少。

$H_{11.4}$：社会诚信氛围正向影响诚信教育。社会整体的诚信氛围反映社会的诚信精神面貌，在良好的诚信氛围指引下，来自家庭及学校的诚信教育会得到重视。

$H_{11.5}$：诚信监管正向影响网络诚信、社会诚信氛围及经济水平。网络的发展及普遍应用导致对诚信监管的要求日渐加强。提高网络诚信就要拓展诚信监管的范围，将其从现实世界拓展到网络虚拟世界，制定一系列失信惩罚策略；法律法规的制定及政府对诚信监管力度的加强，会加强人们对诚信的重视程度，并且相应措施的采取对社会诚信氛围的塑造起到重要的积极作用；加强诚信监管有利于塑造良好的社会风气，这种社会风气为经济建设提供诚信基础，并且在强有力的监管下，经济活动建设过程中所产生的失信行为会大大减少，有助于经济活动的健康进行。

$H_{11.6}$：网络诚信正向影响社会诚信氛围。个人计算机的普及及网络的广泛应用带来了社会的深刻变革，给人们生活带来方便的同时也给人们的精神生活带来很多负面影响。

得到了图 11.1 的个人诚信度假设后，下一步需要解决的问题是采用问卷调查的手段将个人诚信影响因素及个人诚信进行初步量化，结合结构方程模型进一步对影响路径进行量化分析。

11.3　方案设计及组织实施

11.3.1　问卷设计

由于个人诚信的潜在影响因素多为抽象概念，难以量化，更无法直接测量。量表可以将被调查者的回答转化为定量的数值，进而用于定量的统计分析中。针对个人诚信的潜在影响因素设计 5 点 Likert 量表。个人诚信及其潜在影响因素为潜变量，从构建的模型假设出发，设计 3~5 个可测变量对每个潜变量进行衡量。例如，对潜变量个人期望设计可测变量时，考虑到指标设计的客观性和全面性，将其测量对象细分为精神和物质上的期望，对于精神上的期望则采用个人追求及精神满足进行测量，对于物质上的期望则采用事业发展及物质满足进行测量。潜变量及其需要观测的具体范畴见表 11.1。

表 11.1 潜变量及其可测变量

潜变量	可测变量
个人期望	个人追求（Q_1） 事业发展（Q_2） 得到物质上的满足（Q_3） 得到精神上的满足（Q_4）
诚信教育	家庭对诚信的教育（Q_5） 个人学历教育（Q_6） 学习和传承中华传统文化（Q_7）
经济水平	家庭经济现状（Q_8） 事业发展顺利程度（Q_9） 区域经济发展状况（Q_{10}）
社会诚信氛围	社会诚信满意度（Q_{11}） 身边人的诚信状况（Q_{12}） 诚信宣传活动（Q_{13}） 社会失信现象（Q_{14}）
诚信监管	法律约束力度（Q_{15}） 失信监管力度（Q_{16}） 监管机制完善程度（Q_{17}）
网络诚信	网络诚信规范（Q_{18}） 网络失信现象（Q_{19}） 网络信用机制完善程度（Q_{20}） 网络对个人信息泄露程度（Q_{21}）
个人诚信	还款准时程度（Q_{22}） 透支信用卡现象（Q_{23}） 散布网络谣言（Q_{24}） 偷税漏税行为（Q_{25}） 与人交往说谎（Q_{26}） 看重对方诚信度（Q_{27}） 客观判断个人诚信度（Q_{28}）

11.3.2 预调研及测项筛选

预调研共发放问卷 100 份，其中有效问卷 100 份，对问卷进行编码并将反向问题转化成正向问题，将数据录入 SPSS 19 软件并对预试结果进行分析，采取临界比、相关系数和 Cronbach's α 值三种方法进行分析筛选（吴明隆和涂金堂，2012），结果如表 11.2 所示。

表 11.2 可测变量筛选结果

潜变量	可测变量	临界比	校正后的项总计相关性	题目删后 Cronbach's α	结果
个人期望	Q_1	4.159	0.582	0.515	保留
	Q_2	3.410	0.559	0.543	保留
	Q_3	2.109	0.485	0.590	保留
	Q_4	2.503	0.227	0.740	删除

续表

潜变量	可测变量	临界比	校正后的项总计相关性	题目删后 Cronbach's α	结果
诚信教育	Q_5	3.967	0.387	0.411	保留
	Q_6	5.053	0.260	0.645	删除
	Q_7	4.096	0.462	0.294	保留
经济水平	Q_8	3.351	0.505	0.522	保留
	Q_9	3.648	0.461	0.548	保留
	Q_{10}	4.150	0.443	0.596	保留
社会诚信氛围	Q_{11}	6.932	0.589	0.164	保留
	Q_{12}	5.310	0.514	0.266	保留
	Q_{13}	5.961	0.534	0.201	保留
	Q_{14}	2.442	−0.276	0.787	删除
诚信监管	Q_{15}	6.239	0.755	0.932	保留
	Q_{16}	9.614	0.841	0.864	保留
	Q_{17}	10.185	0.893	0.816	保留
网络诚信	Q_{18}	3.284	0.461	0.430	保留
	Q_{19}	5.452	0.408	0.467	保留
	Q_{20}	3.060	0.425	0.457	保留
	Q_{21}	3.793	0.174	0.635	删除
个人诚信	Q_{22}	2.120	0.653	0.748	保留
	Q_{23}	0.923	0.725	0.741	保留
	Q_{24}	0.175	0.500	0.778	保留
	Q_{25}	0.704	0.642	0.761	保留
	Q_{26}	4.743	0.540	0.771	保留
	Q_{27}	2.303	0.544	0.770	保留
	Q_{28}	2.614	0.257	0.832	删除

（1）临界比：在临界比达到统计显著的前提下，认为临界比越大，题项的鉴别力越强，若未达到统计显著，则认为题项不能鉴别不同被试者的反应，应将其删除。将被试的总得分从高到低排列，前25%为高分组，后25%为低分组，然后将高低两组在题目平均数上的差异进行独立样本 t 检验，该 t 值即为临界比。

（2）校正后的项总计相关性：该指标衡量可测变量与潜变量的相关性，若值小于3.0，则认为题项与总体相关性太低，删除题项后再次计算各条目的该指标，直至所有题项与总体相关性均达到3.0以上。

（3）Cronbach's α 值。可以将 α 看成两次测试同一构造的预期相关性，一般要求其值大于0.6。

综上，为提高问卷的一致性，删除可测变量 Q_4、Q_6、Q_{14}、Q_{21}、Q_{28}。

11.3.3 问卷的科学性检验——效度分析-因子分析

在问卷调研获得的数据基础上，需要对其进行探索性因子分析，以检验本章各量表的结构效度。进行探索性因子分析，首先要对数据进行检验，判断数据是否具备因子分析的条件，普遍接受的是采取 KMO 值测度和 Bartlett's 球形检验。对各维度因素分析采用方差最大正交旋转法，因子抽取则采用主成分分析法。主成分分析法假设变量是若干线性不相关因子的线性组合，主成分即方差最大的成分。

1. 个人影响维度

个人影响维度涵盖个人诚信、个人期望、经济水平等潜变量。个人影响维度的 KMO 和 Bartlett's 球形检验结果如表 11.3 所示。分析结果显示，个人影响维度的 KMO 值为 0.764，大于 0.7，表明该量表的项目非常适合进行因素分析。此外，Bartlett's 球形检验显著性系数为 0.000，也说明数据相关矩阵不是单位矩阵，数据适合做因素分析。

表 11.3 个人影响维度 KMO 和 Bartlett's 球形检验

检验取样足够度的 KMO 度量		0.764
Bartlett's 球形检验	近似卡方	432.222
	df	66
	Sig.	0.000

因子分析后，所有 12 个可测变量聚合成三个因子，旋转后的成分矩阵如表 11.4 所示。因子 1 包含 6 个可测变量，解释了总变异的 30.695%；因子 2 包含 3 个可测变量，解释了总变异的 19.857%；因子 3 包含 3 个可测变量，解释了总变异的 12.150%。三个因子的总变异解释能力为 62.702%，解释了大部分的变异。在每个因子所包含的可测变量内容分别为，因子 1 为个人诚信，因子 2 为个人期望方面，因子 3 为经济水平方面，聚合效果显著，都同最初的设定基本符合。综上，个人影响维度将考虑个人诚信、个人期望及经济水平。

表 11.4　个人影响维度旋转成分矩阵

个人影响维度	成分		
	因子 1	因子 2	因子 3
Q_{23}	0.869		
Q_{25}	0.821		
Q_{22}	0.762		
Q_{27}	0.711		
Q_{24}	0.690		
Q_{26}	0.630		
Q_2		0.845	
Q_1		0.821	
Q_3		0.722	
Q_8			0.765
Q_9			0.751
Q_{10}			0.710

2. 诚信环境维度

诚信环境维度可分为社会诚信氛围和网络诚信。诚信环境维度的 KMO 和 Bartlett's 球形检验结果如表 11.5 所示。分析结果显示，诚信环境维度的 KMO 值为 0.712，大于 0.7，表明该量表的项目非常适合进行因子分析。此外，Bartlett's 球形检验显著性系数为 0.000，也说明数据相关矩阵不是单位矩阵，数据适合做因子分析。

表 11.5　诚信环境维度 KMO 和 Bartlett's 球形检验

检验取样足够度的 KMO 度量		0.712
Bartlett's 球形检验	近似卡方	171.052
	df	15
	Sig.	0.000

因子分析后，所有 6 个可测变量聚合成两个因子，旋转后的成分矩阵如表 11.6 所示。因子 1 包含 3 个可测变量，解释了总变异的 45.505%；因子 2 包含 3 个可测变量，解释了总变异的 22.554%，两个因子的总变异解释能力为 68.059%，解释了大部分的变异。在每个因子所包含的可测变量内容方面，因子 1 均为社会诚信氛围方面，因子 2 均为网络诚信方面，同最初的设定完全符合。综上，社会环境维度包含社会诚信氛围和网络诚信。

表 11.6　诚信环境维度旋转成分矩阵

诚信环境维度	成分	
	因子 1	因子 2
Q_{11}	0.838	
Q_{13}	0.838	
Q_{12}	0.789	
Q_{19}		0.854
Q_{20}		0.854
Q_{18}		0.848

3. 诚信建设维度

诚信建设维度可细分为诚信监管和诚信教育。诚信建设维度的 KMO 和 Bartlett's 球形检验结果如表 11.7 所示。分析结果显示，诚信建设维度的 KMO 值为 0.722，大于 0.7，表明该量表的项目非常适合进行因子分析。此外，Bartlett's 球形检验显著性系数为 0.000，也说明数据相关矩阵不是单位矩阵，数据适合做因子分析。

表 11.7　诚信建设维度 KMO 和 Bartlett's 球形检验

检验取样足够度的 KMO 度量		0.722
Bartlett's 球形检验	近似卡方	262.796
	df	10
	Sig.	0.000

因子分析后，所有 5 个可测变量聚合成两个因子，旋转后的成分矩阵如表 11.8 所示。因子 1 包含 3 个可测变量，因子 1 解释了总变异的 57.301%；因子 2 包含 2 个可测变量，解释了总变异的 23.506%，两个因子的总变异解释能力为 80.807%，解释了大部分的变异。在每个因子所包含的可测变量内容方面，因子 1 均为诚信监管方面，因子 2 均为诚信教育方面，同最初的设定也完全符合。综上，诚信建设维度包含诚信监管和诚信教育。

表 11.8　诚信建设维度旋转成分矩阵

诚信建设维度	成分	
	因子 1	因子 2
Q_{17}	0.947	
Q_{16}	0.924	
Q_{15}	0.856	
Q_5		0.848
Q_7		0.845

11.3.4 信度检验

信度指测量结果的一致性和稳定性,在社会调查研究中最常用的信度测量指标是 Cronbach's α 系数,其取值在介于 0~1。Cronbach's α 系数越高,表示该组可测变量的项目系统性和内部一致性越高。在题项筛选和效度检验后,进行各潜变量的信度检验,结果如表 11.9 所示。各潜变量的 Cronbach's α 系数均大于 0.6,通过了信度检验。

表 11.9 各潜变量的 Cronbach's α 系数

潜变量	观测变量	Cronbach's α
个人期望	3	0.740
诚信教育	3	0.645
经济水平	2	0.649
社会诚信氛围	3	0.787
诚信监管	3	0.913
网络诚信	3	0.635
个人诚信	3	0.832

11.3.5 描述性统计

删除未通过检验的题项后,个人诚信影响因素调查问卷共包含 22 个题目。通过问卷星平台发放 277 份问卷并全部回收,所有收回问卷均为有效问卷,问卷回收率和问卷有效率为 100%。

在被调查者性别[图 11.2(a)]和婚姻情况[图 11.2(b)]的分布方面,此次调研男女比例几乎为 1∶1,已婚未婚比例接近 1∶1,说明样本范围涉及较为平均,取样效果较好。

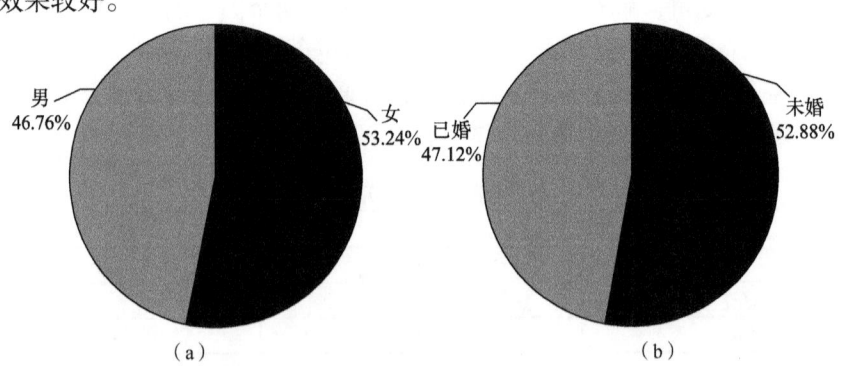

图 11.2 被调查者情况饼图

个人期望维度（图 11.3）：首先在个人追求上，追求非常高占 17.99%，追求高占 47.12%，追求一般占 33.81%，无追求或者低追求者只占总数的极小部分，这说明该样本大部分人群具有自身的追求和信仰[子图（a）]；在事业发展上，认为非常重要的占比 33.45%，认为重要的占 58.99%，一般重要的占比 6.47%，而认为不重要的只占总群体的 1.08%，样本能较好地反映该样本群体对事业发展的重视程度[子图（b）]；在对物质满足上，仍是大部分认为重要，4.05%的样本认为物质满足不重要[子图（c）]。综上，在个人期望维度上，大部分被调查者都具有较高的个人期望。

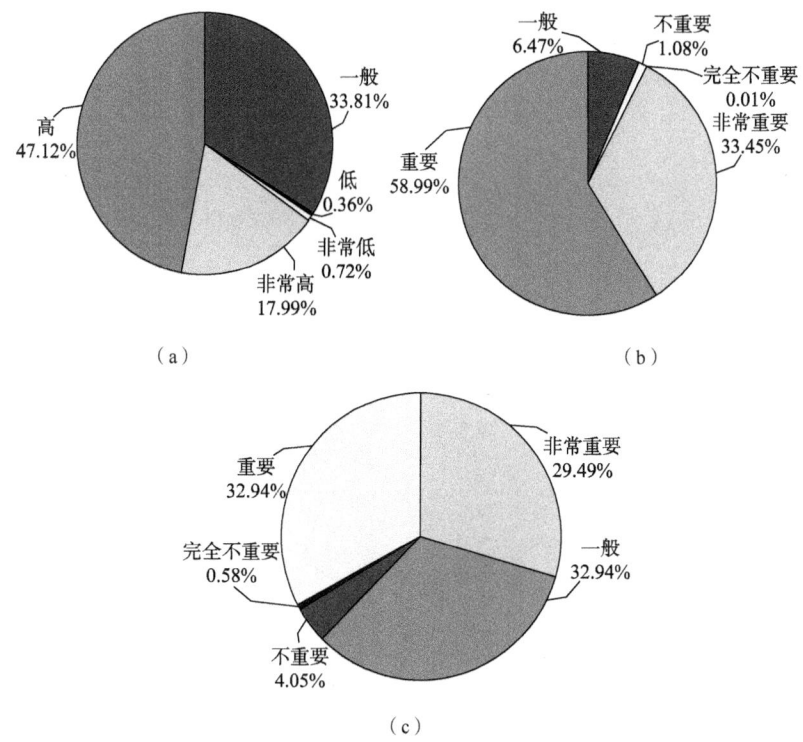

图 11.3　个人期望维度问题分布饼图

诚信教育维度（图 11.4）：首先是父母对诚信的重视程度，由数据结果可得出，父母对诚信教育非常重视占比为 38.85%，重视和一般重视占比分别为 52.88%和 7.55%，不重视和非常不重视分别只有一个样本[子图（a）]；在传统文化传承和学习上，39.21%的样本表示非常重要，53.59%的样本表示重要，极少选择不重要[子图（b）]。综上，该样本总体在家庭诚信教育上重视程度较为显著，对传统文化的传承和学习具有较为深刻的认识。

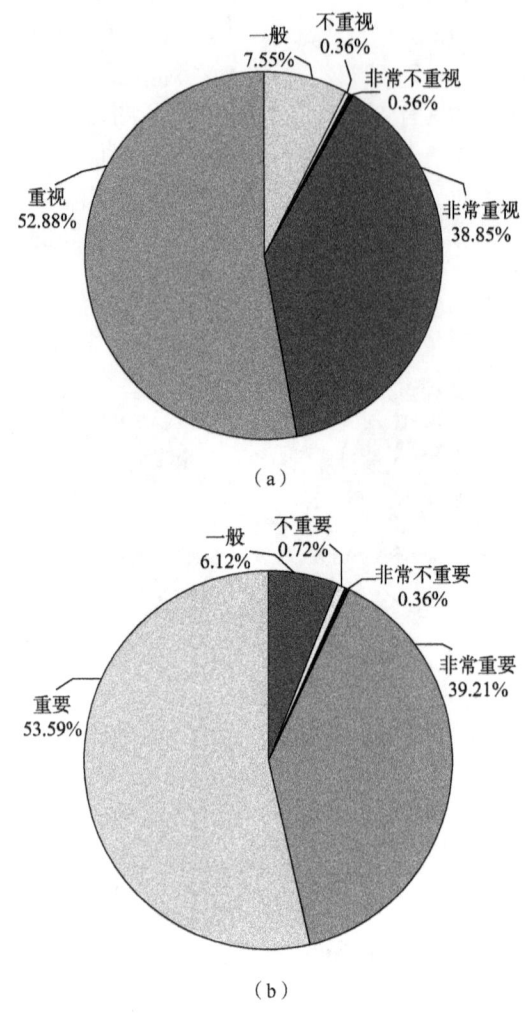

(a)

(b)

图 11.4 诚信教育维度问题分布饼图

经济水平维度（图 11.5）：对于个人家庭经济情况，认为家庭经济条件一般的约占样本的 67.98%，认为好及非常好的大约占 20%，而同时家庭经济差的样本约占 10%[子图（a）]；对于各样本事业发展上，其中发展一般占样本的 50%，发展顺利占样本的 33.09%，发展不顺利占 12.95%，而发展非常顺利和非常不顺利都只占样本中的一小部分[子图（b）]；对于样本所处地区经济发展速度而言，其中发展速度一般占比最大，为 40.29%，发展速度快占总体的 34.17%，发展速度慢占比 10.79%，非常快占比 11.87%，而非常慢只占样本的 2.88%[子图（c）]。综上，在经济水平这一维度上，样本整体经济水平一般，且极好和极差占比相差不大。

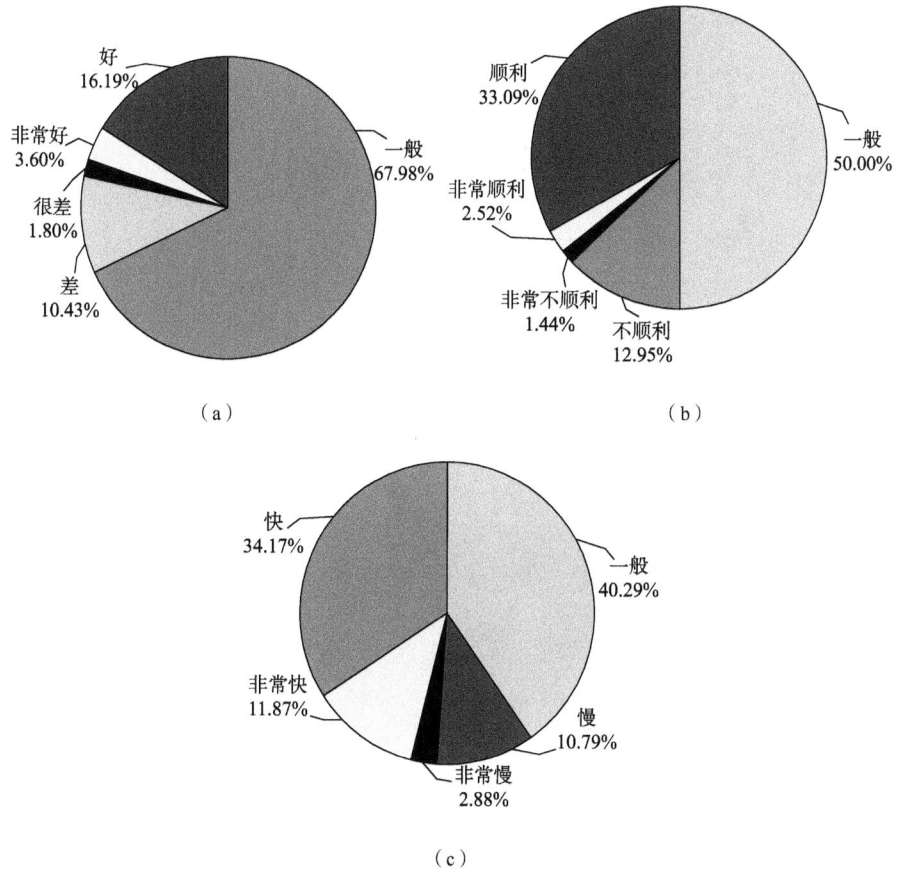

图 11.5 经济水平维度问题分布饼图

社会诚信氛围维度（图 11.6）：就样本对当前社会诚信状况满意程度而言，认为一般与满意占比相同，都为 34.09%，而 24.75% 和 6.31% 的样本对当前社会诚信状况表达了不满意和非常不满意，只有 0.76% 的样本对当前社会诚信状况表达非常满意[（子图（a））]；在对身边的人诚信情况调查中，认为诚信状况一般的样本数最多，占总数的 57.91%，认为好和非常好约占总数的 29.14% 和 2.52%，差和非常差占 7.91% 和 2.52%[子图（b）]；在诚信活动宣传上，总体呈偏少的态势，其中少和非常少为 44.24% 和 10.43%，一般则为 34.17%，而认为多和非常多的只占 10% 左右[子图（c）]。综上，调查样本所处社会诚信氛围较弱，其诚信满意度都较低且诚信宣传活动都偏少，这也间接说明，从人们的意识形态和实际宣传上，诚信建设都是十分必要的。

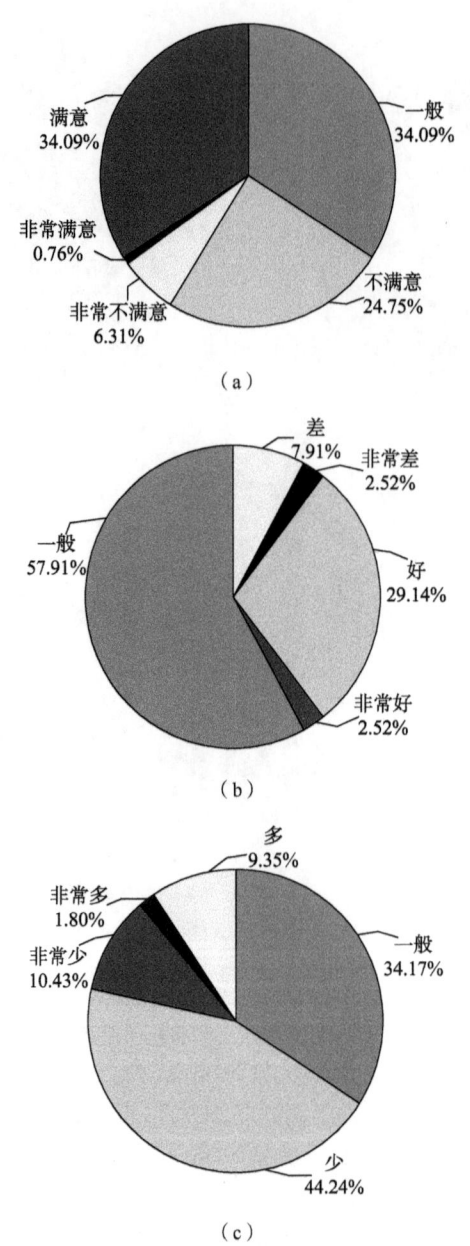

图 11.6 社会诚信氛围维度问题分布饼图

诚信监管维度（图 11.7）：法律对失信惩罚力度上，约 43.17%认为惩罚力度不严厉，而 37.77%的人认为惩罚力度一般，15.11%认为非常不严厉，只有极少数认为严厉或者非常严厉[子图（a）]；在所在地区对失信的监管力度上，认为一般的占比最大，为 47.12%，认为小或者非常小，分别占 31.29%和 16.19%，极少数样本认为所在地区监管力度大或者非常大[子图（b）]；在所在地区对诚信监管机制完善程度上，和上述情况类似，完善程度一般占比最大，为 47.12%，不完善和非常缺乏占比为 32.01%和 13.31%，不到 10%认为监管机制非常完善和比较完善[子图（c）]。综上，从数值反映来看，样本所在地区诚信监管水平处于较低水平。

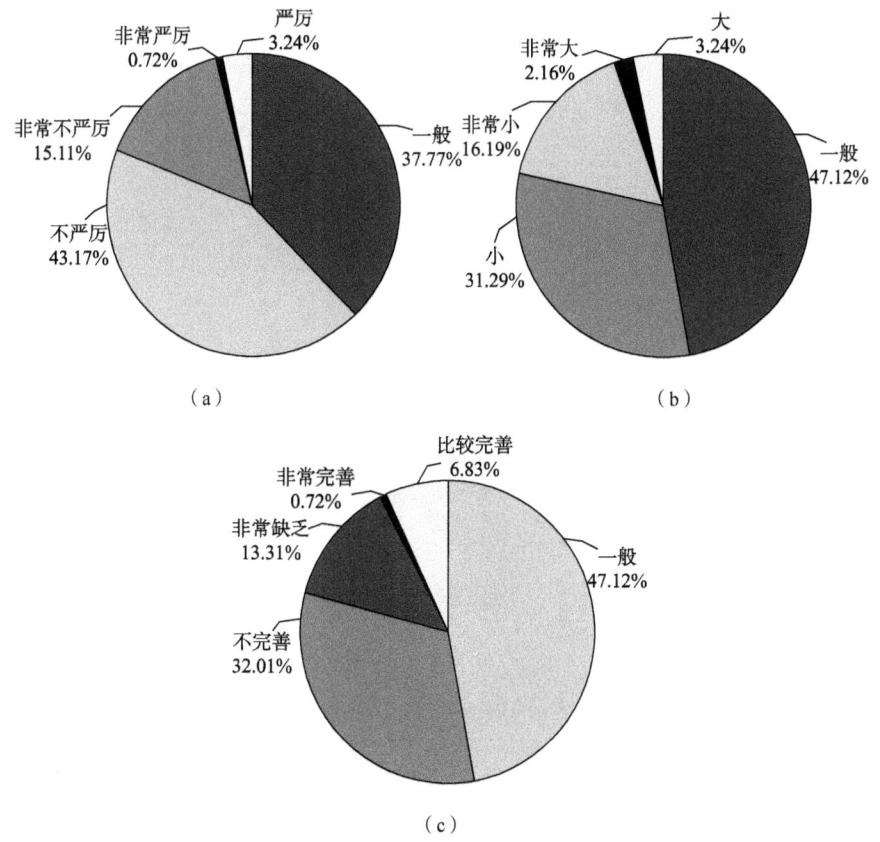

图 11.7 诚信监管维度问题分布饼图

网络诚信维度（图 11.8）：在网络失信现象上，失信现象非常多和多分别占比 36.33%和 49.64%，一般为 12.59%，只有极少数样本调查结果为少[子图（a）]；对网络信用机制完善程度调查上，不完善占比最大，为 43.88%，一般占比为 34.89%，非常不完善占比 14.39%，不到 10%认为比较完善和非常完善[子图（b）]；在网络对个人信息泄露层面上，认为泄露非常多和多的样本数约为 90%，只有极少数认为泄露现象少[子图（c）]。综上，调查结果反映当前人们对网络诚信建设不满意，失信现象普遍存在，诚信机制完善程度低，网络作为人们社交生活中的重要一环，对其诚信状况的建设迫在眉睫。

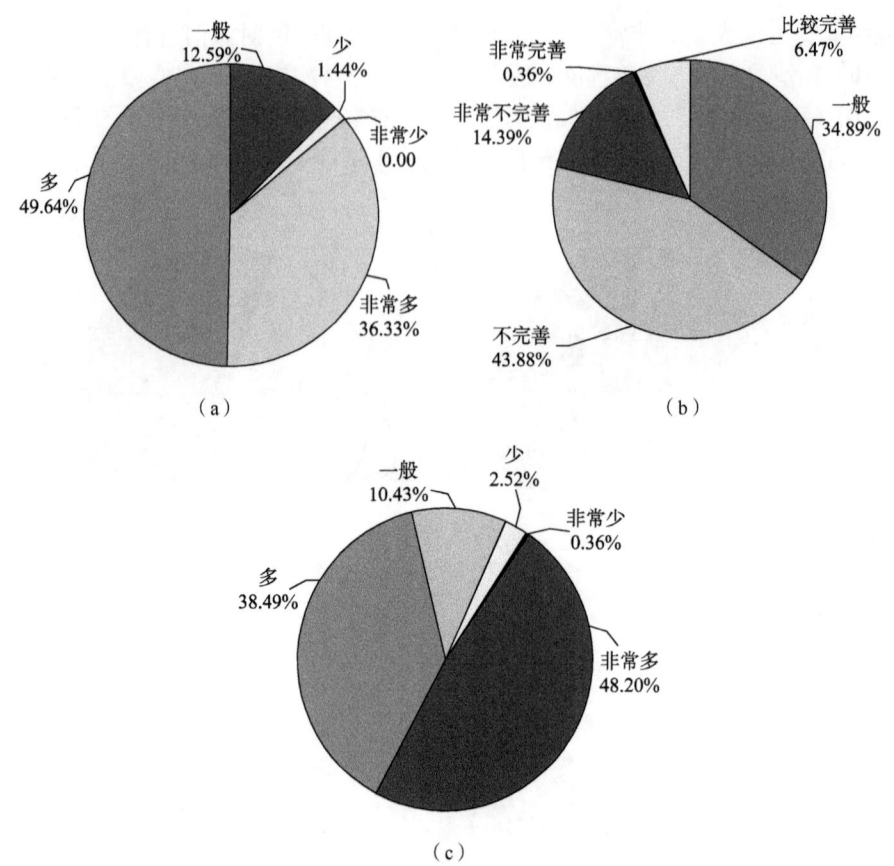

图 11.8　网络诚信维度问题分布饼图

个人诚信维度（图 11.9）：首先在按时还款方面，约 74.10%的样本能全部按时还款，约 20.86%的样本表示大部分能按时还款，约 5%的样本能部分还款或者不能还款[子图（a）]；在恶意透支信用卡方面，从不透支信用卡样本数占到了 93.52%[子图（b）]；在与人交往过程中，偶尔说谎样本人群占比约为 37.41%，从不和很少占比约为 10.07%和 49.28%[子图（c）]；在诚信状况看重程度方面，非常看重和比较看重占主要比例，分别为 48.56%和 46.76%[子图（d）]；在网络散播谣言上，从不散播谣言人群占比达到了 92.09%[子图（e）]；在偷税漏税方面，从不偷税漏税人群达到 93.16%[子图（f）]。综上所述，所调查样本具有较高的诚信度，在个人经济上，能够较为准时完成还款任务，并且几乎不透支信用卡和偷税漏税；在个人社交上，不散播谣言人群占比大，交往说谎程度较轻，并且在与人交往过程中一定程度上看重对方的个人诚信。

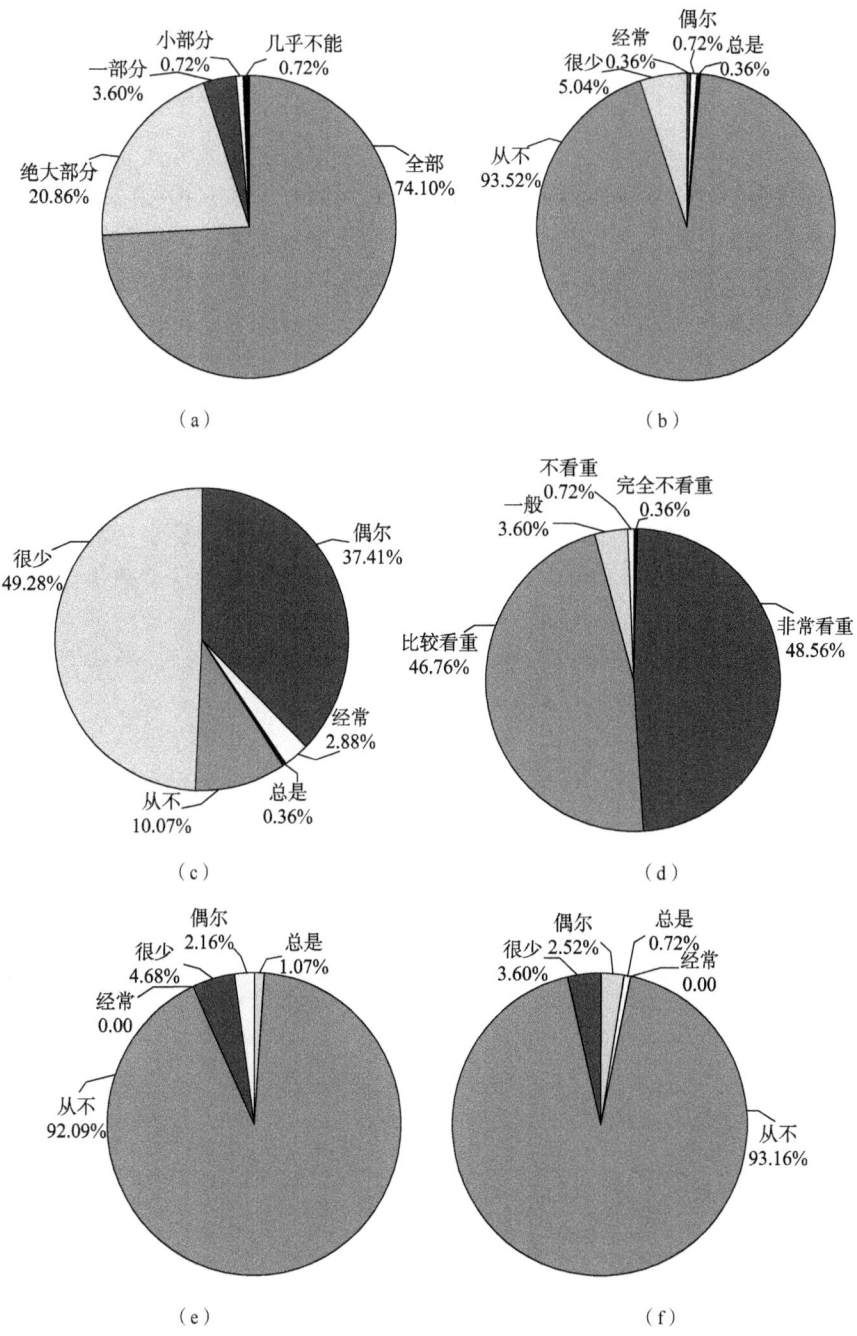

图 11.9 个人诚信维度问题分布饼图

11.4 结构方程模型检验与分析

将负向得分转化为正向得分，利用 AMOS 软件拟合数据检验结构方程模型，然后对模型进行评价，考察拟合效果。为了衡量拟合效果，需要对模型拟合进行评价。模型拟合指数是考察理论结构模型对数据拟合程度的统计指标，不同类别的模型拟合指数可以从模型复杂性、样本大小、相对性与绝对性等方面对理论模型进行度量。考虑 χ^2/df、RMSEA、SRMR、GFI、CFI、NFI 等拟合指数，这些指数是近些年结构方程分析考虑的普遍性指标。评价的标准是 $\chi^2/df<2$，RMSEA 与 SRMR$\leqslant$0.08，GFI 与 CFI$\geqslant$0.9，如果多数指标达到标准，仅个别指标未达到标准，但是接近标准，模型也是可以接受的（温忠麟等，2004）。

通过修正之后得到本章模型，参数估计表、标准化直接效应系数、间接系数及总效应系数如表 11.10 和表 11.11 所示，其中标准化的总效应系数为标准化的直接效应系数加上标准化的间接效应系数，其绝对值的大小直接反映了影响程度。对于最终模型，模型拟合接近为优。模型的拟合优度指数近似误差均方根，相对拟合度指数，拟合优度指数，都是非常好的适配。

表 11.10 模型的路径参数估计表

作用路径			估计值	标准误	临界比	显著性	标签
网络诚信	←	诚信监管	0.214	0.046	4.641	***	par_21
社会诚信氛围	←	诚信监管	0.395	0.065	6.059	***	par_20
社会诚信氛围	←	网络诚信	0.295	0.141	2.089	*	par_27
经济水平	←	诚信监管	0.143	0.045	3.179	***	par_22
诚信教育	←	社会诚信	0.177	0.076	2.328	*	par_26
个人诚信	←	个人期望	−0.130	0.053	−2.469	*	par_19
个人诚信	←	诚信教育	0.372	0.092	4.040	***	par_23
个人诚信	←	经济水平	−0.203	0.076	−2.688	**	par_31
Q_1	←	个人期望	1.000				
Q_2	←	个人期望	0.984	0.191	5.142	***	par_3
Q_3	←	个人期望	0.778	0.146	5.337	***	par_4
Q_5	←	诚信教育	1.000				
Q_7	←	诚信教育	1.184	0.256	4.625	***	par_5
Q_8	←	经济水平	1.000				
Q_9	←	经济水平	1.811	0.461	3.925	***	par_6

续表

作用路径			估计值	标准误	临界比	显著性	标签
Q_{10}	←	经济水平	0.896	0.242	3.695	***	par_7
Q_{22}	←	个人诚信	1.000				
Q_{23}	←	个人诚信	1.274	0.191	6.669	***	par_8
Q_{24}	←	个人诚信	1.233	0.195	6.307	***	par_9
Q_{13}	←	社会诚信	1.000				
Q_{12}	←	社会诚信	0.991	0.140	7.107	***	par_10
Q_{11}	←	社会诚信	1.326	0.175	7.585	***	par_11
Q_{17}	←	诚信监管	1.000				
Q_{16}	←	诚信监管	0.975	0.063	15.499	***	par_12
Q_{15}	←	诚信监管	0.807	0.058	13.900	***	par_13
Q_{20}	←	网络诚信	1.000				
Q_{19}	←	网络诚信	2.400	0.421	5.704	***	par_14
Q_{18}	←	网络诚信	0.865	0.166	5.219	***	par_15
Q_{25}	←	个人诚信	0.964	0.164	5.877	***	par_16
Q_{26}	←	个人诚信	0.452	0.176	2.573	**	par_17
Q_{27}	←	个人诚信	0.999	0.190	5.245	***	par_18

***表示 $p<0.001$，**表示 $p<0.01$，*表示 $p<0.05$

表 11.11 标准化效应系数总表

变量	标准化总效应系数	标准化间接效应系数	标准化直接效应系数
诚信监管→网络诚信	0.529		0.529
诚信监管→经济水平	0.324		0.324
诚信监管→社会诚信氛围	0.726	0.100	0.626
社会诚信氛围→诚信教育	0.217		0.217
诚信监管→个人诚信	0.003	0.003	
网络诚信→个人诚信	0.021	0.021	
社会诚信氛围→个人诚信	0.108	0.108	
诚信教育→个人诚信	0.499		0.499
经济水平→个人诚信	−0.235		−0.235
个人期望→个人诚信	−0.206		−0.206

根据检验，各观测变量与相应的潜变量之间的关系都是显著的。根据表 11.11

可知，个人期望负向影响个人诚信；诚信教育正向影响个人诚信；经济水平负向影响个人诚信；社会诚信氛围正向影响诚信教育；诚信监管正向影响网络诚信、经济水平及社会诚信氛围，且对社会诚信氛围的影响路径系数最大；网络诚信正向影响个人诚信。得到个人诚信影响因素关系图如图 11.10 所示，路径上的数字为标准化后的路径系数，路径系数越大表明路径起点的潜变量对路径终点的潜变量影响越大，因此，也越值得关注。综上，本章构建的结构方程模型获得了问卷调查所取得数据的支持。

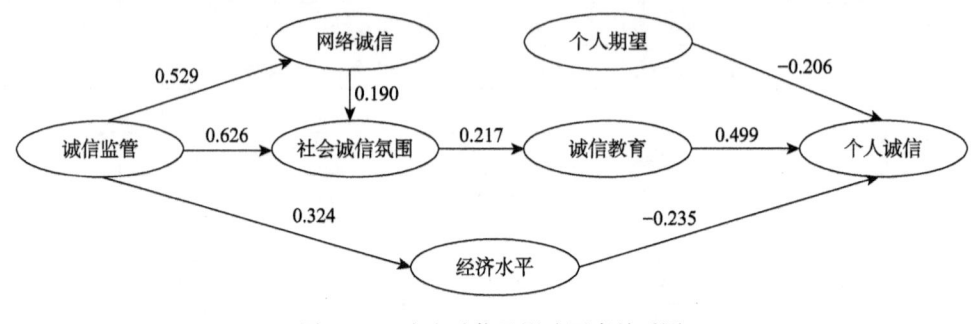

图 11.10　个人诚信及影响因素关系图

11.5　思考与启示

本章从个人诚信及其潜在影响因素出发，利用 5 点 Likert 量表及其变形形式设计量表进行调查，通过结构方程模型的检验得出：诚信监督正向影响社会诚信氛围、经济水平和网络诚信；社会诚信氛围正向影响诚信教育；个人诚信同时受个人期望、经济水平和诚信教育的影响，前两者为负向影响，后者为正向影响。根据检验结果，提出个人诚信建设的规划方向。

（1）个人期望正向影响个人诚信（$H_{11.1}$）没有得到验证。就本章调查样本而言，个人期望对个人诚信度是负向影响的关系，其标准化总效应系数为-0.206，即个人期望越高，个人诚信度越低。在现实生活中，个人期望与个人实际情况相差较大，人们可能会在高期望的促使下，做出一些失信的举动，因此个人期望的设定应该是基于自身的实际情况下做出的综合考虑。

（2）诚信教育正向影响个人诚信（$H_{11.2}$）得到验证，标准化总效应系数为 0.499。结果表明，在诚信教育、经济水平及个人期望三个因素中，诚信教育对个人诚信影响的路径系数的绝对值最大，即诚信教育对个人诚信的影响最大。随着诚信教育的加强，个人诚信度会得到提升。为加强诚信教育，就家庭而言，应对孩子从小灌输诚信观念，树立正确的道德观；就学校而言，应加强诚信管理，普及诚信知识，创造诚信氛围。

（3）经济水平正向影响个人诚信（$H_{11.3}$）没有得到验证。结果表示经济水平对个人诚信是负向影响的关系，其标准化总效应系数为-0.235。经济发展水平代表着个人所处地区经济发展的规模、速度和达到的水准及个人经济水平。就本章调查样本而言，经济水平越高，个人诚信度越低，这可能和我国经济发展仍处在上升期有关。在经济发展的同时国民素质的提升滞后从而带来了个人诚信的问题，因此，我国在追求经济发展的过程中，应将经济发展和诚信发展同步起来。

（4）社会诚信氛围正向影响诚信教育（$H_{11.4}$）得到验证，其标准化直接效应系数为 0.217。社会诚信氛围能够通过影响诚信教育间接影响个人诚信。根据表 11.11 可知，社会诚信氛围对个人诚信的标准化总效应系数为 0.108，即社会诚信氛围正向影响个人诚信。个人诚信受到一定的环境氛围的影响，因此，为提高个人诚信度，政府要增加对诚信的宣传活动，对诚信活动采取激励措施同时也要加大对失信行为的惩罚，构建良好的社会诚信氛围。

（5）诚信监管正向影响网络诚信、经济水平及社会诚信氛围（$H_{11.5}$）得到验证，其标准化直接效应系数分别为 0.529、0.324、0.626。诚信监管通过对社会诚信的影响从而影响诚信教育，间接影响个人诚信，其标准化总效应系数为 0.003，即诚信监管正向影响个人诚信。目前，我国尚未出台国家层面的诚信管理制度，对个人或企业等主体的诚信行为缺乏有效监管。政府应完善诚信制度、出台诚信管理办法、组建诚信管理机构，使诚信行为得到鼓励，失信行为受到处罚。

（6）网络诚信正向影响社会诚信氛围（$H_{11.6}$）得到验证，其标准化直接效应系数为 0.190。网络诚信不但能影响社会诚信，也能间接影响个人诚信，根据表 11.11 可知其标准总效应系数为 0.021。在互联网飞速发展的今天，应提高重视网络诚信，要加强对网络世界的监管，树立网络规范，对网络失信现象加以整治，必要时可以将网络监管纳入法律规范之内。

针对上述分析，个人诚信建设可分为内部构建和外界强化的过程（图 11.11）。内部构建主要是从个人出发，结合自身实际建立恰当的个人期望。并且当下处于国家经济上升期，在追求经济发展的同时需注意国民整体素质的培养和提升以及道德的加强。外界强化主要依托于社会诚信机制的建立，从而对个人失信行为产生外界约束，提高失信成本，降低失信行为发生概率。完善相应的诚信监管机制、重视诚信教育的问题、加强网络诚信建设，构造良好的诚信氛围。社会整体诚信氛围的改善，能够为个人诚信的建设打下坚实的外部基础。在我国当前的社会发展阶段，个人诚信建设与发达国家相比还有很长的路要走，主要体现在个人诚信领域的法律法规还不太完备、个人信用等级评估缺乏一致的标准、民众缺乏现代信用意识这几方面，这是我国在个人诚信建设领域亟待解决的问题。要解决这些问题,可以从以下几方面出发:增加个人信用领域法律法规的制定、扩大信用信息的使用范围并制定合理的惩戒措施、弘扬诚实守信的社会主义核心价值观。

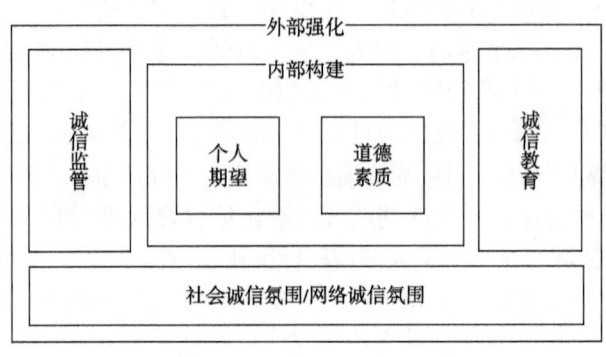

图 11.11　个人诚信建设规划

第 12 章　基于结构方程模型的高校学生诚信行为影响机制分析

当代大学生诚信的主流是积极向上的，高校学生作为国家培养的专业高级人才，代表着社会最前沿的思想、技术和流行文化，是社会中最特殊、最有活力的一类人，是推进社会进步不可或缺的一部分。所以，推动我国高校学生的诚信制度建设，对健全国家诚信制度体系，提高国民诚信意识具有积极的推动作用。影响高校学生诚信的潜在因素主要包括社会诚信氛围、法律监管及家庭环境等，其中社会环境氛围和法律监管直接受到国家诚信制度的影响，良好的社会诚信氛围和健全的法律监管体系是国家诚信制度长期有效作用的结果。高校学生将直接作用于社会，良好的高校学生诚信行为对社会诚信氛围有着正面的推动作用。因此，研究高校学生诚信行为影响因素间的交互作用对政策建议的提出和国家诚信制度的建设具有重要指导意义。

本章研究了高校学生诚信行为的影响因素。基于高校学生诚信特征及其潜在的影响因素，提出了高校诚信影响因素的交互预设模型；研究了影响因素内涵，并对各因素的可测变量进行设计。通过预调研方法对问卷题项进行筛选，利用探索因子分析和 Cronbach's α 系数方法进行了问卷的效度和信度分析；采用结构方程模型对预设模型进行了验证和检验，进而提出了高校学生诚信行为改善的建议。

12.1　背景及研究现状描述

诚信是社会主义核心价值观的重要组成内容之一，高校学生是推动我国社会发展和经济进步的栋梁之材，是整个中华民族的希望和未来，其诚信状况将直接或间接地影响我国社会诚信制度的构建和社会整体的诚信环境。针对这一社会形势,我国发布了《关于进一步加强和改进大学生思想政治教育的意见》,将诚信教育和思政教育作为高校对大学生教育中不可或缺的一部分,高校诚信教育关乎民族发展的大计。当前高校学生的诚信度问题与高校的教育有着密切的联系,如今我国高校诚信教育缺乏实效性、开放性,过分强调理论灌输,忽视理论与实践相结合的引导教育方式,脱离现实生活。诚信与否仅以考分作为评判依据,导致诚信教育本质歪曲,并且产生了严重的负面影响。另外现代社会互联网的普及使得高校学生的失信行为呈现日益增长的趋势。

杨江水(2008)从社会环境的维度剖析了社会环境对高校学生诚信的影响,社会环境包括社会诚信氛围、经济条件、法律环境、国家政治大环境等。社会诚信氛围会对高校诚信氛围的构建产生巨大的影响,当今社会的确存在很多失信现象:假冒产品充斥市场、虚假广告泛滥、大学生论文抄袭、文化产品盗版、政府官员贪污腐败等。这些都给大学生的诚信意识养成带来了十分消极的影响。失信惩罚机制的不完善和社会信用评估体系的不健全使得部分失信者钻法律监管漏洞,无法得到相应的制裁,这进一步助长了大学生淡漠诚信的心态。

邢连清(2005)主要从家庭环境的角度分析了家庭教育对学生诚信品德的影响。研究阐述了中国家庭对子女的教育从来都是重智育、轻德育。从子女刚出生开始,只注重孩子的智力教育,其他方面都是次要的,甚至是可以忽略的。在对子女的教育过程中,家长们只一味要求得高分、进名校,只重视学习成绩的好坏,忽视对子女的思想品德教育,对子女的不诚信行为也没有进行及时监督和纠正;另外,部分家长自身在生活和工作中就存在不诚信行为,这也是造成学生诚信危机的原因之一。

郑直和李宝航(2011)则主要从学生自身素质角度探讨了高校学生自身素质的差异对学生个人诚信的影响。学生个人素质包括学生的个人期望、恋爱观等维度。虽然绝大多数大学生在做事前对事情的认识是积极和正确的,并且努力追求内在品格和修养的自我完善,能够清楚地知道什么该做什么不该做,在一定程度上能够明辨是非,但由于社会上错误道德观念的引导,加上他们自我控制能力和意识薄弱,对自我行为进行规范的自觉性不强,不能准确地把握自己,所以在做事情的过程中很容易出现失信的情况,表现出与诚信背道而驰的思维和行为模式。有研究表明,在大学期间有过欺骗行为的大学生,在工作中也容易出现不诚信的行为。

现有研究总结了一些影响高校学生诚信的因素,但对大学生不诚信行为背后深层的影响因素及其相互作用的研究成果相对较少,尤其是针对我国在校大学生诚信现状,哪些因素能够影响大学生诚信、哪些因素在其背后起到主要作用,研究尚不充分。

本章在国内外学者对高校学生诚信现状及影响因素的研究基础上,通过对高校学生进行问卷调查获取相关资料与数据；构建影响大学生诚信的理论假设与概念模型，并对所收集的数据，采用结构方程模型方法，利用 SPSS 和 AMOS 软件进行统计分析，验证理论假设和概念模型的正确性，分析不同因素对大学生诚信的作用路径和效果。

12.2 研究假设及模型构建

通过文献调研及对相关人员的访谈，本章从高校学生个人诚信度维度、个人期望维度、恋爱观维度、网络环境维度、学校和家庭环境维度和社会环境维度六个方面研究高校学生诚信及影响因素。

个人诚信度维度是高校学生诚信状况的直接体现，高校学生诚信的直接观测量是学生在日常生活、学习、与人交往过程中的诚信体现，本章用个人诚信度来概括。

个人期望维度是高校学生对自身的期望与要求，它直接或者间接地影响着一个人的做事方式。随着社会的进步和社会经济的发展，大学生作为一个能够很快吸收社会文化氛围的群体，社会上的不良现象很容易渗透到大学校园当中，进而出现抄袭剽窃课程论文等不诚信行为。这类现象不断在学生的生活与学习中蔓延加剧，甚至出现模仿社会上种种不良做法的情况，呈现出不可控的态势。

恋爱观维度是指一个人对爱情的认识与了解，对恋爱的态度、看法及行为倾向。一个人的恋爱观很大程度上取决于他的世界观、人生观和价值观。不同的理想、信念、思想、人生观和心理素质，形成了不同的恋爱观。不同类型的恋爱观，可能会导致在恋爱过程中，部分学生无法平衡爱情与其他事务（如事业与经济能力）的关系，没有很强的承受恋爱挫折的能力，在这个过程中，失信行为就很容易发生。

网络环境维度指网络资源与网络工具发生作用的地点。目前我国处于社会转型期，各种利益冲突明显已经引发了诸多社会信用问题，如"大 V"的造谣、传谣对大学生造成了严重不良影响，甚至一些大学生也在自觉或者不自觉中传播了谣言。在网络社会失信惩罚机制没有建立的情况下，大学生可能因为一些特定场合利益而漠视诚信价值精神。新兴网络世界虚拟化的关系已经极度弱化了诚信体系，大学生诚信体系几近瓦解。一种新的诚信生活行为体系还未能够构建。目前网络诚信监督机制的缺位导致诚信教育失效，从而导致大学生出现失信的行为。大学生在面对诚信选择的时候，很可能选择失信的选项。

学校和家庭环境维度包含了学校环境和家庭环境，把这两类划分在一起是因为作为高校学生，日常生活中接触最多的是家庭的诚信环境和学校的诚信氛围。

父母"望子成龙,望女成凤",在学生时期多是体现在对子女所取得的成绩上的期望,而很少有对子女在个人道德与修养上的期望,或者说是对子女在成绩上的期望远远大于子女在个人修养上的期望。正是由于这种观念,让家庭成员对子女产生过度的迁就与溺爱,忽视对子女思想道德品质上的引导与培养,错过了孩子形成良好道德品质的关键时期。另外,高校教育对大学生树立正确的人生观念、正确的世界观、价值观、是非观起着不可或缺的作用。在当今教育体制下,应试教育、高升学率成为学校办学水平最为重要的衡量标准,而在对学生的培养方案中,鲜有对学生的品德与修养培养,校方只是千方百计地提高学生的学习成绩,而轻视对学生的德育教育。

社会环境维度细分为社会的法律、经济及社会诚信氛围。诚信作为一个道德品质,是人们在社会实践中逐渐形成,在一定社会环境下的产物。社会经济发展水平是指高校所处区域的经济现状,区域的经济规模、人民收入及生活水平,是诚信建立的经济基础。诚信法制是指维护社会诚信的法律规范的总称。在市场经济中面对经济主体的利益驱动,不能仅仅依靠道德的约束和自制机制来实现全社会的诚信,法律体系为市场经济中的失信状况提供了一个监视器,对社会中的失信情况进行有效的监管。作为诚信建设的领导者,政府代表国家和人民管理国家及地方事务,其中必然包括社会稳定和社会诚信建设。政府具有宏观调控职能,对诚信起着直接的监督作用,是诚信体系和诚信制度建设过程中最为重要的一个角色。

根据上述因素,本章做出如下假设,并得到本章的预设模型,如图12.1所示。

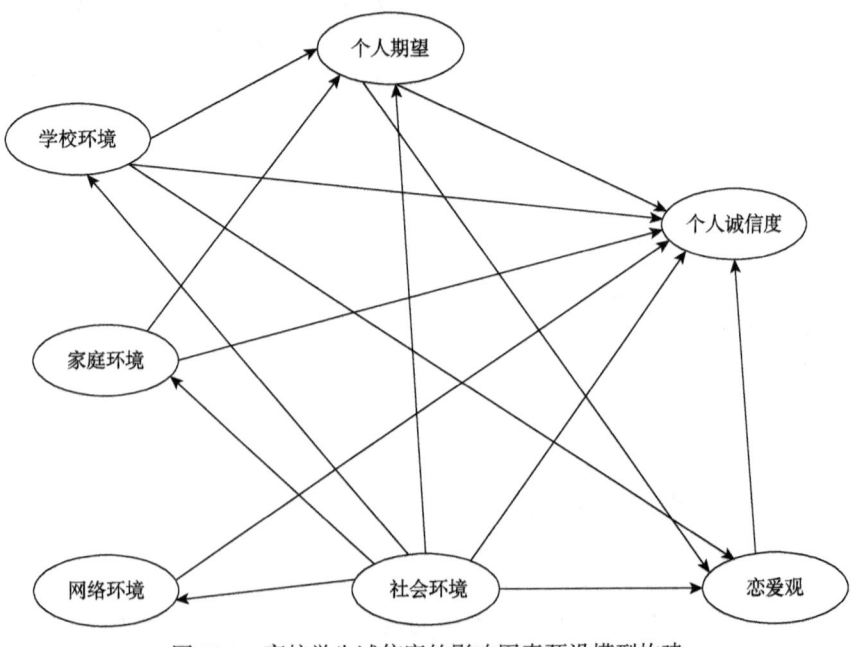

图 12.1　高校学生诚信度的影响因素预设模型构建

$H_{12.1}$：学校环境正向影响个人诚信度。家庭环境、学校环境、网络环境和社会环境是学生在成长历程当中直接影响较大的外在条件。家庭环境包括家庭成员间的沟通情况、家庭的经济条件等；学校环境包括学校的人文环境、对学生的诚信教育；而网络环境广义来说也是属于社会环境的一部分，社会环境中除了网络环境，还有诸如社会整体诚信度、社会诚信相关的法律等。以上环境因素都会对高校学生的诚信产生直接或者间接的影响。

$H_{12.2}$：学校环境和个人期望正向影响学生的恋爱观。高校学生的最直接的生活环境是学校，在对恋爱对象的选择和对恋爱的态度上都有可能会受到学校环境的影响。在学校，每个学生都是独立的个体，而他们在恋爱观上也是较为特殊的一类群体，无法正确对待恋爱的过程。学校环境、社会环境越好，个人期望越高，他们的恋爱观会促进学生在恋爱过程中保持诚信。

$H_{12.3}$：家庭环境、社会环境和学校环境正向影响学生的个人期望。家庭环境优越、家庭教育严格的学生，可能从小对个人期望的要求会更高。而社会环境对学生个人期望的影响很大，一个好的社会风气，如好的社会诚信氛围会使学生自动受到周围环境的影响，从小形成较高的个人期望。在学校环境方面，学校是一个竞争较为激烈的场所，如学习成绩、生活水平都会影响到学生的个人期望。

$H_{12.4}$：社会环境、网络环境和恋爱观负向影响个人诚信度。在社会整体诚信缺失的背景下，个人的诚信道德会受到整体社会不道德行为的影响，其中社会上贪污舞弊现象对社会环境影响最大。其次是利益至上观念，在社会上很多人的思想观念当中，认为诚实守信会付出极高的维护成本，却未得到应有的回报，所以不诚信的行为开始产生。久而久之，致使诚信渐行渐失，社会诚信环境恶化。显然，大学生开始模仿社会上追求不正当利益的手段，导致大学生不诚信。类似地，网络环境的优良与否，对个人诚信度也有较大影响。不恰当的恋爱观可能对个人诚信造成负面影响。所以，加速推进社会诚信制度建设，构建诚信的社会大环境和网络环境，是加强大学生诚信教育的关键所在。

$H_{12.5}$：社会环境正向影响学校环境、家庭环境、个人期望、网络环境和恋爱观。社会环境就是我们所处的社会政治、经济、法治、科技、文化等环境。社会环境对我们每个人的职业生涯和人生发展都有着重大的影响。简单来说，社会环境即人类生活的直接环境，如家庭、劳动组织、学习条件和其他集体性社团等。社会环境对人整体观念的形成和健全起着重要作用，人类活动同时也会给予社会深刻的影响，在影响社会环境的同时，人类本身也因为适应社会改造需要，会随着社会环境变化而不断变化。优越的社会环境，对整个社会中个体或集体的良好发展都有着积极的促进作用。

12.3 方案设计及组织实施

12.3.1 问卷设计

高校学生诚信的潜在影响因素多为定性和抽象的，难以定量描述，更不能直接测量。通过量表可以将被调查者的回答转化为定量的数值，进而用于统计分析。本章在借鉴理论研究和各行业实证研究的基础上，本着综合性、科学性等原则，针对高校学生诚信的潜在影响因素设计 5 点 Likert 量表。高校学生诚信及其潜在影响因素为潜变量，每个潜变量均由 3~5 个可测变量进行衡量，潜变量及其需要观测的具体范畴见表 12.1。将可测变量转化成简洁、明确、没有歧义的问题，并制成预试问卷进行发放。设计了 1 组意思相同但说法不同的题目以便筛选问卷。

表 12.1 潜变量及其可测变量

潜变量	可测变量
个人诚信度	图书馆借阅书籍逾期不还频度（Q_4） 区域诚信度（Q_5） 考试作弊频度（Q_6） 不符合申请助学金要求申请助学金（Q_7） 捏造请假理由（Q_8） 完成论文或作业时抄袭情况（Q_9）
个人期望	个人的未来自我期望（Q_{10}） 对突出成绩的期望程度（Q_{11}） 大学生对物质的追求程度（Q_{12}） 对求职简历注水的失信情况（Q_{13}） 个人对诚信问题的相关了解（Q_{14}）
恋爱观	对于恋爱的态度（Q_{15}） 择偶标准（Q_{16}） 恋爱过程中的失信行为（Q_{17}） 谈恋爱的目的（Q_{18}）
网络环境	网络世界的失信现象（Q_{19}） 个人在网上发布谣言的频度（Q_{20}） 网络泄密现象（Q_{21}） 网上交易的可信度（Q_{22}） 网络信用机制（Q_{23}）
学校环境	学校对学生的诚信教育（Q_{24}） 校园诚信宣传活动频次（Q_{25}） 学校诚信环境状况（Q_{26}） 学校的诚信监管措施（Q_{27}）

续表

潜变量	可测变量
家庭环境	家庭的诚信教育力度（Q_{28}） 父母对孩子的诚信教育重视程度（Q_{29}） 家庭成员的沟通情况（Q_{30}） 家庭的经济状况（Q_{31}）
社会环境	区域的经济发展状况（Q_{32}） 经济发展与诚信的关联度（Q_{33}） 社会整体诚信状况（Q_{34}） 周围人的诚信度（Q_{35}） 区域诚信宣传活动的频次（Q_{36}） 社会失信现象（Q_{37}） 法律对失信行为的惩罚力度（Q_{38}） 对失信违法成本的关注度（Q_{39}） 诚信状况与国家发达程度的关联（Q_{40}）

12.3.2 预调研及测项筛选

预调研共发放问卷 208 份，通过筛选得到有效问卷 200 份，对问卷进行编码并将反向问题转化成正向问题，将数据录入 SPSS 19 软件并对预试结果进行分析，采取临界比、相关系数和 Cronbach's α 值三种方法进行分析筛选。

（1）临界比：在临界比达到统计显著的前提下，认为临界比越大，题项的鉴别力越强。若未达到统计显著，则认为题项不能鉴别不同被试者的反应，应将其删除。将被试的总得分从高到低排列，前 25%为高分组，后 25%为低分组，然后将高低两组在题目平均数上的差异进行独立样本 t 检验，该 t 值即为临界比。

（2）校正后的项总计相关性：该指标衡量可测变量与潜变量的相关性，若值小于 3.0，则认为题项与总体相关性太低，删除题项后再次计算各条目的该指标，直至所有题项与总体相关性均达到 3.0 以上。

（3）Cronbach's α 值：在统计（经典测试理论）理论中，信度的 α 作为一个心理测试的可靠性估计。可以将 α 看成两次测试同一构造的预期相关性，一般要求其值大于 0.6。

以 Q_4 为例，Q_4 的临界比为 0.024，校正后的项总计相关性为 0.032，小于 0.3，表明该题项与总体相关性太低，在将该题项删除后的 Cronbach's α 值为 0.702，相比不删除时的 0.625 有显著增加，结合以上分析，将可测变量 Q_4 删除。同理删除可测变量 Q_{14}、Q_{15}、Q_{18}、Q_{21}、Q_{23}、Q_{31}、Q_{32}、Q_{37}、Q_{38}、Q_{39}，最终题项筛选结果整理结果如表 12.2 所示。

表 12.2　可测变量筛选结果整理

潜变量	可测变量	临界比	校正后的项总计相关性	题目删后 Cronbach's α	结果
个人诚信度	Q_4	0.224*	0.032	0.702	删除
	Q_5	4.202*	0.384	0.578	保留
	Q_6	4.254*	0.461	0.547	保留
	Q_7	1.158*	0.415	0.556	保留
	Q_8	2.495*	0.483	0.528	保留
	Q_9	5.312*	0.445	0.542	保留
	初始 Cronbach's α=0.625，最终 Cronbach's α=0.702				
个人期望	Q_{10}	11.878*	0.546	0.502	保留
	Q_{11}	13.507*	0.552	0.598	保留
	Q_{12}	10.183*	0.474	0.546	保留
	Q_{13}	5.198*	0.381	0.599	保留
	Q_{14}	3.059*	0.046	0.714	删除
	初始 Cronbach's α=0.636，最终 Cronbach's α=0.714				
恋爱观	Q_{15}	4.208*	0.242	0.529	删除
	Q_{16}	3.201*	0.455	0.339	保留
	Q_{17}	2.793*	0.575	0.212	保留
	Q_{18}	_0.703*	0.069	0.650	删除
	初始 Cronbach's α=0.534，最终 Cronbach's α=0.778				
网络环境	Q_{19}	11.878*	0.615	0.490	保留
	Q_{20}	13.507*	0.548	0.529	保留
	Q_{21}	2.561*	0.252	0.674	删除
	Q_{22}	8.787*	0.521	0.558	保留
	Q_{23}	3.597*	0.165	0.707	删除
	初始 Cronbach's α=0.654，最终 Cronbach's α=0.768				
学校环境	Q_{24}	12.965*	0.668	0.696	保留
	Q_{25}	13.018*	0.611	0.725	保留
	Q_{26}	10.156*	0.529	0.768	保留
	Q_{27}	7.793*	0.587	0.743	保留
	初始 Cronbach's α=0.787，最终 Cronbach's α=0.787				

续表

潜变量	可测变量	临界比	校正后的项总计相关性	题目删后 Cronbach's α	结果
家庭环境	Q_{28}	7.930*	0.702	0.493	保留
	Q_{29}	6.140*	0.671	0.526	保留
	Q_{30}	4.477*	0.436	0.675	保留
	Q_{31}	5.036*	0.204	0.790	删除
	初始 Cronbach's α=0.702，最终 Cronbach's α=0.790				
社会环境	Q_{32}	1.745*	0.084	0.718	删除
	Q_{33}	11.529*	0.52	0.622	保留
	Q_{34}	13.118*	0.49	0.630	保留
	Q_{35}	10.022*	0.427	0.645	保留
	Q_{36}	8.603*	0.555	0.624	保留
	Q_{37}	2.631*	0.293	0.672	删除
	Q_{38}	4.735*	0.265	0.675	删除
	Q_{39}	1.617*	0.267	0.679	删除
	Q_{40}	3.348*	0.415	0.647	保留
	初始 Cronbach's α=0.685，最终 Cronbach's α=0.737				

*表示 $p<0.05$

12.3.3 问卷的科学性检验——效度分析-因子分析

由于目前尚无学者提出高校学生诚信影响因素的明确内涵，以及设计相应的量表，因此本章在问卷获取数据的基础上进行探索性因子分析，以检验量表的结构效度。进行探索性因子分析，首先要对数据进行检验，判断数据是否具备因子分析的条件，普遍接受的是采取 KMO 值测度和 Bartlett's 球形检验。

1. 个人诚信度维度

个人诚信度维度是个人诚信度的直接测量，用于直接体现高校学生个人诚信度。个人诚信度维度的 KMO 和 Bartlett's 球形检验结果如表 12.3 所示。分析结果显示，个人诚信度维度的 KMO 值为 0.717，大于 0.7，表明该量表的项目非常适合进行因素分析。Bartlett's 球形检验显著性系数为 0.000，也说明数据相关矩阵不是单位矩阵，数据适合做因素分析。

表 12.3　个人诚信度维度 KMO 和 Bartlett's 球形检验

检验取样足够度的 KMO 度量		0.717
Bartlett's 球形检验	近似卡方	168.629
	df	15
	Sig.	0.000

对个人诚信度维度各可测变量进行因子分析，旋转方法采用方差最大正交旋转法，这种方法认为各变量是因子的线性组合，并假定各因子不相关，主成分为方差最大的成分。因子分析后，所有 6 个可测变量聚合成两个因子，旋转后的成分矩阵如表 12.4 所示。因子 1 包含 5 个可测变量，因子 2 包含 1 个可测变量。在解释能力上，因子 1 解释了总变异的 38.769%，因子 2 解释了总变异的 16.770%，两个因子的总变异解释能力为 55.539%，解释了大部分的变异。

表 12.4　个人诚信度维度旋转成分矩阵

个人诚信度维度	成分	
	因子 1	因子 2
Q_9	0.718	
Q_8	0.703	
Q_6	0.693	
Q_7	0.66	
Q_5	0.617	
Q_4		0.992

2. 个人期望维度

个人期望维度为高校学生对个人发展的期望水平。个人期望维度的 KMO 和 Bartlett's 球形检验结果如表 12.5 所示。分析结果显示，个人期望维度的 KMO 值为 0.703，大于 0.7，表明该量表的项目非常适合进行因子分析。此外，Bartlett's 球形检验显著性系数为 0.000，说明数据相关矩阵不是单位矩阵，数据适合做因子分析。

表 12.5　个人期望维度 KMO 和 Bartlett's 球形检验

检验取样足够度的 KMO 度量		0.703
Bartlett's 球形检验	近似卡方	186.132
	df	10
	Sig.	0.000

在对个人期望各可测变量进行因子分析的过程中，旋转方法采用方差最大正

交旋转法，由于只包含 Q_{10}、Q_{11}、Q_{12}、Q_{13}、Q_{14} 共 5 个可测变量，且变量之间相关性较大，采取给定数量进行因子抽取，按照原先假定，抽取 2 个因子。因子分析后，所有 5 个可测变量聚合成两个因子，旋转后的成分矩阵如表 12.6 所示。因子 1 包含 4 个可测变量，因子 2 包含 1 个可测变量，在解释能力上，因子 1 解释了总变异的 44.643%，因子 2 解释了总变异的 20.188%，两个因子的总变异解释能力为 64.831%，解释了大部分的变异。

表 12.6　个人期望维度旋转成分矩阵

个人期望维度	成分	
	因子 1	因子 2
Q_{11}	0.829	
Q_{10}	0.824	
Q_{12}	0.706	
Q_{13}	0.603	
Q_{14}		0.981

3. 恋爱观维度

恋爱观维度为高校学生在选择恋爱对象过程中和与恋爱对象交往过程中的各种个体行为表现。恋爱观维度的 KMO 和 Bartlett's 球形检验结果如表 12.7 所示。分析结果显示，恋爱观维度的 KMO 值为 0.728，大于 0.7，表明该量表的项目非常适合进行因子分析。此外，Bartlett's 球形检验显著性系数为 0.000，也说明数据相关矩阵不是单位矩阵，数据适合做因子分析。

表 12.7　恋爱观维度 KMO 和 Bartlett's 球形检验

检验取样足够度的 KMO 度量		0.728
Bartlett's 球形检验	近似卡方	126.106
	df	6
	Sig.	0.000

对恋爱观各可测变量进行因子分析，旋转方法采用方差最大正交旋转法，由于只包含 Q_{15}、Q_{16}、Q_{17}、Q_{18} 共 4 个可测变量，且变量之间相关性较大，抽取 2 个因子。因子分析后，所有 4 个可测变量聚合成两个因子，旋转后的成分矩阵如表 12.8 所示。因子 1 包含 3 个可测变量，因子 2 包含 1 个可测变量，在解释能力上，因子 1 解释了总变异的 45.355%，因子 2 解释了总变异的 25.168%，两个因子的总变异解释能力为 70.523%，解释了大部分的变异。

表 12.8　恋爱观维度旋转成分矩阵

恋爱观维度	成分	
	因子 1	因子 2
Q_{17}	0.863	
Q_{15}	0.844	
Q_{16}	0.579	
Q_{18}		0.976

4. 网络环境维度

网络环境维度为高校学生在日常生活中所直接接触的各类网络信息，包涵网络谣言、网络诈骗等网络环境。网络环境维度的 KMO 和 Bartlett's 球形检验结果如表 12.9 所示。分析结果显示，网络环境维度的 KMO 值为 0.773，大于 0.7，表明该量表的项目非常适合进行因子分析。此外，Bartlett's 球形检验显著性系数为 0.000，也说明数据相关矩阵不是单位矩阵，数据适合做因子分析。

表 12.9　网络环境维度 KMO 和 Bartlett's 球形检验

检验取样足够度的 KMO 度量		0.773
Bartlett's 球形检验	近似卡方	205.024
	df	10
	Sig.	0.000

在对网络环境各可测变量进行因子分析的过程中，旋转方法采用方差最大正交旋转法，由于只包含 Q_{19}、Q_{20}、Q_{21}、Q_{22}、Q_{23} 共 5 个可测变量，且变量之间相关性较大，抽取 2 个因子。因子分析后，所有 5 个可测变量聚合成两个因子，旋转后的成分矩阵如表 12.10 所示。因子 1 包含 4 个可测变量，因子 2 包含 1 个可测变量，在解释能力上，因子 1 解释了总变异的 45.009%，因子 2 解释了总变异的 20.708%，两个因子的总变异解释能力为 65.717%，解释了大部分的变异。

表 12.10　网络环境维度旋转成分矩阵

网络环境维度	成分	
	因子 1	因子 2
Q_{19}	0.865	
Q_{20}	0.805	
Q_{22}	0.654	
Q_{21}	0.577	
Q_{23}		0.885

5. 学校和家庭环境维度

学校和家庭环境维度为高校学生在成长过程中接触最密切的两大环境,其中学校环境包括其人文环境、诚信教育、监管力度等,而家庭环境包括家庭经济状况、家庭诚信教育等。学校和家庭环境维度的 KMO 和 Bartlett's 球形检验结果如表 12.11 所示。分析结果显示,学校和家庭环境维度的 KMO 值为 0.765,大于 0.7,表明该量表的项目非常适合进行因子分析。此外,Bartlett's 球形检验显著性系数为 0.000,也说明数据相关矩阵不是单位矩阵,数据适合做因子分析。

表 12.11　学校和家庭环境维度 KMO 和 Bartlett's 球形检验

	检验取样足够度的 KMO 度量	0.765
Bartlett's 球形检验	近似卡方	666.367
	df	28
	Sig.	0.000

对学校和家庭环境各可测变量进行因子分析,旋转方法采用方差最大正交旋转法。因子抽取则采用主成分分析法。由于只包含 Q_{24}、Q_{25}、Q_{26}、Q_{27}、Q_{28}、Q_{29}、Q_{30}、Q_{31} 共 8 个可测变量,且变量之间相关性较大,抽取 2 个因子。因子分析后,所有 8 个可测变量聚合成两个因子,旋转后的成分矩阵如表 12.12 所示。因子 1 包含 3 个可测变量,因子 2 包含 5 个可测变量,在解释能力上,因子 1 解释了总变异的 46.340%,因子 2 解释了总变异的 14.101%,两个因子的总变异解释能力为 60.441%,解释了大部分的变异。

表 12.12　学校和家庭环境维度旋转成分矩阵

学校和家庭环境维度	成分	
	因子 1	因子 2
Q_{28}	0.901	
Q_{29}	0.851	
Q_{30}	0.667	
Q_{26}		0.743
Q_{27}		0.705
Q_{31}		0.658
Q_{24}		0.655
Q_{25}		0.603

6. 社会环境维度

社会环境维度主要包括社会诚信氛围的衡量、社会整体经济状况、社会诚信监管体制等。社会环境维度的 KMO 和 Bartlett's 球形检验结果如表 12.13 所示。分析结果显示，社会环境维度的 KMO 值为 0.730，大于 0.7，表明该量表的项目非常适合进行因子分析。此外，Bartlett's 球形检验显著性系数为 0.000，也说明数据相关矩阵不是单位矩阵，数据适合做因子分析。

表 12.13 社会环境维度 KMO 和 Bartlett's 球形检验

检验取样足够度的 KMO 度量		0.730
Bartlett's 球形检验	近似卡方	410.182
	df	36
	Sig.	0.000

对社会环境维度各可测变量进行因子分析，旋转方法采用方差最大正交旋转法，因子抽取则采用主成分分析法。这种方法认为各变量是因子的线性组合，并假定各因子不相关，主成分为方差最大的成分。因子分析后，所有 9 个可测变量聚合成三个因子，旋转后的成分矩阵如表 12.14 所示。因子 1 包含 4 个可测变量，因子 2 包含 2 个可测变量，因子 3 包含 3 个可测变量。在解释能力上，因子 1 解释了总变异的 31.855%，因子 2 解释了总变异的 17.165%，因子 3 解释了总变异的 11.411%，三个因子的总变异解释能力为 60.431%，解释了大部分的变异。

表 12.14 社会环境维度旋转成分矩阵

社会环境维度	成分		
	因子 1	因子 2	因子 3
Q_{33}	0.796		
Q_{34}	0.771		
Q_{36}	0.745		
Q_{35}	0.714		
Q_{37}		0.862	
Q_{40}		0.776	
Q_{38}			0.726
Q_{39}			0.549
Q_{32}			0.511

12.3.4 信度检验

信度是指测量结果的一致性和稳定性，在社会调查研究中用的最多的信度测量方法是 Cronbach's α 系数，它的取值在 0~1。Cronbach's α 系数越高，表示该组测量变量的测量项目越具有系统性，即内部一致性较高。预试研究的信度检验在通过前面的题项筛选和效度检验后,设置各潜变量的 Cronbach's α 系数,结果如表 12.15 所示。各潜变量的 Cronbach's α 系数均大于 0.6,通过了信度检验。

表 12.15　预试研究各潜变量的 Cronbach's α 系数

潜变量	测量变量	Cronbach's α
个人诚信度	5	0.702
个人期望	4	0.714
恋爱观	2	0.778
网络环境	3	0.768
学校环境	4	0.787
家庭环境	3	0.790
社会环境	5	0.737

12.3.5　描述性统计

通过预试研究分析,删除了部分题项,高校学生诚信及影响因素调查问卷最终包含 26 个题目。利用问卷星平台共发放 410 份问卷,回收问卷 410 份,问卷回收率为 100%,有效问卷 330 份,问卷有效率为 80.5%。对于问卷发放结果和各维度数据直接反映如下所示。在问卷基本情况的反映上,此次调研男女比例为 2∶3 [图 12.2(a)];被调查者的学校类型均涵盖了 211 及以上、一本、二本、三本、专科,说明样本范围涉及较为平均,取样效果较好[图 12.2(b)];被调查者的当前年级以大一、大二、大三为主,其比例分别占到了 33.90%、26.65%、27.12%[图 12.2(c)]。

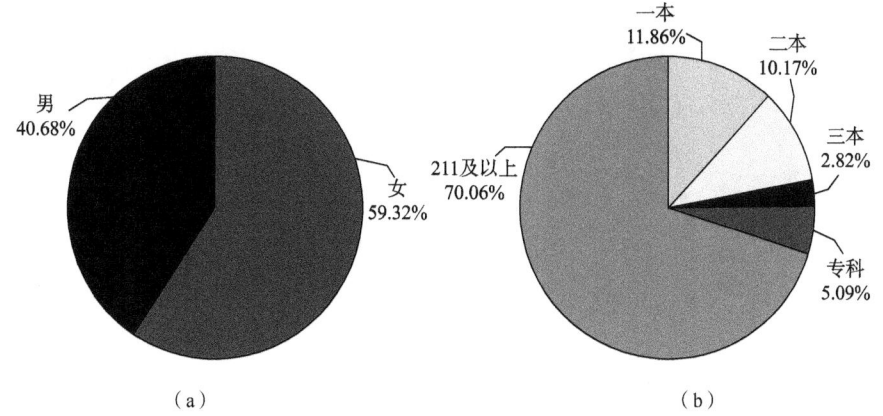

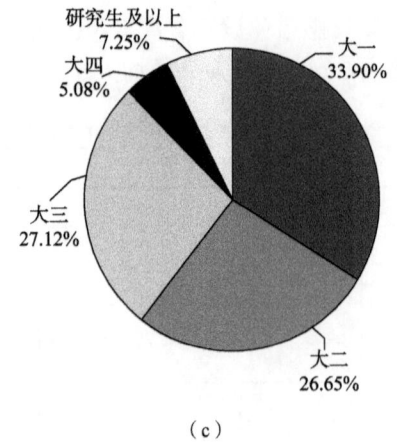

(c)

图 12.2 问卷基本情况分布饼图

个人诚信度量化维度（图 12.3）：即高校学生诚信状况的直接体现上面，首先是在周围诚信状况，认为周围诚信状况好的占 7.92%，较好的占 38.98%，一般的占 46.33%，差和很差的合计占比 6.77%[子图（a）]，说明高校学生所处的生活环境诚信整体状况较好；针对学生的作弊情况调查，其中 70.06% 的学生在日常学习中很少作弊[子图（b）]；针对找借口来搪塞请假现象，次数很少的比例为 8.47%，少的比例为 13.56%，一般为 47.46%[子图（c）]；在完成作业或者论文的时候抄袭的次数的问题的调查上，72.88% 的学生的次数都是一般、少或者非常少，只有 27.11% 的学生觉得这种现象普遍或者非常普遍[子图（d）]。综上，被调查者的整体诚信度较高。

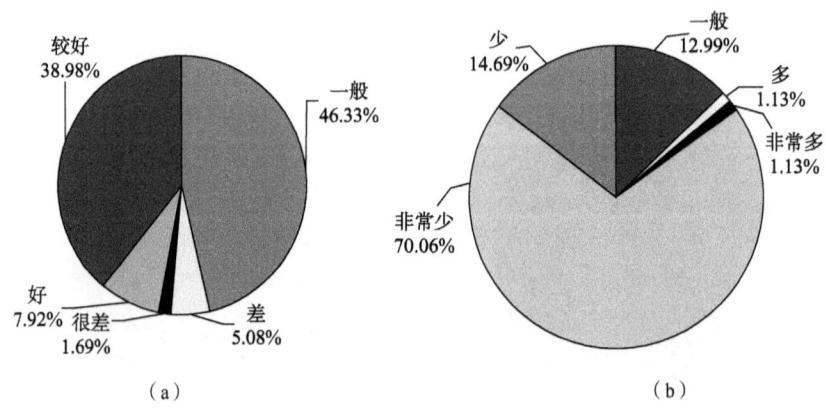

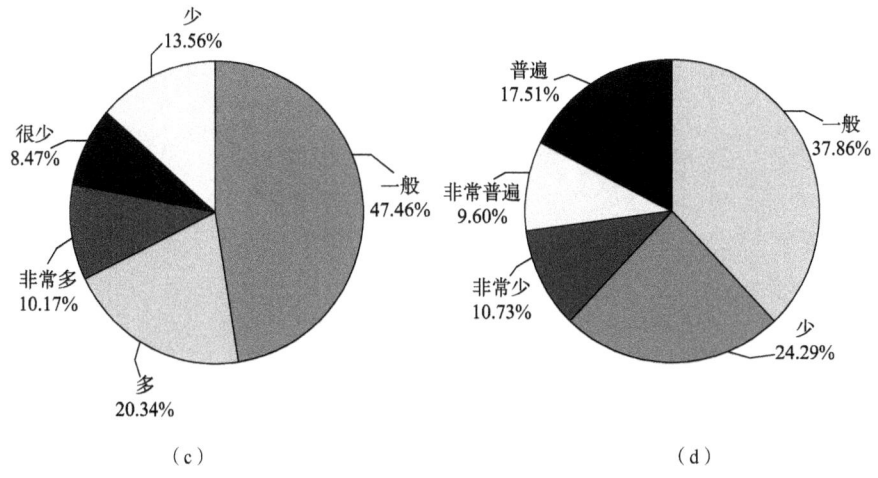

（c） （d）

图 12.3 个人诚信度量化维度问题分布饼图

个人期望维度（图 12.4）：非常高追求占到 15.25%，高追求占到 51.42%，一般追求占 29.94%，非常低或者低追求者只占总数的极小部分，这说明该样本大部分人群具有自身的追求和信仰[子图（a）]；在个人对所期望成绩的追求上，17.51% 的人认为非常有必要在学习期间取得骄人的成绩，47.46% 的人认为有必要，一般的为 32.20%[子图（b）]；在是否赞成大学生在校期间应该在意物质上的满足方面，强烈赞成的占 3.39%，赞成的占 18.64%，保持中立意见的为 71.20%，反对或者强烈反对的占很小一部分[子图（c）]；在是否有必要在求职时对个人简历进行适当注水的调查中发现，同意必要时刻可以适当注水的占比高达 80%[（子图（d）]。综上，在个人期望维度上，大部分样本都具有较高个人期望。

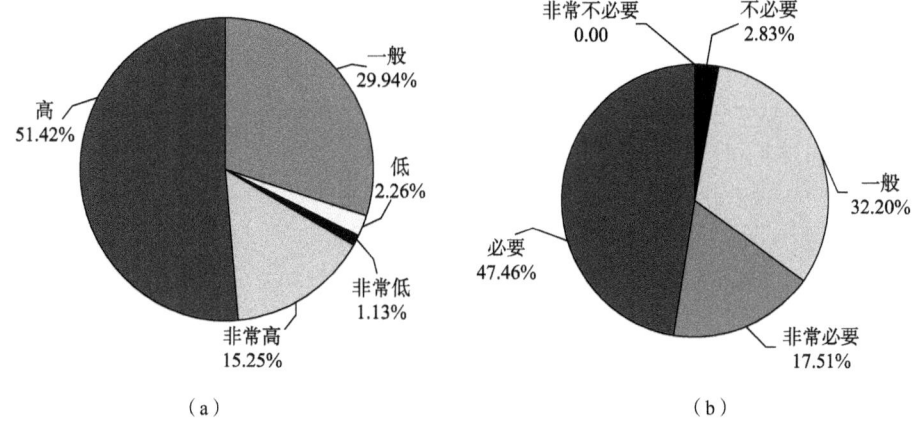

（a） （b）

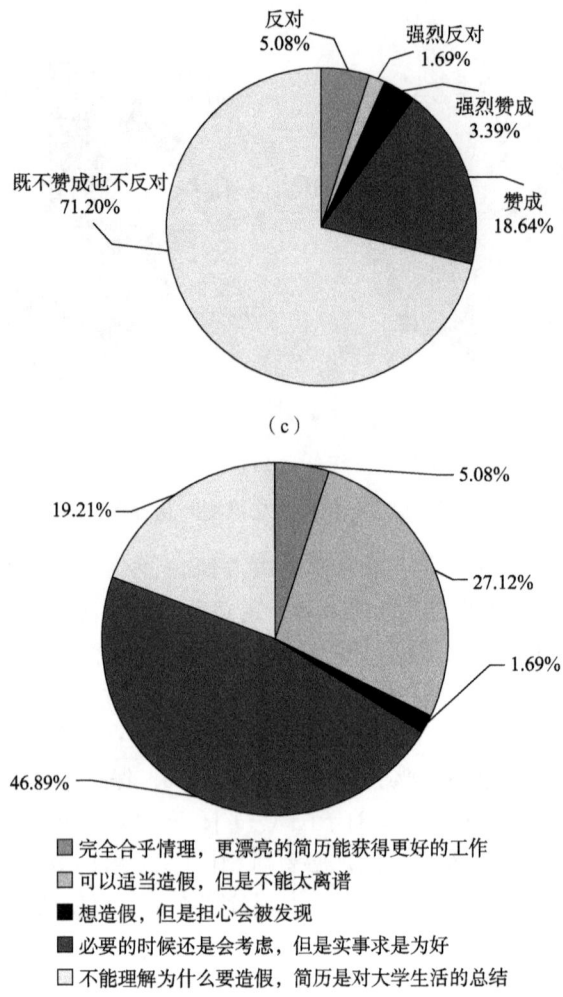

(c)

(d)

图 12.4 个人期望维度问题分布饼图

恋爱观维度（图 12.5）：针对是否赞成大学生要选择家庭条件优越的对象谈恋爱的调查中发现赞成或者强烈赞成的只占 3.95%，而持反对态度的占比接近 40%[子图（a）]；在对恋爱当中脚踏两只船的欺骗行为进行调查时，很少的占比 30%，少的占 34%，一般的为 29%，而普遍和非常普遍的合计占比仅为 7%[（子图（b）]。综上，在恋爱观维度上，我们从简单数值的反映上可看出大部分样本都呈现健康积极的恋爱观。

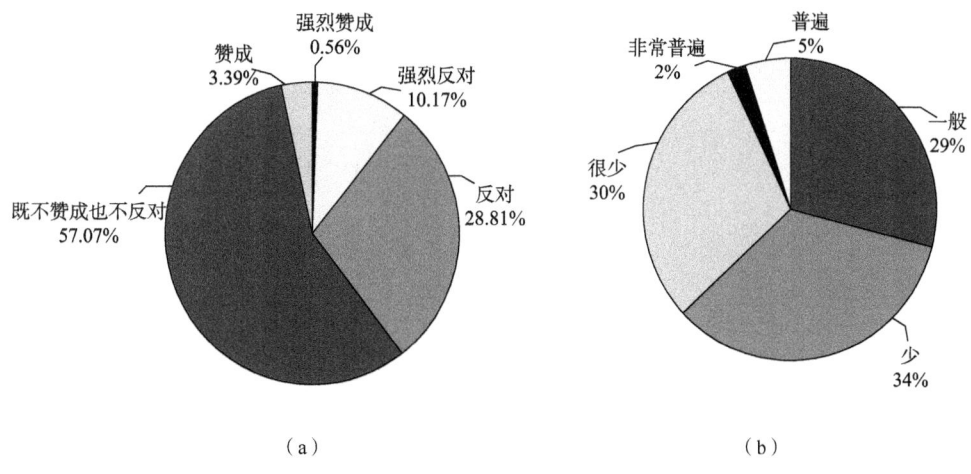

图 12.5 恋爱观维度问题分布饼图

网络诚信维度（图 12.6）：对网络失信现象调查结果显示，失信现象非常多和多分别占比 19.21%和 44.07%，一般为 25.99%，只有极少数样本结果为少[子图（a）]；对自身在网络上传播和散布谣言的行为调查结果中，从不的占 78.54%，很少为 16.95%，偶尔、经常、总是的只占很少一部分[子图（b）]；在是否相信网上交易的调查中，比较相信、非常相信的合计只占 45.19%[子图（c）]。综上，调查结果反映当前人们对网络诚信建设不满意，失信现象普遍存在，诚信机制完善程度低，网络作为人们社交生活中的重要一环，对其诚信状况的建设迫在眉睫。

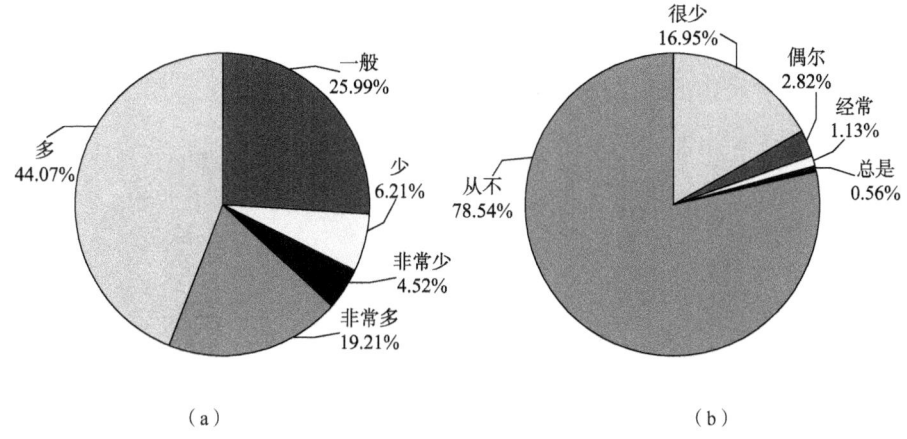

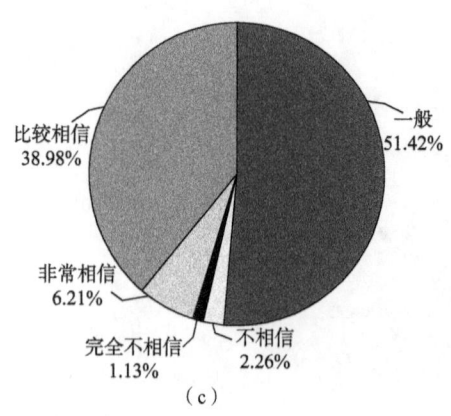

图 12.6 网络诚信维度问题分布饼图

学校环境和家庭环境维度（图 12.7）：首先是学校的诚信教育，8%的人认为所在学校对学生的诚信教育极度重视，重视的为 26%，较为重视的为 49%，不重视为 11%，完全不重视为 6%[子图（a）]；在对校园内的诚信宣传活动的调查上，可以看出少和非常少的比例总占比为 34%，而多和非常多只占比 19%[子图（b）]；所在学校的人文环境，认为好的为 35.59%，非常好的为 12.43%，一般为 43.50%，认为差和非常差的只占很少的一部分，说明高校的人文环境普遍处于较优水平[子图（c）]；学校对学生的诚信监管措施上严格和非常严格和计占比 48.59%，不严格和非常不严格的只占 6.77%[子图（d）]，可见我国高校整体诚信度及诚信教育等都处于较好现状；在家庭环境方面，首先是父母对诚信教育的重视程度，诚信教育非常重视的为 30.51%，重视的为 49.15%，一般的为 16.95%，不重视和非常不重视的占很小的一部分[子图（e）]，可见我国大多数家庭注重对孩子的诚信教育；家庭成员的沟通状况，其中非常多、多、一般的合计占比 89.27%，少和非常少的占极小一部分[子图（f）]。

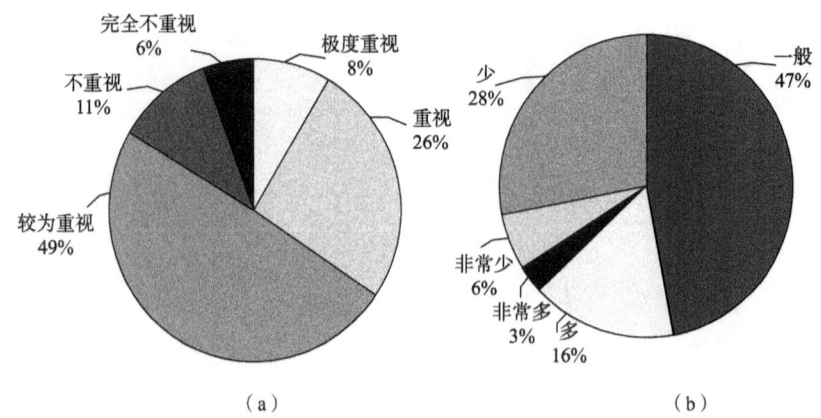

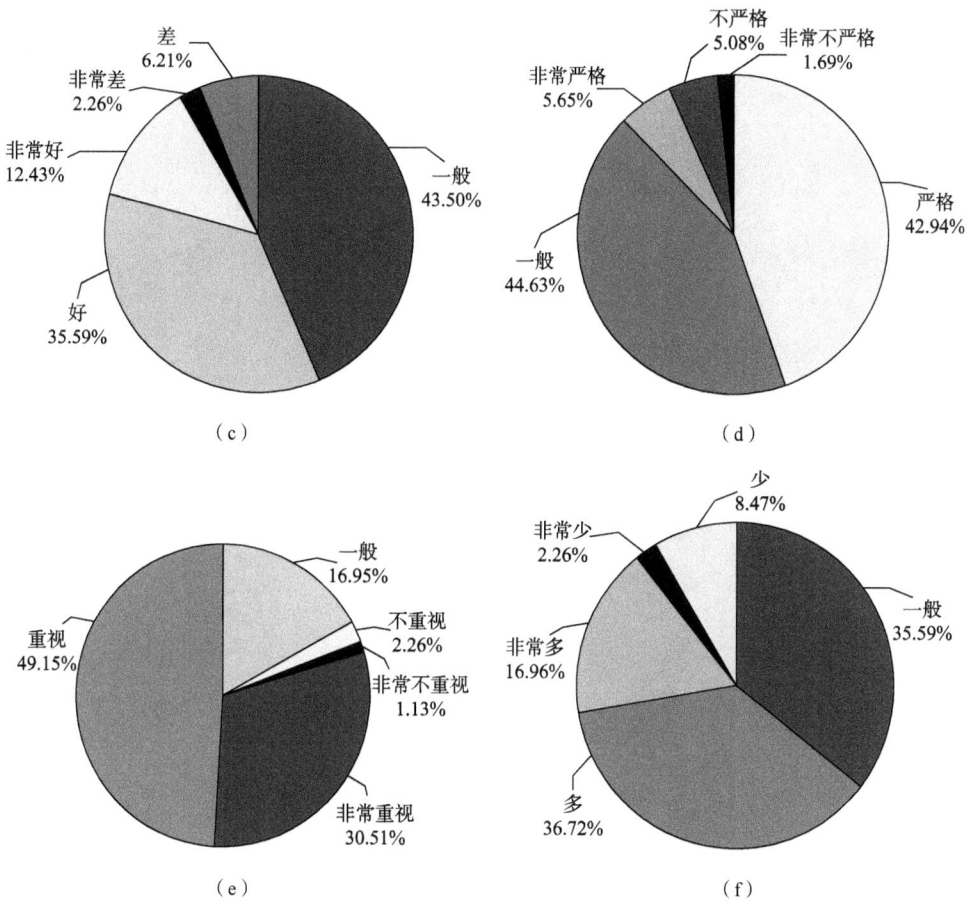

图 12.7 学校环境和家庭环境维度问题分布饼图

在社会环境维度（图 12.8）：就经济与人们诚信状况好坏的关系而言，其中 25.98%的人强烈赞成或赞成经济越发达人们的诚信状况越好的观点，而 17.51%的人则反对或强烈反对这一观点[子图（a）]；在样本对当前社会诚信状况满意程度方面，既不满意也不失望的人最多，占比 59.89%，其次是失望，占比 25.99%，而满意和非常满意的合计占比仅为 10.17%[子图（b）]；就是否认为国外一些发达国家的诚信比较好而言，认为非常好的为 5.08%，好的为 50.29%，低和非常低的只占很少的一部分[子图（c）]；就身边对诚信活动的宣传而言，认为非常多的为 2.82%，多的为 8.47%，一般为 58.77%，少为 23.16%，非常少为 6.78%，可见社会中对于诚信活动的宣传是较少的[子图（d）]；对身边的人的诚信度调查中，认为非常高的为 5.08%，高的为 38.42%，一般为 55.37%，而低和非常低的只占很少一部分[子图（e）]。综上，调查样本所处社会诚信氛围较弱，其诚信满意度都较低且诚信宣传活动都偏少，这也间接说明,加强意识形态和宣传教育对诚信建设都至关重要。

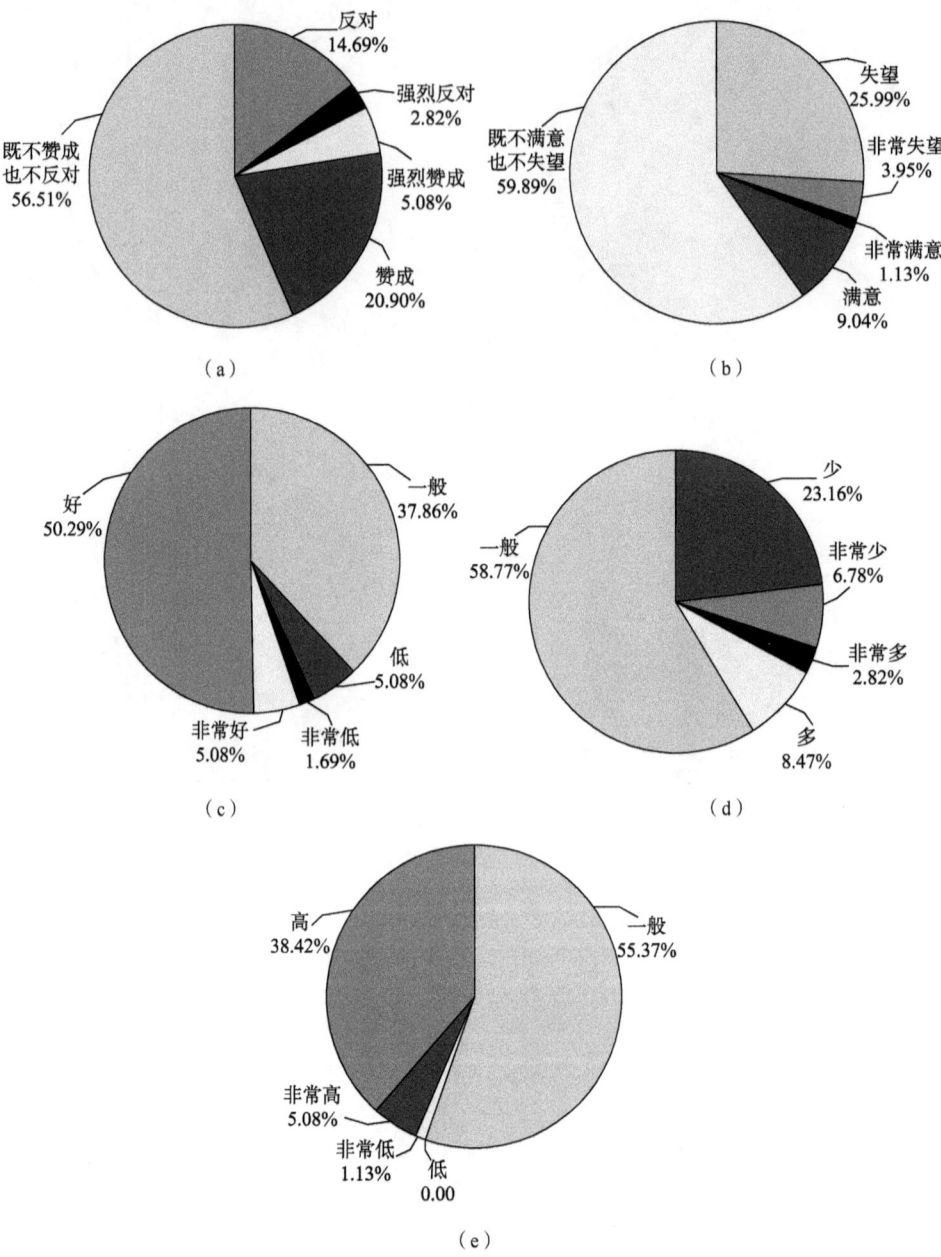

图 12.8 社会环境维度问题分布饼图

12.4 结构方程模型检验与分析

将负向得分统一转化为正向得分，然后利用 AMOS 21.0 软件对进行数据拟合并检验结构方程模型。为了衡量拟合效果，需要对模型拟合进行评价。模型拟合指数是考察理论结构模型对数据拟合程度的统计指标，不同类别的模型拟合指数可以从模型复杂性、样本大小、相对性与绝对性等方面对理论模型进行度量。考虑 χ^2/df、RMSEA、SRMR、GFI、CFI、NFI 等拟合指数，这些指数是近些年结构方程分析考虑的普遍性指标。评价的标准是 $\chi^2/df<2$，RMSEA 与 SRMR$\leqslant$0.08，GFI 与 CFI$\geqslant$0.9。如果多数指标达到标准，而有个别指标未达到标准，但是接近标准，模型也是可以接受的（温忠麟等，2004）。

对预设模型进行拟合，结果显示模型的拟合优度较低，大多数的拟合优度指标没有达到标准，因此需要对预设模型进行修正。总的来说，对于模型的修正，在 AMOS 中主要按照以下的思路进行：①减少模型的自由参数：即在符合理论依据的前提下删除不显著的路径；②模型扩展：通过释放部分限制路径或添加新路径，使模型结构更加合理，通常在提高模型拟合程度时使用；③模型限制：模型限制是指限制部分路径，使模型结构更加简洁，通常在提高模型可识别性时使用。临界比率用于模型限制，是计算模型中的每一对待估参数（路径系数或载荷系数）之差，并除以相应参数之差的标准差所构造出的统计量。若两个待估参数间不存在显著性差异，则可以限定模型在估计时对这两个参数赋以相同的值。

通过修正之后得到本章模型，参数估计值如表 12.16 所示。对于最终模型，模型拟合接近为优。模型的拟合优度指数近似误差均方根，是很好的适配；相对拟合度指数，是非常好的适配；拟合优度指数达到拟合优度 0.9 的要求。

表 12.16 模型的路径参数估计

作用路径			估计值	标准化估计值	标准误	临界比	显著性
个人期望	←	家庭环境	0.598	0.524	0.096	6.235	***
学校环境	←	社会环境	0.536	0.415	0.120	4.428	***
网络环境	←	社会环境	0.832	0.643	0.093	8.919	***
家庭环境	←	社会环境	0.761	0.486	0.108	7.089	***
个人诚信度	←	个人期望	0.655	0.356	0.084	7.786	***
个人诚信度	←	家庭环境	0.763	0.653	0.105	7.231	***
恋爱观	←	社会环境	0.418	0.361	0.096	4.387	***
个人诚信度	←	网络环境	-0.365	-0.394	0.101	3.816	***

续表

作用路径			估计值	标准化估计值	标准误	临界比	显著性
个人诚信度	←	社会环境	-0.321	-0.355	0.128	-2.706	**
个人诚信度	←	学校环境	0.483	0.309	0.045	4.074	***
个人期望	←	学校环境	0.732	0.551	0.139	5.398	***
个人诚信度	←	恋爱观	-0.192	-0.202	0.081	-2.571	**
Q_9	←	个人诚信度	1.000	0.841			
Q_8	←	个人诚信度	0.779	0.596	0.132	5.931	***
Q_7	←	个人诚信度	0.689	0.435	0.086	8.311	***
Q_6	←	个人诚信度	0.806	0.669	0.109	7.394	***
Q_5	←	个人诚信度	0.688	0.421	0.140	4.914	***
Q_{26}	←	学校环境	1.000	0.809			
Q_{27}	←	学校环境	0.733	0.543	0.108	6.787	***
Q_{25}	←	学校环境	0.996	0.775	0.136	7.323	***
Q_{24}	←	学校环境	0.745	0.590	0.094	7.925	***
Q_{16}	←	恋爱观	1.000	0.719			
Q_{17}	←	恋爱观	0.974	0.714	0.121	8.049	***
Q_{19}	←	网络环境	1.000	0.772			
Q_{20}	←	网络环境	1.025	0.865	0.129	7.945	***
Q_{22}	←	网络环境	0.943	0.750	0.127	7.425	***
Q_{28}	←	家庭环境	1.000	0.882			
Q_{29}	←	家庭环境	0.950	0.790	0.099	9.599	***
Q_{30}	←	家庭环境	0.874	0.631	0.083	10.448	***
Q_{11}	←	个人期望	1.000	0.646			
Q_{10}	←	个人期望	1.212	0.941	0.125	9.696	***
Q_{12}	←	个人期望	0.982	0.663	0.108	9.592	***
Q_{13}	←	个人期望	1.043	0.867	0.120	8.967	***
Q_{34}	←	社会环境	1.000	0.840			
Q_{36}	←	社会环境	1.212	0.965	0.139	8.446	***
Q_{35}	←	社会环境	0.741	0.533	0.093	7.195	***
Q_{40}	←	社会环境	0.953	0.629	0.114	8.523	***

***表示 $p<0.001$，**表示 $p<0.01$

根据检验，各观测变量与相应的潜变量之间的关系都是显著的。根据表 12.16 可知，学校环境、家庭环境正向影响个人期望；个人期望、学校环境、家庭环境正向影响学生个人诚信度；而社会环境、恋爱观和网络环境负向影响学生个人诚信度；社会环境正向影响学校环境、网络环境和家庭环境。网络环境、社会环境、学校环境对恋爱观包括个人期望对恋爱观的因果关系没有得到数据支持，因果关系没有得到验证。但个人期望对个人诚信度的影响显著，且为正向影响。在高校学生诚信影响因素关系图中，原假设通过的影响路径为实线，没有通过的影响路径为虚线，如图 12.9 所示。路径上的数字为标准化后的路径系数，两个潜变量之间路径系数越大，说明在其他条件不变的情况下，一个潜变量对另一个潜变量的影响越大，因此，也越值得关注。综上所述，本章构建的结构方程模型得到了问卷调查取得数据的支持。

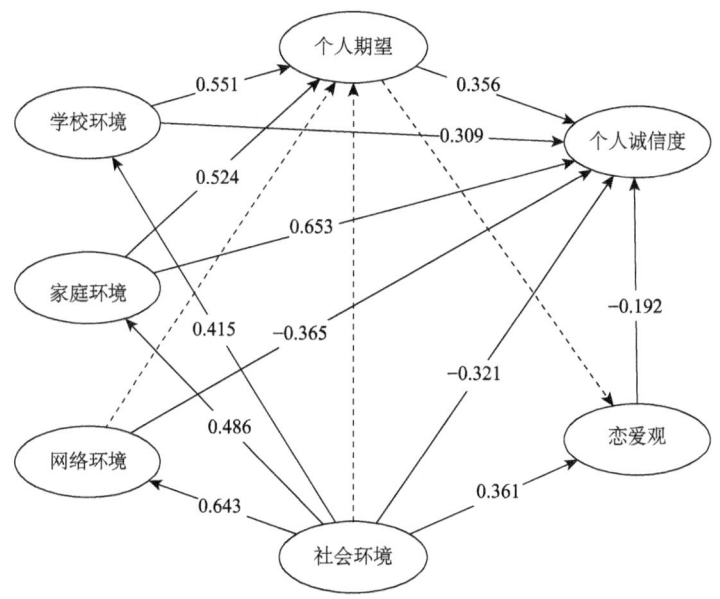

图 12.9　高校学生诚信及影响因素关系图

12.5　思考与启示

本章从高校学生诚信及其潜在影响因素出发，设计 5 点 Likert 量表进行调查，通过结构方程模型的检验得出：个人期望、学校环境、家庭环境正向影响个人诚信度；网络环境、社会环境、恋爱观负向影响个人诚信度；社会环境正向影响学校环境、家庭环境、网络环境和恋爱观；学校环境和家庭环境正向影响个人期望。根据检验结果，提出高校学生诚信建设的规划方向。

（1）学校环境正向影响个人诚信度（$H_{12.1}$）得到验证。标准化路径系数为 0.309，这说明学校环境在学生成长过程中扮演者重要角色。营造良好的学校环境，可以让学生在社会化、人性化、科学化的校园环境中潜移默化地受到诚信教育。因此，从学校的角度出发，应该通过注重对学生的诚信教育、营造学校良好的诚信氛围、组织举办诚信类宣传活动等举措，进一步加强校园诚信教育的渗透性。在发达国家，高校非常注重大学生的诚信教育。美国大学生的诚信教育是通过诚信准则和诚信制度来进行的，大学生在刚入学时就被要求签订个人诚信准则，然后由各大学选取"诚信教育者"，对大学生在入学之初就进行有关诚信准则的宣传和教育，最后大学为了完善诚信制度和保障诚信准则的有效实施，会对违反诚信制度的大学生进行处罚。而德国高校的诚信教育主要是通过伦理学、神学、教育学、法学、经济学等课程来完成，并且理科学科中也渗透诚信教育内容，以此来对大学生进行诚信教育。

（2）学校环境和个人期望对恋爱观的正向因果关系（$H_{12.2}$）未得到调研数据的支持。虽然学校环境对个人期望和恋爱观的正向影响作用未得到验证，但这并不表明学校环境和个人期望对恋爱观毫无影响。分别对学校环境及个人期望对恋爱观进行分析，发现两者之间的影响关系也较大程度上达到了统计意义上的显著。由此可见其两者存在相互影响关系，但这种影响并不表征为因果关系，具体影响机制需要进一步研究。

（3）家庭环境和学校环境对学生的个人期望的正向因果关系（$H_{12.3}$）得到验证，路径系数分别为 0.524、0.551。家庭环境主要是家庭经济环境等，家庭经济环境作为主要的家庭环境衡量的指标，家庭经济环境的富裕程度对学生发展阶段的个人期望成正向的因果关系。由于未得到调研数据的支持，社会环境对个人期望的正向因果关系（$H_{12.3}$）并未得到验证。但是对其两者进行相关关系分析，结果表明两者已经达到统计意义上的显著，但具体的影响机制需要进一步探讨。

（4）社会环境、网络环境和恋爱观对个人诚信度的负向因果关系得到验证（$H_{12.4}$），路径系数分别为-0.321、-0.365、-0.192。网络的虚拟性、隐蔽性、超时空性等特点容易对大学生诚信产生负面的影响。大学生主要在交友或者网恋的过程中存在不诚信行为，这需要加强网络道德建设，树立正确的网络道德观念。社会环境负向影响个人诚信度。国外在优化社会诚信氛围上采取了大量的举措，如德国用社会信用记录来监督社会成员是否遵守社会秩序。德国中央银行设有专门掌管社会成员信用信息的服务机构，从事信用评级、信用管理等业务。德国的各金融机构均是该协会的成员，一旦客户出现信用问题，如恶意透支信用卡或不及时还款，都会被记入资料库。而有过不良信贷信用记录的客户在今后的生活中会碰到很多困难，如申请贷款时会被拒绝或者支付高利率，要想用分期付款方式购买一些大件商品时也会被商家拒绝。瑞士人很早就将"诚信"入法。1907 年瑞士国会通过的《瑞士民法典》是世界上最早制定的民法典之一。这部法典的第二条就规定"任何人行使任何权利,或履行义务,均应以诚实信用为之",使诚信原则成为民法的基本原则。恋爱观对个人诚信度的负向因果关系也得到验证,说明恋爱对大学生诚信影响较大。其中,不择手段追求意中人和恋爱中的欺骗行为两个因素对恋爱的影响较大,其次,为追求物质生活而恋爱、为摆脱寂寞而恋爱和为了面子而恋爱等因素也会对恋爱产生影响。这说明大学生的恋爱行为是缺少理智的,恋爱观念不成熟,导致恋爱成为制约大学生诚信的重要因素。

（5）社会环境正向影响学校环境、家庭环境、网络环境和恋爱观得证（$H_{12.5}$）,路径系数分别为 0.415、0.486、0.643、0.361。社会诚信严重缺失的不良环境给大学生的不诚信行为提供了一个恶劣的温床。同时,诚信缺失给大学生道德成长提供了一个不良的导向,给学校教育的健康发展设置了障碍,社会环境的影响是学校开展诚信教育工作的"瓶颈"。同理,社会环境中的诚信氛围、经济、政治、法治环境对家庭环境、网络环境以及学生的个人恋爱观都会产生潜移默化的影响,并且呈现一种正向影响的关系。社会环境对个人期望的正向因果关系并未得到验证,但对其两者进行相关关系分析,结果表明两者已达到统计意义上的显著,但具体的影响机制需要进一步探讨。

综上分析,从图 12.9 中可以看出,在各因子中,家庭环境对大学诚信影响最大,其次依次是网络环境、个人期望、社会环境、学校环境和恋爱观,其中家庭环境、学校环境和个人期望对大学生诚信有积极的影响,其余均为消极影响。大学生诚信的表现是,首先是讲诚信,其次在学习生活中做到诚信,最后具备良好的信誉。社会上很多不诚信的现象都成为影响大学生诚信的负面因素,如贪污腐败、徇私舞弊、假冒伪劣产品、虚假广告等。而个人期望中的争取个人荣誉,为了获得优质的物质生活和精神层面的追求、赢得尊重等则是大学生诚信的重要正面影响因素。

针对上述分析,加强大学生的诚信教育可以通过以下两个方面展开（图 12.10）：一是加强社会诚信制度建设,完善诚信相关法律,以此来规范公民的行为,建立严格的诚信运行与监督机制,维护社会公平,对社会上不诚信的行为和现象及时纠正,并及时惩处,为大学生诚信素养的养成提供一个健康健全的环境；二是高校加强对大学生的德育基础教育,完善高校自身教育体制,为学生制定适应社会需要且能够使学生全面发展的教学培养方案,使大学生树立正确的人生观、价值观、世界观和道德观,形成积极向上的、合理的个人期望,做到自发提高思想觉悟,培养良好的个人诚信修养,这与当前社会大力提倡道德教育的大环境是一致的。

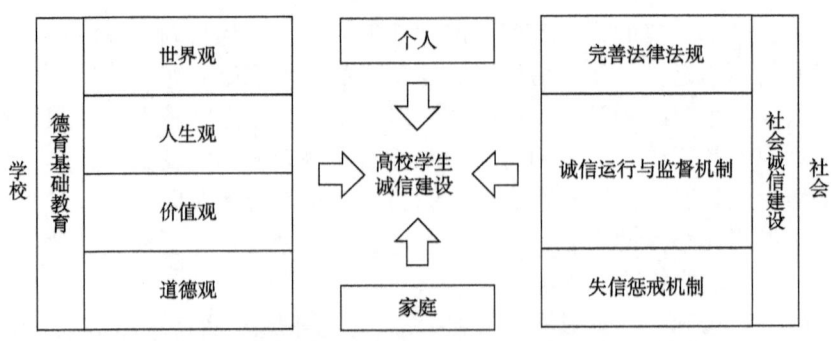

图 12.10　高校学生诚信建设规划

大学生诚信的缺失造成的影响是多方面的。一是对学生自身的影响，诚信缺少影响个体的健康成长和优良品质的形成，更有甚者会影响学生的自我发展。二是学生个人诚信缺失会成为学校办学和社会发展的滞后因素，高校学生是社会发展和文化建设的栋梁之材。学生的不诚信，将成为未来社会稳定发展和进步的不确定和不可控因素。因此，为了使高校学生形成良好的诚信观念，首先要科学地建立完善的诚信教育体系，从家庭、社会、学校、个人相结合的角度出发，从小开始分阶段有侧重地对孩子开展全面的教育；其次是高校要合理地制订学生的教育培养方案，因人而异、因时而异，根据不同类型大学生所表现出来的特点，有针对性地建立起诚信教育的长效机制，为学校开展诚信教育创造良好条件。对于大学生的诚信问题，学校教育是远远不够的，实际上，学生的诚信问题是学校、家庭、社会各方面诚信问题的反映。因此，根本的解决办法还在于整个社会形成一种诚信的氛围。制定一整套信用机制来约束缺乏诚信的行为，使得每个人都为之努力，这还有很长的路要走。

第13章 "法律-道德"约束下诚信制度建设主体努力程度分析

本章研究诚信环境建设过程中政府与民众的努力程度及其均衡。考虑无法律的道德约束和有法律的约束情形,建立双方努力的支付函数;运用Nash非合作博弈理论和Stackelberg合作博弈理论,求得双方的最优努力程度,研究相关性质。

13.1 背景研究及现状描述

诚信从道德层面来看是道德准则,强调的是操守和自律;从法律层面来看,诚信作为法律原则的诚信,强调的是规范监督和他律。社会诚信环境的建设需要政府和民众共同努力,政府通过自身的行政行为、稳定的诚信法律制度体系为社会营造诚信环境,相关学术研究包括:Kong(2013)研究了不同文化体验和社会信任文化对政府制度信任的影响;Yamamura(2012)研究了在种族文化背景下政府诚信与民众对收入再分配的偏好;肖卫兵(2014)研究了政府信息公开与政府诚信之间的关系;Park(2015)研究了政府诚信是否具有短期策略价值和长期公众价值;杨秋菊和罗月岭(2015)研究了公众对政府诚信感知的评价指标体系;Song和Lee(2016)研究了社会媒体通过加强民众对政府透明度的认知而对政府公信力的影响,李娟(2014)研究了西方国家政府诚信法律制度的演进;Sumner和Huo(2014)研究了诚信原则对防治腐败的促进作用;Kavanagh(2015)研究了选举法中的诚信原则对民众关于民主信心的影响;Westra等(2015)研究了环境法与管控中的诚信原则对保护环境和资源以及保障居民的公平公正的重要性;Shapiro(2015)研究了法律环境的存在对立誓执行者和接受者诚信的影响;温来成(2016)研究了公私合作中地方政府诚信监管技术、方法创新及法制建设。这些研究均取得了丰富的成果,但对政府诚信与民众诚信在道德和法律两个层面上的相互影响研究较少，尤其缺乏关于社会诚信环境建设中是否需要通过法律约束来引导民众诚信的研究。通过运用Nash非合作博弈均衡和Stackelberg合作博弈均衡思想，考虑建设社会诚信环境中道德和法律两个层面，研究政府和民众建设社会诚信环境的努力程度，以及对社会整体的收益影响，为我国营造良好的社会诚信氛围策略提供参考。

13.2 问题描述和模型假设

在诚信制度建设过程中，有法律约束和道德层面的引导多种手段，有学者研究强调法律和道德单方面对诚信制度建设的影响。从作用效果来看，道德与法律的效力如何？两者如何发挥作用？道德层面的努力与法律层面的努力提升如何影响诚信制度的建设？如何具体实施才能利于诚信制度建设与社会诚信环境？本章将在以下部分展开具体研究。

13.2.1 问题描述

考虑社会诚信环境建设中主要参与者为政府和民众两个整体，分别从道德和法律两个层面考察双方在建设社会诚信环境中的努力程度策略情况，见图13.1。

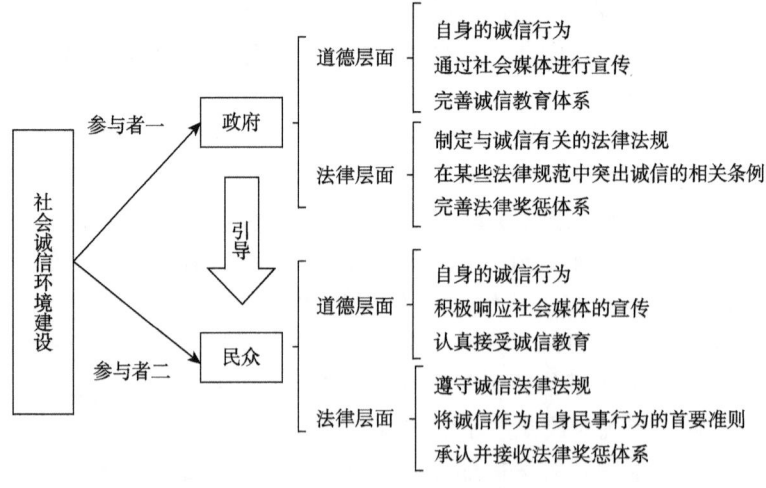

图 13.1 研究问题描述

13.2.2 模型假设

命题 13.1：道德层面上，政府通过自身的诚信行为、通过社会媒体进行宣传、完善诚信教育体系等在社会诚信环境建设上做出努力，其努力程度记为 s_g（$0 \leq s_g \leq 1$）。民众通过自身的诚信行为、积极响应社会媒体的宣传、认真接受诚信教育等并参与到社会诚信环境建设中去，推动社会诚信环境的改善，努力程度记为 s_p（$0 \leq s_p \leq 1$）。政府和民众的努力程度 s_g、s_p 均影响着社会诚信环境的质量。

命题 13.2：法律层面上，政府为有效引导民众参与诚信环境建设，设立奖惩系数 α（$0 \leq \alpha \leq 1$）。借鉴文献所研究的努力成本激励，民众努力程度小于法律惩罚阈值 t_d（$0 \leq t_d \leq 1$）时，政府通过法律对民众加以惩罚，民众将负担政府 $(1-\alpha)$ 比例的投入作为政府对民众的惩罚，与政府努力程度的平方成正比；当民众努力程度大于法律奖励阈值 t_u（$0 \leq t_u \leq 1$）时，政府通过法律对民众加以奖励，政府通过负担民众 $(1-\alpha)$ 比例的投入作为政府对民众的奖励，且与民众努力程度的平方成正比。

命题 13.3：社会诚信环境受政府和民众努力程度的影响，设政府和民众努力程度对社会诚信环境的影响系数，即努力影响系数分别为 λ 与 ω（$0 \leq \lambda, \omega \leq 1$）。$\lambda$ 值越大，政府努力程度对社会诚信环境的影响越大。ω 值越大，民众努力程度对社会诚信环境影响也越大。

命题 13.4：政府与民众均受益于社会诚信环境质量的改善，政府和民众的努力程度越大，社会诚信环境得到改善的程度越大，政府和民众收益也越多。由于边际收益递减，政府和民众的收益增加速率在不断减小，当收益增加速率变为零时，政府收益和民众收益将不再增加，也即不随努力程度的变动而变动，而是处于一个平稳的状态。

设 V_g、V_p 分别为政府民众固定收益，δ_g、δ_p 分别为政府和民众单位努力程度下可获得的收益，即努力收益系数，设政府和民众收益函数为

$$I_g(s_g, s_p) = V_g + \frac{\delta_g}{\lambda} s_g^\lambda s_p^\omega \quad (13.1)$$

$$I_p(s_g, s_p) = V_p + \frac{\delta_p}{\omega} s_p^\omega s_g^\lambda \quad (13.2)$$

命题 13.5：政府和民众努力改善社会诚信环境需要付出一定成本，不同的努力程度相应会产生不同的成本，其成本 $C_i(s_i)$ 与努力程度正相关。政府和民众为改善社会诚信环境所做的努力越大，需要付出的成本就越高，即 $C_i'(s_i) > 0$，

$C_i''(s_i) > 0$，$i = g$、p，政府和民众的努力程度成本概率密度函数为

$$c_i(s_i) = \begin{cases} 2s_i, 0 < s_i < 1 \\ 0, \text{other} \end{cases} \quad i = g, p \tag{13.3}$$

设 θ_g、θ_p 分别为政府和民众的努力成本系数，即政府和民众单位努力程度下所需付出的成本，则有如下结论：

定理 13.1：无论 t_d、t_u（$0 \leq t_d \leq t_u \leq 1$）为何值，政府和民众的努力成本函数为

$$C_g(s_g, s_p) = \alpha s_g^2 \theta_g \int_0^{s_g} 2s ds + (1-\alpha) s_p^2 \theta_p \int_{t_u}^1 2s ds \tag{13.4}$$

$$C_p(s_g, s_p) = \alpha s_g^2 \theta_g \int_0^{s_g} 2s ds + (1-\alpha) s_p^2 \theta_p \int_{t_u}^1 2s ds \tag{13.5}$$

根据式（13.1）、式（13.2）、式（13.4）、式（13.5），政府和民众的支付函数分别为

$$\begin{aligned} \pi_g(s_g, s_p) &= I_g(s_g, s_p) - C_g(s_g, s_p) \\ &= V_g + \frac{\delta_g}{\lambda} s_g^\lambda s_p^\omega - \alpha s_g^2 \theta_g \int_0^{s_g} 2s ds - (1-\alpha) s_p^2 \theta_p \int_{t_u}^1 2s ds \end{aligned} \tag{13.6}$$

$$\begin{aligned} \pi_p(s_g, s_p) &= I_p(s_g, s_p) - C_p(s_g, s_p) \\ &= V_p + \frac{\delta_p}{\omega} s_p^\omega s_g^\lambda - (1-\alpha) s_g^2 \theta_g \int_0^{s_g} 2s ds - \theta_p \int_{t_d}^{t_u} 2s ds - \alpha s_p^2 \theta_p \int_{t_u}^1 2s ds \end{aligned} \tag{13.7}$$

13.3 道德约束下的 Nash 博弈均衡

在无法律约束的情形下，政府与民众均只从道德的角度维护社会诚信环境，在追求各自利益最大化的条件下，独立选择其最优的努力程度，达到 Nash 非合作博弈均衡。

定义（Fudenberg, 1991）：混合策略组合 σ^* 是一种 Nash 均衡，若对于所有参与人 i 有

$$u_i(\sigma_i^*, \sigma_{i-1}^*) \geq u_i(s_i, \sigma_{i-1}^*) \tag{13.8}$$

其中，$s_i \in S_i$，S_i 为参与人 i 的纯策略空间。

定理 13.2：在无法律约束的情形下，政府和民众的最优努力程度分别为

第13章 "法律-道德"约束下诚信制度建设主体努力程度分析

$$s_g^* = \left[\frac{2\theta_p\left(1-t_u^2\right)}{\delta_p}\right]^{\frac{\omega}{2(2\omega+\lambda-4)}} \left(\frac{\delta_g}{4\theta_g}\right)^{\frac{\omega-2}{2(2\omega+\lambda-4)}} \qquad (13.9)$$

$$s_p^* = \left[\frac{2\theta_p\left(1-t_u^2\right)}{\delta_p}\right]^{\frac{4-\lambda}{2(2\omega+\lambda-4)}} \left(\frac{\delta_g}{4\theta_g}\right)^{\frac{-\lambda}{2(2\omega+\lambda-4)}} \qquad (13.10)$$

证明：在无法律约束情形下，政府对民众关于建设社会诚信环境的行为不予以任何奖励和惩罚，则 $\alpha=1$，根据式（13.6）、式（13.7）可知，此时政府和民众的支付函数分别为

$$\pi_g\left(s_g,s_p\right)=V_g+\frac{\delta_g}{\lambda}s_g^\lambda s_p^\omega - s_g^2\theta_g \int_0^{s_g}2sds \qquad (13.11)$$

$$\pi_p\left(s_g,s_p\right)=V_p+\frac{\delta_p}{\omega}s_p^\omega s_g^\lambda - \theta_p\int_{t_d}^{t_u}2sds - s_p^2\theta_p\int_{t_u}^1 2sds \qquad (13.12)$$

根据命题13.1可知，政府和民众均为理性的个体，在无法律约束的情形下，双方均相对独立地追求自身利益的最大化，达到Nash非合作博弈均衡，即需求得 s_g、s_p 分别使式（13.11）和式（13.12）最大化，于是令

$$\frac{\partial \pi_g}{\partial s_g}=\delta_g s_g^{\lambda-1}s_p^\omega - 4\theta_g s_g^3 = 0 \qquad (13.13)$$

$$\frac{\partial \pi_p}{\partial s_p}=\delta_p s_p^{\omega-1}s_g^\lambda - 2\theta_p\left(1-t_u^2\right)s_p = 0 \qquad (13.14)$$

解式（13.13）、式（13.14）可得相关结论。证毕。

在无法律约束情形下，政府和民众的最优Nash非合作博弈均衡努力程度表现为民众努力程度阈值、双方努力影响系数、双方努力收益系数、双方努力成本系数的函数，且均与双方的努力收益系数、民众努力程度奖励阈值正相关，而与双方的努力成本系数负相关，由于 $0 \leq \lambda, \omega \leq 1$，则 $2\omega+\lambda-4<0$，$\omega-2<0$，$4-\lambda>0$，因此，将式（13.8）、式（13.9）化为如下形式：

$$s_g^* = \left[\frac{\delta_p}{2\theta_p\left(1-t_u^2\right)}\right]^{\frac{\omega}{-2(2\omega+\lambda-4)}} \left(\frac{\delta_g}{4\theta_g}\right)^{\frac{\omega-2}{2(2\omega+\lambda-4)}}$$

$$s_p^* = \left[\frac{\delta_p}{2\theta_p\left(1-t_u^2\right)}\right]^{\frac{4-\lambda}{-2(2\omega+\lambda-4)}} \left(\frac{\delta_g}{4\theta_g}\right)^{\frac{-\lambda}{2(2\omega+\lambda-4)}}$$

从而观察可得，s_g^*、s_p^* 与 δ_p、δ_g、t_u 正相关，与 θ_p、θ_g 负相关。

推论13.1：在无法律约束情形下，政府所付出的努力程度是否会大于民众

所付出的努力程度取决于 $\frac{\theta_g}{\theta_p}$、$\frac{\delta_g}{\delta_p}$、$t_u$，与政府和民众的努力收益影响系数 λ 和 ω 无关。

这是由于根据式（13.9）、式（13.10）可得

$$\frac{s_g^{*2}}{s_p^*} = \left[\frac{\theta_p \delta_g (1-t_u^2)}{2\theta_g \delta_p}\right]^{\frac{1}{2}} \tag{13.15}$$

从式（13.15）可以看出，政府与民众的努力成本系数之比越小，努力收益系数之比越大，即政府单位努力程度下所需付出的成本相对越小。而单位努力程度下可获得的收益相对越大，其相对于民众付出的努力程度增加得越多，这是符合人的理性期望的，在相对小的成本下获得较大的收益可以更加激发其努力程度。

13.4　法律约束下的 Stackelberg 合作博弈均衡

这种情况下，确定最优努力程度 s_g^{**} 和法律奖惩系数 α^{**}，民众作为追随者，根据政府自身的行为策略和制定的法律奖惩措施，决定自己的最优努力程度 s_p^{**}，从而达到 Stackelberg 合作博弈均衡。政府和民众在有法律约束情形下博弈均衡表现为定理 13.3 形式。

定理 13.3：当政府通过法律对民众加以约束时，政府和民众的最优 Stackelberg 均衡努力程度分别为

$$s_g^{**} = \left[\frac{\theta_g}{\theta_p(1-t_u^2)}\right]^{\frac{\omega-2}{-2\lambda-4\omega+8}} \left[\frac{(2\delta_g+\lambda\delta_p)(2\omega+\lambda)}{2\lambda(4+\lambda)\theta_p(1-t_u^2)}\right]^{\frac{1}{-\lambda-2\omega+4}} \tag{13.16}$$

$$s_p^{**} = \left[\frac{\theta_g}{\theta_p(1-t_u^2)}\right]^{\frac{\lambda}{2\lambda+4\omega-8}} \left[\frac{(2\delta_g+\lambda\delta_p)(2\omega+\lambda)}{2\lambda(4+\lambda)\theta_p(1-t_u^2)}\right]^{\frac{2}{-\lambda-2\omega+4}} \tag{13.17}$$

$$\alpha^{**} = \begin{cases} \frac{\lambda\delta_p(4+\lambda)}{(2\delta_g+\lambda\delta_p)(2\omega+\lambda)}, & \lambda\delta_p(4+\lambda) \leqslant (2\delta_g+\lambda\delta_p)(2\omega+\lambda) \\ 1, & \text{other} \end{cases} \tag{13.18}$$

证明：为了求解此博弈的 Stackelberg 均衡解，运用逆向递归法（Fudenberg and Tirole，1991），首先令

$$\frac{\partial \pi_p}{\partial s_p} = \delta_p s_p^{\omega-1} s_g^{\lambda} - 2\alpha \theta_p \left(1 - t_u^2\right) s_p = 0 \quad (13.19)$$

可得

$$s_p = \left[\frac{2\alpha \theta_p \left(1 - t_u^2\right)}{\delta_p s_g^{\lambda}}\right]^{\frac{1}{\omega-2}} \quad (13.20)$$

将（13.20）式代入式（13.6）可得

$$\pi_g = V_g + \frac{\delta_g}{\lambda} s_g^{\lambda} \left(\frac{2\alpha \theta_p \left(1 - t_u^2\right)}{\delta_p s_g^{\lambda}}\right)^{\frac{\omega}{\omega-2}} - \alpha s_g^4 \theta_g - (1-\alpha)\left(\frac{2\alpha \theta_p \left(1 - t_u^2\right)}{\delta_p s_g^{\lambda}}\right)^{\frac{2}{\omega-2}} \theta_p \left(1 - t_u^2\right) \quad (13.21)$$

在此基础上，令 $\begin{cases} \dfrac{\partial \pi_g}{\partial s_g} = 0 \\ \dfrac{\partial \pi_g}{\partial \alpha} = 0 \end{cases}$，可得政府最优努力程度 s_g^{**} 和最优法律奖惩系数 α^{**}：

$$s_g^{**} = \left(\frac{\theta_g}{\theta_p \left(1 - t_u^2\right)}\right)^{\frac{\omega-2}{-2\lambda-4\omega+8}} \left[\frac{(2\delta_g + \lambda\delta_p)(2\omega + \lambda)}{2\lambda(4+\lambda)\theta_p \left(1 - t_u^2\right)}\right]^{\frac{1}{-\lambda-2\omega+4}}$$

$$\alpha^{**} = \begin{cases} \dfrac{\lambda\delta_p(4+\lambda)}{(2\delta_g + \lambda\delta_p)(2\omega + \lambda)}, & \lambda\delta_p(4+\lambda) \leqslant (2\delta_g + \lambda\delta_p)(2\omega + \lambda) \\ 1, & \text{other} \end{cases}$$

并代入式（13.20）中得到民众最优努力程度 s_p^{**}：

$$s_p^{**} = \left(\frac{\theta_g}{\theta_p \left(1 - t_u^2\right)}\right)^{\frac{\lambda}{2\lambda+4\omega-8}} \left[\frac{(2\delta_g + \lambda\delta_p)(2\omega + \lambda)}{2\lambda(4+\lambda)\theta_p \left(1 - t_u^2\right)}\right]^{\frac{2}{-\lambda-2\omega+4}}$$

证毕。

在具有主从关系的 Stackelberg 博弈中，政府通过自身关于建设社会诚信环境的行为对民众的行为进行引导，并设立相关法律条例对其进行规范，实施一定的奖惩措施。在一定条件下，法律奖惩系数与政府努力收益系数 δ_g、民众努力影响系数 ω 成反比，而与民众努力收益系数 δ_p 成正比，也就是说，政府单位努力程度下可获得的收益越大，民众努力程度对社会诚信环境的影响越大，而民众单位努力程度下可获得的收益越小时，法律奖惩系数越应设定得越低，从而当民众努力程度较小甚至小于阈值 t_d 时，会受到较大比例的惩罚，而当民众努力程度较大甚至大于阈值 t_u 时，也会受到很大比例的奖励。

政府和民众的最优 Stackelberg 合作博弈均衡努力程度与民众努力程度阈值、双方努力影响系数、双方努力收益系数、双方努力成本系数有关，且均与双方努力收益系数、政府努力成本系数、民众努力影响系数、民众努力程度奖励阈值正相关，与民众努力成本系数、政府努力影响系数负相关，这是由于 $0 \leq \lambda, \omega \leq 1$，则 $2\omega + \lambda - 4 < 0$，$\omega - 2 < 0$，从而可将式（13.16）、式（13.17）化为如下形式：

$$s_g^{**} = \left[\frac{\theta_g}{\theta_p(1-t_u^2)}\right]^{\frac{2-\omega}{-2\lambda-4\omega+8}} \left[\frac{(2\delta_g + \lambda\delta_p)(2\omega+\lambda)}{2\lambda(4+\lambda)\theta_p(1-t_u^2)}\right]^{\frac{1}{-\lambda-2\omega+4}}$$

$$s_p^{**} = \left[\frac{\theta_g}{\theta_p(1-t_u^2)}\right]^{\frac{\lambda}{-2(\lambda+2\omega-4)}} \left[\frac{(2\delta_g + \lambda\delta_p)(2\omega+\lambda)}{2\lambda(4+\lambda)\theta_p(1-t_u^2)}\right]^{\frac{2}{-\lambda-2\omega+4}}$$

将含 $\theta_p(1-t_u^2)$ 的项合并，则可进而得到

$$s_g^{**} = \theta_g^{\frac{2-\omega}{-2\lambda-4\omega+8}} \left\{(2\delta_g + \lambda\delta_p)\left[\frac{\omega}{\lambda(4+\lambda)} + \frac{1}{2(4+\lambda)}\right]\right\}^{\frac{1}{-\lambda-2\omega+4}} \left[\frac{1}{\theta_p(1-t_u^2)}\right]^{\frac{4-\omega}{-2\lambda-4\omega+8}}$$

$$s_p^{**} = \theta_g^{\frac{\lambda}{-2(\lambda+2\omega-4)}} \left\{(2\delta_g + \lambda\delta_p)\left[\frac{\omega}{\lambda(4+\lambda)} + \frac{1}{2(4+\lambda)}\right]\right\}^{\frac{2}{-\lambda-2\omega+4}} \left[\frac{1}{\theta_p(1-t_u^2)}\right]^{\frac{\lambda+4}{-2(\lambda+2\omega-4)}}$$

从而观察可得，s_g^{**}、s_p^{**} 与 θ_g、δ_g、δ_p、ω、t_u 正相关，与 λ、θ_p 负相关。

推论 13.2：在有法律约束情形下，政府所付出的努力程度是否会大于民众所付出的努力程度取决于 $\frac{\theta_g}{\theta_p}$ 和 t_u，而与政府和民众的努力收益影响系数 λ 和 ω、努力收益系数 δ_g 和 δ_p 无关，亦与最优法律奖惩系数 α^{**} 无关。

这是由于根据式（13.16）、式（13.17）可得

$$\frac{s_g^{**2}}{s_p^{**}} = \left[\frac{\theta_p(1-t_u^2)}{\theta_g}\right]^{\frac{1}{2}} \quad (13.22)$$

从式（13.22）可以看出，政府与民众的努力成本系数之比越小，即政府单位努力程度下所需付出的成本相对越小，其相对于民众付出的努力程度增加得越多。与无法律约束情况相同的是，双方努力程度的比较不受双方的努力程度对社会诚信环境建设的影响程度所影响，在有法律约束情形下，政府和民众所付出努力程度的比较与双方努力收益系数无关。比较容易给出解释的是，在该情形下，法律奖励阈值越大，越接近 1，民众付出的努力程度相对增加得越多，期望可以

超过该阈值,并通过法律的形式获得奖励以增加收益。在法律约束情形下,政府和民众的均衡努力程度均与法律惩罚阈值无关。

比较式(13.18)最优法律奖惩系数 α^{**} 的表达式中的参数与式(13.22)政府和民众最优努力程度之比的表达式中的参数,可发现政府和民众最优努力程度之比与最优法律奖惩系数互不相关。倘若最优法律奖惩系数发生变化时,即政府通过努力成本激励措施对民众进行奖励或者惩罚时,其所支付的收益比例改变的情况下,政府相对民众的努力程度不受影响,双方既有可能同时同等比例地增加或者减少自己的努力程度,也有可能一方相对另一方的努力程度有所变化(增加或减少)。

13.5 有无法律约束的结果比较分析

推论 13.3:政府在有法律约束情形下的最优努力程度大于仅在道德约束情形下的最优努力程度;且两种情形下政府的最优努力程度的比值与政府和民众的努力收益影响系数和努力收益系数有关,而与努力成本系数无关。

这是由于根据式(13.9)、式(13.16)可得

$$\frac{s_g^*}{s_g^{**}} = 2^{\frac{-\omega+2}{2(2\omega+\lambda-4)}} \delta_p^{\frac{\omega}{-2(2\omega+\lambda-4)}} \delta_g^{\frac{\omega-2}{2(2\omega+\lambda-4)}} \left[\frac{(2\delta_g+\lambda\delta_p)(2\omega+\lambda)}{\lambda(4+\lambda)}\right]^{\frac{1}{2\omega+\lambda-4}} \quad (13.23)$$

则 $\frac{s_g^*}{s_g^{**}} \leq 2^{\frac{-\omega+2}{2(2\omega+\lambda-4)}}$。又因为 $0 \leq \lambda, \omega \leq 1$,则 $-8 \leq 2(2\omega+\lambda-4) \leq -2$,$1 \leq -\omega+2 \leq 2$,从而 $-\frac{1}{2} \leq \frac{-\omega+2}{2(2\omega+\lambda-4)} \leq -\frac{1}{4}$,所以有 $0.7071 \leq 2^{\frac{-\omega+2}{2(2\omega+\lambda-4)}} \leq 0.8409$,从而 $\frac{s_g^*}{s_g^{**}} \leq 0.8409 < 1$,即 $s_g^* < s_g^{**}$。且根据式(13.23)可知,$\frac{s_g^*}{s_g^{**}}$ 与 δ_p、δ_g、λ、ω 有关。

由于式(13.23)中参量 δ_p、δ_g、λ、ω 对 $\frac{s_g^*}{s_g^{**}}$ 的影响不易看出,运用控制变量法,在 λ、ω 不变的情况下,观察 δ_p、δ_g 变化对 $\frac{s_g^*}{s_g^{**}}$ 的影响,如图 13.2 所示,图中箭头表示坐标轴的方向,可以发现随着 δ_p、δ_g 增大,$\frac{s_g^*}{s_g^{**}}$ 的值减小,且

在 $\delta_p = \delta_g$ 附近，$\dfrac{s_g^*}{s_g^{**}}$ 减小的幅度降低。

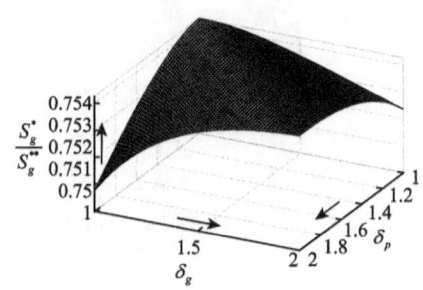

图 13.2　δ_p、δ_g 变化对 $\dfrac{s_g^*}{s_g^{**}}$ 的影响示意图

在 δ_p、δ_g 不变的情况下，观察 λ、ω 变化对 $\dfrac{s_g^*}{s_g^{**}}$ 的影响，如图 13.3 所示，可以发现随着 ω 增大，$\dfrac{s_g^*}{s_g^{**}}$ 的值减小，随着 ω 增大，$\dfrac{s_g^*}{s_g^{**}}$ 的值急剧减小。当 λ 增大时，$\dfrac{s_g^*}{s_g^{**}}$ 的值随之增大，且在 $\lambda = 0$ 附近，$\dfrac{s_g^*}{s_g^{**}}$ 的值增大幅度较大，而后趋于平稳。

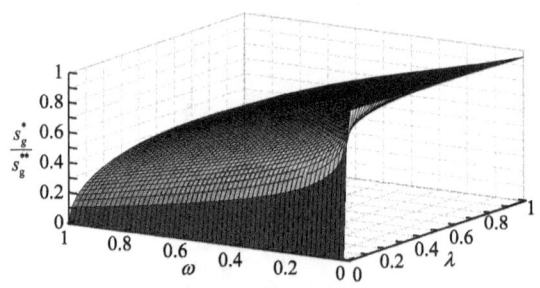

图 13.3　λ、ω 变化对 $\dfrac{s_g^*}{s_g^{**}}$ 的影响示意图

推论 13.4：民众在有法律约束情形下的最优努力程度不一定大于仅在道德约束情形下的最优努力程度；且两种情形下民众的最优努力程度的比值与政府和民众的努力收益影响系数和努力收益系数有关，而与努力成本系数无关。

这是由于根据式（13.10）、式（13.17）可得

$$\frac{s_p^*}{s_p^{**}} = 2^{\frac{\lambda}{2(2\omega+\lambda-4)}} \delta_p^{\frac{4-\lambda}{-2(2\omega+\lambda-4)}} \delta_g^{\frac{-\lambda}{2(2\omega+\lambda-4)}} \left[\frac{(2\delta_g+\lambda\delta_p)(2\omega+\lambda)}{\lambda(4+\lambda)}\right]^{\frac{2}{2\omega+\lambda-4}} \quad (13.24)$$

为了说明"民众在有法律约束情形下的最优努力程度不一定大于仅在道德约束情形下的最优努力程度",取 $\delta_p=2$, $\delta_g=1$, $\lambda=0.12$, $\omega=0.11$,此时 $\frac{s_p^*}{s_p^{**}}=1.1275>1$,即 $s_p^*>s_p^{**}$。且根据式(13.24)可知,$\frac{s_p^*}{s_p^{**}}$ 与 δ_p、δ_g、λ、ω 有关。

通过运用控制变量法,在 λ、ω 不变的情况下,作图观察 δ_p、δ_g 变化对 $\frac{s_p^*}{s_p^{**}}$ 的影响,如图 13.4 所示,图中箭头表示坐标轴的方向,可以发现随着 δ_g 变大,$\frac{s_p^*}{s_p^{**}}$ 的值减小。随着 δ_p 的增大,$\frac{s_p^*}{s_p^{**}}$ 的值也随之增大。

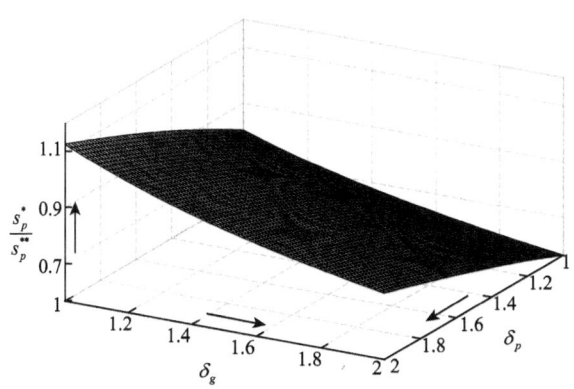

图 13.4 δ_p、δ_g 变化对 $\frac{s_p^*}{s_p^{**}}$ 的影响示意图

当 δ_p、δ_g 在不变的情况下,作图观察 λ、ω 变化对 $\frac{s_p^*}{s_p^{**}}$ 的影响,如图 13.5 所示,发现随着 ω 增大,$\frac{s_p^*}{s_p^{**}}$ 的值减小,随着 ω 增大,$\frac{s_g^*}{s_g^{**}}$ 的值急剧减小。当 λ 增大时,$\frac{s_g^*}{s_g^{**}}$ 的值随之增大,且在 $\lambda=0$ 附近,$\frac{s_g^*}{s_g^{**}}$ 的值增大幅度较大,而后趋于平稳。

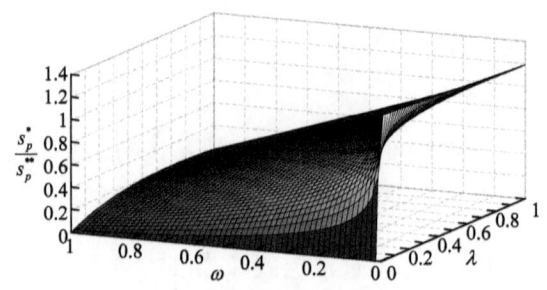

图 13.5　λ、ω 变化对 $\dfrac{s_p^*}{s_p^{**}}$ 的影响示意图

推论 13.5：政府在有法律约束情形下的收益不一定大于仅在道德约束情形下的收益；且两种情形下政府的收益的差值与政府和民众的努力收益影响系数、努力收益系数及努力成本系数有关，也与法律奖励阈值有关。

由于根据式（13.6）、式（13.9）、式（13.16）、式（13.18），有

$$\pi_g^{**}-\pi_g^* = \left[\theta_p\left(1-t_u^2\right)\right]^{\frac{4\omega}{2(2\omega+\lambda-4)}} \theta_g^{\frac{2\lambda}{2(2\omega+\lambda-4)}} G\left(\delta_g,\delta_p,\lambda,\omega\right) \quad (13.25)$$

其中，

$$G\left(\delta_g,\delta_p,\lambda,\omega\right)=\frac{\delta_g}{\lambda}\left[\frac{(2\delta_g+\lambda\delta_p)(2\omega+\lambda)}{2\lambda(4+\lambda)}\right]^{\frac{\lambda+2\omega}{-2\omega-\lambda+4}} - \left[\frac{(2\delta_g+\lambda\delta_p)(2\omega+\lambda)}{2\lambda(4+\lambda)}\right]^{\frac{4}{-2\omega-\lambda+4}}$$

$$-2^{\frac{4\lambda+4\omega}{2(2\omega+\lambda-4)}}\left(\frac{1}{\lambda}-\frac{1}{4}\right)\delta_g^{\frac{4\omega-8}{2(2\omega+\lambda-4)}}\delta_p^{\frac{-4\omega}{2(2\omega+\lambda-4)}}$$

为了说明"政府在有法律约束情形下的收益不一定大于仅在道德约束情形下的收益"，取 $\delta_p=1.21$，$\delta_g=1.44$，$\lambda=0.12$，$\omega=0.11$，$t_u=0.88$，$\theta_p=1.69$，$\theta_g=1.96$ 时，$\pi_g^{**}-\pi_g^*=-0.3146<0$，此时 $\pi_g^{**}<\pi_g^*$。

观察 t_u 变化对 $\pi_g^{**}-\pi_g^*$ 的影响示意图（图 13.6），可以发现随着 t_u 增大，$\pi_g^{**}-\pi_g^*$ 的值减小，且其减小的幅度越来越大。观察 θ_p、θ_g 变化对 $\pi_g^{**}-\pi_g^*$ 的影响示意图（图 13.7），可以发现随着 θ_p、θ_g 的增大，$\pi_g^{**}-\pi_g^*$ 也随之增大。观察 δ_p、δ_g 变化对 $\pi_g^{**}-\pi_g^*$ 的影响示意图（图 13.8），可以发现随着 δ_g 的增大，$\pi_g^{**}-\pi_g^*$ 也随之增大，且在 δ_p 较大时，$\pi_g^{**}-\pi_g^*$ 随着 δ_g 增大而增大的幅度降低。而随着 δ_p 增大时，$\pi_g^{**}-\pi_g^*$ 减小，且在 δ_g 较小时，$\pi_g^{**}-\pi_g^*$ 随着 δ_p 增大而减小的幅度降低。

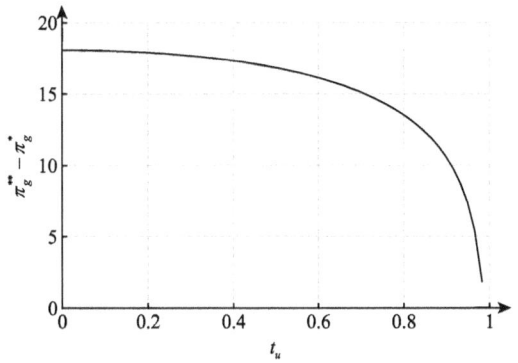

图 13.6　t_u 变化对 $\pi_g^{**}-\pi_g^*$ 的影响示意图

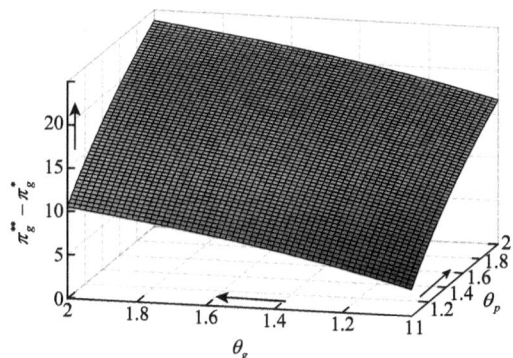

图 13.7　θ_p、θ_g 变化对 $\pi_g^{**}-\pi_g^*$ 的影响示意图

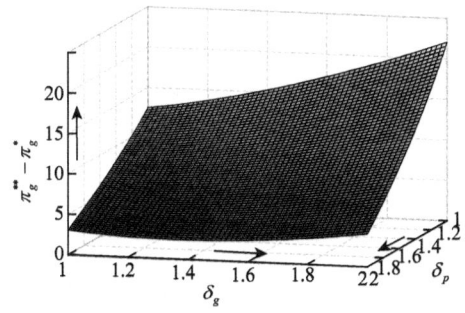

图 13.8　δ_p、δ_g 变化对 $\pi_g^{**}-\pi_g^*$ 的影响示意图

观察 λ、ω 变化对 $\pi_g^{**}-\pi_g^*$ 的影响示意图（图 13.9），在 λ 较小而 ω 较大时，$\pi_g^{**}-\pi_g^*$ 的值几乎没有变化，几乎为零，当 $\lambda \leqslant 0.2$ 时，随着 ω 的增大，$\pi_g^{**}-\pi_g^*$ 也随之增大，且增大幅度越来越大，且随 λ 减小，$\pi_g^{**}-\pi_g^*$ 随着 ω 增大

而增大的幅度变化也越来越大。当 $\omega \geq 0.4$ 时，随着 λ 的增大，$\pi_g^{**} - \pi_g^*$ 也随之增大，且增大幅度越来越大，且随着 ω 增大，$\pi_g^{**} - \pi_g^*$ 随着 λ 增大而增大的幅度变化也越来越大。

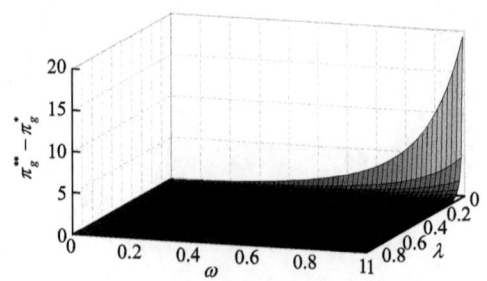

图 13.9 λ、ω 变化对 $\pi_g^{**} - \pi_g^*$ 的影响示意图

推论 13.6：民众在有法律约束情形下的收益不一定大于或者小于仅在道德约束情形下的收益；且两种情形下民众的收益的差值与政府和民众的努力收益影响系数、努力收益系数及努力成本系数有关，也与法律奖励阈值有关。

这是由于根据式（13.7）、式（13.10）、式（13.17）、式（13.18），有

$$\pi_p^{**} - \pi_p^* = \left[\theta_p\left(1-t_u^2\right)\right]^{\frac{4\omega}{2(2\omega+\lambda-4)}} \theta_g^{\frac{2\lambda}{2(2\omega+\lambda-4)}} P(\delta_g, \delta_p, \lambda, \omega) \quad (13.26)$$

其中，

$$P(\delta_g, \delta_p, \lambda, \omega) = \frac{\delta_g}{\omega}\left[\frac{(2\delta_g + \lambda\delta_p)(2\omega+\lambda)}{2\lambda(4+\lambda)}\right]^{\frac{\lambda+2\omega}{-2\omega-\lambda+4}} - \left[\frac{(2\delta_g + \lambda\delta_p)(2\omega+\lambda)}{2\lambda(4+\lambda)}\right]^{\frac{4}{-2\omega-\lambda+4}}$$
$$- 2^{\frac{4\lambda+4\omega}{2(2\omega+\lambda-4)}}\left(\frac{1}{\omega}-\frac{1}{2}\right)\delta_g^{\frac{-2\lambda}{2(2\omega+\lambda-4)}}\delta_p^{\frac{2\lambda-8}{2(2\omega+\lambda-4)}}$$

观察 δ_p、δ_g 变化对 $\pi_p^{**} - \pi_p^*$ 的影响示意图（图 13.10），可以发现随着 δ_g 的增大，$\pi_p^{**} - \pi_p^*$ 也随之增大，而随着 δ_p 增大时，$\pi_p^{**} - \pi_p^*$ 减小。

观察图 13.11 可以轻易得出存在 $\pi_p^{**} \leq \pi_p^*$ 这样的情况，这里需要验证存在 $\pi_p^{**} > \pi_p^*$ 的情况，取 $\delta_p = 1$，$\delta_g = 2$，$\lambda = 0.12$，$\omega = 0.11$，$t_u = 0.88$，$\theta_p = 1.69$，$\theta_g = 1.96$，此时 $\pi_p^{**} - \pi_p^* = 8.9326 > 0$，即 $\pi_p^{**} > \pi_p^*$。

事实上，观察式（13.25）、式（13.26）可以发现 t_u 及 θ_p、θ_g 变化对 $\pi_p^{**} - \pi_p^*$ 的影响与对 $\pi_g^{**} - \pi_g^*$ 的影响相同。

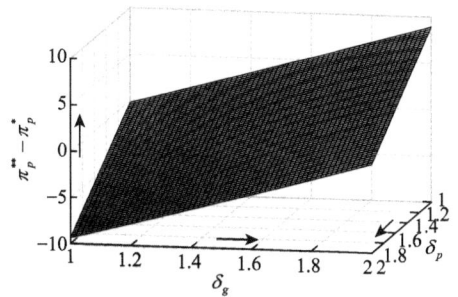

图 13.10 δ_p、δ_g 变化对 $\pi_p^{**}-\pi_p^*$ 的影响示意图

观察 λ、ω 变化对 $\pi_p^{**}-\pi_p^*$ 的影响示意图（图 13.11），在 λ 较小而 ω 较大时，$\pi_p^{**}-\pi_p^*$ 的值几乎没有变化，几乎为零。当 $\lambda \leqslant 0.1$ 时，随着 ω 的增大，$\pi_p^{**}-\pi_p^*$ 的值减小，且减小幅度越来越大，且随着 λ 减小，$\pi_p^{**}-\pi_p^*$ 随着 ω 增大而减小的幅度变化也越来越大。当 $\omega \geqslant 0.3$ 时，随着 λ 的增大，$\pi_p^{**}-\pi_p^*$ 也随之增大，且增大幅度越来越小，且随着 ω 增大，$\pi_p^{**}-\pi_p^*$ 随着 λ 增大而增大的幅度变化也越来越大。

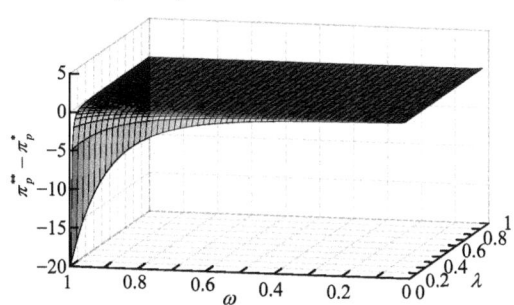

图 13.11 λ、ω 变化对 $\pi_p^{**}-\pi_p^*$ 的影响示意图

推论 13.7：社会整体的收益在有法律约束情形下不一定大于或者小于仅在道德约束情形下的收益；且两种情形下社会整体收益的差值与政府和民众的努力收益影响系数、努力收益系数及努力成本系数有关，也与法律奖励阈值有关。

这是由于将式（13.25）、式（13.26）相加可得

$$\pi^{**}-\pi^* = \left[\theta_p\left(1-t_u^2\right)\right]^{\frac{4\omega}{2(2\omega+\lambda-4)}} \theta_g^{\frac{2\lambda}{2(2\omega+\lambda-4)}} W\left(\delta_g,\delta_p,\lambda,\omega\right) \quad (13.27)$$

其中，

$$W\left(\delta_g,\delta_p,\lambda,\omega\right) = \delta_g\left(\frac{1}{\lambda}+\frac{1}{\omega}\right)\left[\frac{(2\delta_g+\lambda\delta_p)(2\omega+\lambda)}{2\lambda(4+\lambda)}\right]^{\frac{\lambda+2\omega}{-2\omega-\lambda+4}} - 2\left[\frac{(2\delta_g+\lambda\delta_p)(2\omega+\lambda)}{2\lambda(4+\lambda)}\right]^{\frac{4}{-2\omega-\lambda+4}}$$

$$-2^{\frac{4\lambda+4\omega}{2(2\omega+\lambda-4)}}\left(\frac{1}{\lambda}-\frac{1}{4}\right)\delta_g^{\frac{4\omega-8}{2(2\omega+\lambda-4)}}\delta_p^{\frac{-4\omega}{2(2\omega+\lambda-4)}} - 2^{\frac{4\lambda+4\omega}{2(2\omega+\lambda-4)}}\left(\frac{1}{\omega}-\frac{1}{2}\right)\delta_g^{\frac{-2\lambda}{2(2\omega+\lambda-4)}}\delta_p^{\frac{2\lambda-8}{2(2\omega+\lambda-4)}}$$

观察图 13.12 可以发现 δ_p、δ_g 对 $\pi^{**}-\pi^*$ 的影响与对 $\pi_p^{**}-\pi_p^*$ 的影响相同，由此可以看出民众收益对社会整体收益的影响较大。

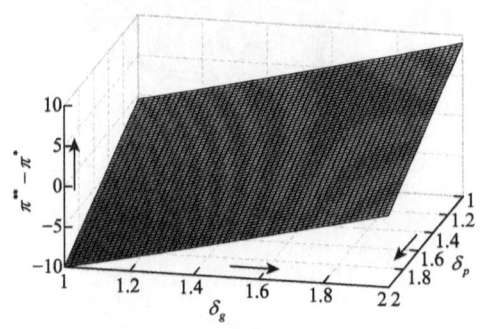

图 13.12　δ_p、δ_g 变化对 $\pi^{**}-\pi^*$ 的影响示意图

通过观察图 13.13 可以轻易得出存在 $\pi^{**} \leqslant \pi^*$ 和 $\pi^{**} > \pi^*$ 两种情况。观察图 13.13，可以发现在 λ 较小而 ω 较大时，$\pi^{**}-\pi^*$ 的值几乎没有变化，几乎为零。当 $\lambda \leqslant 0.15$ 时，随着 ω 的增大，$\pi^{**}-\pi^*$ 的值先增大后减小，且随着 λ 减小，$\pi^{**}-\pi^*$ 随着 ω 增大而改变的幅度变化也越来越大。当 $\omega \geqslant 0.35$ 时，随着 λ 的增大，$\pi^{**}-\pi^*$ 变化的幅度越来越小。另外，在这里发现当 $\omega \leqslant 0.1$ 时，随着 ω 减小直至为零，$\pi^{**}-\pi^*$ 有变大的趋势。

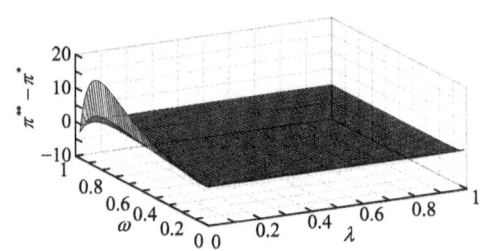

图 13.13　λ、ω 变化对 $\pi^{**}-\pi^*$ 的影响示意图

13.6　数值计算及结果分析

本章从道德和法律两个层面出发，考虑了社会诚信环境建设中的两个参与者政府和民众的努力程度，采用 Nash 非合作博弈均衡和 Stackelberg 合作博弈均衡的相关理论，分析了政府和民众的最优努力程度策略。通过比较和总结政府和民众

在两个层面上的最优努力程度和收益,以及两个层面上的诚信环境建设对社会整体收益的影响,对我国在加快社会诚信建设方面提出如下相应对策建议。

(1) 从道德层面来说,根据定理 13.2 中的式(13.9)、式(13.10)可知,不论对政府还是民众而言,其在无法律约束情形下的最优努力程度均与双方的努力收益系数成正比,而与双方的努力成本系数成反比,因此应大力宣传社会诚信建设,对诚信行为给予一定的奖励,如对政府自身的诚信行为,民众应积极响应并拥戴;而对于民众的诚信行为,政府可以给予其一定的赞扬,并鼓励其所在的企业为其升职加薪作为奖励;对于民众所在的企业的诚信行为,当企业与企业合作时,政府也可参与其中,并鼓励两方企业诚信合作。

(2) 从法律层面来说,根据定理 13.3 中的式(13.16)、式(13.17)可知,不论对政府还是民众而言,其在法律约束情形下的最优努力程度均与双方的努力收益系数及政府的努力成本系数成正比,而与民众的努力成本系数成反比,因此政府应加大成本,大力宣传社会诚信建设并制定相关法律条例,使得民众以最大限度的努力程度投入社会诚信建设中去,并通过相关法律层面的奖励使得政府和民众单位努力程度下所获得的收益较大。

此外,由于式(13.18)中最优法律奖惩系数与政府和民众的努力收益系数、民众努力影响系数有关,法律约束影响民众的努力程度,如加大了政府的收益,或者减少了民众的收益,抑或扩大了民众的努力程度对社会诚信环境的影响时,则应适当提高法律奖惩系数,使得民众更愿意参与到社会诚信环境的建设中去。

(3) 从道德和法律相结合层面来说,政府在从道德层面大力宣传社会诚信建设的同时,更应较大力度地完善相应法律体系,对社会的诚信建设加以一定的规范和约束。

此外,根据定理 13.2 中的式(13.9)、式(13.10)及定理 13.3 中的式(13.16)、式(13.17)可知,不论是在道德层面上还是在法律层面上,政府和民众的最优努力程度均与法律层面的奖励阈值 t_u 正相关。因此,可适当提高该阈值,以期提高政府和民众建设社会诚信环境的努力程度,从另一个层面来讲,应尽量使得法律对政府和民众诚信行为的奖励仅仅作为其在道德层面的一个补充,否则会导致为了得到诚信奖励而做出诚信行为的不良现象产生。

13.7 思考与启示

本章从道德和法律两个层面出发,考虑了社会诚信环境建设中的两个参与者政府和民众的努力程度,并通过分析无法律约束,即仅限于道德层面,以及法律层面的特点，采用Nash非合作博弈均衡和Stackelberg合作博弈均衡的相关理论知识，分析了政府和民众的最优努力程度策略。通过比较和总结政府和民众在两个层面上的最优努力程度和收益，以及两个层面上的诚信环境建设对社会整体收益的影响，为我国加快社会诚信建设提供了较为详尽的参考。

第 14 章 诚信制度目标情景设定及多目标路径优化

本章研究国家诚信制度建设关键诚信指标优选和投入力度、多维目标的情景设定与路径优化等问题。首先，以诚信建设水平较高的欧美国家为标杆，分别从静态和动态视角构建混合整数规划模型，提出优选关键诚信指标、各指标投入力度强弱排序的定量分析方法。其次，考虑到我国当前诚信制度建设指标投入总体排名靠后，构建不同目标情景，设定诚信制度建设指标预期增长率，使得排名达到提前的效果。最后，利用2009~2013年6个国家17个指标的诚信面板数据，运用所建立的模型对国家诚信制度建设水平进行实证分析，并对我国诚信制度建设水平的改善提出一些对策和建议。

14.1 背景研究及现状描述

"诚信"作为最古老、最基本的道德概念，是社会交往中最起码的行为准则和道德规范。随着经济体制的逐步完善和民生政治的不断推进，"诚信"日益引起人们在理论与现实中的深刻思考。关于诚信的探讨和研究不仅局限于伦理学范畴，在其他诸多领域也得到了广泛重视，如人力资源管理学（Kaptein，2003）、组织行为学（Trevinyo-Rodríguez，2007）、领导学（Bauman，2013）及心理学（吴继霞和黄希庭，2010）等。

评判国家、企业或个人诚信水平优劣的首要工作是收集若干诚信评判的关键指标，建立诚信指标体系，给出其综合测度指标（Camerer，2006）。近年来，国内外学者分别针对政府、企业及个人或社会团体的诚信制度建设进行了深入研究。在政府诚信建设方面，杨秋菊（2015）梳理了国外政府诚信现状并给出了一些启示。Six等（2012）发现银行信用系统的概念类似于政府信用系统，其有效性因风险而异。Wang等（2013）从多主体系统的视角分析了社会信用体系的行为模式。Said等（2016）通过统计分析方法测度马来西亚公共部门的诚信与有效管理实践的诸多因素之间的联系。葛寰中（2006）研究了中国市场经济发展背景下的诚信指标体系，研究指出了中国市场经济发展条件下的诚信现状，在充分考虑经济、管理理论的前提下，建立了从政府、企业和个人等不同角度考虑的诚信指标体系。张存如（2008）对政府诚信及相关的评价做了重要研究，认为当前我国亟待建立一个完善的社会诚信体系，而政府在这一重要进程中起着至关重要的作用，研究同时从政府诚信、政府守信、公平公正等维度构建了政府诚信评价指标体系。在企业诚信建设方面，孟祥中（2010）对中国煤矿安全及煤矿企业的安全诚信管理进行了深入研究，运用不同的统计研究方法，构建了煤矿企业安全诚信评价的指标体系，结合贝叶斯网络理论和Bootstrap方法构建了基于贝叶斯网络的煤矿安全诚信评价模型。杨慧（2012）通过对影响企业诚信水平的因素进行解剖，从企业财务能力、经营情况、企业素质、社会责任四个维度建立了企业诚信度评价的指标体系。彭惠和吴利（2014）从多维度指标分析店铺的诚信行为模式及其动态性，以提高C2C电子商务信用评级体系的信息揭示作用。王俊峰和吴海洋（2014）基于改进的TOPSIS法提出了新的B2C企业信用评价方法，其中指标权重采用拉格朗日模型求解。张目和周宗放（2009）分别借助混合整数规划和多目标规划研究了企业信用的评估模型。在个人或社会团体方面，卢飞霞（2009）从学业诚信、经济诚信、社会诚信三个评价维度构建了大学生诚信评价的指标体系；问延安（2008）从道德、自律和他律及社会信任入手，多角度地分析了非营利组织诚信问题的成因。

从现有研究来看，大多研究聚焦于社会诚信制度建设的特点、模式及优缺点，针对诚信制度建设的定量比较与分析、诚信制度建设的路径优化研究较少。例如，在诚信制度建设路径优化方面，为了给国家诚信制度建设水平的改善提供一个参考方向，有必要加大某一些或某一类指标的有效投入量，然而，如何合理确定关键诚信指标、如何量化这些指标投入增加力度仍十分困难。此外，针对当前我国诚信建设水平，如何改变其排名落后的状况，怎样有步骤地设计诚信建设各指标的增长率使得排名达到提前的效果也是十分有意义的研究问题。为此，本章从初选诚信指标体系出发，结合欧美等西方国家各诚信指标的投入，基于数学规划的思想提取关键诚信指标，给出相应关键指标的有效投入增加力度或量，同时，构建诚信制度建设的多维情景目标，设定诚信指标增长率，目的是为我国社会诚信制度建设水平的改善提供路径借鉴和方向指导。

14.2 诚信制度建设关键指标优选和投入优化模型

国务院印发的《社会信用体系建设规划纲要（2014—2020年）》是我国首部国家级社会信用体系建设专项规划。该纲要围绕政务诚信、商务诚信、社会诚信和司法公信等四大重点领域，部署加快建设社会信用体系、构筑诚实守信的经济社会环境。为此，假设基于社会、政治、经济和金融四个维度已初步筛选了若干诚信指标，用来测度国家诚信制度建设水平的状况，不妨设 $C=\{c_1,c_2,...,c_m\}$ 为初选指标集，其中 $C^1=\{c_1,c_2,...,c_{m_1}\}$ 表示社会维度诚信指标集，$C^2=\{c_{m_1+1},c_{m_1+2},...,c_{m_2}\}$ 表示政治维度诚信指标集，$C^3=\{c_{m_2+1},c_{m_2+2},...,c_{m_3}\}$ 表示经济维度诚信指标集，$C^4=\{c_{m_3+1},c_{m_3+2},...,c_{m_4}\}$ 表示金融维度诚信指标集，则 $C=C^1\bigcup C^2\bigcup C^3\bigcup C^4$，即初选指标集依据上述四个维度分成了四类。

14.2.1 静态视角下关键指标优选和投入优化模型

设 w_i 表示指标 c_i 在初选诚信指标体系中的权重（这里假设已知），p_i 表示当前我国在指标 c_i 上的投入，q_{ik} 表示当前某标杆国家 k（$k=1,2,\cdots,n$）在指标 c_i 上的投入，δ_i 表示选取第 i 种诚信指标所产生的固定成本，r_i 表示加大诚信指标 c_i 投入的单位可变成本，假设这里的指标数据已进行无量纲化处理。

设 x_i 表示增加指标 c_i 投入的量，从两个方面构建目标函数，令

$$z_i=\begin{cases}\delta_i+r_ix_i, & \text{选取指标}c_i\text{作为关键指标加大投入，即}x_i>0\\ 0, & \text{不选取指标}c_i\text{作为关键指标加大投入，即}x_i=0\end{cases} \quad (14.1)$$

表示增加指标 c_i 投入的成本，这里 $i=1,2,\cdots,m$。又令

$$\eta_{ik}=\begin{cases}|(p_i+x_i)-q_{ik}|, & \text{选取指标}c_i\text{作为关键指标加大投入，即}x_i>0\\ |p_i-q_{ik}|, & \text{不选取指标}c_i\text{作为关键指标加大投入，即}x_i=0\end{cases} \quad (14.2)$$

表示增加指标 c_i 投入后我国与某标杆国家 k 的投入差距，这里 $i=1,2,\cdots,m$；$k=1,2,\cdots,n$。则总成本函数为

$$z=\sum_{i=1}^{m}w_iz_i \quad (14.3)$$

与标杆国家的投入总差距为

$$\eta = \sum_{k=1}^{n}\sum_{i=1}^{m} w_i \eta_{ik} \quad (14.4)$$

进一步，在构建目标函数时，为了统一讨论，借助运筹学中关于固定费用问题的建模思想，引入 0-1 变量 y_i，令

$$y_i = \begin{cases} 1, & \text{选取指标}c_i\text{作为关键指标加大投入，即}x_i > 0 \\ 0, & \text{不选取指标}c_i\text{作为关键指标加大投入，即}x_i = 0 \end{cases} \quad (14.5)$$

从变量 y_i 的定义不难发现若增加诚信指标 c_i 的投入量，也隐含了将遴选指标 c_i 当作关键指标的事实，反之，若增加诚信指标 c_i 的投入量为 0，也意味着它未被遴选。于是，结合式（14.1），式（14.3）等价于式（14.6）

$$z = \sum_{i=1}^{m} w_i z_i = \sum_{i=1}^{m} w_i (\delta_i y_i + r_i x_i) \quad (14.6)$$

结合式（14.2），式（14.4）等价于式（14.7）

$$\eta = \sum_{i=1}^{m} w_i \sum_{k=1}^{n} \eta_{ik} = \sum_{i=1}^{m} w_i \sum_{k=1}^{n} \left[|p_i - q_{ik}|(1-y_i) + |(p_i - q_{ik})y_i + x_i| \right] \quad (14.7)$$

为了确定关键指标（y_i）和指标有效投入量（x_i），以当前或最近阶级（即静态视角）的相关指标数据为基础，以追加指标投入的总成本（z）最少以及与标杆国家的投入总差距（η）最小作为两个目标，建立如下的静态多目标优化模型（M-1）。

$$\min z = \sum_{i=1}^{m} w_i (\delta_i y_i + r_i x_i)$$

$$\min \eta = \sum_{i=1}^{m} w_i \sum_{k=1}^{n} \left[|p_i - q_{ik}|(1-y_i) + |(p_i - q_{ik})y_i + x_i| \right]$$

$$\text{s.t.} \quad L \leq x_i \leq U, \quad i = 1, 2, \cdots, m \quad (14.8)$$

$$\sum_{c_i \in C^j} y_i \geq \lambda_j, \quad j = 1, 2, 3, 4 \quad (14.9)$$

$$\sum_{c_i \in C^j} y_i \leq \mu_j, \quad j = 1, 2, 3, 4 \quad (14.10)$$

$$x_i \leq M y_i, \quad i = 1, 2, \cdots, m \quad (14.11)$$

$$x_i \geq 0, \quad i = 1, 2, \cdots, m \quad (14.12)$$

$$y_i = 0 \text{ 或 } 1, \quad i = 1, 2, \cdots, m \quad (14.13)$$

不难发现，模型（M-1）是一个双目标 0-1 混合整数非线性规划模型（Boukouvala et al., 2016; Alavidoost et al., 2018），在模型（M-1）中第一个目标函数表示加大关键指标投入的总成本，第二个目标函数表示与标杆国家相比我国在诚信指标投入上的总差距。式（14.8）表示诚信指标投入量的基本要

求，式中 U 和 L 分别表示我国在每个诚信指标上的最高和最低的投入量；式（14.9）和式（14.10）表示挑选类 j 诚信指标的个数约束，式中 λ_j 和 μ_j 分别表示类 j 诚信指标的最少和最多提取个数；式（14.11）是对式（14.5）规定的再表述，其中 M 是个充分大的常数。式（14.11）意味着当 $x_i>0$ 时 $y_i=1$，当 $x_i=0$ 时只有 $y_i=0$ 才有意义，所以式（14.11）可以完全替代式（14.5）。式（14.12）与式（14.13）是模型决策变量的基本约束要求。

实际上，模型（M-1）是规划领域中最难求解的问题之一，属于 NP-难问题（刘明明等，2016）。借助商业软件 CPLEX、MATLAB 的 YALMIP 或 BNB 20 工具箱可以获得其局部最优解，然而针对中大规模问题，由于目标函数的非线性，上述优化软件求解的复杂度明显增强。注意到模型（M-1）中目标函数二非线性的特殊性（带有绝对值），试通过一些数学技巧对模型（M-1）进行再处理将其转化为线性规划模型，以便在有效时间内快速获得全局最优解。

引理（赵银明，2008）：对于任意的 x，必存在 $u>0$，$v>0$ 满足 $x=u-v$，$|x|=u+v$。

证明：可令 $u=(|x|+x)/2$，$v=(|x|-x)/2$，易证之。

在模型（M-1）中引入非负变量 u_{ik} 和 v_{ik}，据引理 1，必存在 $u_{ik}>0$，$v_{ik}>0$ 满足 $(p_i-q_{ik})y_i+x_i=u_{ik}-v_{ik}$，$|(p_i-q_{ik})y_i+x_i|=u_{ik}+v_{ik}$。从而模型（M-1）可等价转换为如下的模型（M-2）：

$$(\text{OBJ}_1)\ \min z = \sum_{i=1}^{m} w_i(\delta_i y_i + r_i x_i)$$

$$(\text{OBJ}_2)\ \min \eta = \sum_{i=1}^{m} w_i \sum_{k=1}^{n} \left[|p_i-q_{ik}|(1-y_i) + u_{ik} + v_{ik} \right]$$

$$\text{s.t.}\ L \leq x_i \leq U,\quad i=1,2,\cdots,m$$

$$\sum_{c_i \in C^j} y_i \geq \lambda_j,\quad j=1,2,3,4$$

$$\sum_{c_i \in C^j} y_i \leq \mu_j,\quad j=1,2,3,4$$

$$x_i \leq M y_i,\quad i=1,2,\cdots,m$$

$$x_i \geq 0,\quad i=1,2,\cdots,m$$

$$y_i = 0 \text{ 或 } 1,\quad i=1,2,\cdots,m$$

$$(p_i-q_{ik})y_i+x_i = u_{ik}-v_{ik},\quad i=1,2,\cdots,m;\ k=1,2,\cdots,n$$

$$u_{ik}>0,\quad i=1,2,\cdots,m;\ k=1,2,\cdots,n$$

$$v_{ik}>0,\quad i=1,2,\cdots,m;\ k=1,2,\cdots,n$$

为叙述的方便，记模型（M-2）的所有约束条件构成的集合为 Ω。易知，模型（M-2）是带有约束集 Ω 的双目标 0-1 混合整数线性规划模型，相比模型（M-1），其求解复杂度大大降低。本章采用分层序列法求解模型（M-2）（谭昌柏等，2012），并假设决策者认为投入总差距函数 η 的重要程度要优先于总成本函数 z。首先，求解第 2 个目标(OBJ_2)在约束条件集 Ω 下单目标优化结果，记最优值为 $\eta_{\min}$；然后，只求 OBJ_1，并将 OBJ_2 的最优值 $\eta_{\min}$ 作为约束放在约束条件里求解，记为模型（M-3）。其中，单目标规划及模型（M-3）均利用 LINGO（谢金星等，2005）软件求解，模型（M-3）如下。

$$\min sz = \sum_{i=1}^{m} w_i \left(\delta_i y_i + r_i x_i \right)$$

$$\text{s.t.} \ (x_i, y_i, u_{ik}, v_{ik}) \in \Omega$$

$$\eta = \sum_{i=1}^{m} w_i \sum_{k=1}^{n} \left[\left| p_i - q_{ik} \right| (1 - y_i) + u_{ik} + v_{ik} \right] \leq \eta_{\min}$$

14.2.2 动态视角下关键指标优选和投入优化模型

考虑到国家诚信制度建设是在不断发展的，诚信指标数据随着时间的推移在不断变化，因此有必要从动态视角确定关键指标及指标有效投入量，即在诚信指标优化建模中必须兼顾各国数年各指标的数据，建模的难点主要表现在以下两点：第一，如何确定阶段权重，以便于对年度数据进行加权分析；第二，动态视角下如何构建指标优化的目标函数。围绕这两个难点，下面给出具体的建模过程。

假设初选指标集 $C = \{c_1, c_2, \cdots, c_m\}$ 同静态视角，仍记 w_i 为指标 c_i 在初选诚信指标体系中的权重（这里假设已知）。假设存在 h 个时间阶段，设阶段权重向量为 $\boldsymbol{\theta} = (\theta_1, \theta_2, \cdots, \theta_h)^\text{T}$，其中 $\theta_t \geq 0$，$t = 1, 2, \cdots, h$，且 $\sum_{t=1}^{h} \theta_t = 1$，$p_i^t$ 表示我国在阶段 t ($t = 1, 2, \cdots, h$) 对指标 c_i 的投入，q_{ik}^t 表示某诚信标杆国家 k （$k = 1, 2, \cdots, n$）在阶段 t ($t = 1, 2, \cdots, h$) 对指标 c_i 的投入，δ_i^t 表示阶段 t 选取第 i 种诚信指标所产生的固定成本，r_i^t 表示阶段 t 加大指标 c_i 投入的单位可变成本，假设这里的相关数据已进行无量纲化处理。

首先，考虑到各时间阶段与欧美等标杆国家对应的指标数据差距不应过大，否则将影响动态分析的效果，为此，采用以相邻阶段综合贴近度偏差最小的思想（郝晶晶等，2013）确定阶段权重 $\boldsymbol{\theta} = (\theta_1, \theta_2, \cdots, \theta_h)^\text{T}$，以便实现阶段之间的权衡协调，这里记 $d_i^t = \frac{1}{n} \sum_{k=1}^{n} \left| p_i^t - q_{ik}^t \right|$ 表示在阶段 t 我国与各标杆国家在指标 c_i 上平均投

入差距，具体确定阶段权重的优化模型如下：

$$\min d = \sum_{i=1}^{m}\sum_{t=2}^{h} w_i \left(\theta_t d_i^t - \theta_{t-1} d_i^{t-1}\right)^2$$

$$\text{s.t. orness}(\theta) = \frac{1}{h-1}\sum_{t=1}^{h}(h-t)\theta_t = \beta, \quad 0 \leq \beta \leq 1$$

$$\sum_{t=1}^{h}\theta_t = 1$$

$$0 \leq \theta_t \leq 1$$

$$\theta = (\theta_1, \theta_2, \cdots, \theta_h)^{\mathrm{T}} \in \Theta$$

其中，目标函数 d 表示相邻阶段关于指标综合贴近度的总偏差，要求其最小化。在约束条件中，第一个约束 orness 测度反映了决策者对时序权重的偏好程度，其中，β 越接近于 1，表明决策者越重视远期数据，而 β 越接近于 0，表明决策者越重视近期数据，β 取 0.5 表示决策者无偏好，对各时段重视程度相同；第二个和第三个约束是阶段权重归一化的基本要求；第四个约束是阶段权重的先验限制，其中 Θ 为决策者依据决策目标赋予的阶段权重先验信息集合。

其次，为了从动态视角确定关键指标及其投入量，综合考虑各指标数据的时间序列特征，从两个方面构建目标函数，一方面，以总成本函数为目标函数一，另一方面，以我国与各标杆国家在各阶段的投入总差距函数为目标函数二。

设 x_i 表示增加指标 c_i 投入的量，令

$$\phi_i^t = \begin{cases} \delta_i^t + r_i^t x_i, & \text{选取指标} c_i \text{作为关键指标加大投入，即} x_i > 0 \\ 0, & \text{不选取指标} c_i \text{作为关键指标加大投入，即} x_i = 0 \end{cases} \quad (14.14)$$

表示阶段 t 增加指标 c_i 投入的成本，这里 $i = 1, 2, \cdots, m$。

$$\xi_{ik}^t = \begin{cases} \left|p_i^t + x_i - q_{ik}^t\right|, & \text{选取指标} c_i \text{作为关键指标加大投入，即} x_i > 0 \\ \left|p_i^t - q_{ik}^t\right|, & \text{不选取指标} c_i \text{作为关键指标加大投入，即} x_i = 0 \end{cases} \quad (14.15)$$

表示阶段 t 增加指标 c_i 投入后我国与某标杆国家 k 的投入差距，这里 $i = 1, 2, \cdots, m$；$k = 1, 2, \cdots, n$；$t = 1, 2, \cdots, h$。

则动态视角下各阶段的总成本函数为

$$\phi = \sum_{i=1}^{m} w_i \sum_{t=1}^{h} \theta_t \phi_i^t \quad (14.16)$$

则动态视角下我国与标杆国家在各阶段的投入总差距为

$$\xi = \sum_{k=1}^{n}\sum_{i=1}^{m} w_i \sum_{t=1}^{h} \theta_t \xi_{ik}^t \quad (14.17)$$

结合式（14.5），类似于式（14.6）的处理技巧，式（14.16）可以改写为

$$\phi = \sum_{i=1}^{m} w_i \sum_{t=1}^{h} \theta_t \left(\delta_i^t y_i + r_i^t x_i \right) \tag{14.18}$$

结合式（14.5），类似于式（14.7）的处理技巧，式（14.15）可以改写为

$$\xi_{ik}^t = \left| p_i^t - q_{ik}^t \right| (1 - y_i) + \left| \left(p_i^t - q_{ik}^t \right) y_i + x_i \right| \tag{14.19}$$

从而式（14.17）等价于

$$\xi = \sum_{i=1}^{m} w_i \sum_{k=1}^{n} \sum_{t=1}^{h} \theta_t \xi_{ik}^t = \sum_{i=1}^{m} w_i \sum_{k=1}^{n} \sum_{t=1}^{h} \theta_t \left[\left| p_i^t - q_{ik}^t \right| (1 - y_i) + \left| \left(p_i^t - q_{ik}^t \right) y_i + x_i \right| \right] \tag{14.20}$$

为了确定关键指标（y_i）和指标有效投入量（x_i），以 h 个阶级（即动态视角）的相关指标数据为基础，以追加指标投入的总成本（ϕ）最少及与标杆国家在各阶段的投入总差距（ξ）最小作为两个目标，建立如下的动态多目标优化模型（M-4）：

$$(\text{OBJ}_3) \min \phi = \sum_{i=1}^{m} w_i \sum_{t=1}^{h} \theta_t \left(\delta_i^t y_i + r_i^t x_i \right)$$

$$(\text{OBJ}_4) \min \xi = \sum_{i=1}^{m} w_i \sum_{k=1}^{n} \sum_{t=1}^{h} \theta_t \left[\left| p_i^t - q_{ik}^t \right| (1 - y_i) + \left| \left(p_i^t - q_{ik}^t \right) y_i + x_i \right| \right]$$

$$\text{s.t.} \quad L \leq x_i \leq U, \quad i = 1, 2, \cdots, m$$

$$\sum_{c_i \in C^j} y_i \geq \lambda_j, \quad j = 1, 2, 3, 4$$

$$\sum_{c_i \in C^j} y_i \leq \mu_j, \quad j = 1, 2, 3, 4$$

$$x_i \leq M y_i, \quad i = 1, 2, \cdots, m$$

$$x_i \geq 0, \quad i = 1, 2, \cdots, m$$

$$y_i = 0 \text{ 或 } 1, \quad i = 1, 2, \cdots, m$$

为叙述的方便，记模型（M-4）的所有约束条件构成的集合为 X。不难发现，模型（M-4）是约束条件集合 X 下的双目标 0-1 混合整数非线性规划模型。为快速获得模型（M-4）的有效最优解，亦可对它作相应的数学处理，处理技巧类似于静态视角。譬如，假设阶段投入总差距函数（ξ）的重要程度优于阶段总成本函数（ϕ），则以总成本函数 ϕ（OBJ$_3$）为目标函数，并将 OBJ$_4$ 的最优值 $\xi_{\min}$ 作为约束合并到约束条件集 X 里，得到如下的数学规划模型，记为模型（M-5）：

$$\min d\phi = \sum_{i=1}^{m} w_i \sum_{t=1}^{h} \theta_t \left(\delta_i^t y_i + r_i^t x_i \right)$$

$$\text{s.t.} \quad L \leq x_i \leq U, \quad i = 1, 2, \cdots, m$$

$$\sum_{c_i \in C^j} y_i \geq \lambda_j, \quad j = 1, 2, 3, 4$$

$$\sum_{c_i \in C^j} y_i \leq \mu_j, \quad j = 1, 2, 3, 4$$

$$x_i \leq M y_i, \quad i = 1, 2, \cdots, m$$

$$x_i \geq 0, \quad i = 1, 2, \cdots, m$$

$$y_i = 0 \text{或} 1, \quad i = 1, 2, \cdots, m$$

$$\xi = \sum_{i=1}^{m} w_i \sum_{k=1}^{n} \sum_{t=1}^{h} \theta_t \left[\left| p_i^t - q_{ik}^t \right| (1 - y_i) + \left| \left(p_i^t - q_{ik}^t \right) y_i + x_i \right| \right] \leq \xi_{\min}$$

14.3 多维目标情景下诚信指标预期增长率和目标预期达到年份确定方法

14.3.1 诚信制度建设多维目标的情景设定

目标情景1：设计三种情形的国家诚信各指标年均增长率，进而预测在若干年后我国与其他国家的诚信建设综合排名状况。

情形一：如果我国按照各诚信指标年均增长率变化，其他国家按照年均增长率变化，结果如何？

情形二：如果我国按照各指标年均增长率的[1+5%，1+10%]倍区间内变化，其他国家按照年均增长率变化，结果如何？

情形三：如果我国按照各指标的最大年均增长率变化，其他国家按照年均增长率变化，结果如何？

目标情景2：定义每个指标的改变难度和投入成本系数，要求在投入总成本最小的情形下分别设定我国诚信制度建设各指标增长率，使得我国的诚信排名在正常时间内分别达到前5、3、1，其中其他国家在此期间各指标按照平均增长率变化，并分析5年、10年、15年后的国家诚信制度建设情况。

目标情景3：定义指标投入成本是指标改变难度和时间的函数，假设其值与改变难度成反比，与时间成正比，分析在投入总成本最小的情形下我国诚信制度建设各指标增长率的设定，使得指标投入综合排名能达到前5、3、1，并确定达到时所需的时间和年份。

14.3.2 诚信指标预期年均增长率和目标预期达到年份的确定方法

下面针对 14.3.1 节提到的三种目标情景，本着逐步提高我国诚信制度建设水平的目的，分别给出如下诚信指标投入预期年均增长率的确定方法。

目标情景 1 下预期年均增长率的确定方法：针对情形一，依据历史数据，可计算我国诚信指标 c_i 投入的年均增长率为 $\lambda_i = \sqrt[t-1]{\frac{\rho_i^t}{\rho_i^1}} - 1$，其他国家 k 诚信指标 c_i 投入的年均增长率为 $\lambda_{ik} = \sqrt[t-1]{\frac{\sigma_{ik}^t}{\sigma_{ik}^1}} - 1$，这里 ρ_i^t 和 σ_{ik}^t 分别表示阶段 t（$t=1,2,\cdots,h$）我国及其他国家 k 在指标 c_i 上的原始投入指标值，则我国和其他国家 k 在 t 年度后诚信制度建设诚信指标投入总量分别为 $T_t = \sum_{i=1}^{m} w_i p_i (1+\lambda_i)^t$ 和 $T_{tk} = \sum_{i=1}^{m} w_i q_{ik} (1+\lambda_{ik})^t$，这里 $k=1,2,\cdots,n$，通过比较 T_t 与 T_{tk} 的值就可以预测出 t 年度后我国与其他国家 k 的诚信制度建设水平的差异。针对情形二，λ_{ik} 保持不变，将 λ_i 替换为 $[\lambda_i(1+5\%), \lambda_i(1+10\%)]$ 所在区间内变化，然后比较 T_t 与 T_{tk} 的值就可以预测出 t 年度后我国与其他国家 k 的诚信制度建设水平的差异。针对情形三，λ_{ik} 保持不变，将 λ_i 替换为 $\lambda_i = \max_{1 \le k \le n} \{\lambda_{ik}\}$，然后比较 T_t 与 T_{tk} 的值就可以预测出 t 年度后我国与其他国家 k 的诚信制度建设水平的差异。

目标情景 2 下预期年均增长率的确定方法：设诚信指标 c_i 的预期投入年均增长率为 u_i，因不同指标值改变难度（这里用指标当前年均增长率的倒数来反映）有差异，利用此关系来测度各指标的投入成本值，不妨设诚信指标 c_i 在 t_j 阶段（如某一个五年规划期间）的平均预期投入成本系数为 $r(i,t_j)$。它的含义为：其一，在同一 t_j 阶段同一指标 c_i 的投入成本值仅与指标值的改变难度成反比；其二，在不同时间阶段，同一指标 c_i 的投入成本与时间 t_j 成正比。则针对目标情景 2，指标预期年均增长率的确定可化归为求解如下的关于变量 u_i 的数学规划模型（M-6）：

$$\min \psi = \sum_{i=1}^{m} w_i \left[\gamma(i,t_1) p_i (1+u_i)^{t_1} + \gamma(i,t_2) p_i (1+u_i)^{t_2} + \gamma(i,t_3) p_i (1+u_i)^{t_3} \right]$$

$$\text{s.t.} \sum_{i=1}^{m} w_i q_{ik(5)} \left(1+\lambda_{ik(5)}\right)^{t_1} < \sum_{i=1}^{m} w_i p_i (1+u_i)^{t_1} < \sum_{i=1}^{m} w_i q_{ik(4)} \left(1+\lambda_{ik(4)}\right)^{t_1}$$

$$\sum_{i=1}^{m} w_i q_{ik(3)} \left(1+\lambda_{ik(3)}\right)^{t_1+t_2} < \sum_{i=1}^{m} w_i p_i (1+u_i)^{t_1+t_2} < \sum_{i=1}^{m} w_i q_{ik(2)} \left(1+\lambda_{ik(2)}\right)^{t_1+t_2}$$

$$\sum_{i=1}^{m} w_i q_{ik(1)} \left(1+\lambda_{ik(1)}\right)^{t_1+t_2+t_3} < \sum_{i=1}^{m} w_i p_i (1+u_i)^{t_1+t_2+t_3}$$

模型中目标函数 ψ 表示诚信指标预期投入综合成本值,将所有其他国家按照各自的指标平均增长率增长,t 年度后其预期投入总量按照从高到低排序,则 $\varsigma[t,k(\tau)] = \sum_{i=1}^{m} w_i q_{ik(\tau)} \left(1+\lambda_{ik(\tau)}\right)^t$ 表示预期投入总量对应于第 τ 位的国家 $k(\tau)$ 的诚信制度建设指标综合投入值,从而约束条件一的含义是经过 t_1 年度,我国诚信指标投入总排名位于第 5 位,约束条件二的含义是经过 t_1+t_2 年度,我国诚信指标投入总排名位于第 3 位,约束条件三的含义是经过 $t_1+t_2+t_3$ 年度,我国诚信指标投入总排名位于第 1 位。

目标情景 3 下预期达到年份的确定方法:假设给定诚信指标 c_i 的预期投入年均增长率为 λ_i(其值可基于目标情景 1 中三种情形来设定),考虑到指标投入与指标改变难度和时间有关,不妨设诚信指标 c_i 的平均年度预期投入成本系数为 $\mu(i,t)$,则针对目标情景 3,为达到预期排名,目标年份的确定可化归为求解关于时间变量 t 的优化模型(M-7):

$$\min \vartheta = \int_0^t w_i \left[\mu(i,t) p_i (1+\lambda_i)^t\right] dt$$

$$\text{s.t.} \sum_{i=1}^{m} w_i q_{ik(5)} \left(1+\lambda_{ik(5)}\right)^t < \sum_{i=1}^{m} w_i p_i (1+\lambda_i)^t < \sum_{i=1}^{m} w_i q_{ik(4)} \left(1+\lambda_{ik(4)}\right)^t \quad (14.21)$$

$$\text{或} \sum_{i=1}^{m} w_i q_{ik(3)} (1+\lambda_{ik(3)})^t < \sum_{i=1}^{m} w_i p_i (1+\lambda_i)^t < \sum_{i=1}^{m} w_i q_{ik(2)} (1+\lambda_{ik(2)})^t \quad (14.22)$$

$$\text{或} \sum_{i=1}^{m} w_i q_{ik(1)} (1+\lambda_{ik(1)})^t < \sum_{i=1}^{m} w_i p_i (1+\lambda_i)^t \quad (14.23)$$

模型中目标函数 ϑ 表示在 $0 \sim t$ 时间段诚信指标预期累积综合成本值,约束条件中 $\varsigma[t,k(\tau)] = \sum_{i=1}^{m} w_i q_{ik(\tau)} \left(1+\lambda_{ik(\tau)}\right)^t$ 与模型(M-6)中对应量的含义相同。约束条件一[式(14.21)]的含义是经过 t 年度,我国诚信指标投入总排名位于第 5 位;备选约束条件二[式(14.22)]的含义是经过 t 年度,我国诚信指标投入总排名位于第 3 位;备选约束条件三[式(14.23)]的含义是经过 t 年度,我国诚信指标投入总排名位于第 1 位。

14.4 数值计算及结果分析

14.4.1 诚信制度建设指标体系

从社会、政治、经济、金融四个维度深度剖析，经过初步筛选，确定17个评价指标来衡量一个国家诚信制度建设水平（朱建军等，2016），见图14.1。下面简要叙述这17个评价指标的内涵。

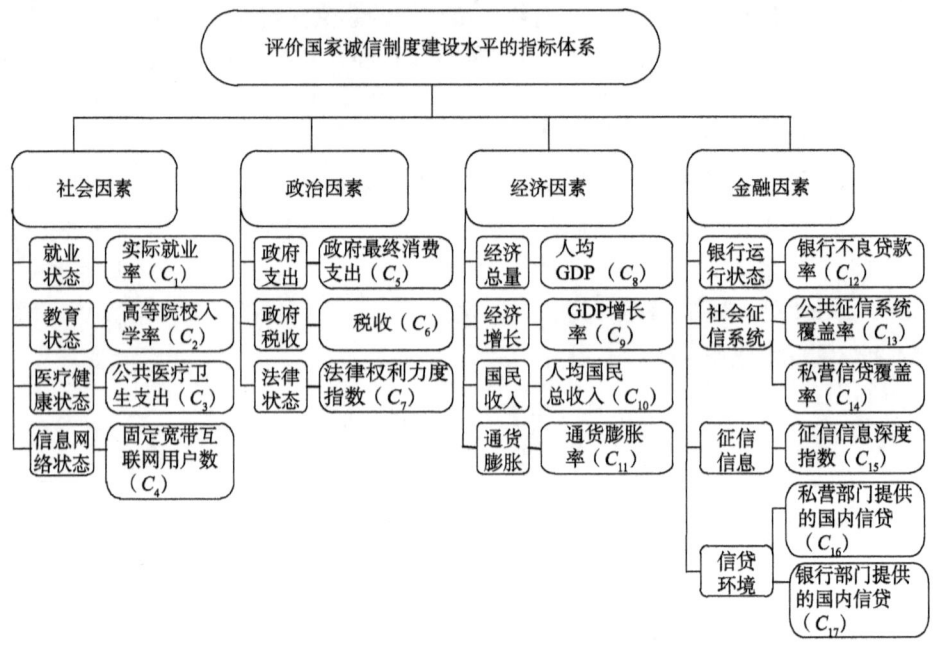

图14.1 评价国家诚信制度建设水平的指标体系

具体指标内涵及测度方法见第3章的描述。

14.4.2 实证结果与分析

1. 样本数据及其预处理

从全球200多个国家和地区中筛选出GDP总量排名前6位的国家（即美国、中国、日本、德国、法国、英国）为研究对象，收集与整理上述国家诚信制度建设的相关资料，以上述 6 国 17 个诚信评价指标（图 14.1）的相关数据为样本数据，时间阶段是 2009~2013 年。模型构建中，以除中国之外的其他 5 国为诚信标杆国家，静态分析过程以 2013 年各国指标数据为基准，动态分析过程基于 2009~2013 年的诚信指标面板数据。

从提高诚信制度建设水平的角度来说，指标 C_{11} 和 C_{12} 是逆向指标，其他的是正向指标。对于不同量纲的指标数据，需将指标数据归一化，本章采用极差变换法（李美娟等，2004）。

对于正向指标，无量纲化后的指标值 p_i^t 和 q_{ik}^t 分别为

$$p_i^t = \frac{\rho_i^t - \min_{1 \leq k \leq n}\{\sigma_{ik}^t\}}{\max_{1 \leq k \leq n}\{\sigma_{ik}^t\} - \min_{1 \leq k \leq n}\{\sigma_{ik}^t\}}, \quad i=1,2,\cdots,m; k=1,2,\cdots,n \quad (14.24)$$

$$q_{ik}^t = \frac{\sigma_{ik}^t - \min_{1 \leq k \leq n}\{\sigma_{ik}^t\}}{\max_{1 \leq k \leq n}\{\sigma_{ik}^t\} - \min_{1 \leq k \leq n}\{\sigma_{ik}^t\}}, \quad i=1,2,\cdots,m; k=1,2,\cdots,n \quad (14.25)$$

对于逆向指标，无量纲化后的指标值 p_i^t 和 q_{ik}^t 分别为

$$p_i^t = \frac{\max_{1 \leq k \leq n}\{\sigma_{ik}^t\} - \rho_i^t}{\max_{1 \leq k \leq n}\{\sigma_{ik}^t\} - \min_{1 \leq k \leq n}\{\sigma_{ik}^t\}}, \quad i=1,2,\cdots,m; k=1,2,\cdots,n \quad (14.26)$$

$$q_{ik}^t = \frac{\max_{1 \leq k \leq n}\{\sigma_{ik}^t\} - \sigma_{ik}^t}{\max_{1 \leq k \leq n}\{\sigma_{ik}^t\} - \min_{1 \leq k \leq n}\{\sigma_{ik}^t\}}, \quad i=1,2,\cdots,m; k=1,2,\cdots,n \quad (14.27)$$

2. 确定关键诚信指标及其投入力度的实证结果与分析

为了本部分实证分析的需要，对模型（M-3）和模型（M-5）中基本参数的设置作如下规定和假设：①基本参数值：$m=17, n=5, h=5, L=0.001, U=1$，$M=10\,000$。②各指标为等权的，即 $w=1/m=0.058\,823\,529$。③静态视角下增加每个指标投入的固定成本 δ（δ_i^t）和单位可变成本 r（r_i^t），由以下方式产生：考虑到实际中每个指标的固定成本与各对应指标息息相关，可变成本会受到各指标对应值及年度 GDP 的影响，以此为基础设计诚信指标固定成本和可变成本调查问卷各 100 份。问卷设计中每个指标的固定成本排序依据无量纲化后的指标值大小，可变成本依据无量纲化后的指标值与 GDP 的比值大小，比值越大，对应的数值越大，每份调查问卷可得到 m 个取值在 0~1 的指标成本参考值，问卷结束后取 100 份问卷每个指标平均值作为指标成本的初始参考值；将排序后的数值归一化分别赋予各个指标的固定成本 δ（δ_i^t）和可变成本 r（r_i^t）。④动态视角下增加每个指标投入的固定成本 δ（δ_i^t）和单位可变成本 r（r_i^t），由以下方式产生：

针对初始阶段 t_1，基于上述的③方法生成初始阶段 t_1 每个指标的固定成本和可变成本，同一指标在其他不同阶段 t 的成本以初始阶段 t_1 为基础关于阶段递增，递增系数是不同阶段的 GDP 比值；将人工再排序后的数值归一化分别赋予各个指标针对每个阶段 t 的固定成本 δ（δ_i^t）和可变成本 r（r_i^t）。⑤每个维度下指标优选的最少个数 $\lambda_j = 2; j = 1,2\cdots,4$ 和最多个数 $\mu_j = 4; j = 1,2\cdots,4$。⑥ $C^1 = \{c_1, c_2, c_3, c_4\}$；$C^2 = \{c_5, c_6, c_7\}$；$C^3 = \{c_8, c_9, c_{10}, c_{11}\}$；$C^4 = \{c_{12}, c_{13}, c_{14}, c_{15}, c_{16}, c_{17}\}$。

（1）静态视角下的实证结果与分析。

下面给出求解模型（M-3）的具体过程和结果：以总成本函数 z（OBJ_1）为目标函数，并将 OBJ_2 的最优值 $\eta_{\min} = 1.727\,947$ 作为约束合并到约束条件集 Ω 里，求解子规划一，得最优值 $sz_{\min} = 0.707\,210\,5$，最优解为 $x_1 = 0.001\,0$，$x_2 = 0.508\,5$，$x_3 = 0.596\,2$，$x_4 = 0.831\,9$，$x_5 = 0.002\,0$，$x_6 = 0.049\,2$，$x_7 = 0.285\,7$，$x_8 = 0.773\,3$，$x_9 = 0.003\,0$，$x_{10} = 0.628\,4$，$x_{11} = 0.076\,9$，$x_{12} = x_{17} = 0$，$x_{13} = 0.001\,0$，$x_{14} = x_{15} = 1$，$x_{16} = 0.156\,3$；$y_7 = y_{12} = y_{17} = 0$，其他 y_i 取值均为 0。

从模型（M-3）的优化结果可看出，与欧美等标杆国家相比，我国诚信建设水平需要在原有基础上有所改善，具体为除了指标银行不良贷款率（C_{12}）和银行部门提供的国内信贷（C_{17}）外均要有所改善，增加其投入，从结果还可看出，各关键指标的投入力度有强弱，私营信贷覆盖率（C_{14}）和征信信息深度指数（C_{15}）最需要加强，固定宽带互联网用户数（C_4）次之，等等，关键优选指标按照投入力度强弱排序为

$C_{14} \sim C_{15} \succ C_4 \succ C_8 \succ C_{10} \succ C_3 \succ C_2 \succ C_7 \succ C_{16} \succ C_{11} \succ C_6 \succ C_9 \succ C_5 \succ C_1 \sim C_{13}$

（2）动态视角下的实证结果与分析。

下面给出求解模型（M-5）的具体过程和结果：首先，对原始数据 p_i^t 和 q_{ik}^t 无量纲化处理，利用公式 $d_i^t = \frac{1}{n}\sum_{k=1}^{n}|p_i^t - q_{ik}^t|$，$i = 1,2,\cdots,17$，$t = 1,2,3,4,5$ 计算在阶段 t（本章以年度为阶段，$t = 1,2,3,4,5$ 分别对应于 2009 年、2010 年、2011 年、2012 年、2013 年）我国与标杆国家在各指标 c_i（$i = 1,2,\cdots,17$）下的平均投入差距，图 14.2 给出了平均投入差距的对比结果。以数据 d_i^t（$i = 1,2,\cdots,17$；$t = 1,2,3,4,5$）和指标权重 w_i（$i = 1,2,\cdots,17$）（同静态视角下的权重假设）为基础，构建模型（M-3）的目标函数。考虑到决策者往往偏好于诚信指标的近期数据，即要求近期阶段权重较大。为此，不妨取 orness 测度约束中参数 $\beta = 0.3$ 以体现决策者对各决策阶段的主观偏好，特别关注最新阶段的数据或信息。另外，假设阶段权重的先验信息集 Θ 为

$$\Theta = \left\{\theta = (\theta_1, \theta_2, \cdots, \theta_5)^T \middle| \theta_t \geq 0.1, t = 1,2,\cdots,5\right\}$$

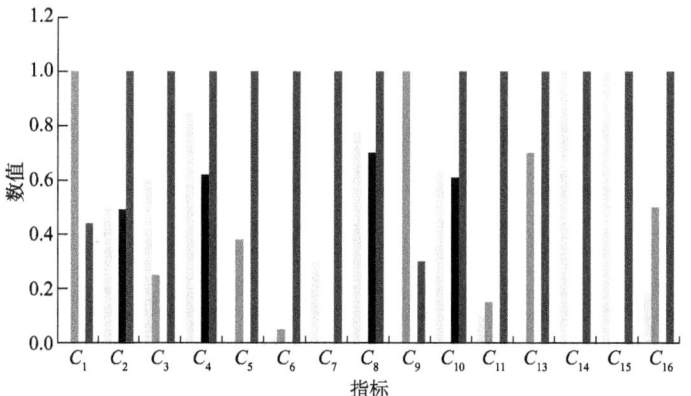

图 14.2 关键诚信指标的投入（与标杆国对比）及其增加投入力度

利用 LINGO 软件求解模型（M-3）可得阶段权重 $\theta_1 = 0.1000$，$\theta_2 = 0.1000$，$\theta_3 = 0.1193$，$\theta_4 = 0.2614$，$\theta_5 = 0.4193$。

紧接着，以总成本函数 $\phi(\mathrm{OBJ}_3)$ 为目标函数，并将 OBJ_4 的最优值 $\xi_{\min} = 1.775874$ 作为约束合并到约束条件集 X 里，求解模型（M-5），得全局最优值 $d\phi_{\min} = 0.6147602$，全局最优解为 $x_1 = 0.0010$，$x_2 = 0.5085$，$x_3 = 0.5962$，$x_4 = 0.8463$，$x_5 = 0.0020$，$x_6 = 0.0492$，$x_7 = 0.4000$，$x_8 = 0.8334$，$x_9 = 0.0030$，$x_{10} = 0.6821$，$x_{11} = 0.1724$，$x_{12} = x_{17} = 0$，$x_{13} = 0.0010$，$x_{14} = x_{15} = 1$，$x_{16} = 0.3716$；$y_{12} = y_{17} = 0$，其他 y_i 取值均为 0。

从模型（M-5）的优化结果可看出，与欧美等标杆国家相比，我国诚信建设水平需要在原有基础上有所改善，具体为除了指标银行不良贷款率（C_{12}）和银行部门提供的国内信贷（C_{17}）外均要有所改善，增加其投入量，从结果还可看出，动态视角下各关键指标的投入力度有强弱，私营信贷覆盖率（C_{14}）和征信信息深度指数（C_{15}）最需要加强，固定宽带互联网用户数（C_4）次之，等等，关键优选指标按照投入力度强弱排序为

$C_{14} \sim C_{15} \succ C_4 \succ C_8 \succ C_{10} \succ C_3 \succ C_2 \succ C_7 \succ C_{16} \succ C_{11} \succ C_6 \succ C_9 \succ C_5 \succ C_1 \sim C_{13}$

从静态视角和动态视角的结果可以看出，若优先关注国家诚信建设投入总量差异并缩小差距，尽管各指标在两种视角下的具体投入力度有差异，但在我国诚信建设水平改善的路径方向上，重点需要加大投入的指标方向是相同的，关键诚信指标的优选及赶超欧美等诚信标杆国家的最终目标是一致的，即为了缩小与欧美诚信标杆国家的差距，当前我国诚信建设需要关注 15 个关键指标，优先加大如下两个诚信指标的有效投入，即私营信贷覆盖率和征信信息深度。

3. 确定指标预期增长率和预期年份的实证结果与分析

（1）目标情景 1 下的实证结果与分析。

首先，基于 2009~2013 年 GDP 排名前 6 位国家的诚信指标投入面板数据，可计算我国诚信制度建设各诚信指标投入的年均增长率（λ_i）、其他五国诚信制度建设各诚信指标投入的年均增长率（λ_{ik}），对比结果见表 14.1。

表 14.1 指标投入年均增长率对比（其他国家对应于 λ_{ik} 和中国对应于 λ_i）（2009~2013 年）

指标	美国	日本	德国	英国	法国	中国
C_1	0	0	**0.008 970**	0	−0.004 940	0
C_2	0.002 829	0.005 345	0.012 906	0.004 211	0.026 690	**0.080 624**
C_3	0	0.001 835	0	0.000 900	0	**0.015 357**
C_4	0.036 730	0.028 773	0.036 700	0.054 326	0.052 837	**0.153 831**
C_5	0.010 620	0.002 337	0.018 108	0.013 314	0.012 396	**0.180 558**
C_6	**0.066 284**	0.020 212	−0.002 730	0.007 848	0.015 194	0.002 372
C_7	**0.051 447**	−0.096 400	−0.037 800	−0.085 310	−0.054 260	−0.054 260
C_8	0.030 688	−0.004 410	0.026 428	0.030 323	0.005 533	**0.160 863**
C_9	0	0	**0.008 327**	0	−0.004 550	0
C_{10}	0.031 440	0.034 863	0.043 508	0.010 960	0.018 864	**0.099 447**
C_{11}	−0.096 40	0	−0.029 020	**0.031 125**	−0.159 100	−1
C_{12}	**0.159 329**	0.008 511	0.042 648	0.025 996	−0.025 470	0.082 868
C_{13}	**0.051 447**	−0.096 400	−0.037 800	−0.085 310	−0.054 260	−0.054 260
C_{14}	0	**0.070 231**	0.004 291	0	0	0
C_{15}	0.074 570	0	0.074 570	0.074 570	**0.106 682**	**0.106 682**
C_{16}	−0.005 390	0.004 566	−0.039 970	−0.062 270	0.006 390	**0.024 260**
C_{17}	0.009 690	0.025 875	−0.030 740	−0.038 720	0.010 999	**0.029 509**

表 14.1 中，每个诚信指标下的指标值加粗数值对应于每个指标的最大年均增长率，从表 14.1 可发现，不同的诚信指标中，各国年均增长率有差异，相比其他国家，我国在 2009~2013 年有 9 项指标年均增长最快。尽管如此，我国的诚信制度建设总体水平仍然不高，体现为诚信指标投入总排名比较靠后，相关证据可见表 14.2 中 $t=0$ 时（对应于 2013 年度）的排名结果，形成该事实的主要原因是我国诚信制度建设起步较晚，各诚信指标投入基数不高。

其次，从目标情景 1 的三种情形出发，逐一预测国家诚信制度建设指标投入总量的结果，进而进行总量对比和综合排名预测。

针对情形一，令 $\lambda_i^{(1)} = \lambda_i$，$\lambda_{ik}^{(1)} = \lambda_{ik}$，分别设 $t=0,5,10,15$，利用公式 $T_t = \sum_{i=1}^{17} w_i p_i (1+\lambda_i^{(1)})^t$ 和 $T_{tk} = \sum_{i=1}^{17} w_i q_{ik} (1+\lambda_{ik}^{(1)})^t$（$k=1,2,3,4,5$）可计算当前（2013

年度）、5 年后、10 年后、15 年后我国及其他国家的诚信指标投入总量，对比结果总结于表 14.2。

表 14.2　国家诚信指标预期投入总量对比（情形一）

$t=0$	中国	美国	日本	德国	英国	法国
当前指标投入总量	0.306 238 7	0.630 609 7	0.516 164 6	0.423 618 4	0.544 575 9	0.370 232 7
当前诚信综合排名	6	1	3	4	2	5
$t=5$	中国	美国	日本	德国	英国	法国
预期指标投入总量	0.351 256 9	0.736 462 7	0.563 617 9	0.485 541 5	0.580 704 5	0.369 275 5
预期诚信综合排名	6	1	3	4	2	5
$t=10$	中国	美国	日本	德国	英国	法国
预期指标投入总量	0.459 758 0	0.906 077 2	0.624 003 0	0.566 385 9	0.641 245 6	0.388 030 8
预期诚信综合排名	5	1	3	4	2	6
$t=15$	中国	美国	日本	德国	英国	法国
预期指标投入总量	0.677 110 6	1.189 838 0	0.701 715 2	0.672 357 9	0.730 664 4	0.421 555 4
预期诚信综合排名	5	1	3	4	2	6

针对情形二，令 $\lambda_i^{(2)} \in \left[\lambda_i(1+5\%), \lambda_i(1+10\%)\right]$，$\lambda_{ik}^{(2)} = \lambda_{ik}$，分别设 $t=0,5,10,15$，利用公式 $T_t = \sum_{i=1}^{17} w_i p_i \left(1+\lambda_i^{(2)}\right)^t$ 和 $T_{tk} = \sum_{i=1}^{17} w_i q_{ik} \left(1+\lambda_{ik}^{(2)}\right)^t$ 可计算当前（2013 年度）、5 年后、10 年后、15 年后我国及其他国家的诚信指标投入总量，对比结果总结于表 14.3。

表 14.3　国家诚信指标预期投入总量对比（情形二）

$t=0$	中国[1.05 λ_i，1.10 λ_i]	美国	日本	德国	英国	法国
当前指标投入总量	0.306 238 7	0.630 609 7	0.516 164 6	0.423 618 4	0.544 575 9	0.370 232 7
当前诚信综合排名	6	1	3	4	2	5
$t=5$	中国	美国	日本	德国	英国	法国
预期指标投入总量	[0.354 824 7，0.358 485 9]	0.736 462 7	0.563 617 9	0.485 541 5	0.580 704 5	0.369 275 5
预期诚信综合排名	6	1	3	4	2	5
$t=10$	中国	美国	日本	德国	英国	法国
预期指标投入总量	[0.474 190 1，0.489 477 8]	0.906 077 2	0.624 003 0	0.566 385 9	0.641 245 6	0.388 030 8
预期诚信综合排名	5	1	3	4	2	6
$t=15$	中国	美国	日本	德国	英国	法国
预期指标投入总量	[0.721 540 5，0.770 282 7]	1.189 838 0	0.701 715 2	0.672 357 9	0.730 664 4	0.421 555 4
预期诚信综合排名	3（2）	1（1）	4（4）	5（5）	2（3）	6（6）

注：表中指标值[0.354 824 7，0.358 485 9]表示的含义是如果中国以当前年均增长率的 1.05 倍逐年递增，5 年后诚信综合指标值将达到 0.354 824 7，如果中国以当前年均增长率的 1.10 倍逐年递增，5 年后诚信综合指标值将达到 0.358 485 9，其他类似形式的指标数值其含义解释类似，在此不再赘述

针对情形三，令 $\lambda_i^{(3)} = \max\limits_{1 \leq k \leq n}\{\lambda_{ik}\}$，$\lambda_{ik}^{(3)} = \lambda_{ik}$，分别设 $t = 0, 5, 10, 15$，利用公式 $T_t = \sum\limits_{i=1}^{17} w_i p_i \left(1+\lambda_i^{(3)}\right)^t$ 和 $T_{tk} = \sum\limits_{i=1}^{17} w_i q_{ik} \left(1+\lambda_{ik}^{(3)}\right)^t$ 可计算当前（2013年度）、5年后、10年后、15年后我国及其他国家的诚信指标投入总量，对比结果总结于表 14.4。

表 14.4　国家诚信指标预期投入总量对比（情形三）

$t=0$	中国	美国	日本	德国	英国	法国
当前指标投入总量	0.306 238 7	0.630 609 7	0.516 164 6	0.423 618 4	0.544 575 9	0.370 232 7
当前诚信综合排名	6	1	3	4	2	5
$t=5$	中国	美国	日本	德国	英国	法国
预期指标投入总量	**0.425 731 2**	0.736 462 7	0.563 617 9	0.485 541 5	0.580 704 5	0.369 275 5
预期诚信综合排名	5	1	3	4	2	6
$t=10$	中国	美国	日本	德国	英国	法国
预期指标投入总量	**0.658 032 9**	0.906 077 2	0.624 003 0	0.566 385 9	0.641 245 6	0.388 030 8
预期诚信综合排名	2	1	4	5	3	6
预期指标投入总量	**1.129 584 0**	1.189 838 0	0.701 715 2	0.672 357 9	0.730 664 4	0.421 555 4
预期诚信综合排名	2	1	4	5	3	6

从表 14.2~表 14.4 可以发现，在加大诚信指标的预期投入后，针对上述目标情景 1 三种情形下的指标预期增长率设计，我国诚信制度建设水平在若干年后（以 5 年为一个目标周期）有了一定的提升，但改变的幅度有差异，具体表现在：情形一预期诚信综合排名上升路径为 $6 \xrightarrow{5年} 6 \xrightarrow{10年} 5 \xrightarrow{15年} 5$；情形二预期诚信综合排名上升路径为 $6 \xrightarrow{5年} 6 \xrightarrow{10年} 5 \xrightarrow{15年} 3(2)$，这里的 3(2) 指的是至少可以达到排名第 3 位，至多可以达到排名第 2 位；情形三预期诚信综合排名上升路径为 $6 \xrightarrow{5年} 5 \xrightarrow{10年} 2 \xrightarrow{15年} 2$，即以情形一设计的预期指标增长率可以一定程度上提高我国诚信制度建设水平，情形三设计的预期指标增长率可以实现有步骤有计划地赶超其他诚信标杆国家，进而实现诚信制度建设水平渐进式提高的效果。

（2）目标情景 2 下的实证结果与分析。

下面给出求解模型（M-6）的具体过程和结果：以总成本函数 ψ 为目标函数，令 $t_1 = t_2 = t_3 = 5$，建立相关约束，以 5 年为一个周期，实现 5 年后、10 年后、15 年后有步骤地赶超诚信综合指标值排名在我国之前的其他国家，分别达到总排名第 5、第 3 及第 1，实现诚信制度建设水平稳步提高，利用 LINGO 软件求解模型（M-6）得

全局最优解为 $u_1 = 0$，$u_2 = 0.080\,624\,09$，$u_3 = 0.015\,356\,90$，$u_4 = 0.153\,831\,5$，$u_5 = 0.250\,421\,2$，$u_6 = 0.002\,372\,496$，$u_7 = 0$，$u_8 = 0.160\,862\,9$，$u_9 = 0$，$u_{10} = 0.099\,447\,19$，$u_{11} = 0$，$u_{12} = 0.116\,740\,1$，$u_{13} = u_{14} = 0$，$u_{15} = 0.106\,681\,9$，$u_{16} = 0.024\,260\,04$，$u_{17} = 0.029\,508\,76$。从优化结果可以看出，要在成本最小化的目标下实现有步骤有计划地赶超诚信标杆国家的总体目标，在诚信指标的建设上要有侧重点，如关注固定宽带互联网用户数（C_4）、政府最终消费支出（C_5）、人均GDP（C_8）、银行不良贷款率（C_{12}）的诚信指标投入建设，实际上这四个指标恰好从社会、政治、经济、金融四个维度对诚信制度建设改善状况进行了测度，与它们相关的指标值的稳步提升有利于诚信制度建设整体水平的快速提高。

（3）目标情景3下的实证结果与分析。

下面给出求解模型（M-7）的具体过程和结果：以诚信指标预期累积综合成本值（$0 \sim t$ 时间段）为目标函数 ϑ，通过优化达到年数 t，使得我国诚信指标投入总排名赶超到预想的目标排名（如分别达到排名第5、第3或第1）。

为了获得诚信指标预期第5的综合排名，考虑模型（M-7）在式（14.21）的约束下最小化目标函数 ϑ，并令 $\lambda_i = \lambda_i^{(1)}$，$\lambda_{ik} = \lambda_{ik}^{(1)}$（即同目标情景1情形一的指标年均增长率设定），利用 LINGO 软件求解模型（M-7）得最优解 $t^* = 17$；若令 $\lambda_i = \lambda_i^{(2)}$，$\lambda_{ik} = \lambda_{ik}^{(2)}$（即同目标情景1情形二的指标年均增长率设定），可得最优解 $t^* = 11$；若令 $\lambda_i = \lambda_i^{(3)}$，$\lambda_{ik} = \lambda_{ik}^{(3)}$（即同目标情景1情形三的指标年均增长率设定），可得最优解 $t^* = 7$。

为了获得诚信指标预期第3的综合排名，考虑模型（M-7）在式（14.22）的约束下最小化目标函数 ϑ，并令 $\lambda_i = \lambda_i^{(1)}$，$\lambda_{ik} = \lambda_{ik}^{(1)}$（即同目标情景1情形一的指标年均增长率设定），利用 LINGO 软件求解模型（M-7）得最优解 $t^* = 26$；若令 $\lambda_i = \lambda_i^{(2)}$，$\lambda_{ik} = \lambda_{ik}^{(2)}$（即同目标情景1情形二的指标年均增长率设定），可得最优解 $t^* = 17$；若令 $\lambda_i = \lambda_i^{(3)}$，$\lambda_{ik} = \lambda_{ik}^{(3)}$（即同目标情景1情形三的指标年均增长率设定），可得最优解 $t^* = 11$。

为了获得诚信指标预期第1的综合排名，考虑模型（M-7）在式（14.23）的约束下最小化目标函数 ϑ，并令 $\lambda_i = \lambda_i^{(1)}$，$\lambda_{ik} = \lambda_{ik}^{(1)}$（即同目标情景1情形一的指标年均增长率设定），利用 LINGO 软件求解模型（M-7）得最优解 $t^* = 37$；若令 $\lambda_i = \lambda_i^{(2)}$，$\lambda_{ik} = \lambda_{ik}^{(2)}$（即同目标情景1情形二的指标年均增长率设定），可得最优解 $t^* = 25$；若令 $\lambda_i = \lambda_i^{(3)}$，$\lambda_{ik} = \lambda_{ik}^{(3)}$（即同目标情景1情形三的指标年均增长率设定），可得最优解 $t^* = 17$。

14.5 思考与启示

关键诚信指标优选和投入力度分析、多维目标的情景设定与路径优化能为国家社会诚信制度建设水平的改善提供借鉴和方向指导。本章基于 2009~2013 年的六国诚信指标面板数据，利用所提出的诚信制度建设关键指标优选和投入优化模型、多维目标情景下诚信指标投入预期增长率和目标预期年份的确定方法，对我国诚信建设水平进行了实证研究，实证结果表明：①诚信制度建设多目标路径优化下多个目标的重要程度影响诚信关键指标的优化和再投入量；②与欧美等标杆国家的诚信制度建设水平相比，为了缩小其差距，当前我国诚信制度建设需优先加大以下两个诚信指标的投入力度，即私营信贷覆盖率和征信信息深度；③在不同的目标情景下，诚信指标预期增长率或预期达到年份有较大差异，因此我国诚信制度建设路径优化要结合自身发展特点构建目标情景，基于目标情景下的路径优化结果制定相关措施和政策，让我国诚信制度建设稳步渐进式提升。

下一步的研究重点是考虑更为广泛的诚信建设路径优化目标，以我国与各标杆国家的指标对比数据为基础，构建更具一般意义的诚信建设路径优化模型，并依据实证结果从本国的实际情况出发选择关键指标进行最优提升改善。例如，从多主体系统（这里的多主体包括企业、政府、个人、社会团体等）的共识角度出发，研究我国诚信制度建设路径优化的新方向，实现和谐社会目标下诚信建设水平的理性渐进式提升。

第 15 章 我国诚信制度建设的系统动力学仿真分析

专著第 10~12 章运用结构方程分别分析了企业、个人、高校行为对诚信制度建设的影响。结构方程是基于变量的协方差矩阵来分析变量之间关系的一种统计方法，其实质是一般线性模型的拓展，但当各经济主体共同作用于诚信制度建设时，对诚信制度建设的影响则呈现出复杂的特性，而系统动力学仿真能够研究高度复杂的非线性时变系统。因此，本章运用系统动力学理论研究各经济主体相互作用时诚信制度建设的联动机制及演化机理。从系统动力学视角，建立诚信制度体系建设的动力学模型；基于实际诚信制度体系，进行初始状态和方程设计分析、政策仿真分析。结果表明，诚信制度越完善、诚信信息越透明，所需的诚信监管力度就越低，可有效降低监管成本并促进社会总体诚信水平提升；企业诚信水平对诚信制度变动最为敏感，个人诚信水平在长期内对诚信信息变动最为敏感，政府在诚信制度建设过程中发挥着至关重要的作用。最后基于诚信立法、诚信信息服务机构建设等角度为我国诚信制度体系建设提出对策建议。

15.1 背景研究及现状描述

健全的诚信制度对高速发展的市场经济功不可没，是建设现代市场体系的必要条件，规范市场经济秩序的治本之策，也是构建和谐社会的客观需要。类延村（2015）与刘志刚和王云（2016）学者以政府为出发点阐明了通过政府干预建立诚信制度的必要性，而以政府政务信息公开为突破口构筑诚信政府尤为重要。Poon 等（2013）学者研究了不同条件下信用评级等对银行贷款的影响，Chun 和 Lin（2016）学者研究了信用制度如何影响企业间的知识共享。黄先蓉和吴健（2015）、王雪青等（2015）和朱建军等（2016）具体研究了文化市场、高校、银行业、建筑市场等诚信问题并对诚信建设绩效做了一定评估。李洪伟等（2012）建立模型研究了大学生诚信的影响因素，并提出了改善大学生诚信的对策建议。李洪伟等（2012）运用系统动力学研究了建筑市场信用机制及执业资格人员信用行为。魏明等（2006）认为，信用制度的缺失影响我国经济及社会的稳健发展，要从根本上改变这种现状就要建立完善的信用制度，正如韩学军（2013）和宋学明和宋斌（2014）的观点，在全社会以诚信为本加强社会诚信制度建设有助于消除社会负面情绪，增强正能量，有效引导社会主义市场经济走向成熟，但诚信制度建设不是简单的道德问题，即使非正式信誉机制也会产生约束，但正式诚信制度却能通过影响市场经济活动的损益而规范社会主义诚信制度建设。

纵观现有研究发现，我国诚信制度建设起步较晚，也存在不完善的地方，因此系统明晰我国诚信制度建设的动力学机制很有必要。系统动力学基于系统论，借鉴控制论、信息论等内容，是一种集自然科学、社会科学等多学科理论于一体的系统科学方法，能全面对系统的影响因素及动态行为结构进行分析（蔡林，2008）。系统动力学仿真则以计算机语言进行数理、统计表达，并给出模拟结果，有助于将动态的理念转化为现实、科学的决策。因此本章运用系统动力学及其仿真软件 Vensim PLE 对我国诚信制度建设进行动力学分析，旨在为我国诚信制度体建设和完善提供参考。

15.2 诚信制度建设的系统动力学模型

15.2.1 建模的基本思想

社会经济活动的主体主要包括政府、企业和个人。人无信不立，业无信不兴，国无信不强，个人、企业、政府的诚实守信在构建规范的市场经济秩序及和谐社会的进程中发挥着举足轻重的作用。社会经济活动需要通过系列规章、措施、政策、法律等来规范、监督、保障经济活动主体的诚信行为。在研究诚信制度建设时，以社会经济活动为研究背景，将诚信制度建设系统视为由政府、企业、个人诚信系统三个子系统构成的反馈系统（图15.1），主要剖析与诚信有关的规章、措施、政策、法律等对社会诚信系统的规范、监督等反馈效应。研究政策作用于诚信制度建设时诚信系统的变化，拟建立诚信制度建设的系统动力学模型，通过仿真分析研究我国诚信制度的动力学演化特征，主要包括以下三个方面：第一，诚信制度建设中各主体及影响因素的内在关联特性及其联动作用；第二，诚信制度建设中各主体及影响因素的变动对社会诚信水平的影响及效果；第三，当制度等外力作用于系统时各主体及影响因素如何变动。通过对以上问题的研究，最终为我国诚信制度建设提出对策建议。

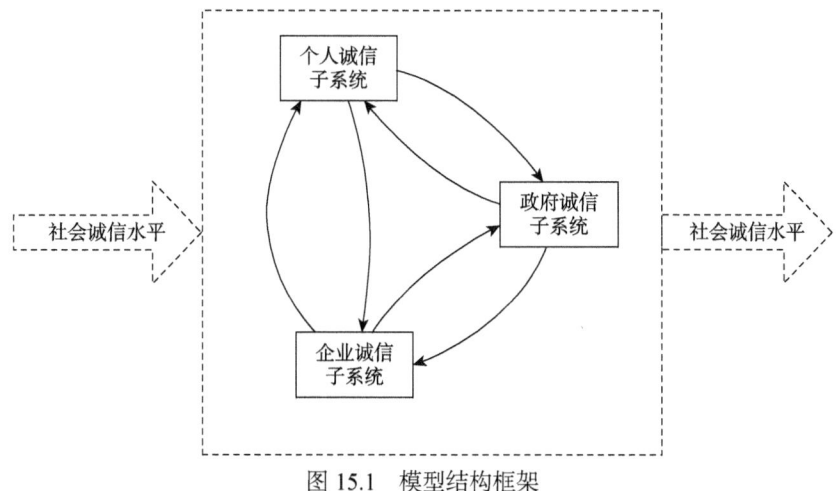

图 15.1　模型结构框架

15.2.2　系统动力学的因果关系分析

1. 诚信因素及相互作用分析

结合相关研究及社会总体诚信环境可以发现，诚信制度主要是由社会经济活动的主体，政府、企业及个人组成的系统，各子系统不但相互作用，也在社会环境、经济环境、政治环境及法律环境等影响下呈现出一定的动态特性。

社会经济活动主体所处的环境是诚信制度建设的载体，社会诚信氛围、预期诚信水平、诚信意识、诚信管理机构等因素共同作用并形成了诚信的社会环境。个人诚信与诚信教育相关，企业诚信与企业诚信文化、企业管理者品格、企业运营绩效相关。经济发展是诚信制度建设的基础保障，经济水平、地区及国家经济形势组成诚信的经济环境。诚信不仅受道德和自制的约束，政府行为的普遍性、权威性、强制性等特性也使得政府诚信监管的力度、诚信监管效率等较大程度影响诚信制度建设。就个人子系统而言，它是实践与维系诚信制度建设的基石，个人诚信水平的高低直接影响社会诚信制度的完善程度。企业是社会主义市场经济的法人主体，企业诚信子系统直接约束社会诚信制度建设。政府诚信子系统则制约着诚信制度建设的效率。基于以上分析，本章做如下假定。

（1）个人诚信水平、企业诚信水平、政府诚信水平均对社会诚信水平具有正向影响。社会经济活动主体的诚信水平越高，社会诚信水平就越高。

（2）个人预期诚信水平、个人诚信意识正向影响个人诚信水平；企业预期诚信水平、企业诚信意识正向影响企业诚信水平；政府预期诚信水平、政府诚信意识正向影响政府诚信水平。

（3）诚信教育正向影响个人诚信水平，企业诚信文化正向影响企业诚信水平。诚信教育会直接影响个人的诚信观念，是个人诚信的重要影响因素。企业诚信文化有助于企业树立良好的形象，并获得良好的市场评价，满足企业员工的道德需求。

（4）社会诚信氛围正向影响各主体诚信水平，社会诚信行为正向影响社会诚信氛围，社会失信行为对社会诚信氛围具有制约作用。良好的社会诚信氛围离不开诚实守信，而失信行为则会阻碍良好社会诚信氛围的形成。

（5）诚信信息透明度、诚信制度完善程度、监管力度正向影响社会诚信行为，制约社会失信行为。诚信信息透明度一定程度上反映了各主体信用信息的不对称程度，从信息传递的实时性、有效性、可靠性等方面衡量，诚信信息透明度能够反映诚信制度建设中的信息共享机制、诚信机构建设等的完善程度，这些方面的完善可降低信息不对称并促进各成员诚实守信行为的发生。诚信制度是社会诚信的制度保障，政府监管构成诚实守信的措施保障。

（6）诚信制度完善进度正向影响诚信监管效率，诚信监管效率正向影响诚信水平。诚信制度的完善在法治社会的前提下，能够不断丰富政府监管的法律内容，对不断探索提升监管效率具有重要作用。

2. 诚信制度影响的因果回路图

为清晰地表达出系统的动态成因及假说，根据以上分析确立模型边界，并建立我国诚信制度建设系统的因果回路图（图 15.2）。

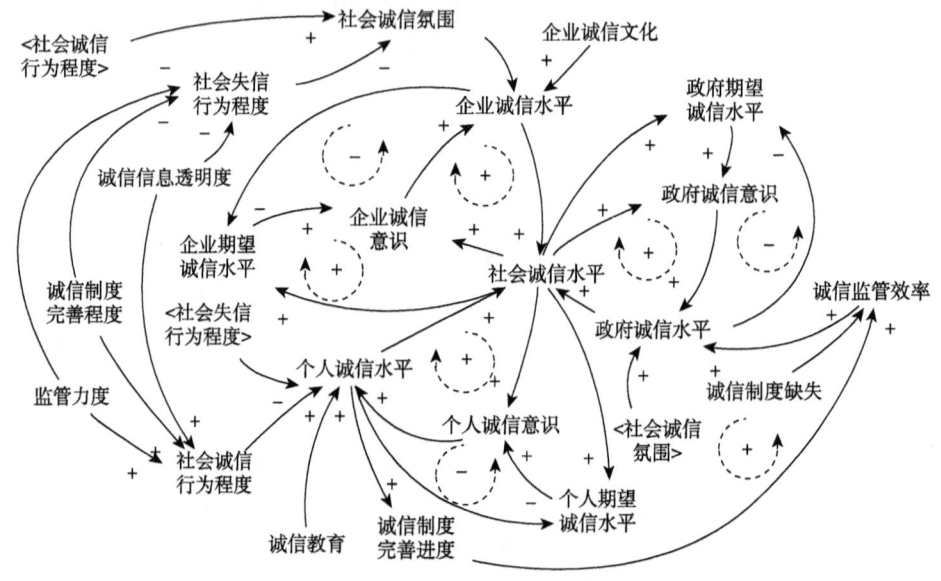

图 15.2　诚信制度建设因果回路图

从因果回路图可以看出，我国诚信制度建设的主要因果回路为图中的三个平衡型回路和五个增强型回路。在其他条件不变时，经济活动主体的诚信意识越高，其诚信水平也就越高，而经济活动主体的诚信意识又取决于自身诚信水平与社会诚信水平之间的差距，当社会诚信水平高于经济活动主体自身诚信水平时，经济活动主体的诚信意识会正向作用于自身诚信水平，进一步使得社会诚信水平提升。反之，当主体诚信水平较高时，因各项成本的加剧而反向作用于社会诚信水平，最终使得自身诚信水平与社会诚信水平保持在一个平衡状态。来自家庭和学校以及社会对诚信方面的教育会直接影响一个人的价值观和世界观，对个人诚信水平的提升具有重要的促进作用。企业诚信文化是企业长期运营中诚信价值观的积累与凝聚，体现了一个企业的形象并决定了企业发展的深度和广度，对企业诚信水平的提升具有重要的促进作用。

当诚信系统处于一个稳定状态时，若有外力驱动使得诚信制度逐渐趋于完善并高于原来状态，那么随着制度约束范围的加大，各经济主体的失信行为会降低，诚实守信行为则会增加，这会使得各诚信主体的诚信水平增加，从而对社会诚信水平产生积极影响。若外力驱动使得诚信信息更加透明，同样会使得社会诚信水平正向变动。监管力度不但会直接影响各诚信主体的诚信水平，而且会通过监管效率来影响社会诚信水平。监管力度的加大，会约束社会经济主体诚实守信并使其诚信水平提升，而某种程度上，各主体的诚信水平也是监管是否有效的一个体现，监管越有效，诚信主体的诚信水平也就越高，属于增强型回路。不同类型回路的相互促进相互制约就形成了诚信制度建设系统的反馈机制。

15.2.3 诚信制度建设的系统动力学模型

根据诚信制度建设的因果回路图，构建诚信制度建设的系统流图（图 15.3）。得出诚信制度建设的系统流图，即建立的诚信制度建设系统动力学模型，如图 15.3 所示。

模型中诚信信息透明度指参与市场经济活动的主体等相关的诚信信息公开程度，社会诚信行为程度是对各经济主体诚信行为的度量，企业诚信意识因子是企业诚信意识对企业诚信水平变化的影响系数，个人诚信意识因子代表个人诚信意识对个人诚信水平变化的影响程度系数，政府诚信意识因子代表政府诚信意识对政府诚信水平变化的影响程度系数，其他变量的经济意义与此类似，在此不再一一赘述。可以看出诚信制度建设系统存在多个状态变量，属于高阶次、复杂时变系统。随着时间的推进，系统也在各因素的相互作用下呈现出复杂的变化趋势。通过对系统进行政策仿真，可以掌握诚信制度建设系统的动态行为。

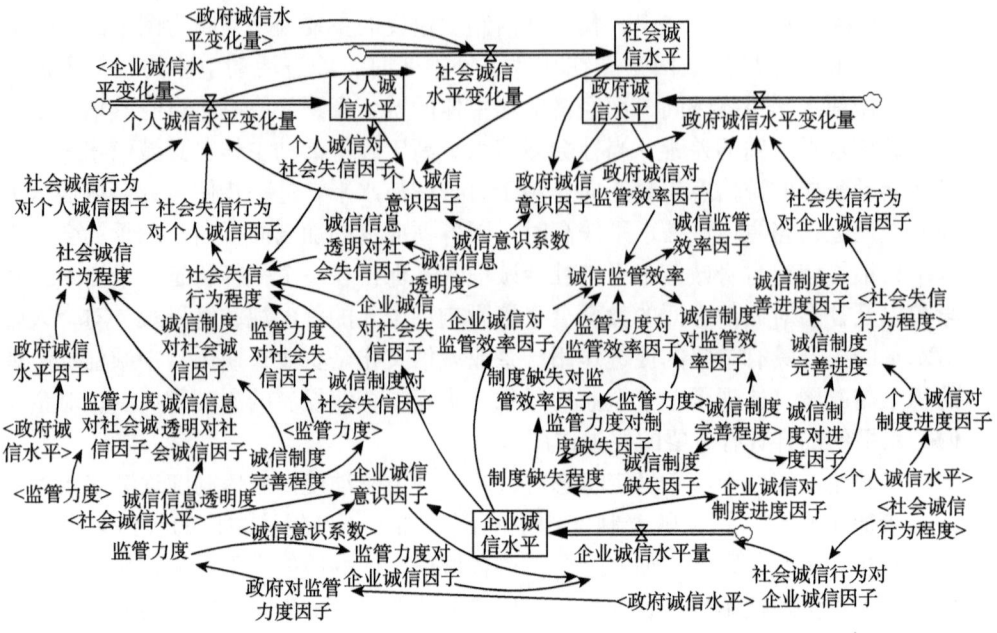

图 15.3 诚信制度建设系统动力学模型

15.3 诚信制度建设模型与数值模拟

15.3.1 初始状态设置

本章使用的建模、仿真分析工具为由美国 Ventana 公司开发的系统动力学仿真软件 VENSIM PLE。在所建立的系统动力学模型环境下,通过数值算例对模型进行仿真分析,为进行数值模拟,对初始状态做几点说明。

(1) 考虑到诚信制度、诚信信息、政府监管等不能在短时期内效力于诚信制度体系,因此为更好地观察系统的动态行为模式,进行如下仿真设置:INITIAL TIME=0;FINAL TIME=120;TIME STEP=3;仿真周期为 120,仿真步长为 3。

(2) 各主体的诚信水平取值范围即水平变量的取值为[0,100],设定 50 位中等水平,若小于 50,表示诚信水平较低;小于 0,表示严重失信;高于 50,表示诚信水平较高,数值越大表示诚信水平越高。

(3) 实际系统状态下,制度、监管等政策和措施不会立即产生效果,其效力需经历一定时期的延迟后方能显现,设各主体诚信水平变化的延迟为一个仿真步长。

（4）个人诚信水平、企业诚信水平、政府诚信水平、社会诚信水平，均反映了相应经济主体诚信水平的平均水平。

15.3.2 部分变量说明与方程设计

据王其藩（1994）、William（2005）等学者研究，系统动力学模型对参数变化的灵敏度远小于对结构变化的灵敏度，一方面是由于模型中的反馈回路对模型的行为模式起主导作用，另一方面是由于回路与回路的相互作用，一个回路参数的变化相应地会被其他回路加强或者削弱，因此系统动力学模型对参数的变化不敏感并具有强壮性。本章参数设置遵循系统动力学研究问题的一般原则，不重点追究所设参数的敏感性，只在以下变量与方程设置的基础上，重点研究所建立模型的结构行为模式。

1. 状态变量与速率变量

假设各诚信主体的初始水平均为中等水平、初值为50，相应方程设计如下：
个人诚信水平=INTEG（个人诚信水平变化量，50）；
企业诚信水平=INTEG（企业诚信水平变化量，50）；
政府诚信水平=INTEG（政府诚信水平变化量，50）；
社会诚信水平=INTEG（社会诚信水平变化量，50）。
考虑到不同因素对诚信水平的影响不同，相应方程设计如下：
政府诚信水平变化量=DELAY1[α_i×（政府诚信意识因子+诚信监管效率因子+社会失信行为对企业诚信因子+诚信制度完善进度因子），3]（i=1,2,3,4）；
个人诚信水平变化量=DELAY1[（β_1×个人诚信意识因子+β_2×社会诚信行为对个人诚信因子+β_3×社会失信行为对个人诚信因子），3]（β_j, j=1,2,3）。

2. 辅助变量

个人诚信意识因子=（社会诚信水平−个人诚信水平）×诚信意识系数；
政府诚信意识因子=（社会诚信水平−政府诚信水平）×诚信意识系数；
企业诚信意识因子=（社会诚信水平−企业诚信水平）×诚信意识系数；
社会诚信行为程度=γ_1×政府诚信水平因子+γ_2×监管力度对社会诚信因子+γ_3×诚信制度对社会诚信因子+γ_4×诚信信息透明对社会诚信因子（γ_l, l=1,2,3,4）；
社会失信行为程度=δ_1×个人诚信对社会失信因子+δ_2×企业诚信对社会失信因

子+δ_3×监管力度对社会失信因子+δ_4×诚信信息透明对社会失信因子+δ_5×诚信制度对社会失信因子（$\delta_m, m=1,2,3,4,5$）；

诚信监管效率=θ_1×企业诚信对监管效率因子+θ_2×制度缺失对监管效率因子+θ_3×政府诚信对监管效率因子+θ_4×监管力度对监管效率因子+θ_5×诚信制度对监管效率因子（$\theta_n, n=1,2,3,4,5$）。

3. 外生变量

与相应经济活动主体诚信水平的设置统一，将诚信信息、诚信制度完善程度等均设置在一个中等水平，相应设置如下：

诚信信息透明度=50；
诚信制度完善程度=50；
诚信意识系数=0.4；
DELAY TIME=3。

15.3.3 模型检测

系统动力学模型对参数变化的灵敏度应远小于对结构变化的灵敏度，为验证本章模型是否满足这一条件，设置两组权重 α、β、γ、δ、θ 对比模拟，相应设置如表 15.1 所示。模型建立、数值算例基本设计完成后，用系统的逻辑测试 Model Check、Units Check 对模型进行检测，结果显示模型通过逻辑测试及变量量纲测试。为更进一步检测所建立的模型及数值模拟设置的合理性，对模型进行极端条件测试及行为再现测试。

表 15.1　参数对照

参数设置	对照组	实验组
α_i	(0.3, 0.3, 0.2, 0.2)	(0.2, 0.2, 0.3, 0.3)
β_j	(0.4, 0.4, 0.2)	(0.2, 0.4, 0.4)
γ_l	(0.2, 0.3, 0.3, 0.2)	(0.2, 0.4, 0.2, 0.2)
δ_m	(0.2, 0.2, 0.2, 0.2, 0.2)	(0.1, 0.3, 0.1, 0.3, 0.2)
θ_n	(0.2, 0.2, 0.2, 0.2, 0.2)	(0.3, 0.1, 0.1, 0.3, 0.2)

1. 极端条件测试

极端条件测试是在一些因素出现极端情况、取极端值的情形下，测试系统的结构行为与实际系统是否相符的一种测试方法。本章分别在参照组及实验组的权重设置前提下进行极端条件测试，令社会诚信制度的完善程度为 0，即在完全无制度约束条件下观察系统动态行为。图 15.4 为参照组的诚信水平变化趋势,可以看出仿真周期内,在社会诚信制度完全缺失的情况下,各诚信主体的诚信水平会因为无制度约束而不断地降低,最终使得社会总体诚信处于严重失信的无秩序状态。虽然制度完全缺失的状态在实际生活中不会发生,但假设这种状况出现,其变化则与仿真状况相符。

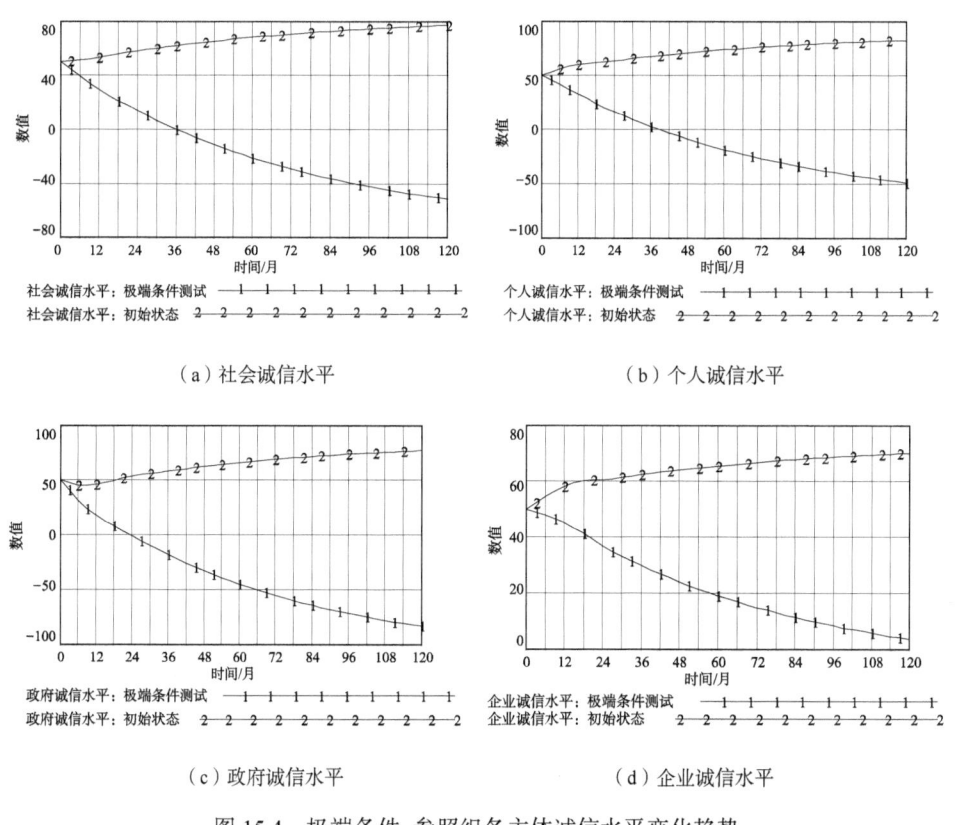

图 15.4 极端条件-参照组各主体诚信水平变化趋势

图 15.5 为实验组权重设置下各主体诚信水平的变化情况,与图 15.4 参照组的模拟结果对比分析发现,不同的权重设置下,各主体诚信水平最终依然会在各个子系统相互作用下达到一个稳定状态。虽然最终两组状态下各主体的诚信水平值不同,但是从系统在长期的变化趋势来看,两组的变化趋势完全相同,这也说明了本章建立的诚信制度建设系统动力学模型符合系统动力学的理论,即诚信制度系统动力学模型对参数的变化具有强壮性,其系统最终的结构行为模式由各子系统相互作用的回路决定。

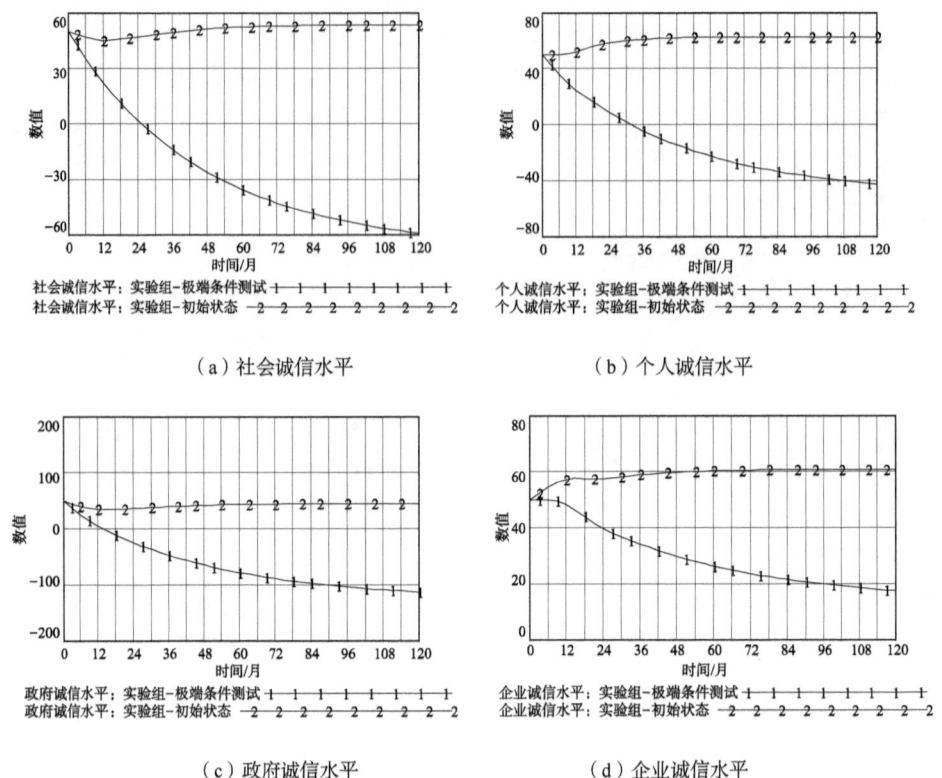

图15.5 极端条件-实验组各主体诚信水平变化趋势

2. 行为再现测试

行为再现测试是检验所建立模型是否能够很好地模拟实际系统的一个有效办法,能够有效监测模型能在多大程度上重现真实系统动态行为。同极端条件测试,同样在参照组及实验组两组不同权重设置下模拟仿真。本章行为再现测试设置如表15.2所示,使用阶跃函数控制诚信制度完善程度的变化,并在不同延迟时间下观测建立的模型在多大程度上再现真实系统行为。

表15.2 行为再现测试

测试函数	初始延迟	增加延迟
阶跃函数:诚信制度完善程度=STEP(50,36)	3	6

当诚信制度完善程度在仿真开始第36期的时候,有驱动使得诚信制度完善程度从完全制度缺失改变为50,图15.6是参照组设置下,诚信制度建设系统在延迟时间为一个仿真步长和两个仿真步长的系统动态行为。可以看出,初始延迟状态

无诚信制度作用时,各诚信主体的诚信水平一直处于降低的态势,在第36期的时候,外力驱动使得诚信制度从缺失突变至中等状态,在大约 7 步长的延迟后,各主体的诚信水平在诚信制度的作用下出现一个拐点,并开始逐渐上升,与初始延迟状态相比,增加延迟状态拐点的出现大约晚几个步长,在相同的仿真周期内,诚信主体的诚信水平要低于初始延迟状态时的诚信水平,这是延迟时间的增加,使得诚信制度作用的效果也需要更长的时间才能显现。制度不间断作用于诚信系统时,各诚信主体的诚信水平及社会诚信水平均高于短期制度时的诚信水平。同时,当制度效力延迟越短,制度作用于诚信系统的效果越早显现并高于同期增加延迟时的诚信水平。以上变化近似实际变化趋势。

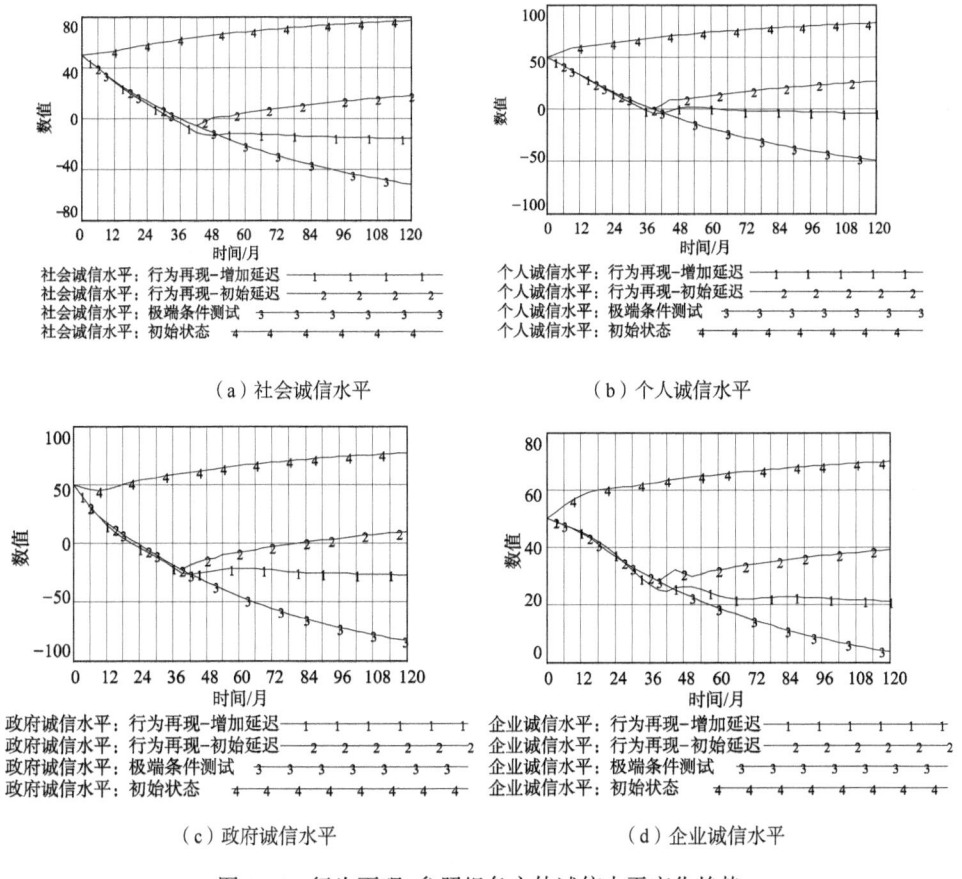

图 15.6 行为再现-参照组各主体诚信水平变化趋势

图 15.7 所示为实验组设置下系统的行为模式,与图 15.6 参照组的模拟结果对比分析发现,不同的权重设置下,参照组与实验组各诚信主体的诚信水平在最终达到稳态时的取值有所不同,但实验组系统的变化趋势与参照组系统变化

趋势相同，实验组在第 36 期之后的 7 个步长后，外力驱动使得诚信制度从缺失突变至中等状态，各主体的诚信水平在诚信制度的作用下出现一个拐点，并在此拐点后因有诚信制度作用于系统，使得各主体的诚信水平逐渐上升，与初始延迟状态相比，增加延迟状态拐点的出现大约晚几个步长。两组的变化趋势完全相同，这也说明了本章建立的诚信制度建设系统动力学模型符合系统动力学的理论，即诚信制度系统动力学模型对参数的变化具有强壮性，其系统最终的结构行为模式是各子系统相互作用的回路决定。因此，后文均在参照组权重设置条件下对诚信制度建设系统进行仿真分析，通过仿真分析各子系统间相互作用对诚信制度系统结构行为模式的影响，最终通过仿真分析为我国诚信制度建设提供对策建议。

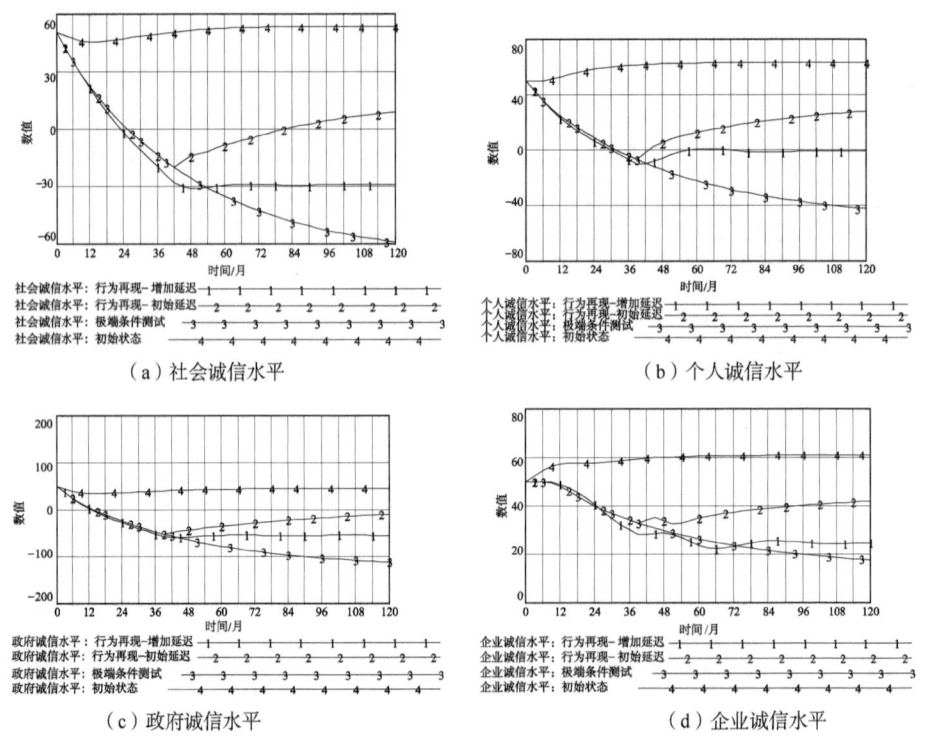

图 15.7　行为再现-实验组各主体诚信水平变化趋势

本节对模型测试、量纲测试、极端条件测试及行为再现的测试结果显示，系统所产生的变动与实际系统行为模式相符并能找出产生变化的原因，说明本章所建立的诚信制度建设系统动力学模型能够模拟实际系统的动态行为模式。以下将对系统进行模拟与仿真分析。

15.3.4 模拟与仿真分析

1. 诚信制度对诚信体系的影响分析

通过因果关系分析及诚信制度建模过程可以发现，诚信制度在社会诚信制度建设过程中具有重要的作用，那么它如何影响诚信制度建设的动态行为？诚信制度建设系统会随着诚信制度的不同表现出怎样的变化？为探究诚信制度完善程度对诚信制度建设的影响，以初始状态为对比，仿真分析当诚信制度比初始状态完善或者完善程度低于初始状态时，探讨诚信制度对社会诚信体系建设的影响，相应的仿真设置如表 15.3 所示。

表 15.3 诚信制度影响分析

参数设置	初始状态	高诚信制度（完善程度）	低诚信制度（完善程度）
诚信制度完善程度	50	55	45

1）社会失信行为程度与社会诚信行为程度

当不同程度的诚信制度作用于诚信制度体系时，观察社会诚信与失信行为。图 15.8（a）仿真结果显示，仿真约 12 个步长之内社会失信行为程度短暂下降并在拐点之后逐渐趋稳，表明当诚信制度越完善时，社会失信行为程度越低。在诚信制度完善程度上升初期，社会失信行为程度逐渐降低，但在长期内，社会失信行为则趋于一个稳定的系统状态。图 15.8（b）仿真结果显示，仿真约 12 个步长之内社会诚信行为程度短暂上升并在拐点之后逐渐趋稳，当诚信制度完善程度越高时，社会诚信行为程度越高，并在长期内趋于稳定的系统状态。产生以上变化的原因是，随着诚信制度的日趋完善，制度的约束力及约束范围不断扩大，随之对失信行为的约束也加大，故而使得诚信体系更趋于完善。同时，由于各子系统内部及相互之间主导回路的作用，社会失信行为程度及社会诚信行为程度最终会保持在一个稳定的状态。因此可以得出，诚信制度能够使得社会的诚信行为维持在一个较稳定的状态，同时也能有效约束社会失信行为的发生。

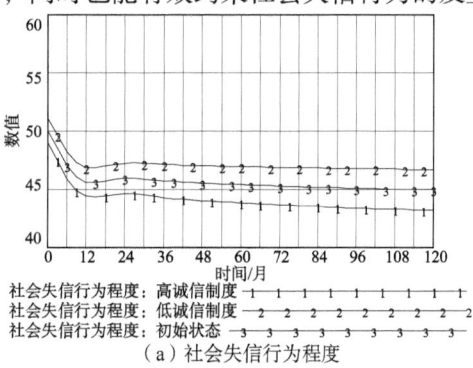

（a）社会失信行为程度

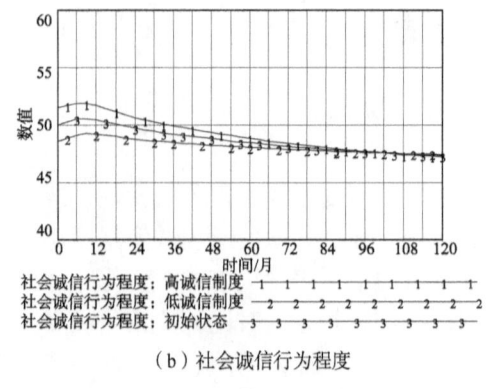

(b) 社会诚信行为程度

图 15.8　社会诚信行为状态（一）

2) 监管力度

研究不同诚信制度作用对监管力度的影响。图 15.9 仿真结果显示，高诚信制度作用于诚信制度建设时，诚信监管的效率就越高。随着制度完善程度的增加，在初期监管力度有短暂的上升趋势，如图 15.9 中拐点所示，而长期内监管力度在不断减小，同时，低制度完善程度对应较高的监管力度。这是由于，诚信制度的完善伴随着新制度的出台与不合理制度的更新，而在制度执行初期，需要加大监管力度，但在长期内，当新的、更完善的诚信制度取代旧制度发挥作用时，其效力则优于旧制度。因此，诚信制度越完善，监管力度越小，而监管力度变小则会对应较小的监管成本，并且，当制度越不完善时需要的监管力度就越大。

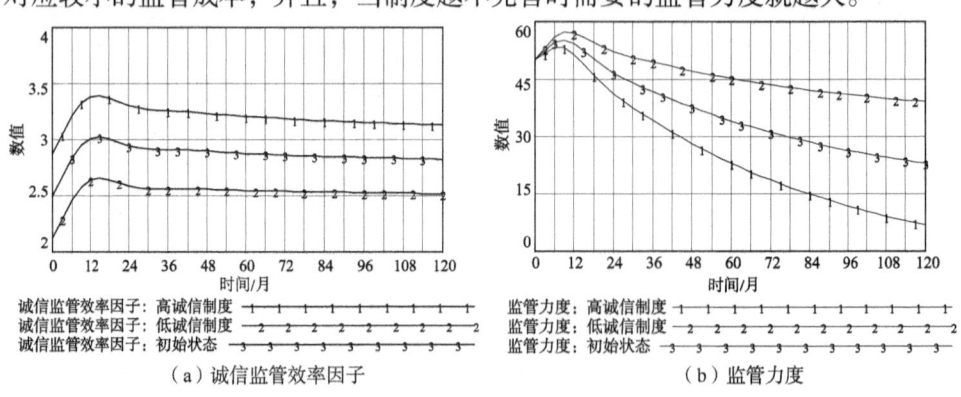

(a) 诚信监管效率因子　　　　　　　(b) 监管力度

图 15.9　监管力度（一）

3) 社会诚信水平

观察不同诚信制度对社会诚信水平的影响。如图 15.10 仿真结果显示，当诚信制度一直作用于诚信系统时，各诚信主体的诚信水平及社会诚信水平均处于一个有序上升的态势，且诚信制度越完善，各诚信主体的诚信水平及社会诚信水平就越高。其他状态不产生变动时，诚信制度不间断作用于系统，长期内会使得诚信水平状况维持在一个稳定状态。通过对仿真结果的分析可以得出,诚信制度不断地完善能够有效促进诚信水平的提升。因此,完善诚信立法可以作为诚信制度建设的重要工作之一。

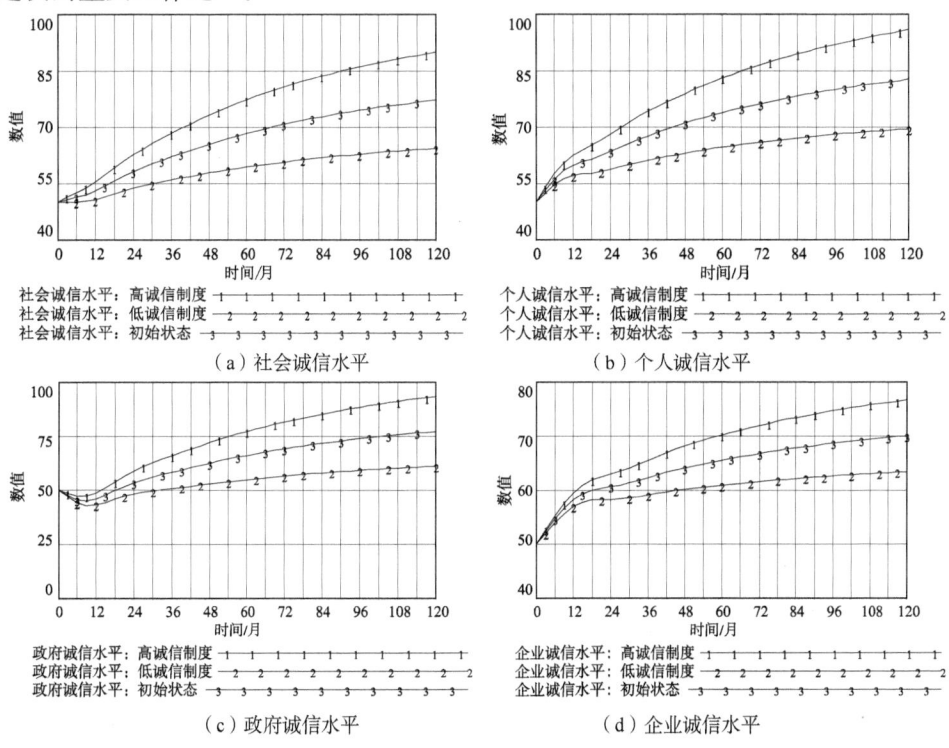

图 15.10 各诚信主体诚信水平状况(一)

2. 诚信信息透明度对诚信体系的影响分析

诚信信息透明度能够反映诚信体系建设中的信息共享机制、诚信机构建设等的完善程度,这些方面的完善可降低信息不对称并促进各成员诚实守信行为的发生进而影响诚信制度体系。为探究诚信信息透明度对诚信体系的影响,以初始状态为对比,仿真分析当诚信信息透明度高于初始状态或者低于初始状态时,研究诚信信息透明对社会诚信制度建设的影响,如表15.4所示。

表 15.4 诚信信息透明度的影响分析

参数设置	初始状态	高诚信信息透明度	低诚信信息透明度
诚信信息透明度	50	60	40

1) 社会失信行为程度与社会诚信行为程度

研究诚信信息透明度的高低对社会诚信与失信行为的影响。图 15.11 仿真结果显示,当诚信信息越透明,社会失信行为越低,社会诚信行为越高;在长期内若信息透明度不发生变化,社会失信行为程度与社会诚信行为程度会逐渐趋于一个稳定的系统状态。不难理解,诚信信息透明使得各诚信主体的失信带来的损失加大,对个人和企业而言,失信会使得个人信誉受影响,甚至会使得企业失去众多的合作机会,其收益只是短期内得到改善,而长期内反而使得收益降低。

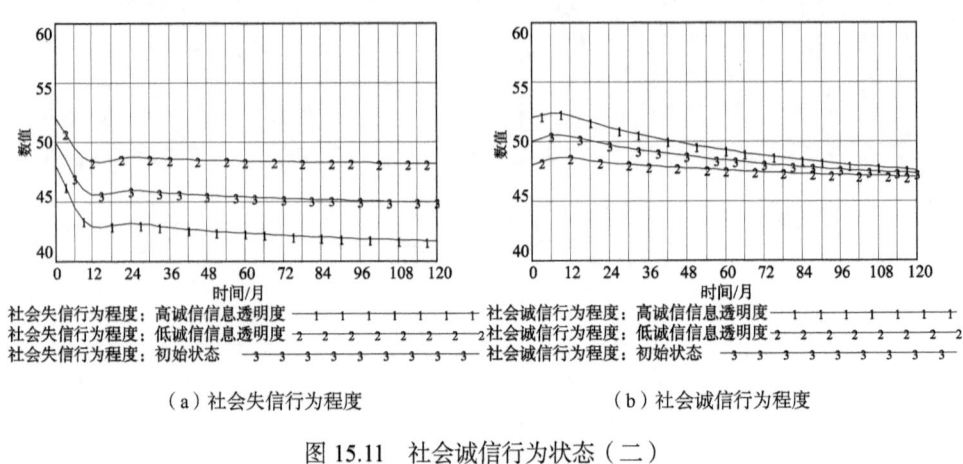

(a) 社会失信行为程度　　　　　　　(b) 社会诚信行为程度

图 15.11　社会诚信行为状态(二)

2) 监管力度

研究诚信信息透明度不同时监管力度如何变化。图 15.12 仿真结果显示,诚信信息透明度越高,诚信监管效率就越高。随着诚信信息透明度的加大,在初期监管力度有短暂的上升趋势,而长期内监管力度在不断减小,同时,诚信信息越透明,监管力度就越小。这是由于,诚信信息越透明,失信对各诚信主体的影响范围就越大,失信收益就越小,选择诚信的可能性就越大,并使得监管力度减小。因此,诚信信息越透明,监管力度越小,而监管力度变小则会对应较小的监管成本。

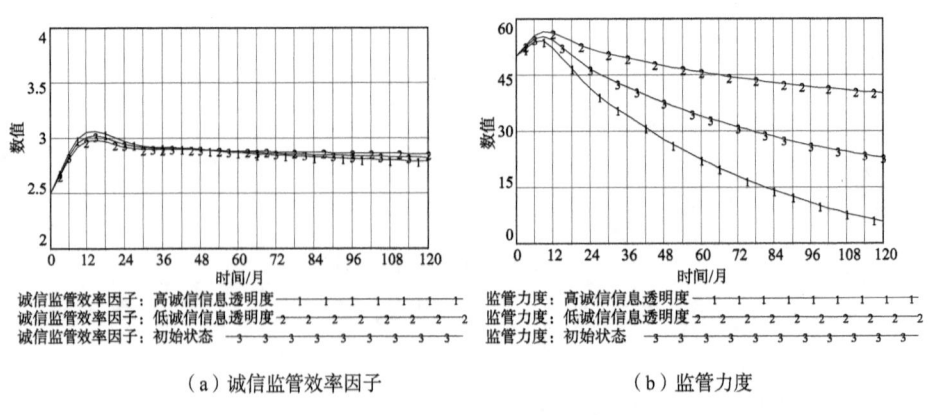

(a) 诚信监管效率因子　　　　　　　(b) 监管力度

图 15.12　监管力度(二)

3) 社会诚信水平

研究不同诚信信息透明度对应的社会诚信水平高低。如图 15.13 仿真结果显示，当诚信信息透明时，各诚信主体的诚信水平及社会诚信水平均处于一个有序上升的态势，且诚信信息越透明，各诚信主体的诚信水平及社会诚信水平就越高。其他状态不产生变动时，稳定的诚信信息透明不间断作用于系统，长期内会使得诚信水平状况维持在一个稳定状态。

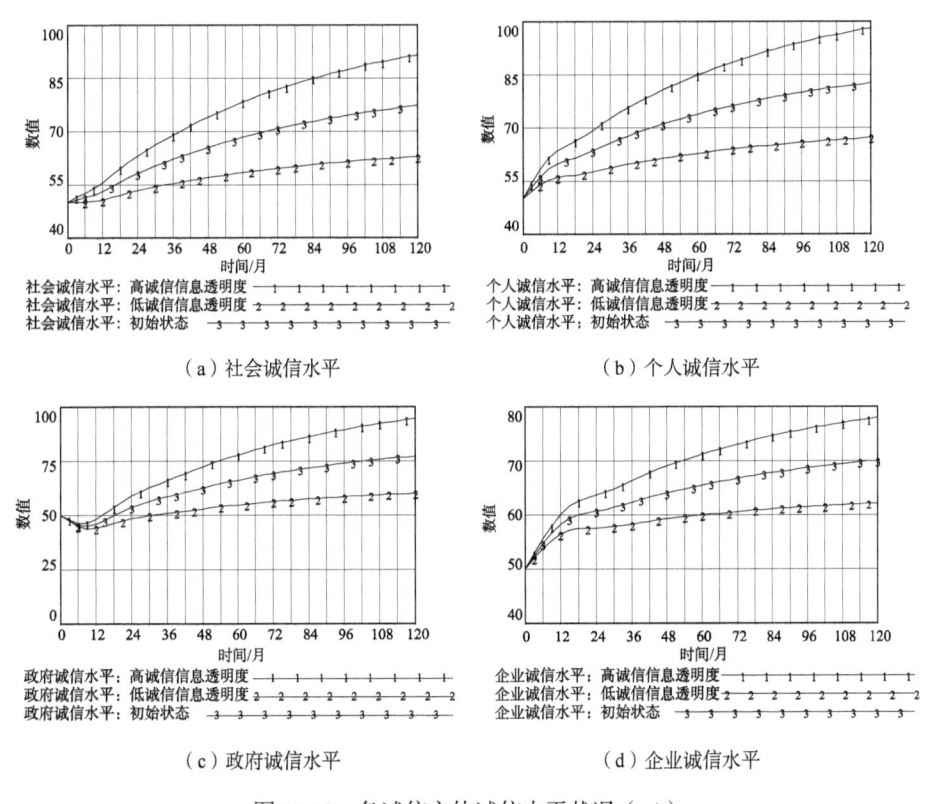

图 15.13　各诚信主体诚信水平状况（二）

3. 监管效率

研究在诚信制度、诚信信息等作用下监管效率如何变动。如图 15.14 仿真结果显示，与诚信系统初始状态相比，诚信制度、诚信信息透明度越完善，诚信监管效率越高。图 15.14 中拐点产生的原因在于，长期内，诚信监管效率不会随着诚信制度及诚信信息透明度的增加一直增加，而是在诚信体系各部分及回路的作用下趋于一个稳定的态势。结合上述分析可知，诚信制度越完善、诚信信息越透明，所需的监管力度及监管投入成本就越低，同时，社会诚信水平及各诚信主体的诚信水平也越高。由此可以说明良好的诚信监管效率离不开完善的诚信制度及诚信信息透明度的支持。

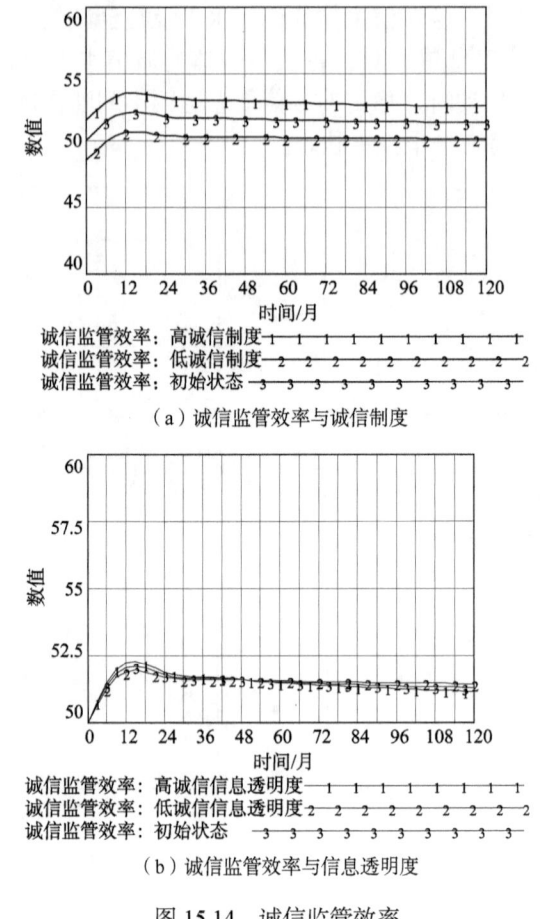

图 15.14　诚信监管效率

4. 敏感性分析

完善的诚信制度及高度透明的诚信信息能够促进诚信制度建设，但诚信制度建设系统对诚信制度还是诚信信息的变化更为敏感呢？对此进行敏感性分析，敏感性分析对应的仿真设置如表 15.5 所示。

表 15.5　敏感性分析

参数设置	初始状态	诚信制度完善程度增加	诚信信息透明度增加
诚信制度完善程度	50	60	50
诚信信息透明度	50	50	60

图 15.15（a）仿真结果显示，诚信系统在初始状态下，当稳定的诚信制度与稳定的诚信信息作用于诚信系统时，随着诚信制度与诚信信息的持续效力，各诚信主体的诚信水平与社会诚信水平均处于一个稳定有序增长的态势。在长期内，政府诚信水平高于企业诚信水平，个人诚信水平最低，这也说明在长期的诚信制度建设过程中，政府行为对社会诚信水平有着至关重要的作用。

图 15.15（b）仿真结果显示，在系统其他状态不发生改变而诚信制度趋于更完善的情况下，与诚信系统初始状态相比，企业诚信水平变动对诚信制度变动最为敏感，其次为个人诚信水平。图 15.15（c）仿真结果显示，系统其他状态不发生改变而诚信信息更加透明时，与诚信系统初始状态相比，各诚信主体的诚信水平变动均较为敏感，短期内企业、政府诚信水平变动较为敏感，长期内个人诚信水平变动对诚信信息透明度变动更为敏感。

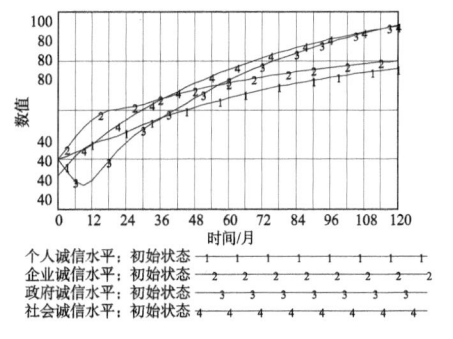

（a）初始状态诚信水平对比

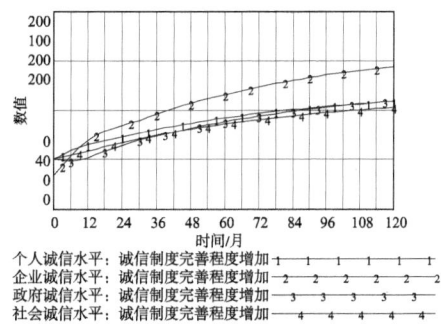

（b）诚信制度完善时诚信水平对比

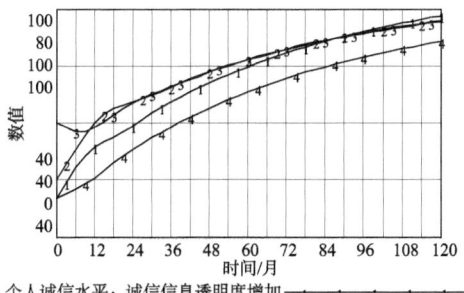

（c）诚信信息更透明时诚信水平对比

图 15.15 各主体诚信水平对比

15.4 数值算例及结果分析

通过对我国诚信制度建设的系统动力学分析可知，完善的诚信制度与透明的诚信信息不仅可以对社会不良行为产生有效约束，而且诚信制度越完善、诚信信息越透明，所需投入的监管成本就越低，同时又可以对诚信制度建设产生正向影响，从而提升社会诚信水平。诚信制度越完善、诚信信息越透明，监管就越有效。企业诚信水平对诚信制度变动最为敏感，也就是说诚信制度对企业的约束更为有效。个人诚信水平在长期内对诚信信息变动最为敏感，即诚信信息透明对个人诚信水平的约束最有效。政府在诚信制度建设过程中具有至关重要的作用。

健全的诚信制度对高速发展的市场经济功不可没，但当前我国诚信制度建设还存在一定程度的信用缺失和信用危机。健全的诚信制度是建设现代市场体系的必要条件，是规范市场经济秩序的治本之策，也是构建和谐社会的客观需要。本章认为，建立健全的诚信制度应该从以下四个方面入手。

第一，重视诚信制度建设的关键任务和方向。通过仿真可以看出完善的诚信制度能够有效约束失信行为的产生，并在一定程度上降低监管成本，促进社会诚信正向发展。所以说诚信制度是社会诚信的制度保障，科学的制度是保障良好社会诚信秩序的关键。纵观我国诚信及诚信制度建设的现状，并梳理我国诚信制度建设的系列成果，当前我国保护诚信行为的外违法惩罚力度普遍偏低。但是对于社会中的每一个个体，无论是个人、企业还是其他组织，诚信不仅代表要有更高的道德操守，对社会诚信价值观的认同，也源于法律、制度对虚假失信行为的惩治和由此举措所形成的道德不可侵犯性。同西方发达国家相比，我国法律制度对欺诈行为的惩罚偏低。另外，我国针对征信的法律规定缺失，也造成了我国信用信息不能被广泛采集和使用，个人、企业及其他组织的信用信息不能够被广泛传播。而社会征信系统的建立，需要完善的网络信息平台的技术支持，也需要相关的组织评价机构及与之对应的法律制度等的支持。对诚信缺失的综合治理需要相关法律法规的约束，也需要诚信教育及良好诚信文化氛围的影响。因此，要完善我国诚信制度建设，诚信制度的建立就不是一成不变的任务，需结合我国国情与时代需求找准诚信制度建设的关键任务与方向，从而使得诚信制度建设事半功倍。

第二，完善诚信立法。仿真得出诚信立法的日趋完善可以提高诚信监管的效率并促进社会的诚实守信。完善的诚信立法是我国诚信制度建设健康规范运营的重要基础和必然要求。从美国、德国、澳大利亚等诚信体系较为完善的典型国家经验来看，完善诚信立法是一个长期而艰巨的过程。以美国为例，美国作为信用信息最为完善的国家，其信用信息及一系列的信用法律法规涵盖了对信用产品的筛选、加工、生产、销售、使用的全过程，而其他信用信息完善的国家也十分重视诚信立法的完善，这些都是保障诚信体系健康良好运转的关键。因此，一个有序的诚信制度离不开完善的立法，完善的诚信立法是维护社会诚信制度建设秩序的重要途径。与经济活动主体自身的道德意识相比，完善的诚信立法更具客观性，以法制的手段作用于诚信制度建设，能够有效弥补道德力量的不足。

第三，规范诚信信息服务及机构建设。仿真显示诚信信息透明度的增加会有效约束社会不良行为，而信息服务机构在诚信信息服务方面具有重要的作用。从我国的诚信信息服务及机构建设来看，目前的诚信信息只能在有限的渠道中查询到部分的信用信息，这些信用信息总体较为分散和零碎，这种因渠道、权限等造成的信用信息不能有效利用的局面和滞后性，除相应的诚信立法不完善之外，也存在技术等各方面原因。为规范诚信信息服务及机构建设，不仅要立足于完善的诚信信息服务条例，也要规范诚信信息服务机构建设，如实现金融系统信用信息平台、企业信贷系统建设、工商管理等信息平台、公安系统平台的规范运营，最终归集市场化的信用信息，打造政府主导、市场化运作、"互联网+诚信"的公共诚信信息服务体系。以规范的诚信信息服务体系，促进并有效运用信用记录和评价，最终削弱失信者的失信行为，遏制欺诈失信行为的发生。规范的信息服务机构能够将有价值的信息传递给经济主体，降低各主体之间的信息不对称，有效约束机会主义行为的发生，有助于诚信水平的提升。

第四，政府身先垂范。本章的研究证明，政府在诚信制度建设方面有着至关重要的作用。我国陆续出台了政务诚信、个人诚信和电子商务领域的诚信改革文件，以政府诚信作为先锋示范，引领个人诚信和电子商务等领域的诚信建设。政务诚信是信用建设的基础和关键，政府要以政务诚信推进其他领域诚信的建设，就必须从政府采购、公私合作项目、招标投标、招商引资、政府债务等各个方面公正公平公开，政府机构的工作人员也应以身作则，并重点整治社会关注度、人民群众反映强烈的政务失信易发多发领域。而公信力作为政府工作的最高衡量标准，就要求政府在政务诚信方面公平公正公开，并以此作为推进政务诚信建设的重要方向，提升政府公信力，最终取信于民，并成为社会诚信建设的表率。因此为建立健全诚信制度，一方面，政府需规范自身行为，提升政府公信力，以减小甚至杜绝政府不良行为及其对社会诚信制度的不良影响；另一方面，政府应发挥宏观调控作用，不断完善诚信制度建设及促进诚信信息服务机构等的完善。

15.5 思考与启示

诚信制度建设是典型的复杂系统工程，存在着多种因素的非线性影响，对于这种系统问题，必须把模型求解和仿真模拟方法相结合，以有效地把握系统的特征和变化趋势。本章运用系统动力学方法，通过分析诚信制度建设的影响因素及其因果关系，建立了我国诚信制度建设的系统动力学模型。通过对模型进行不同的政策仿真模拟，很好地观测了诚信制度建设的特征与变化趋势。诚信制度建设是一个复杂而且任务艰巨的过程，除本章研究的因素之外，其他诸如金融、社会政治环境等变化都会影响诚信制度建设的任务和方向，这些有待更进一步深入研究。

第 16 章 我国诚信制度建设的政策建议

诚信制度建设是社会主义市场经济体制和社会治理体制的重要组成部分，健全的诚信制度体系是建设现代市场体系的必要条件，是规范市场经济秩序的治本之策，对高速发展的市场经济功不可没，也是构建和谐社会的客观需要。加快诚信制度建设是全面落实科学发展观、构建社会主义和谐社会的重要基础，是完善社会主义市场经济体制、加强和创新社会治理的重要手段，对增强社会成员诚信意识、营造优良信用环境、提升国家整体竞争力、促进社会发展与文明进步具有重要意义。但诚信制度的建设不是一蹴而就的，需要深厚和优良的思想观念创新、文化创新、社会文化条件创新、社会诚信制度创新、诚信制度建设方案及评估体系创新等各方面统一协调、统筹规划。

目前，我国诚信制度建设受到政府和社会的高度重视，但在诚信制度建设过程中，依然存在认识不够统一、信息不能有效向社会公开、缺乏全国性的统筹协调和统一指导等一系列制约我国社会诚信制度建设的许多深层次问题。为进一步推进我国诚信制度建设，全面落实党的十八大提出的加强政务诚信、商务诚信、社会诚信和司法诚信建设的战略部署，以及党的十八届三中全会提出的建立健全社会征信体系，褒扬诚信、惩戒失信的新要求，根据我国加快构建社会诚信体系的工作部署，通过本书的研究，提出我国诚信制度建设的若干政策建议。

16.1 重点落实诚信制度建设规划

（1）从制度内容来看，须重点完善诚信立法。通过对我国诚信制度建设的背景、特征及与发达国家诚信建设对比研究可以发现，类似于欧洲发达国家，我国诚信制度建设也是由政府主导。很多地方的立法还在起草阶段，信用法规内容参差不齐，立法不够系统全面，缺乏信息公开和保护的法律文件。美国在诚信管理法律的重点集中在平等授信、保护个人隐私、政府信息管理等方面，其个人信用的发展依靠规范的市场经济运作机制及各行业的自我管理，这也使得行业能够快速发展。德国高度发达的经济也是得益于其完善的社会信用制度及管理体系，其规范的诚信制度主要在于规范信用信息公开、保护个人隐私及加强信用监督与管理。我国的信用制度建设需立足国情，借鉴国外先进经验，更要充分认识时代发展带来的挑战与机遇。再者，由于立法不够全面完善，对失信的界定及惩罚力度还达不到惩戒作用。这就要求现阶段我国诚信制度建设要进一步建立健全诚信制度体系，对失信进行综合治理。

（2）积极推进信息共享平台建立。本书研究显示，完善的信用信息共享平台可以促进信用信息共享，对各行业的发展具有重要促进作用、监督作用，对失信行为具有震慑作用。就我国信用信息共享平台建设而言，上海、北京、浙江、江苏、广东等经济较发达的地区较早搭建了省（市）公共信用信息共享平台框架，但基本上还是上海、北京和浙江三地的信用信息共享平台较为完善。我国全国信用信息共享平台于2015年底投入使用，2016年底主要面向政府内部实现三大功能：一是信息归集、共享与交换；二是信用档案查询；三是初步开发失信联合激励及惩治信息系统。这些信用信息共享平台的建设为相关信用信息收集、查询等奠定了基础，但依然存在标准不统一、信用管理法规不完善、缺乏安全监控等一系列问题。同时，我国首个企业信用信息共享平台于2016年5月在襄阳试运行，也仅能实现少数企业的信用信息共享。因此，我国的信用信息共享平台建立还不完善，结合我国实际情况，应该统一规划信用信息共享平台的建设。为了更好地推动信息共享平台不断完善，需要对信息共享平台建设进行统一部署，同时规范不同的信息管理平台对公共信息的收集、记录，使其在信用信息交换、共享及使用中发挥积极作用，从而正向促进社会信用体系的建设。

（3）深入推进政务诚信建设。我国诚信制度建设是由政府主导的，政府的政务诚信与否直接对其他社会诚信主体的诚信行为产生影响。同时，本书第15章通过对我国诚信制度建设的系统动力学机理研究证明，在长期的诚信制度建设过程中，政府行为对社会诚信水平有着至关重要的作用。政务诚信是信用建设的基础和关键，政府要以政务诚信推进其他领域的诚信建设，就必须从政府采购、公私合作项目、招标投标、招商引资、政府债务等各个方面公平公正公开，政府机构的工作人员也应以身作则，并重点整治社会关注度、人民群众反映强烈的政务失信易发多发领域。而公信力作为政府工作的最高衡量标准，就要求政府在政务诚信方面公平公正公开，并以此作为推进政务诚信建设的重要方向，提升政府公信力，最终取信于民，并成为社会诚信建设的表率。因此政务诚信是诚信制度建设的关键，深入推进政务诚信建设，就要坚持依法执政，并将依法行政贯穿于决策、执行、监督等方方面面，进一步发挥政府诚信建设的示范作用。

16.2 实施重点诚信指标改善工程

（1）加大就业扶持力度，提升就业率。本书对省域诚信的研究证明，就业率高的省域，诚信水平较高。就业与社会诚信体系建设具有重要的关联性，失业率如果得不到有效改善，将会极大提升影响社会的稳定性。就业率能够有效地表征社会环境综合指数变化驱动因素，如若想通过提升社会环境来改善我国诚信环境，应从加大就业扶持力度，增加就业岗位，提升就业率入手。提升就业率需针对不同行业和不同的就业群体特点，制定具有针对性的就业政策。例如，针对重点人群的大学生就业，应鼓励大学生深入基层，促进基层及艰苦地区的发展，鼓励企事业单位聘用大学生，鼓励高校毕业生自主创业，灵活就业等；针对下岗失业人群、农村富余劳动力人群等，应统筹社会各界重视协调。以完善的就业举措及良好的社会保障系统加大就业扶持力度，提高就业率。

（2）转变经济发展方式，降低通货膨胀。本书第 4 章、第 15 章等研究显示，与诚信建设水平较高的国家相比，我国诚信建设水平较为落后的原因与 GDP 增长率和通货膨胀率有着较大的关系。经济发展水平对诚信的要求越来越高，诚信是经济发展下的必然需求，良好的诚信环境与健康的经济发展方式相互影响、相互促进。诚信水平较高的西方国家非常重视抑制通货膨胀，这主要是由于通货膨胀使得社会财富分配与国国民收入分配不公而导致各方利益冲突，同时通货膨胀使得经济发展具有极大不确定性。西方发达国家通常采用紧缩性财政、货币、收入等政策抑制通货膨胀。而我国经济发展方式不同于诚信水平较高的国家，这也就要求我国转变经济发展方式、密切重视国际经济发展趋势、扩大内需、宏观调控，而企业等也需要积极响应国家政策，密切响应国家降低通货膨胀率的相关政策，以经济平稳健康发展促进高水平诚信制度的建立。

（3）重点加强私营信贷覆盖率，强化征信信息深度。因经济发展水平、人文环境、政治文化等各方面的不同，与欧美等标杆国家的诚信建设水平相比，我国还存在很大差距。本书通过对我国诚信制度建设关键指标选取和优化研究发现，私营信贷覆盖率、征信信息深度的改善能够有效提升诚信建设水平并缩小与发达国家的差距。在系统建设、数据征集、数据采集、数据使用等方面，美国、欧洲都有明确的征信法律规定。征信法律制度的建立保障了美国、欧洲信用管理体系的正常运转。因此，为了缩小差距，当前我国诚信建设路径优化的重点是，优先增加私营信贷覆盖率和征信信息深度这两个诚信指标的有效投入。

16.3　凸显诚信特征文化

（1）借鉴诚信建设突出国家经验，扬长避短，大力推进诚信制度建设。本书对典型国家诚信制度建设的动态综合评估及中国特色社会主义背景下的诚信制度研究显示，与诚信水平较高的国家相比，我国在法律权利力度指数、实际就业率、公共医疗卫生支出、GDP 增长率等方面较为落后，因此我国应努力改善国民的购买力、就业、公共医疗卫生及网络使用等状况，以期改善我国的诚信环境。

（2）设立创新标杆示范省（自治区、直辖市），鼓励各省（自治区、直辖市）充分发挥区域优势。从省域诚信制度建设综合评估来说，我国各省（自治区、直辖市）的社会环境、经济发展水平等不尽相同，诚信环境也就存在一定差异。将诚信制度建设较为成功的省（自治区、直辖市）设为创新标杆，鼓励、带动其他省（自治区、直辖市）因时因地制宜。各省（自治区、直辖市）应该综合考虑本省诚信环境现状，充分改善民众就业、受教育情况、生活水平、社会医疗等，注重经济内涵式发展，吸引更多的企业来投资，促进地区经济的发展，为诚信制度建设提供良好的社会、政治、经济及金融环境。设置诚信个人、诚信企业、诚信示范省（自治区、直辖市）等激励，为个人、企业及各地区等诚信制度建设提供参考、示范与带动，传递社会诚信价值。构建社会主义和谐社会呼唤诚信，唯有诚实守信才能真正构建社会主义和谐社会。

16.4　强化社会诚信教育

（1）强化诚信教育，改善诚信建设基础。本书第 12 章对高校学生诚信影响研究显示，诚信建设维度侧重于外在动力对诚信的约束，细分为诚信监管和诚信教育，是来自第三方对每一个社会公民诚信意识的约束与塑造。诚信教育作为有效改善社会公众道德水平的重要手段，是社会主义核心价值观培育过程的重要任务。在全社会范围内开展诚信教育，强化诚信教育，需有机结合社会诚信文化熏陶、教育机构教育及家庭教育，全社会共同参与、全面推进。教育机构教育以学校教育为主，应将诚信教育列为思政课程的重点内容之一，并将讲诚信教育渗透到教学的各环节，同时加强对学生诚信教育、思政教育的考核。社会各部门需齐心协力营造诚实守信的社会氛围，而家庭教育则能够为个体树立诚信榜样。通过家庭、学校及社会的同心协力，树立全社会范围内对诚信价值观的认同。在全社会范围内树立诚信教育的必要性意识，使其在全民道德建设和精神文明建设的进程中发挥有力的促进作用，并以诚信教育为手段，培育并践行社会主义核心价值观。通过强化诚信教育，培育全社会形成"爱国、敬业、诚信、友善"的社会主义核心价值观，以此来优化社会诚信环境。

（2）发挥高等教育在诚信教育中的重要作用。加强大学生诚信教育，制定科学的诚信教育长效机制。高等教育能够在大学生思想见识、行为准则形成过程中发挥关键的作用，能够一定程度上引导大学生世界观、人生观、道德观的形成。因此在高等教育中贯穿诚信教育，能够有效引导大学生以诚信的意识约束个人行为准则、价值观念及道德观念，能够在大学生思想觉悟提升、良好个人诚信修养的形成中发挥至关重要的作用。高等教育作为社会范围内大学生个人价值观形成的重要环节，应该严把思政教育观，将思政教育作为贯穿大学生诚信价值观形成的重要部分，并建立对思政教育效果的考评，促使大学生将诚信作为重要的道德操守。社会诚信建设是大学生诚信教育实施与践行的大环境，只有社会诚信建设能够良好顺利进行，大学生诚信教育才能取得更好的效果。因此，规范的法律法规、严格的诚信监管机制，能够有力保障和维护社会竞争公平公正，而对社会不良行为的有力惩戒，则能够形成对大学生失信的威慑，促使诚信教育在高等教育中的良好实施。

（3）建立健全诚信专业人才培养机制。诚信教育在诚信制度建设中具有重要的作用，加强诚信管理学科专业建设能够有效促进诚信教育。国外发达国家，如美国、日本等非常重视大学生诚信教育培养，这主要表现在政府及教育部门的高度重视，美国相关人才培养在大学设立应用伦理学课程，并使大学生在学习讨论的过程中也参与到行为准则的制定中，并通过多学科、多层次的教育渗透到相关人才培养中。在我国社会主义进程不断推进过程中，我们可借鉴相关发达国家的人才培养机制，但在中国特色社会主义的时代背景下，我国诚信专业人才培养机制也是机遇与挑战并存。具有较强专业背景、熟悉相关专业技能的诚信专业培养模式能够为我国培育出更多有用的人才。因此，对诚信管理学科的建设应该符合我国经济及社会发展要求，并鼓励有条件的高校将相关专业作为新兴、重点学科进行建设，如信用政策、信用管理等，为社会信用体系建设提供人力资源支撑。

（4）依托"互联网+"，发挥大众媒体及文学艺术的作用。"互联网+"下的信息覆盖范围广泛，公众可接触性强，能够利用互联网构建和宣传诚信文化。构架具有权威性、正能量的诚信网络词条，合理引导年轻一代消费群体的理性发展。利用网络覆盖"无死角"的特性，在"互联网+"背景下，充分发挥大众媒体以及文学艺术的作用，从社会舆论角度培育和提升公民的诚信意识，以低成本高效率的方式营造社会诚信氛围。

16.5　积极推进企业商务诚信建设

（1）促进企业诚信文化建立和完善。本书第 10 章研究显示，对企业诚信行为的影响除社会环境及法律监管等外部因素之外，企业自身的因素对企业诚信文化的建立具有重要的决定性作用。而企业诚信文化的建立能够有效促进企业商务诚信的建设。要建立领先的企业诚信文化应该做到将价值观诚信化、品质诚信化、宣传诚信化、服务诚信化、管理诚信化。企业价值观诚信化不仅能够增强员工对企业文化的认同，更能促使企业在市场竞争中以信誉获得竞争优势；品质诚信化使企业以品质立足并产生品牌效应，这也使得企业以诚实守信的企业品质获得无形资产；宣传诚信化要求企业诚实守信、不做夸大宣传，帮助消费者识别企业，增加企业知名度；服务诚信化是提升企业良好形象的重要途径，诚信的服务同时也能够提升消费者对企业的信赖和赞誉，能够有效促进企业诚信文化的建立；管理诚信化是管理者诚信品格的体现，管理者品格是企业上层管理者具备的素质，好的品格能增进团队精神，促进内部关系的和谐，从而为企业的发展奠定好的基础。通过加强对企业诚信文化的重视，能够有效建立企业诚信文化，进一步推进企业商务诚信，提升企业绩效。

（2）完善企业信用信息披露。本书对企业诚信的研究发现，法律体系能够通过政府监管正向影响企业诚信度及社会诚信氛围。企业商务诚信对我国社会经济发展及社会诚信环境的形成有着举足轻重的作用，我们需要构建高效的法律体系及政府监管机制，并对企业的信用信息进行披露，对企业的守信行为制定各种奖励政策，对其失信行为绝不姑息，从而约束并激励企业重视商务诚信，完善的企业信用信息披露已成为国内外投资者与企业良好发展的趋势。

16.6　积极营造社会诚信氛围

（1）大力发扬诚信文化。诚信文化是有效引导全社会诚信意识和诚信水平提升的重要手段，现阶段我国诚信文化的建设需要结合时代和社会的发展需求，秉承发扬我国悠久文化精髓，吸取世界各国人民的优秀文化，丰富诚信文化的宣传形式与宣传渠道，加大诚信文化的宣传力度。同时随着互联网上供用户互动的服务支持平台增多，社交网络"朋友圈"诚信风险也从潜在逐步显化。要从根本上解决这个问题，一方面需强化社交平台的验证，提升用户身份的真实程度，即新用户在社交平台进行注册时，社交平台鼓励新用户进行直接实名制或者间接实名制，对于老用户，要引导其进行账号实名制；另一方面通过各社交平台的诚信互联，建立诚信"社联网"以实现信息共享。网络实名制可以让每个网络行为主体在现实世界中有身份可查，可以将网络法律关系与现实法律关系对接。总之，积极营造社会诚信氛围，从建设诚信文化的角度提升精神文明建设，进一步在全社会范围内树立公民诚实守信意识，继承并发扬"诚信为本"的传统文化。

（2）加强重点职业人群信用管理。重点职业人群的诚信与失信行为能间接地对社会诚信氛围产生较大的影响，如企业负责人、会计师、律师、医师、信用管理师、保险代理人、证券经纪人等重点职业人群，能够间接影响民众感知。因此，加强这些行业人群的信用管理，建立职业人群的信用信息记录和监管制度，加大对失信行为的惩戒力度，有助于营造社会诚信氛围。

（3）规范诚信信息服务机构。规范的信息服务机构能够将有价值的信息传递给经济主体，降低各主体之间的信息不对称，有效约束机会主义行为的发生，有助于诚信水平的提升。政府规范自身诚信行为可为全社会树立榜样，另外，通过政府监管来完善和规范诚信信息服务机构的建立与运作，能够有效收集、共享和传递信用信息。

16.7 强化失信惩戒机制建设

（1）依法治理与道德治理双管齐下。激励并发挥道德作用，并完善诚信立法。从道德层面来说，政府应大力宣传社会诚信建设，并对民众或者企业的诚信行为给予奖励，对失信行为进行惩罚。从法律角度而言，一个有序的诚信体系离不开完善的立法，完善的诚信立法是维护社会诚信秩序的重要途径。与经济活动主体自身的道德意识相比，完善的诚信立法更具客观性，以法制的手段作用于诚信体系建设，能够有效弥补道德力量的不足。

（2）建立合理的奖惩制度体系。本书第 13 章等部分研究显示，适度制定诚信奖惩比例，不断完善诚信相关法律条例，可以有效使得民众以最大限度的努力程度投入社会诚信建设中去，并通过相关法律层面的奖励使得政府和民众诚实守信的收益较大。从道德和法律相结合层面来说，在法律层面上所获得的收益始终大于仅限于道德层面上的收益，另外，政府和民众在法律层面上的努力程度也比仅限于道德层面上的努力程度更大，因此政府在从道德层面大力宣传社会诚信建设的同时，更应较大力度地完善奖惩制度体系，对社会的诚信建设加以一定的规范和约束。

（3）完善监督机制。再健全的诚信制度体系也需要监督机制来跟踪监督、考核、评价，因此完善的监督机制是构建我国社会诚信体系不可或缺的重要组成部分。在我国诚信制度体系建设过程中，必须有效发挥监管机制的作用，从全局出发，科学合理地进行全过程管理，可有效防止行动偏离目标。社会各界要高度重视诚信体系建设，逐步形成互相信任、互相爱护、互相帮助的社会氛围，以监督机制建设促进诚信建设。建立完善的监督机制能够使得监管更加民主、公开，达到监督、防范的目的，推动我国诚信制度建设目标的顺利完成。

参考文献

蔡林. 2008. 系统动力学在可持续发展研究中的应用. 北京：中国环境科学出版社.
曹德飞. 2011. 我国信用法律制度构建研究. 浙江财经学院硕士学位论文.
曹小曙, 林强. 2011. 基于结构方程模型的广州城市社区居民出行行为. 地理学报, 66（2）: 67-177.
曹元芳. 2006. 发达国家社会信用体系建设经验与我国近远期模式选择. 现代财经, 26（6）: 20-23.
畅秀平. 2008. 美国的诚信制度及其对中国的借鉴意义. 复旦大学硕士学位论文.
车耳. 2009. 信用制度深度透视. 北京：人民邮电出版社.
陈套. 2015. 长江经济带经济可持续发展能力动态评估研究. 调研世界, （7）: 18-22.
陈文玲. 2003. 美国信用体系的构架及其特点——关于美国信用体系的考察报告（一）. 南京财经大学学报, （1）: 1-8.
崔军辉. 2015. 基于 FCM 的 UAV 事故成因预测方法. 系统工程理论与实践, 35（12）: 3258-3264.
都阳, 陆旸. 2011. 中国的自然失业率水平及其含义. 世界经济, （4）: 3-21.
杜挺, 谢贤健, 梁海艳, 等. 2014. 基于熵权-TOPSIS 和 GIS 的重庆市县域经济综合评估及空间分析. 经济地理, （6）: 40-45.
范柏乃, 张鸣. 2012. 地方政府信用影响因素及影响机理研究——基于 116 个县级行政区域的调查. 公共管理学报, 9（2）: 1-10.
方福前, 吕文慧. 2009. 中国城镇居民福利水平影响因素分析——基于阿马蒂亚·森的能力方法和结构方程模型. 管理世界, （4）: 17-26.
冯颜利, 吴兴德. 2012. 中国社会诚信体系建设的问题与对策. 廉政文化研究, （1）: 1-6.
付思刚, 邢爱芝. 2012. 试论我国信用法律体系的构建——以与西方发达国家信用法律制度相比较的视角. 法制与经济, （1）: 80-82.
付子堂, 类延村. 2013. 诚信的古源与现代维度之辨. 河北法学, 31（5）: 2-9.
傅强, 张宜松. 2004. 中国社会信用体系建设的基本构架与设想. 经济问题探索, （6）: 4-8.
傅维利, 王丹, 刘磊, 等. 2010. 诚信观的构成及其对诚信教育的启示. 教育研究, （1）:

44-49.

葛寰中. 2006. 我国诚信指标体系研究. 黑龙江大学硕士学位论文.

葛小抱. 2014. 公共政策执行力评估的指标体系构建. 学理论, (11): 10-11.

顾雪金. 2012. 金融诚信环境研究. 金融理论与实践, (1): 38-43.

郭显光. 1998. 改进的熵值法及其在经济效益评估中的应用. 系统工程理论与实践, (12): 98-102.

郭亚军. 2007. 综合评估理论、方法及应用. 北京: 科学出版社.

韩学军. 2013. 论社会主义诚信体系建设. 社会科学辑刊, (1): 75-79.

郝晶晶, 朱建军, 刘思峰. 2013. 基于Orness测度的多阶段不确定语言信息优化集结. 系统工程理论与实践, 33 (11): 2866-2873.

郝琳娜, 侯文华, 张李浩, 等. 2014. 基于众包虚拟社区的诚信保障和信誉评价机制研究. 系统工程理论与实践, (11): 2837-2848.

湖南大学信用研究中心. 2010. 湖南省信用环境评价. 长沙: 湖南大学出版社.

黄德森, 杨朝峰. 2011. 基于结构方程模型的动漫产业影响因素分析. 中国软科学, (5): 148-153.

黄先蓉, 吴健. 2015. 我国文化市场诚信体系建设的政策分析. 现代出版, (4): 14-17.

黄毅, 杜要忠. 2000. 美国《金融服务现代化法》简介. 中国金融, (3): 46-47.

江宇, 刘碧芳, 黄昀. 2014. 国外征信立法模式比较及其启示. 福建金融, (2): 57-60.

类延村. 2015. 中国政府建构社会诚信体系的法治路线图: 理念、进程与前景. 天津行政学院学报, 17 (1): 62-69.

李爱玲. 2010. 西方发达国家信用立法及其借鉴. 金融理论与实践, (3): 109-112.

李灿, 张凤荣, 朱泰峰, 等. 2013. 基于熵权TOPSIS模型的土地利用绩效评估及关联分析. 农业工程学报, (5): 217-225.

李刚, 迟国泰, 程砚秋. 2011. 基于熵权TOPSIS的人的全面发展评估模型及实证. 系统工程学报, (3): 400-407.

李洪伟, 王炳成, 陶敏. 2012. 大学生诚信的影响因素分析——基于结构方程模型的实证. 管理评论, (8): 170-176.

李洪伟, 王亮, 陶敏, 等. 2013. 基于因子分析的食品工业企业诚信关键影响因素分析. 征信, (5): 62-66.

李建虎. 2011. 面板数据综合评价和聚类分析及应用研究. 厦门大学硕士学位论文.

李京文, 李剑玲. 2015. 京津冀协同创新发展比较研究. 经济与管理, 29 (2): 13-17.

李娟. 2014. 西方国家政府诚信法制建设的借鉴与启示. 学术论坛, 37 (12): 156-160.

李美娟, 陈国宏, 陈衍泰. 2004. 综合评价中指标标准化方法研究. 中国管理科学, 12 (S1): 45-48.

李宁. 2013. 从"三公消费"问题看政府诚信建设. 郑州大学硕士学位论文.

李仁杰. 2003. 诚信建设与商业银行发展. 福建金融, （1）：7-8.
李邢西. 2011. 企业文化与企业诚信. 中国流通经济, 25（11）：93-97.
李因果, 何晓群. 2010. 面板数据聚类方法及应用. 统计研究, （9）：74-79.
廖勇刚. 2009. 德国社会信用体系建设对我国的启示. 青海金融, （4）：52-54.
林采宜. 2015. 国外征信体系发展现状. 中国首席经济学家论坛.
林钧跃. 2012a. 社会信用体系理论的传承脉络与创新. 征信, （1）：1-12.
林钧跃. 2012b. 中国城市商业信用环境指数研制与分析. 财贸经济, （2）：89-97.
林敏. 2013. 网络舆情：影响因素及其作用机制研究. 浙江大学博士学位论文.
刘金林. 2011. 基于事实维度的公共科技政策评价研究. 经济与管理, 25（8）：17-22.
刘可文, 潘坤友. 2015. 长江三角洲区域政策强度的定量化及其演变过程——以区域开放开发政策为例. 人文地理, （4）：87-94.
刘苗荣. 2012. 个人诚信缺失的主要表现及其对策研究. 产业与科技论坛, （15）：13-15.
刘明明, 崔春风, 童小娇, 等. 2016. 混合整数非线性规划的算法软件及最新进展. 中国科学：数学, 46（1）：1-20.
刘思峰, 党耀国, 方志耕, 等. 2010a. 灰色系统理论及其应用. 北京：科学出版社.
刘思峰, 谢乃明, Jeffrey F. 2010b. 基于相似性和接近性视角的新型灰色关联分析模型. 系统工程理论与实践, （5）：881-887.
刘思峰, 杨英杰, 吴利丰, 等. 2014. 灰色系统理论及其应用. 北京：科学出版社.
刘颖. 2004. 西方发达国家政府诚信制度的演变. 广西社会科学, （4）：25-27.
刘志刚, 王云. 2016. 我国诚信政府建设研究——以政府信息公开为视角. 河北大学学报（哲学社会科学版）, 41（2）：126-130.
卢飞霞. 2009. 大学生诚信及诚信评价指标研究. 浙江大学硕士学位论文.
罗晓光, 邱宇. 2016. 企业诚信的内涵、结构与影响因素. 科技与管理, 18（1）：9-14.
马超, 申田, 严汉平. 2010. 我国社会诚信缺失的根源及治理对策. 开发研究, （2）：138-141.
马民虎, 冯立杨. 2009. 德国联邦数据保护法的发展趋势. 图书与情报, （1）：103-107.
马自强, 旷开萃, 方建慧. 2003. 建筑企业诚信评估指标体系的分析. 同济大学学报（社会科学版）, （11）：57-63.
毛小岗, 宋金平, 冯徽徽, 等. 2013. 基于结构方程模型的城市公园居民游憩满意度. 地理研究, （1）：166-178.
孟祥中. 2010. 基于贝叶斯网络的煤矿企业安全诚信评价体系研究. 河南理工大学硕士学位论文.
倪凤琴. 2005. 发展信用交易 促进市场经济. 中国市场, （44）：24-25.
宁越敏. 2015. 未来30年世界城市体系发展趋势与上海的地位和作用. 科学发展, （3）：19-24.
潘东旭, 查冬兰. 2012. 企业诚信研究——以上市公司数据为例. 安徽大学学报（哲学社会科学版）, 36（6）：152-156.
彭惠, 吴利. 2014. C2C 卖家的诚信行为模式及其动态性研究. 北京邮电大学学报（社会科学版），（2）：30-36.

企业电子信用网. 2015-09-22. 德国的信用管理立法及社会信用体系的结构与特点分析. http://www.iecmc.cn/articles-62.html.

秦振强，叶谢康，陈澍. 2006. 区域信用环境评价及相关问题研究. 福建金融，（4）：4-8.

史春云，孙勇，张宏磊，等. 2014. 基于结构方程模型的自驾游客满意度研究. 地理研究，33（4）：751-761.

束景明，王燕华. 2005. 论个人诚信制度的建构与规制. 上海大学学报（社会科学版），12（6）：55-59.

宋健. 2006. 基于 AHP 和因子分析的地区信用环境指标体系构建的实证研究. 中国软科学，（6）：111-119.

宋健峰，袁汝华. 2006. 政策评估指标体系的构建. 统计与决策，（11）：63-64.

宋学明，宋斌. 2014. 社会诚信体系形成的经济学分析. 江汉论坛，（5）：23-27.

孙涛. 2001. 美国《金融服务现代化法》述评. 科学决策，（4）：34-39.

孙婷婷，陈丁. 2014. 商业信用与创新的关系研究——以欧洲中小企业为例. 软科学，28（3）：69-72.

谭昌柏，袁军，周来水. 2012. 基于宽容分层序列法的飞机装配公差稳健设计技术. 中国机械工程，23（24）：2962-2967.

田锦尘. 2014-08-22. 在全国工程建设行业贯彻落实国务院《社会信用体系建设规划纲要（2014—2020年）》动员会上的讲话. http://cacem.com.cn/n10/c14384/content.html.

田泽. 2007. 信用信息共享：韩国征信业的助推力. 银行家，（1）：92-94.

汪军，朱建军，耿瑞. 2014. 广义虚拟经济视角下社会信用环境的相似度测算研究——基于2005～2012年中美德日的样本. 广义虚拟经济研究，（4）：50-58.

汪军，朱建军，杨萍，等. 2013. 社会信用体系建设绩效的综合评估研究——以"十一五"期间上海市为例. 征信，31（7）：12-16.

汪伟良，刘红. 2015. 基于结构方程模型的科研诚信行为影响因素. 中国科技论坛，（4）：5-10.

王彬. 2008. 和谐社会目标下的诚信体系建设研究. 长沙理工大学硕士学位论文.

王鬲华，朱建军，孙涵洲. 2016. 供应链视角下企业诚信影响因素的交互测量及路径分析. 物流技术，（11）：148-154, 165.

王君. 2016. 基于诚信金融文化的近代金融机构制度创新研究. 中国市场，（20）：113-115.

王俊峰，吴海洋. 2014. 基于改进的 TOPSIS 法的 B2C 企业信用评价. 软科学，28（6）：21-24.

王平. 2013. 中小企业信用体系建设的国际经验借鉴. 吉林金融研究，（2）：20-23.

王其藩. 1994. 系统动力学. 北京：清华大学出版社.

王淑芹. 2015. 诚信道德正当性的理论辩护——从德性论、义务论、功利论的诚信伦理思想谈起. 哲学研究，（12）：72-77.

王伟国. 2012. 诚信体系建设法治保障的探索与构想. 中国法学,（5）: 24-37.
王雪青, 韩涛涛, 陈杨杨, 等. 2015. 基于 SD 的建筑市场执业资格人员信用行为决策机理研究. 工程管理学报, 29（1）: 1-6.
魏明, 王琼, 褚俊虹. 2006. 信用制度的变迁与我国信用制度的建设. 管理世界,（2）: 148-149.
魏清. 2002. 美国个人信用体系管理模式及其对我国的借鉴. 计划与市场,（11）: 21-22.
魏亚东. 2014. 浅论西方诚信道德教育. 甘肃广播电视大学学报,（2）: 62-64.
温来成. 2016. 公私合作（PPP）中地方政府诚信监管问题研究. 甘肃理论学刊,（1）: 145-150.
温忠麟, 侯杰泰, 马什 H W. 2004. 结构方程模型检验: 拟合指数与卡方准则. 心理学报, 36（2）: 186-194.
问延安. 2008. 我国非营利组织诚信问题成因探讨. 长春工业大学学报（社会科学版）, 20（4）: 42-44.
吴国平. 2011. 促进我国征信业发展的几点立法思考. 征信,（1）: 37-41.
吴继霞, 黄希庭. 2010. 诚信心理学研究的理论思考. 西南大学学报（社会科学版）, 36（6）: 7-12.
吴继霞, 黄希庭. 2012. 诚信结构初探. 心理学报, 44（3）: 354-368.
吴丽民, 陈惠雄. 2010. 收入与幸福指数结构方程模型构建——以浙江省小城镇为例. 中国农村经济,（11）: 63-74.
吴敏. 2013. 从中西诚信观看中国企业诚信体系建设. 企业经济,（2）: 44-47.
吴明隆, 涂金堂. 2012. SPSS 与统计应用分析. 大连: 东北财经大学出版社.
吴秀荣. 2013. GDP 之痛与幸福指数的提升. 陕西行政学院学报,（2）: 117-122.
武文杰, 刘志林, 张文忠. 2010. 基于结构方程模型的北京居住用地价格影响因素评价. 地理学报, 65（6）: 676-684.
肖卫兵. 2014. 政府信息公开和政府诚信关系辨析. 电子政务,（1）: 103-110.
谢金星, 等. 2005. 优化建模与 LINDO/LINGO 软件. 北京: 清华大学出版社.
信用中国. 2015-11-25. 德国诚信. https://www.creditchina.gov.cn/.
邢连清. 2005. 大学生的诚信缺失与对策思考. 毛泽东邓小平理论研究,（2）: 57-60, 51.
徐国栋. 2001. 客观诚信与主观诚信的对立统一问题——以罗马法为中心. 中国社会科学,（6）: 97-113.
徐强. 2014. 法律保障下的个人诚信建立问题研究. 征信,（4）: 54-57.
徐宪平. 2006. 关于美国信用体系的研究与思考. 管理世界,（5）: 1-9.
薛永洁. 2010. 健全的征信体系对扩大内需的有效性问题研究. 征信, 28（5）: 6-10.
闫真. 2012. 对个人诚信的思考. 山西高等学校社会科学学报,（8）: 8-11.
杨成珍, 张国祥. 2013. 论社会诚信制度体系建设. 湖北社会科学,（8）: 58-61.

杨慧. 2012. 企业诚信体系构建与评价模型研究. 河南科技大学硕士学位论文.
杨江水. 2008. 大学生诚信教育面临的困境及其应对策略. 青年探索, (3): 77-80.
杨礼. 2014. 论制度视阈下公民诚信意识的培育. 华东师范大学硕士学位论文.
杨柳. 2015. 债务人名录制度：机理分析与建设构想——以德国债务人名录制度为起点. 南京大学法律评论, (1): 309-319.
杨秋菊. 2015. 国外政府诚信研究：现状与启示. 上海行政学院学报, (4): 95-104.
杨秋菊, 罗月领. 2015. 政府诚信的评价与建设. 征信, (12): 60-63.
姚小义, 钟心岑, 杨凯. 2013. 中国信用环境评价——基于 2006~2010 年的省际数据. 财经理论与实践, 34 (3): 12-18.
于魏华. 2015. 税收诚信体系建设的国际经验及启示. 特区经济, (2): 143-144.
张存如. 2008. 政府诚信及评价指标研究. 浙江大学硕士学位论文.
张桂芸, 马希荣, 杨炳儒. 2007. 复杂系统模糊认知图的分解研究. 计算机科学, 34 (4): 129-132.
张合林. 2008. 积极稳妥地推进我国社会信用体系建设——基于国外模式和国内试点经验的思考. 金融理论与实践, (10): 78-81.
张鸿燕, 杨艳. 2011. 美国高校学术诚信制度有效性之分析. 首都师范大学学报（社会科学版）, (4): 126-130.
张洁. 2010a. 市场经济与诚信问题研究. 中央民族大学硕士学位论文.
张洁. 2010b. 我国会计改革中的诚信制度建设. 中国商界, (2): 31.
张目, 周宗放. 2009. 基于多目标规划和支持向量机的企业信用评估模型. 中国软科学, (4): 185-190.
张维迎, 柯荣住. 2002. 信任及其解释：来自中国的跨省调查分析. 经济研究, (10): 59-70, 96.
张炜, 费小燕, 方辉. 2016. 区域创新政策多维度评价指标体系设计与构建. 科技进步与对策, (1): 142-147.
张原, 陈玉菲, 高革, 等. 2015. 基于因子分析的陕西省区域信用环境评估研究. 北京交通大学学报（社会科学版）, 14 (2): 13-22.
赵兴华. 2016. 论美国高校大学生学术诚信培养及其对我国的启示. 燕山大学学报（哲学社会科学版）, 17 (2): 139-140.
赵彦年. 2012. 打造"信用长三角"品牌 推动区域发展一体化. 浙江经济, (17): 26-27.
赵银明. 2008. 一类特殊的非线性规划问题的求解. 江汉大学学报（自然科学版）, 36 (3): 26-27.
郑磊, 吕俊友, 朱磊. 2012. 建筑业企业诚信评价关键指标研究. 工程管理学报, (5): 110-113.
郑先平, 张佩芬, 杨相卫, 等. 2002. 社会信用环境综合治理机制研究. 中南财经政法大学学报,(1):40-45.

郑小娟. 2013. 欧洲国家债务危机的风险传导研究. 武汉大学博士学位论文.

郑直,李宝航. 2011. 当代大学生诚信问题探究. 长春师范学院学报,(8):151-153.

中国人民银行洛阳市中心支行专著组. 2006. 区域金融生态环境评价指标体系研究. 金融研究,(1):10-13.

中国行为法学会公司治理研究会. 2015. 中国企业信用建设报告. 北京:中国法制出版社.

朱建平. 2006. 应用多元统计分析. 北京:科学出版社.

朱建军,刘小弟,刘思峰. 2013. 基于政府作用视角的社会信用体系建设研究——以江苏省为例. 征信,(2):58-62.

朱建军,汪军,覃朗,等. 2016. 省域对比视角下诚信制度建设的多维度聚类模式研究——基于2009-2013年的样本研究. 南京航空航天大学学报(社会科学版),18(1):27-34.

朱永新,杨再勇. 2006. 现代企业人力资源管理中的诚信问题与对策. 科学学与科学技术管理,(7):157-160.

Alavidoost M H, Tarimoradi M, Zarandi M H F. 2018. Bi-objective mixed-integer nonlinear programming for multi-commodity tri-echelon supply chain networks. Journal of Intelligent Manufacturing,(29):809-826.

Azadeh A, Ziaei B, Moghaddam M. 2012. A hybrid fuzzy regression-fuzzy cognitive map algorithm for forecasting and optimization of housing market fluctuations. Expert Systems with Applications,(39):298-315.

Bauman D C. 2013. Leadership and the three faces of integrity. The Leadership Quarterly,24(3):414-426.

Bollen K A. 1989. Structural Equations with Latent Variables. New York:John Wiley & Sons.

Boukouvala F, Misener R, Floudas C A. 2016. Global optimization advances in mixed-integer nonlinear programming, MINLP, and constrained derivative-free optimization, CDFO. European Journal of Operational Research,252(3):701-727.

Camerer M I. 2006. Measuring public integrity. Journal of Democracy,17(1):152-165.

Chong T L, Lu L, Ongena S. 2013. Does banking competition alleviate or worsen credit constraints faced by small- and medium-sized enterprises? Evidence from China. Journal of Banking & Finance,37(9):3412-3424.

Chun Y, Lin Y. 2016. Analysis of how the credit system influences inter-enterprise knowledge sharing behaviors. Journal of Lanzhou University(Social Sciences),(2):22.

Fisman R, Khanna T. 1999. Is trust a historical residue? Information flows and trust levels. Journal of Economic Behavior & Organization,38(1):79-92.

Fudenberg D, Tirole J. 1991. Game Theory. Cambridge:The MIT Press.

Gächter S, Schulz J F. 2016. Intrinsic honesty and the prevalence of rule violations across societies.

Nature, 531 (7595): 496.

Kaptein M. 2003. The diamond of managerial integrity. European Management Journal, 21 (1): 99-108.

Kavanagh J. 2015. Electoral law in Ireland: sustaining electoral integrity from process, procedures, and precedent. Irish Political Studies, 30 (4): 1-21.

Kong D T. 2013. Intercultural experience as an impediment of trust: examining the impact of intercultural experience and social trust culture on institutional trust in government. Social Indicators Research, 113 (3): 847-858.

Korkeamäki T, Pöyry S, Suo M. 2014. Credit ratings and information asymmetry on the Chinese syndicated loan market. China Economic Review, (31): 1-16.

Kosko B. 1986. Fuzzy cognitive maps. International Journal of Man-Machine Studies, (24): 65-75.

Madajewicz M. 2011. Joint liability versus individual liability in credit contracts. Journal of Economic Behavior & Organization, 77 (2): 107-123.

Mendonca M, Angelico B, de Arruda L V R, et al. 2013. A dynamic fuzzy cognitive map applied to chemical process supervision. Engineering Applications of Artificial Intelligence, 26 (4): 1199-1210.

Mourhir A, Rachidi T, Papageorgiou E I, et al. 2016. A cognitive map framework to support integrated environmental assessment. Environmental Modelling & Software, (77): 81-94.

Papageorgiou E I, Hatwágner M F, Buruzs A, et al. 2017. A concept reduction approach for fuzzy cognitive map models in decision making and management. Neurocomputing, (232): 16-33.

Papageorgiou E I, Markinos A, Gemptos T. 2009. Application of fuzzy cognitive maps for cotton yield management in precision farming. Expert Systems with Applications, (36): 12399-12413.

Park H B. 2015. Is trust in government a short-term strategic value or a long-term democratic value? A case study of three Nordic countries and three East Asian nations. International Review of Public Administration, 20 (3): 273-286.

Poon W P H, Chan K C, Firth M A. 2013. Does having a credit rating leave less money on the table when raising capital? A study of credit ratings and seasoned equity offerings in China. Pacific-Basin Finance Journal, 22 (4): 88-106.

Rousseeuw P J. 1987. Silhouettes: a graphical aid to the interpretation and validation of cluster analysis. Journal of Computational & Applied Mathematics, (20): 53-65.

Ruan D, Hardeman F, Mkrtchyan L. 2012. A novel approach for safety culture assessment. International Journal of Uncertainty, Fuzziness and Knowledge-based Systems, (20): 1-15.

Said J, Alam M M, Khalid M A. 2016. Relationship between good governance and integrity system: empirical study on the public sector of Malaysia. Humanomics: The International Journal of System and Ethics, 32（2）: 151-171.

Salmeron J, Papageorgiou E. 2012. A fuzzy grey cognitive maps-based decision support system for radiotherapy treatment planning. Knowledge-based Systems, （30）: 151-160.

Sampford C, Smith R, Brown A J. 2005. From Greek Temple to Bird's Nest: towards a theory of coherence and mutual accountability for national integrity systems. Australian Journal of Public Administration, 64（2）: 96-108.

Shapiro B J. 2015. Oaths, credibility and the legal process in early modern england: part two. Law & Humanities, 7（1）: 19-54.

Sheng H H, Bortoluzzo A B, dos Santos G A P. 2013. Impact of trade credit on firm inventory investment during financial crises: evidence from Latin America. Emerging Markets Finance and Trade, 49（sup 4）: 32-52.

Six F, van der Veen M, Kruithof N. 2012. Conceptualizing integrity systems in governments and banking. Public Integrity, 14（4）: 361-382.

Song C, Lee J. 2016. Citizens' use of social media in government, perceived transparency, and trust in government. Public Performance & Management Review, 39（2）: 430-453.

Sumner G, Huo Y P. 2014. Rule of law and credibility: lessons for the forgetful. Journal of Power, Politics & Governance, 2（3/4）: 27-43.

Timo K, Salla P, Maiju S. 2014. Credit ratings and information asymmetry on the Chinese syndicated loan market. China Economic Review, （31）: 1-16.

Trevinyo-Rodríguez R N. 2007. Integrity: a systems theory classification. Journal of Management History, 13（1）: 74-93.

Wang Y, Wang H, Wang Y, et al. 2013. Study of social integrity behavioral mode based on multi-agent system. TELKOMNIKA Indonesian Journal of Electrical Engineering, 11（6）: 3103-3108.

Westra L, Gray J, Karageorgou V. 2015. Ecological Systems Integrity: Governance, Law and Human Rights. London: Routledge.

William J. 2005. System Dynamics. New York: McGraw-Hill Higher Education.

Yamamura E. 2012. Trust in government and its effect on preferences for income redistribution and perceived tax burden. Economics of Governance, 15（1）: 71-100.

Yazdanfar D, Öhman P. 2016. The impact of trade credit use on firm profitability: empirical evidence from Sweden. Journal of Advances in Management Research, 13（2）: 116-129.

附　　录

附录1　诚信制度评价影响因素调查问卷

尊敬的先生/女士：

　　本课题组正在针对"诚信制度评价影响因素"进行调查。鉴于您在本领域具有广泛的影响力，特设计了这份调查问卷。首先请您阅读指标及指标解释，并在下面问卷中给出您的打分。问卷属于匿名填写，相关信息也将严格保密。此份问卷仅用于研究用途，不会用于任何商业用途，请您放心填写。

本课题组
2016.2.20

附表1　指标及指标解释（一）

二级指标	指标说明
诚信问题的社会现象 C_{11}	政策所对应的社会诚信问题的严重性，政策的产生应脱胎于现实的社会现象，问题越严重，制度必要性越强
诚信制度的必要性 C_{12}	相关政策制定的迫切性，相关社会问题是否需要制定政策，公众与企业的诚信意识是否高
政策制定过程的权威性 C_{21}	政策的整个制定过程是否科学完整，是否充分考虑了社会各阶层的意见，是否足够公正透明
政策目标的明确性 C_{22}	目标明确、具体，文字表达清楚，诚信制度的技术差异等不会使人认知困难或产生歧义
政策目标的可行性 C_{23}	制定的政策实施在政治、经济、文化、技术、人员、法制、道德等方面上是否可行
政策内容的科学性 C_{24}	政策方案是否建立在可靠的现实基础上，是否经过充分论证，是否具有适应性；与政策领域内外的其他政策的一致程度及政策执行是否始终如一；政策实施给目标群体、诚信机构、社会带来的利益，以及可能给个人、群体、社会在物质、精神上带来的损失
主体对制度执行的影响 C_{31}	主体的年龄、性别、性格、爱好、经验、知识背景及诚信教育普及等对政策执行的影响
组织对制度执行的影响 C_{32}	组织的人员配备、层级设置、规章条例、内外部流动性等对政策执行的影响

续表

二级指标	指标说明
政策执行的着力方向 C_{33}	政策在宏观上是否与使受众满意的大方向吻合，在微观上是否与政策目标吻合
政策执行客体参与度 C_{34}	政策目标群体参与政策制定过程的程度，通过参与政策制定以实现自己的利益诉求，在制定过程中得到政策制定者的考虑
政策执行的资源配套 C_{35}	政策执行过程中对所需的人、财、物等各类资源整合利用的效度。可以通过政策执行过程中的人力与费用成本来测度。如果执行过程中的人力与费用成本越低，则资源的利用率越高
政策执行的组织机制 C_{36}	政策执行过程中组织及组织之间的沟通协调机制及政府的监督、失信奖惩机制等是否完善
政策执行的环境适应度 C_{37}	政策执行中对环境的适应程度。政策执行过程中，需要灵活调整工作方法以适应不断变化的社会环境
政策预期效果 C_{41}	政策的预定目标的实现程度与政策功能的发挥程度
政策预期效率 C_{42}	政策的投入与政策的结果得失情况，政策实施所投入的各项资源在单位时间表现出的实施结果表明了政策的效率
政策预期满意程度 C_{43}	通过政策实施效果的满意程度，反映诚信教育状况、政策的当前表现与长远效果、政策对区域和全局的影响

请您根据诚信指标间的影响关系进行打分，按照[-1，1]间值确定指标因素间影响强度。打分值越接近 1，表明正相关的影响强度越大，打分值越接近-1，表明负相关的影响强度越大。

附表 2 诚信指标影响关系（一）

指标	C_{11}	C_{12}	C_{21}	C_{22}	C_{23}	C_{24}	C_{31}	C_{32}	C_{33}	C_{34}	C_{35}	C_{36}	C_{37}	C_{41}	C_{42}	C_{43}
C_{11}	0															
C_{12}		0														
C_{21}			0													
C_{22}				0												
C_{23}					0											
C_{24}						0										
C_{31}							0									
C_{32}								0								
C_{33}									0							
C_{34}										0						
C_{35}											0					
C_{36}												0				
C_{37}													0			
C_{41}														0		
C_{42}															0	
C_{43}																0

非常感谢您参与本次问卷调查！

附录2 诚信法律法规在不同影响因素下的初始值调查问卷

尊敬的先生/女士：

　　本课题组针对"诚信法律法规在不同影响因素下的初始值"进行调查。鉴于您在本领域具有广泛的影响力，特设计了这份调查问卷。首先请您阅读指标及指标解释，并在下面问卷中给出您的打分。问卷属于匿名填写，相关信息也将严格保密。此份问卷仅用于研究用途，不会用于任何商业用途，请您放心填写。

本课题组
2016.8.20

附表3　指标及指标解释（二）

二级指标	指标说明
诚信问题的社会现象 C_{11}	政策所对应的社会诚信问题的严重性，政策的产生应脱胎于现实的社会现象，问题越严重，制度必要性越强
诚信制度的必要性 C_{12}	相关政策制定的迫切性，相关社会问题是否需要制定政策，公众与企业的诚信意识是否高
政策制定过程的权威性 C_{21}	政策的整个制定过程是否科学完整，是否充分考虑了社会各阶层的意见，是否足够公正透明
政策目标的明确性 C_{22}	目标明确、具体，文字表达清楚，诚信制度的技术差异等不会使人认知困难或产生歧义
政策目标的可行性 C_{23}	制定的政策实施在政治、经济、文化、技术、人员、法制、道德等方面上是否可行
政策内容的科学性 C_{24}	政策方案是否建立在可靠的现实基础上，是否经过充分论证，是否具有适应性；与政策领域内外的其他政策的一致程度及政策执行是否始终如一；政策实施给目标群体、诚信机构、社会带来的利益，以及可能给个人、群体、社会在物质、精神上带来的损失
主体对制度执行的影响 C_{31}	主体的年龄、性别、性格、爱好、经验、知识背景及诚信教育普等对政策执行的影响
组织对制度执行的影响 C_{32}	组织的人员配备、层级设置、规章条例、内外部流动性等对政策执行的影响
政策执行的着力方向 C_{33}	政策在宏观上是否与使受众满意的大方向吻合，在微观上是否与政策目标吻合
政策执行客体参与度 C_{34}	政策目标群体参与政策制定过程的程度，通过参与政策制定以实现自己的利益诉求，在制定过程中得到政策制定者的考虑
政策执行的资源配套 C_{35}	政策执行过程中对所需的人、财、物等各类资源整合利用的效度。可以通过政策执行过程中的人力与费用成本来测度。如果执行过程中的人力与费用成本越低，则资源的利用率越高
政策执行的组织机制 C_{36}	政策执行过程中组织及组织之间的沟通协调机制及政府的监督、失信奖惩机制等是否完善
政策执行的环境适应度 C_{37}	政策执行中对环境的适应程度。政策执行过程中，需要灵活调整工作方法以适应不断变化的社会环境

续表

二级指标	指标说明
政策预期效果 C_{41}	政策的预定目标的实现程度与政策功能的发挥程度
政策预期效率 C_{42}	政策的投入与政策的结果得失情况，政策实施所投入的各项资源在单位时间表现出的实施结果表明了政策的效率
政策预期满意程度 C_{43}	通过政策实施效果的满意程度，反映诚信教育状况、政策的当前表现与长远效果、政策对区域和全局的影响

请您根据诚信指标对《中华人民共和国合同法》（1999年）（A_1）、《个人信用信息基础数据库管理暂行办法》（2005年）（A_2）、《征信业管理条例》（2013年）（A_3）进行打分，按照[0，1]间值确定指标初始值。打分值越接近1，表明该法案在此指标下表现越好。

附表4　诚信指标影响关系（二）

指标	C_{11}	C_{12}	C_{21}	C_{22}	C_{23}	C_{24}	C_{31}	C_{32}	C_{33}	C_{34}	C_{35}	C_{36}	C_{37}	C_{41}	C_{42}	C_{43}
A_1																
A_2																
A_3																

非常感谢您参与本次问卷调查！